DES PENSÉES
DE PASCAL.

IMPRIMERIE DE H. FOURNIER ET Cᵉ,
Rue Saint-Benoît, 7.

DES PENSÉES
DE PASCAL

RAPPORT A L'ACADÉMIE FRANÇAISE

SUR LA NÉCESSITÉ

D'UNE NOUVELLE ÉDITION DE CET OUVRAGE

Par M. V. COUSIN

PARIS
LIBRAIRIE PHILOSOPHIQUE DE LADRANGE
QUAI DES AUGUSTINS, 19

1843

AVANT-PROPOS.

Je publie de nouveau, sans y rien changer, le *Rapport* que j'ai lu cette année à l'Académie française, et qui a paru successivement dans le Journal des Savants (avril-novembre 1842), *sur la nécessité d'une nouvelle édition des Pensées de Pascal.*

Bossut, dans l'édition de 1779, avertit bien que le chapitre *sur Montaigne et Epictète* et celui *sur la condition des grands* sont tirés, l'un d'un entretien entre Pascal et Sacy, rapporté par Fontaine dans ses mémoires, l'autre de discours adressés par Pascal au jeune duc de Roannez, et publiés assez tard par Nicole. Mais, ces deux morceaux exceptés, il n'y a pas un éditeur, il n'y a pas un critique, nous l'affirmons encore une fois, qui se soit avisé de soupçonner que le texte reçu des *Pensées* ne fût pas le texte authentique de Pascal ; tandis qu'aujourd'hui, après notre travail, il reste péremptoirement démontré que, comparé au manuscrit autographe conservé à la bibliothèque du Roi, ce texte, jusqu'ici en possession d'une admiration religieuse, n'est rien moins qu'une infidélité continuelle. En effet, toutes les infidélités qu'il est possible de concevoir s'y rencontrent, omissions, suppositions, altérations.

Les omissions les plus fortes viennent de Port-Royal dans la première édition de 1669, et elles ont leur source dans deux motifs très-légitimes : 1° Comme je l'ai dit bien des fois[1], la crainte de la censure jésuitique, et surtout le loyal respect de la paix imposée aux Jésuites et aux jansénistes par le pape et par le roi, faisaient à MM. de Port-Royal, éditeurs des *Pensées* de Pascal, non-seulement une

---

[1] *Rapport*, p. 16 et p. 85 et 86.

nécessité, mais un devoir de ne rien laisser paraître qui rappelât les querelles anciennes : de là, la suppression forcée de tous les passages contre les Jésuites. 2° MM. de Port-Royal, voulant faire avant tout de l'ouvrage de leur illustre ami un livre édifiant, en retranchèrent naturellement les pensées qui devaient leur sembler à eux-mêmes fausses ou équivoques et d'un effet médiocrement salutaire sur les esprits et sur les âmes.

Mais les omissions ne sont pas le genre le plus grave d'altération que puisse éprouver un ouvrage posthume. Un temps vient où de nouveaux éditeurs rétablissent les passages omis; ainsi Bossut a donné les tirades véhémentes contre les Jésuites que MM. de Port-Royal avaient dû supprimer, et nous-même nous publions pour la première fois, avec plusieurs passages contre les Jésuites que Bossut avait négligés, des pensées nouvelles sur la religion et sur la philosophie, qui achèvent de mettre en lumière le dessein de Pascal. L'altération la plus dangereuse, parce qu'elle ne peut être découverte et réparée que par une étude approfondie du manuscrit original, c'est la supposition de passages, conformes ou non conformes à la pensée de l'auteur, mais qui ne sont pas sortis de sa plume; par exemple ici des propos de Pascal, recueillis plus ou moins exactement par ses amis et ses parents, et introduits par Bossut sans aucun avertissement dans le texte même; surtout ces additions incroyables que Port-Royal a faites de sa propre main, particulièrement dans le morceau célèbre[1] sur la *règle des paris* appliquée à la question de l'existence de Dieu, additions maintenues par Bossut et qui changent entièrement le caractère de ce fragment tant de fois cité.

Heureusement ces suppositions, sans être rares, ne sont pas très-nombreuses; l'altération la plus déplorable est cette altération continuelle qui tombe à chaque page et presque à chaque ligne sur le style de Pascal, c'est-à-dire assurément sur ce qui nous reste de lui de plus durable et de plus grand; car le penseur dans Pascal a des supérieurs, mais l'écrivain n'en a pas.

---

[1] *Rapport*, p. 187 sqq. Appendice, p. 258 sqq.

Pascal est venu à cette heureuse époque de la littérature et de la langue où l'art se joignait à la nature dans une juste mesure pour produire des œuvres accomplies. Avant lui et après lui, cette parfaite harmonie, qui dure si peu dans la vie littéraire d'un peuple, ou n'est pas encore ou bientôt n'est plus. Avant Pascal, dans Descartes même, la nature est puissante, mais l'art manque un peu ; et quelque temps après Pascal, dès les premières années du xviiie siècle, l'art paraît déjà trop ; la beauté de la forme commence à être recherchée pour elle-même, jusqu'à ce moment fatal, marqué avec tant d'éclat par J.-J. Rousseau, où commence le règne de la forme et par conséquent sa décadence. Dans Pascal, comme dans tous ses grands contemporains, et presque toujours encore dans la prose de Voltaire, la forme n'est pas autre chose que le vêtement le plus transparent que prend la pensée pour paraître le plus possible telle qu'elle est, créant elle-même l'expression qui lui convient, qui n'ôte rien, mais surtout n'ajoute rien à sa valeur propre. Plus tard vient la rhétorique avec son triste précepte d'embellir la pensée par l'expression. La vraie rhétorique a le précepte contraire, celui de renfermer sévèrement la parole dans les limites de la pensée et du sentiment. Pascal est l'écrivain peut-être du xvii° siècle qui a le plus travaillé son style, mais seulement pour lui faire dire ce qu'il avait dans l'esprit et dans l'âme. Le sentiment, c'est-à-dire la pensée descendue jusque dans l'âme, voilà le trait distinctif, le grand côté de Pascal. A son début dans l'étude hasardeuse de la philosophie et de la théologie, Pascal n'a pu conquérir d'abord cette étendue et cette profondeur d'idées à laquelle Descartes lui-même, Bossuet et Leibnitz ne sont parvenus qu'après tant de veilles et de méditations sans cesse renouvelées ; mais tout ce que pense ce jeune géomètre, il l'emprunte à sa propre nature, à sa courte et sombre expérience de la vie ; il le sent fortement et le rend de même. Les idées de Pascal ne sont point un jeu de son esprit; c'est le travail douloureux de son âme : elles le pénètrent, elles le consument ; c'est la flèche de feu attachée à son flanc, et il soulage son mal en l'exprimant. Et encore, loin de s'épancher, comme les faibles, Pascal fait effort pour se contenir : l'ardeur de son âme ne paraît qu'à travers la sévérité de son esprit et de sa foi. Oui, c'est par l'âme que Pascal est grand, et comme homme et comme écrivain; le style qui réfléchit cette âme en a toutes les qualités, la finesse, l'amère ironie, l'ardente imagination, la raison austère, le trouble à la fois et la chaste discrétion : ce style est, comme cette âme, d'une beauté incomparable. Que devait donc faire devant un style pareil un éditeur fidèle ? Le recueillir avec religion, tel qu'on le trouvait déposé sur ces feuilles douloureuses, et profondément travaillées même en leur première ébauche. Voilà ce que n'a pas fait Port-Royal, soit Arnauld et Nicole, soit l'abbé Perrier, soit le duc de Roannez; car qui peut aujourd'hui faire la part bien exacte de tous ces personnages dans l'édition des *Pensées ?* C'est l'abbé Perrier qui a fait la préface, on le sait certainement; la tradition janséniste attribue la plus grande part au duc de Roannez, et Arnauld a dû surveiller le tout. C'est donc Port-Royal dans ses meilleurs représentants qui est vraiment le premier éditeur des *Pensées*. Or,

Port-Royal n'avait pas une imagination capable de comprendre celle de Pascal, les troubles de son cœur, les inquiétudes de sa raison, l'immortelle originalité de son style. Il a traité Pascal comme il avait fait Saint-Cyran; et, après en avoir adouci souvent les pensées pour les rendre plus édifiantes, il en a sans aucun scrupule corrigé le style pour le rendre plus exact, plus régulier, plus naturel, selon le modèle de style naturel et tranquille qu'il s'était formé. Port-Royal avait beaucoup d'esprit et souvent de la grandeur; il a donc laissé passer et l'esprit et la grandeur de Pascal; mais il a fait sans pitié main basse sur tout ce qui trahissait le plus profond de sa pensée et de son âme; et comme cette âme éclate à toutes les lignes que traçait la main mourante de Pascal, Port-Royal était condamné à tout corriger et à tout altérer. Aussi je porte le défi que l'analyse puisse inventer un genre d'altération du style d'un grand écrivain que n'ait pas subi celui de Pascal entre les mains de Port-Royal. Il n'y avait pas ici de censure jésuitique à craindre; il n'y a pas eu d'autre censure que celle de la médiocrité sur le génie : je fais ici surtout allusion à l'abbé Perrier et au duc de Roannez; car il y a en vérité des altérations telles que je n'ai pas le courage de les imputer à Arnauld et à Nicole. Il est très-probable qu'Arnauld et Nicole auront été consultés sur certaines pensées et sur le caractère édifiant qu'il convenait de donner à l'ensemble, mais que pour les détails, c'est-à-dire pour le style, Pascal aura été livré à l'abbé Perrier et à M. de Roannez : aussi, nous est-il arrivé mutilé et défiguré de toutes les manières. J'ai donné des échantillons nombreux de tous les genres d'altérations, altérations de mots, altérations de tours, altérations de phrases, suppressions, substitutions, additions, compositions arbitraires et absurdes tantôt d'un paragraphe, tantôt d'un chapitre entier, à l'aide de phrases et de paragraphes étrangers les uns aux autres, et, qui pis est, décompositions plus arbitraires encore et vraiment inconcevables de chapitres qui, dans le manuscrit de Pascal, se présentaient parfaitement liés dans toutes leurs parties et profondément travaillés.

Devant ces vices manifestes de l'édition de Port-Royal et de celle de Bossut, devant tant d'omissions, de suppositions, d'altérations, je puis dire que la thèse qui fait le sujet de ce *Rapport* est aujourd'hui démontrée, à savoir : la nécessité d'une nouvelle édition des *Pensées*. Donnerai-je un jour cette édition? Je le désire, je n'ose en répondre; j'en ai du moins posé les fondements; je l'ai préparée et comme prévenue : 1° en publiant les plus importantes pensées inédites qui se trouvaient encore dans le manuscrit autographe; 2° en rétablissant le vrai texte de Pascal sur les points les plus essentiels; 3° en mettant à côté des altérations de toute espèce que je signalais, grandes et petites, les leçons authentiques; 4° en donnant à part dans leur forme vraie plusieurs grands morceaux de Pascal, celui sur la règle des paris appliquée à l'existence de Dieu, celui sur les deux infinis de grandeur et de petitesse, la lettre entière adressée à madame Perrier sur la mort de leur père, de laquelle ont été tirées les pensées célèbres sur la mort, les neuf lettres à mademoiselle de Roannez, dont une seule jusqu'ici était connue, plusieurs lettres nouvelles de Pascal et diverses pièces inédites ou de Pascal ou sur Pascal que m'ont fournies des manuscrits de la bibliothèque du Roi.

Mais, dira-t-on, tout cela n'est en réalité qu'un recueil de variantes. J'en conviens très-volontiers ; je ne me crois pas assez grand seigneur pour dédaigner la tâche modeste de restituer le vrai texte de Pascal. Dans ma jeunesse j'ai passé bien des nuits sur des variantes de Platon, et maintenant j'irais encore chercher bien loin des leçons authentiques du *Misanthrope*, de *Polyeucte* ou d'*Athalie*. Quand la bonne langue s'en va, est-il donc sans utilité de recueillir pieusement les vestiges effacés de l'un des plus beaux monuments du grand langage du xviie siècle ? Je ne m'en défends pas : j'ai de la passion pour cette admirable langue que jadis l'Académie a contribué à fonder et qu'aujourd'hui plus que jamais peut-être elle a le droit et le devoir de défendre, soit contre des innovations opposées au génie national, soit contre des retours artificiels et maniérés à la langue naïve et informe du xvi⁰ siècle, efforts également impuissants pour simuler l'originalité, quand l'originalité ne peut être, aujourd'hui comme toujours, que dans des pensées nouvelles vivement senties et naturellement exprimées dans la langue de tout le monde, rappelée sans violence à celle des grands modèles.

Pour pousser à bout le scandale, je ne me suis pas borné à recueillir des variantes de Pascal; j'ai dressé une sorte d'inventaire des locutions les plus remarquables qui se rencontrent dans les fragments cités, comme ont fait plusieurs éditeurs des classiques grecs et latins. Si cet humble exemple était suivi pour un certain nombre de nos classiques, nous aurions enfin un dépôt fidèle du bon langage et le fondement nécessaire du Dictionnaire historique de la langue française confié à l'Académie.

En un mot, j'ai traité Pascal comme un ancien : telle est la pensée qui m'a guidé et soutenu dans ce travail ingrat.

Du moins voilà le texte des parties les plus importantes des *Pensées* rétabli dans son intégrité, et à l'aide de cette restitution le dessein de Pascal rendu manifeste. Ce dessein, je l'ai démontré dans ce Rapport, était d'accabler la philosophie cartésienne et avec elle toute philosophie sous le scepticisme pour ne laisser à la foi naturelle de l'homme d'autre asile que la religion. Or en cela, l'adversaire des Jésuites en devient, sans s'en douter, le serviteur et le soldat.

En effet, dès que la philosophie cartésienne se lève, en dépit de toutes les précautions de Descartes, après quelques hésitations, les Jésuites se décident à la combattre. J'ai déjà fait voir [1] et j'exposerai un jour avec plus de détail encore la violence opiniâtre avec laquelle ils poursuivirent les disciples les plus irréprochables de Descartes et dans Port-Royal et dans l'Université de Paris et dans l'Oratoire et dans leur propre sein, pendant plus de quarante années. Le sang ne coula point, il est vrai : le temps des supplices était passé, quoiqu'il ne fût pas bien loin. Le XVIIe siècle s'ouvre

---

[1] *Fragments philosophiques*, 3me édition, IIe vol., p. 174. *De la persécution du Cartésianisme en France.*

par le bûcher de Bruno à Rome [1]; et celui de Vanini à Toulouse [2] précède de moins de vingt ans le *Discours de la Méthode*. A la fin du XVIIe siècle, la persécution fut moins cruelle, mais bien dure encore. Tout enseignement d'une partie quelconque de la doctrine cartésienne est interdit dès 1775 dans tous les colléges de l'Université de Paris. Les écoles de Rohault et de Régis sont fermées. L'Oratoire est contraint, sous peine de périr, de demander grâce à ses implacables ennemis. La charrue passe sur le Port-Royal, le premier foyer du cartésianisme en France; et l'homme le plus distingué qu'ait eu alors la compagnie de Jésus, le père André va pleurer à la Bastille le crime inexpiable de n'avoir pas voulu traiter Malebranche d'athée [3]. Et pourquoi, je vous prie, cette inflexible persécution? Était-elle dirigée contre tel ou tel principe particulier du cartésianisme? Non; des dissentiments philosophi-

---

[1] 17 février 1600. Voir la fameuse lettre de Schoppe, témoin oculaire, dans les *Acta litteraria* de Struvius, 5e cahier, p. 64.

[2] Février, 1619. Le *Discours de la Méthode* est de 1637.

[3] Voyez mes articles sur le père André, *Journal des Savants*, 1841, janvier et février.

ques n'expliquent point un tel acharnement. Était-elle inspirée par un attachement fanatique à la doctrine d'Aristote, par exemple aux formes substantielles en physique, à l'éternité du monde et à la corruptibilité de l'âme en métaphysique, à l'inertie de Dieu et à d'autres dogmes du même genre? Nous ne le croyons pas. Les Jésuites étaient attachés au péripatétisme parce que le péripatétisme était ancien, admis, à tort ou à raison, par la tradition et l'autorité; et ils repoussaient le cartésianisme parce qu'il était nouveau, parce qu'il contenait en lui une hardiesse généreuse, le sentiment énergique du droit et de la dignité de la pensée, c'est-à-dire tout un monde nouveau. Les Jésuites, qui étaient commis à la garde de l'ancien, devaient s'efforcer de prévenir et d'étouffer dans le cartésianisme celui qu'il ouvrait à l'humanité. En apparence, c'est pour Aristote que combattirent les Jésuites, mais en réalité c'est à la raison humaine qu'ils en voulaient, et tous les coups qui tombèrent sur le cartésianisme étaient adressés à la philosophie elle-même. Dans le premier moment de la querelle, il s'agit encore d'Aristote et de Descartes : on les défend et on les attaque des deux côtés ; mais bientôt Aristote et Descartes font place aux véritables acteurs de ce drame plus d'une fois tragique, à savoir : l'autorité et la raison, avec cette différence que dans cette lutte mémorable l'autorité attaquait la raison et allait la chercher jusque sur son domaine pour la détruire, tandis que la raison, loin d'attaquer, se défendait presque en suppliante, et réclamait seulement le droit de s'exercer dans ses propres limites et de faire usage de ses propres forces, ne fût-ce que pour pouvoir reconnaître et établir plus solidement les droits de l'autorité.

Le savant évêque d'Avranches, Huet, l'ami des Jésuites, qui mourut chez eux et les servit pendant toute sa vie, représente parfaitement ces deux faces de la guerre que la Société fit au cartésianisme. D'abord il l'attaque en lui-même dans les principes qui lui appartiennent; de là le livre célèbre : *Censure de la philosophie cartésienne* (Paris, 1689), livre que tous les ennemis de la philosophie nouvelle prônèrent et répandirent, et dont il y eut en peu d'années tant d'éditions. En 1694, il y en a déjà une quatrième sortie des presses de l'imprimerie royale. Ici tout semble dirigé seulement contre Descartes. Mais après la mort de Huet son secret lui échappa : on trouva dans ses papiers un écrit ingénieux et savant [1], non plus contre Descartes mais contre la raison elle-même, non plus pour Aristote mais contre toute espèce de dogmatisme, et par exemple dans l'antiquité grecque, devenue sous la plume du savant évêque le champ de bataille de la dispute, contre l'ancienne Académie pour la nouvelle, c'est-à-dire pour le pyrrhonisme. Voici le titre même du chapitre 15 qui termine et résume le livre 1er : *On conclut de tout ce qui a été dit ci-dessus qu'il faut douter et que c'est le seul moyen d'éviter les erreurs. La hardiesse des Dogmatiques a produit une infinité d'erreurs. Les Académiciens et les sceptiques n'affirmant rien, ne peuvent se tromper, et ils sont les seuls qui méritent le nom de philosophes.* Le livre 2e explique quelle est *la plus sûre et la plus légitime voie de philosopher.* Savez-vous quelle est cette voie sûre

---

[1] *Traité philosophique de la foiblesse de l'esprit humain*, Amsterdam, 1721.

et légitime? C'est l'empirisme et la probabilité[1]. Voilà bien en philosophie le probabilisme de la théologie jésuitique. Et, chose merveilleuse, tout cela dans Huet aboutit à la *Démonstration évangelique* !

Le *Traité philosophique de la foiblesse de l'esprit humain* est le modèle accompli et le code de cette espèce de scepticisme un peu hyprocrite qui ébranle toutes les vérités naturelles pour asseoir sur leur ruine la vérité révélée, comme si la vérité était contraire à la vérité, et qui met en avant le doute pour conduire par un détour au dogmatisme le plus impérieux. Pascal appartient à cette école ; lui aussi il a pour principe que *le pyrrhonisme est le vrai*[2] ; et tant d'autres déclarations de la même sorte dont on voyait déjà quelque ombre dans les anciennes éditions, et qui paraissent aujourd'hui à découvert dans les fragments nouveaux que nous avons publiés.

---

[1] *Traité philosophique de la foiblesse de l'esprit humain*, liv. II, chap. III. *Il n'y a rien dans l'entendement qui n'ait été dans les sens. Contre Platon, contre Proclus, contre Descartes.* — Ibid., chap. IV, *il faut croire les choses probables comme si elles étoient véritables.* — Chap. V, *règles du creterium de la probabilité*, à savoir : la sensation.

[2] Rapport, p. 171.

Pascal aussi, comme Huet, combat Descartes; mais, comme Huet aussi, c'est la philosophie même qu'il poursuit dans la philosophie cartésienne. Il est sceptique comme lui, et comme lui il se propose de conduire l'homme à la foi par la route du scepticisme. On eût fort étonné cet inflexible adversaire des Jésuites, si on lui eût montré que toute son entreprise était celle de la Société. Mais ce qui, chez les Jésuites, était habileté et calcul, exprime dans Pascal l'état vrai de cette intelligence si forte, mais jeune, inexpérimentée, ardente et extrême. Même à part son génie, aux yeux de tout ami de l'humanité, Pascal est sacré par sa sincérité, par sa droiture, par les angoisses de sa pensée et de son âme; mais, il faut le dire aujourd'hui : jamais homme ne s'est plus contredit. En vérité, c'était bien la peine de défendre contre les Jésuites et contre Rome elle-même, au nom de la liberté de la pensée, une erreur manifeste, j'entends la doctrine janséniste de la grâce poussée presque jusqu'à l'exagération de Luther et de Calvin, pour sacrifier ensuite et la liberté de penser et la puissance légitime de la raison aux pieds de ces mêmes Jésuites, et leur fournir l'arme la plus redoutable qu'ils employèrent et qu'ils emploient encore contre Port-Royal et toute l'église gallicane, contre le cartésianisme et toute philosophie! O inconséquence de la passion! L'auteur des *Provinciales* est le héraut de l'esprit nouveau, et l'auteur des *Pensées* en est l'adversaire! Aussi est-ce surtout aux *Provinciales* que le nom de Pascal demeure attaché; c'est de là, c'est du courage avec lequel il prit en main une cause, bonne ou mauvaise en soi, mais injustement opprimée, c'est de la mâle conviction qu'il opposa à ce scepticisme déguisé qui s'appelait le probabilisme, c'est précisément de ce dogmatisme admirable du sens commun et de la vertu que Pascal tire sa popularité. Le livre des *Pensées*, qui n'est point achevé et qu'il ne publia pas lui-même, jeta incomparablement moins d'éclat. N'est-ce pas une remarque frappante et bien digne d'être méditée par tous les esprits sincères, qu'aucun des grands docteurs du xviie siècle n'ait cité les *Pensées?* Pascal n'entraîna personne dans la route où il s'était imprudemment engagé. En dépit de ses sarcasmes contre

Descartes et contre la philosophie, en dépit de son apologie du pyrrhonisme, en dépit des arrêts du conseil et des lettres de cachet qui tombaient de toutes parts sur les partisans de la philosophie nouvelle, tout le xviie siècle a été cartésien, pieux tout ensemble et philosophe, amateur de la raison et respectueux envers la foi.

Contre Pascal nous pouvons invoquer d'abord Port-Royal, qui n'a cessé d'être sagement favorable à Descartes et à la philosophie. La *Logique* est toute pénétrée de cartésianisme et respire l'esprit nouveau [1]. Nicole a rassemblé soigneusement et présenté avec une entière confiance tous ces arguments en faveur de l'existence de Dieu et de l'immortalité de l'âme qui paraissaient si mé-

---

[1] La *Logique* se prononce très-vivement contre le pyrrhonisme et contre Montaigne : *Premier discours*. Elle combat avec force la maxime qu'il n'y a rien dans l'entendement qui n'ait été d'abord dans le sens. Le *Chapitre premier de la* 1re *partie* est une défense de Descartes contre Gassendi et contre Hobbes. La 4e *partie, de la méthode*, est presque tout entière empruntée à Descartes, à ses ouvrages imprimés et même à un Traité manuscrit qui est incontestablement le Traité des *règles pour conduire notre esprit dans la recherche de la vérité*, imprimé en latin dans les *Opera posthuma Cartesii*, Amsterdam, 1711, et traduit pour la première fois en français, dans le tome XI de notre édition.

prisables à Pascal[1]. Arnauld commence sa carrière par une défense solide et judicieuse des *Méditations*[2], et, dans sa vieillesse, il les défend encore et contre l'autorité égarée[3] et contre Male-

---

[1] *Discours contenant en abrégé les preuves naturelles de l'existence de Dieu et de l'immortalité de l'âme* ; « Je suis persuadé que les preuves naturelles ne laissent pas d'être solides et proportionnées à certains esprits ; elles ne sont pas à négliger. Il y en a d'abstraites et de métaphysiques, comme j'ai dit, et je ne vois pas qu'il soit raisonnable de prendre plaisir à les décrier..... Quelqu'efforts que fassent les athées pour effacer l'impression que la vue de ce grand monde forme naturellement dans tous les hommes, qu'il y a un Dieu qui en est l'auteur, il ne sauroit l'étouffer entièrement, tant elle a des racines fortes et profondes dans notre esprit..... La raison n'a qu'à suivre son instinct naturel pour se persuader qu'il y a un Dieu. — *Traité de la foiblesse de l'Homme* : « On avoit philosophé trois mille ans durant sur divers principes; il s'élève dans un coin de la terre un homme qui change toute la face de la philosophie et qui prétend faire voir que tous ceux qui sont venus avant lui n'ont rien entendu dans les principes de la nature. Et ce ne sont pas seulement de vaines promesses, car il faut avouer que le nouveau venu donne plus de lumières sur la connoissance des choses naturelles que tous les autres ensemble n'en avoient donné. »

[2] Voyez parmi les objections aux *Méditations* cet écrit d'Arnauld, dont Descartes se montra si satisfait. C'est le premier écrit connu d'Arnauld, car il doit avoir été composé avant la publication même des *Méditations*, qui est de 1641, et par conséquent plusieurs années avant le *Traité de la fréquente communion*, qui est de 1643.

[3] Les *Fragments philosophiques*, 3me édition, tome II, donnent un mémoire d'Arnauld, destiné à prévenir l'arrêt contre le cartésianisme, arrêt sollicité du parlement de Paris par la faculté de

branche¹. Dans sa longue polémique avec l'auteur de la *Recherche de la vérité,* Arnauld s'appuie constamment sur la raison dans l'ordre des vérités naturelles ; il se plaint que son illustre antagoniste a recours, par un cercle vicieux manifeste, à la révé-

---

théologie, et détourné par l'*Arrêt burlesque* de Boileau, et peut-être aussi par cet excellent mémoire qui doit avoir été écrit entre 1671 et 1675.

¹ *Des vraies et des fausses idées*, Cologne, 1683. Voyez particulièrement le chapitre XXIV, où Arnauld soutient contre Malebranche la clarté de la notion de l'âme, d'après les principes de Descartes; et les chapitres XXV et XXVI, où il prend de nouveau la défense de la preuve cartésienne de l'existence de Dieu par l'idée de la perfection, contre les instances de Gassendi, et contre les interprétations détournées de Malebranche. — Enfin, en 1692, Arnauld n'hésite pas à exprimer sur le livre tant vanté de Huet une opinion qui est entièrement la nôtre. « Je ne sais pas ce qu'on peut trouver de bon dans le livre de M. Huet contre M. Descartes, si ce n'est le latin ; car je n'ai jamais vu de si chétif livre, pour ce qui est de la justesse d'esprit et de la solidité du raisonnement. C'est renverser la religion que d'outrer le pyrrhonisme autant qu'il fait. Car la foi est fondée sur la révélation, dont nous devons être assurés par la connoissance de certains faits. Il n'y a donc point de faits humains qui ne soient incertains, s'il n'y a rien sur quoi la foi puisse être appuyée. Or, que peut tenir pour certain et pour évident celui qui soutient que cette proposition, *je pense, donc je suis,* n'est pas évidente, et qui préfère les sceptiques à M. Descartes, en ce que ce dernier ayant commencé à douter de tout ce qui pouvoit paroître n'être pas tout à fait clair, a cessé de douter, quand il en est venu à faire cette réflexion sur lui-même : *cogito, ergo sum*; au lieu, dit M. Huet, que les sceptiques ne se sont point arrêtés là, et qu'ils ont prétendu que

lation pour prouver l'existence de ce monde[1]. A chaque ligne de cette grande polémique éclate la confiance d'Arnauld dans la puissance de la raison humaine. Port-Royal est donc pour nous, et quand Pascal nous attaque, nous pouvons lui opposer ses amis et ses maîtres, Nicole et Arnauld.

Il en faut dire autant de toute l'église de France. Je ne suis point surpris que Bossuet ni Fénelon n'aient jamais cité les *Pensées;* car les principes de ces deux grands hommes et ceux de Pascal sont inconciliables. Il faut choisir entre eux et Pascal. Celui-ci est ennemi du cartésianisme, et *n'estime pas que toute la philosophie vaille une heure de peine.* Fénelon et Bossuet ont étudié dès leur première jeunesse, et n'ont cessé de cultiver pendant

---

cela même étoit incertain et pouvoit être faux; ce qui a été regardé par saint Augustin, aussi bien que par M. Descartes, comme la plus grande de toutes les absurdités; parce qu'il n'y a rien certainement dont nous puissions moins douter que de cela. Il y a cent autres égarements dans le livre de M. Huet; mais celui-là est le plus grossier de tous. » Lettres d'Arnauld, t. IIIe. Voyez aussi un passage de la lettre DCCCXXX, sur le même sujet.

[1] *Des vraies et des fausses idées*, p. 324 et 333.

toute leur vie et jusqu'à leurs derniers moments, la philosophie. Tous deux, loin de se faire une arme du scepticisme, le combattent partout; partout ils témoignent d'une admiration mesurée pour Descartes; ils en admettent l'esprit général et la méthode. Le *Traité de la connoissance de Dieu et de soi-même*, le *Traité du libre arbitre* et celui *de l'existence de Dieu* sont des livres admirables, où toutes les grandes vérités, et singulièrement celle de la divine providence, sont établies au nom de la raison et sur le fondement même des *Méditations*. Bossuet et Fénelon s'y déclarent ouvertement contre la maxime péripatéticienne et jésuitique tant célébrée par Huet : *Il n'y a rien dans l'entendement qui n'y ait été introduit par la voie des sens*, et contre cette autre maxime de la Compagnie, que toute certitude se réduit à la simple probabilité. Ils sont tous deux pour Platon contre Aristote ; ils sont donc pour Descartes contre ses adversaires. Le traité *de l'existence de Dieu* admet pleinement le doute méthodique, le *je pense, donc je suis*, et la démonstration de l'existence de Dieu par l'idée de la perfection[1]. Fénelon suit Descartes jusque dans son brillant et téméraire disciple; il adopte toute la théorie des idées de Malebranche, et la reproduit presque dans les mêmes termes, comme s'il eût ignoré le livre d'Arnauld[2]. Comment Fénelon eût-il été un adversaire de la raison, lui qui, la rapportant à son foyer éternel, la suivant et dans les lois de l'univers et dans les lois de la pensée, s'écrie avec enthousiasme : « O raison ! raison ! n'es-tu pas le Dieu que je cherche[3] ? » Bossuet, avec plus de mesure et appuyé sur

---

[1] *Seconde partie : Démonstration de l'existence et des attributs de Dieu, tirée des idées intellectuelles.* Chap. I. *Méthode qu'il faut suivre dans la recherche de la vérité.* Conclusion de ce chapitre : « Me voilà donc enfin résolu à croire que je pense puisque je doute, et que je suis puisque je pense. » Chap. II. *Preuves métaphysiques de l'existence de Dieu. Première preuve tirée de l'imperfection de l'être humain... Deuxième preuve tirée de l'idée que nous avons de l'infini.* La même méthode cartésienne se retrouve dans les *Lettres sur divers sujets de métaphysique et de religion*, écrites par Fénelon à la fin de sa vie ; chap. I : *De ma pensée.*

[2] *Ibid.* Chap. IV. *Nouvelle preuve de l'existence de Dieu, tirée de la nature des idées.* C'est tout à fait la théorie des idées et même la vision en Dieu de Malebranche. « Ainsi je vois Dieu en tout, ou, pour mieux dire, c'est en Dieu que je vois toutes choses : car je ne connois rien, je ne distingue rien, et je ne m'assure de rien que par mes idées. »

[3] *Première partie.* § 60. — Il est impossible de citer tous les passages où la raison de l'homme est présentée comme un reflet

un bon sens que rien ne peut faire fléchir, est, à sa manière, un disciple de la même doctrine dont il ne fuit, selon sa coutume, que les extrémités. Ce grand

et un miroir de la raison divine, et par conséquent distinguée des sens et de l'imagination et élevée au-dessus de tout scepticisme. *Première partie.* § 52 : O que l'esprit de l'homme est grand ! il porte en lui de quoi s'étonner..... Jugeons de notre grandeur par l'infini immuable qui est empreint au-dedans de nous et qui ne peut jamais y être effacé... § 54.... Outre l'idée de l'infini, j'ai encore des notions universelles et immuables qui sont la règle de tous mes jugements ; je ne puis juger d'aucune chose qu'en les consultant et il ne dépend pas de moi de juger contre ce qu'elles me représentent. Mes pensées, loin de pouvoir corriger ou forcer cette règle, sont elles-même corrigées malgré moi par cette règle supérieure et elles sont invinciblement assujéties à sa décision... Cette règle intérieure est ce que je nomme ma raison. § 55. A la vérité, ma raison est en moi, car il faut que je rentre sans cesse en moi-même pour la trouver ; mais la raison supérieure qui me corrige dans le besoin et que je consulte n'est point à moi et elle ne fait point partie de moi-même... Ce maître est partout, et sa voix se fait entendre d'un bout de l'univers à l'autre à tous les hommes comme à moi... § 56. C'est elle qui fait qu'un sauvage du Canada pense beaucoup de choses comme les philosophes grecs et romains les ont pensées... Il n'y a point encore eu d'homme sur la terre qui ait pu gagner ni sur les autres ni sur lui-même d'établir dans le monde qu'il est plus estimable d'être trompeur que d'être sincère, d'être emporté et malfaisant que d'être modéré et de faire du bien. § 57. Le maître intérieur et universel dit donc toujours et partout les mêmes vérités pour corriger tous nos mensonges. » Je m'arrête pour ne pas copier des pages entières ; mais qu'il y a loin de cette philosophie et de cette morale à celles de Pascal et de Montaigne !

esprit, qui peut avoir des supérieurs pour l'invention, mais qui n'a pas d'égal pour la force dans le sens commun, s'est bien gardé de mettre aux prises la révélation et la philosophie : il a trouvé plus sûr et plus vrai de leur faire à chacune leur part, d'emprunter à l'une tout ce qu'elle peut donner de lumières naturelles, pour les accroître ensuite des lumières surnaturelles dont l'église a reçu le dépôt. C'est dans ce bon sens souverain, capable de tout comprendre et de tout unir, qu'est précisément la suprême originalité de Bossuet. Il fuyait les opinions particulières comme les petits esprits les recherchent pour le triomphe de leur amour-propre. Lui, ne songeait point à lui-même ; il ne cherchait que la vérité, et partout où il la rencontrait il la recevait volontiers, bien assuré que si le lien des vérités de tous les ordres nous échappe quelquefois, ce n'est point un motif de fermer les yeux à aucune vérité. Si on voulait donner un nom d'école à Bossuet, selon l'usage du moyen-âge, il faudroit l'appeler le docteur infaillible. Il n'est pas seulement une des plus hautes, il est aussi une des meilleures et des plus solides intelligences qui furent jamais ; et ce grand conciliateur a bien aisément concilié la religion et la philosophie. Si sa règle est saint Augustin, son guide est presque toujours Descartes, et il s'est fondé tour à tour sur la tradition sacrée et sur la raison [1].

[1] Même alors que des disciples imprudents de Descartes compromettaient le maître, en essayant d'expliquer à tort et à travers certains mystères du Christianisme, même celui de la transsubstantiation, Bossuet, en repoussant et en déplorant ces aberrations, respecte et défend la vraie doctrine de Descartes. *Lettre à un disciple du père Malebranche* : « Je vois un grand combat se préparer contre l'Eglise sous le nom de la philosophie cartésienne. Je vois naître de son sein et de ses principes, *à mon avis mal entendus*, plus d'une hérésie ; et je prévois que les conséquences qu'on en tire contre les dogmes qu'ont tenus nos pères la vont rendre odieuse, et feront perdre à l'Eglise tout le fruit qu'elle en pouvoit espérer pour établir dans l'esprit des philosophes la divinité et l'immortalité de l'âme. » *Le traité de la connoissance de Dieu et de soi-même* est tout rempli de propositions cartésiennes. Le point de départ de la philosophie est la connoissance de l'homme. La sensation est l'occasion mais non pas le fondement de la connoissance. C'est par l'entendement seul que nous connoissons les rapports, l'ordre et la beauté des choses. Voici des propositions tout-à-fait semblables à celles de Fénelon que nous avons citées : « Comme l'entendement ne la fait pas (la vérité), mais la suppose, il s'en suit qu'elle est éternelle, et par là indépendante de tout entendement créé... Toutes ces vérités subsistent indépendamment de tous les temps; en quelque temps que je mette un entendement humain, il les connoîtra ; mais, en les connoissant, il les trouvera vérités, il ne les fera pas telles... Si je cherche maintenant où et en quel sujet elles subsistent éternelles et immuables comme elles sont,

J'ai beau chercher dans tout le xvɪɪᵉ siècle, je ne trouve pas un seul grand évêque, un seul grand écrivain qui ait pensé différemment. Le cardinal de Retz n'est point une trés-grande autorité ecclésiastique ; mais c'était un esprit du sens le plus ferme et le plus pratique, et quand sur la fin

je suis obligé d'avouer un être où la vérité est éternellement subsistante et où elle est toujours entendue ; et cet être doit être la vérité même... C'est donc en lui, d'une certaine manière qui m'est incompréhensible, c'est en lui, dis-je, que je vois ces vérités éternelles... Il y a nécessairement quelque chose qui est avant tous les temps et de toute éternité, et c'est dans cet éternel que ces vérités éternelles subsistent ; c'est aussi là que je les vois... Ainsi nous les voyons dans une lumière supérieure à nous-mêmes ; et c'est dans cette lumière supérieure que nous voyons si nous faisons bien ou mal... Là donc nous voyons avec toutes les autres vérités les règles invariables de nos mœurs. L'homme qui voit ces vérités par ces vérités se juge lui-même et se condamne quand il s'en écarte ; ou plutôt ce sont ces vérités qui le jugent... Ces vérités éternelles que tout entendement aperçoit toujours les mêmes, par lesquelles tout entendement est réglé, sont quelque chose de Dieu, ou plutôt sont Dieu même. »
Le paragraphe 6 du chap. ɪv a pour titre la maxime même sur laquelle est fondée la démonstration cartésienne de l'existence de Dieu : *L'âme connait par l'imperfection de son intelligence qu'il y a ailleurs une intelligence parfaite.* Après avoir achevé toutes les preuves de l'existence de Dieu et de l'immortalité de l'âme par la seule philosophie, Bossuet conclut ainsi : « Ces raisons sont solides et inébranlables à qui les sait pénétrer. » De même, dans le traité *du libre arbitre*, c'est par la raison seule qu'il résout toutes les difficultés. Chap. ɪɪ, *que*

de sa vie, dans sa solitude de Commercy, il s'occupa de sérieuses études, il n'hésita point à se prononcer pour la philosophie cartésienne[1]. Celui que le pape Urbain VIII appela *l'apôtre du verbe incarné*, est aussi celui qui suscita Descartes, lui mit la plume à la main, et recommanda ses écrits aux saints prêtres

---

cette liberté est dans l'homme et que nous connoissons cela naturellement. « Je dis que la liberté ou le libre arbitre est certainement en nous et que cette liberté nous est évidente : 1° par l'évidence du sentiment et de l'expérience; 2° par l'évidence du raisonnement; 3° par l'évidence de la révélation. » L'accord de la foi et de la raison est ici manifeste. Chap. III, *que nous connoissons naturellement que Dieu gouverne notre liberté et ordonne de nos actions.* Chap. IV, *que la raison seule nous oblige à croire ces deux vérités, quand même nous ne pourrions trouver le moyen de les accorder ensemble.* Même en parlant de la création sans aucune matière préexistante, Bossuet dit : « Nous connoissons clairement toutes les vérités que nous venons de considérer; c'est renverser les fondements de tout bon raisonnement que de les nier. » Dans la première *Élévation* il reprend la preuve cartésienne de l'existence de Dieu par l'idée de la perfection : « Pourquoi Dieu ne seroit-il pas? Est-ce à cause qu'il est parfait, et la perfection est-elle un obstacle à l'être? Erreur insensée! au contraire, la perfection est la raison d'être... » Enfin Huet lui-même nous apprend que Bossuet reçut très-peu favorablement la *censure de la philosophie cartésienne*, et l'abbé Ledieu, secrétaire de Bossuet, dit expressément qu'il mettait le *discours de Descartes sur la méthode* au-dessus de tous les ouvrages de son siècle.

[1] Voyez mes articles du *Journal des savants* de cette année, intitulés le *Cardinal de Retz, cartésien*.

qu'il rassemblait. Le cardinal de Bérulle est assurément l'homme qui a le plus fait pour le cartésianisme en lui donnant l'Oratoire [1]. Je l'ai déjà dit : l'Oratoire a manqué de succomber par fidélité à Descartes et au vœu de son illustre fondateur ; et cependant quelle réunion choisie d'esprits excellents et bien cultivés en tout genre d'études ! Sur ce fond si pur se détache Malebranche, excessif et téméraire, je le sais, étroit et extrême, je ne crains pas de le dire, mais toujours sublime, n'exprimant qu'un seul côté de Platon, mais l'exprimant dans une âme toute chrétienne et dans un langage angélique. Malebranche, c'est Descartes qui s'égare, ayant trouvé des ailes divines et perdu tout commerce avec la

---

[1] Baillet, dans la vie de Descartes, liv. 2, chap. XIV, raconte en quelles circonstances le cardinal de Bérulle connut les desseins philosophiques de Descartes, et quels encouragements il leur donna. Ailleurs, liv. 3, chap. V : « M. Descartes avoit toujours eu beaucoup de vénération pour son mérite, beaucoup de déférence pour ses avis. Il le considéroit, après Dieu, comme le principal auteur de ses desseins et de sa retraite hors de son pays. » Ce furent les Pères de Condren, Gibieuf et de Labarde qui introduisirent parmi leurs confrères le goût de la nouvelle philosophie. Voyez encore Baillet, et surtout le Père Tabaraud dans son *Histoire de Pierre de Bérulle*, Paris, 1817, t. II, p. 187, et dans la *Biographie universelle*, article Bérulle.

terre[1]. Saint-Sulpice n'est point suspect. Si Port-Royal est plus grand, si l'Oratoire est plus instruit, Saint-Sulpice est plus sage. C'est après tout la plus saine école de théologie qu'il y ait eu en France. Voit-on que Saint-Sulpice ait proscrit le cartésianisme

---

[1] Partout Malebranche rend témoignage à Descartes, et le défend contre ses ennemis. *Recherche de la vérité*, liv. 1ᵉʳ, chap. VI : « M. Descartes a prouvé démonstrativement l'existence d'un Dieu, l'immortalité de nos ames, plusieurs autres questions métaphysiques, un très-grand nombre de questions de physique, et notre siècle lui a des obligations infinies pour les vérités qu'il nous a découvertes. » Sur l'accord de la foi et de la raison ; *Entretiens sur la métaphysique* : « Je ne croirai jamais que la vraie philosophie soit opposée à la foi..... La vérité nous parle de diverses manières ; mais certainement elle dit toujours la même chose. Il ne faut donc point opposer la philosophie à la religion, si ce n'est la fausse philosophie des payens... » « Nous sommes tous raisonnables et essentiellement raisonnables ; et de prétendre de se dépouiller de sa raison comme on se décharge d'un habit de cérémonie, c'est se rendre ridicule, et tenter inutilement l'impossible. » *Traité de morale* : « Mais, dit-on, la raison est corrompue ; elle est sujette à l'erreur ; il faut qu'elle soit soumise à la foi ; la philosophie n'est que la servante ; il faut se défier de ses lumières ; perpétuelles équivoques !...... La raison doit toujours être la maîtresse ; Dieu même la suit.... L'intelligence est préférable à la foi : car la foi passera ; mais l'intelligence subsistera éternellement..... La foi sans intelligence, je ne parle pas ici des mystères dont on ne peut avoir d'idée claire ; la foi, dis-je, sans aucune lumière, si cela est possible, ne peut rendre solidement vertueux. C'est la lumière qui perfectionne l'esprit et qui règle le cœur. »

et la philosophie? son plus brillant élève, son élève avoué et chéri est le cartésien Fénelon. Et de nos jours encore, j'ai vu, j'ai connu dans ma jeunesse un pieux et savant supérieur de Saint-Sulpice, en même temps conseiller de l'Université, qui croyait suivre la tradition de son ordre et du grand siècle en professant et en recommandant l'accord de la foi et de la raison. Loin d'être un adversaire de Descartes, M. l'abbé Eymery en était un admirateur éclairé. Son dernier ouvrage est un choix de morceaux classiques de Descartes en l'honneur commun de la religion et de la philosophie [1]. Ce digne prêtre ne s'était pas fait scrupule de donner aussi des *Pensées* de Leibnitz [2]; et Leibnitz c'est Descartes avec un demi-

---

[1] *Pensées de Descartes sur la religion et la morale;* 1811. Le discours préliminaire est une apologie complète et régulière de Descartes. Le savant éditeur est même contre Pascal dans la question obscure si Descartes avait réellement conseillé à Pascal l'expérience de la pesanteur de l'air. Il défend aussi Descartes d'avoir préparé la voie à Spinoza.

[2] *Esprit de Leibnitz, ou recueil de pensées choisies sur la religion, la morale, l'histoire, la philosophie, etc., extraites de toutes ses œuvres latines et françaises;* Lyon, 1772; 2 volumes. Seconde édition en 1783. En 1819, *Exposition de la doctrine de Leibnitz sur la religion, suivie de pensées extraites des ouvrages du même auteur.*

siècle de progrès en tous genres, Descartes élevé à la plus haute puissance dans un esprit d'une trempe différente mais non pas inférieure, tout aussi inventif, tout aussi original, mais plus étendu et plus vaste, plus tempéré et plus bienveillant. Si Bossuet est éclectique à son insu, Leibnitz l'est, le sachant et le voulant : nous voilà, ce semble, en assez bonne compagnie, sans parler de Platon, le véritable père de l'éclectisme. L'ouvrage qui portera le nom de Leibnitz à la dernière postérité, la *Théodicée*, n'est autre chose qu'une collection de divers écrits dont l'objet commun est la conformité de la foi et de la raison [1]. Dans le XVIIIe siècle je vois bien trois grands sceptiques, Bayle, Hume, Voltaire; mais ces trois personnages ne passaient pas jusqu'ici pour des serviteurs de la religion. Parmi ceux qui vinrent alors au secours de la foi chancelante, nul n'a songé à lui donner pour appui le scepticisme. MM. les cardinaux de Polignac [2] et Ger-

---

[1] C'est même le titre particulier d'un de ces écrits : *Discours de la conformité de la foi avec la raison. Essais de théodicée*, nouvelle édition, par le chevalier de Jaucourt. 2 vol. Amsterdam, 1747.

[2] L'Anti-Lucrèce est fondé en grande partie sur le cartésia-

dil[1], ne sont pas des théologiens de la force de Bossuet et d'Arnauld, mais ce sont encore les meil-

nisme. Il défend Descartes contre Newton et contre Locke. Au VIIIme livre sont les vers célèbres :

> Quo nomine dicam
> Naturæ genium, patriæ decus ac decus ævi
> Cartesium nostri. . . . .

[1] Voyez particulièrement *l'immatérialité de l'âme démontrée contre M. Locke, avec des nouvelles preuves de l'immatérialité de Dieu et de l'âme tirées de l'Écriture, des Pères et de la raison*. Turin, 1747. Comme Arnauld avait appuyé la maxime cartésienne, je pense, donc je suis, sur l'autorité de saint Augustin, de même Gerdil appuie sur un passage de saint Basile la démonstration de l'existence de Dieu par son idée, p. 229 : « Il est étonnant que la prévention contre le père de la nouvelle philosophie ait tant pu dans l'esprit de quelques docteurs chrétiens que, par attachement à leurs préjugés et à leurs erreurs philosophiques qu'il a combattues avec tant de force et dont il a enfin triomphé si glorieusement, ils n'aient pas craint de l'accuser d'impiété pour avoir fourni à la religion une nouvelle arme invincible contre les athées, en ajoutant aux preuves qu'on avait déjà de l'existence de Dieu, une démonstration si belle et si lumineuse que jusqu'ici on n'a rien su y opposer que d'absurde et de puéril. Quelle gloire pour ce grand philosophe, que les premiers principes sur lesquels il établit sa métaphysique dans ses Méditations, servent aussi de fondement inébranlable aux deux vérités capitales de la religion, l'existence de Dieu et l'immatérialité de l'âme ! » Il prend encore plus ouvertement et plus en détail la défense de Descartes dans la dissertation intitulée : *Incompatibilité des principes de Descartes et de Spinosa*. Dans un autre ouvrage, *Histoire des sectes des philosophes*, l'illustre cardinal s'exprime ainsi sur Descartes : « Quelque grand qu'il soit par tant de sublimes découvertes, il l'est encore plus par sa Méthode et ses Méditations. Ce sont des chefs-d'œuvre de raison et des ouvrages dignes de l'antiquité. »

leurs défenseurs de l'église au xviiⁱ siècle, et tous les deux appartiennent à l'école cartésienne. J'ai déjà cité Saint-Sulpice et M. l'abbé Eymery; je veux invoquer aussi l'homme de notre temps qui a jeté l'éclat de son nom sur cette congrégation modeste, M. l'abbé Frayssinous, évêque d'Hermopolis, qu'on n'accusera pas d'avoir été médiocrement attaché à la religion et à l'église, et qui, dans ses solides conférences, n'a pas cessé de poursuivre le grand objet que se sont constamment proposé les théologiens les plus autorisés, l'accord de la raison et de la foi [1].

Ainsi, nous pouvons le dire sans crainte d'être démentis, l'entreprise de Pascal est condamnée par la pratique de toute l'église de France, par les plus grands théologiens et les plus saints prêtres,

[1] *Défense du Christianisme, ou Conférences sur la Religion.* Paris, 1825. 3 volumes. Le premier volume est comme un traité de philosophie, où sont établies par la *pure raison* et sur la *foi du genre humain* l'existence de Dieu, la spiritualité de l'âme, la loi naturelle, le libre arbitre et l'immortalité de l'âme. A ce livre judicieux je me plais à joindre un autre écrit de la même école et marqué du même caractère, la dissertation que M. l'abbé Gosselin a jointe à son édition aujourd'hui classique des œuvres de Fénelon, dissertation où il examine et apprécie

par les ordres les plus différents, par tout le monde enfin, excepté les Jésuites. Eux seuls l'ont recueillie et poursuivie. Elle semblait à jamais ensevelie avec eux ; et c'est avec eux seulement qu'elle reparaît aujourd'hui.

Pendant qu'au début du XIXᵉ siècle, M. de Châteaubriand séduisait au christianisme l'imagination et le bon goût par le charme des beautés nouvelles qu'il y découvrait, pendant que l'abbé Frayssinous, à Saint-Sulpice, développait devant un auditoire instruit et choisi le thème favori de l'église gallicane, *obsequium rationabile*, une obéissance conforme à la raison ; pendant qu'une philosophie généreuse, sortie du sein de l'Université, disputait l'opinion au matérialisme et à l'athéisme et s'efforçait de réhabiliter parmi nous la tradition carté-

---

Fénelon comme métaphysicien, comme théologien, comme littérateur. La première partie, *Fénelon considéré comme métaphysicien*, semble écrite avec la plume même de M. l'abbé Eymery. Il est impossible de défendre avec plus de sens et de mesure la méthode et la philosophie de Descartes. Voyez encore différents écrits du cardinal de La Luzerne, entr'autres : *Dissertation sur l'existence et les attributs de Dieu. — Dissertations sur la spiritualité de l'âme et sur la liberté de l'homme.* Langres, 1808.

sienne, épurée et vivifiée à la lumière de notre siècle, survint un homme qui, au lieu de poursuivre en commun l'œuvre réparatrice, la changea tout à coup en une réaction violente, esprit vigoureux mais extrême, se précipitant avec l'aveuglement de la logique dans toutes les conséquences d'un principe, ne s'arrêtant qu'au fond de l'abîme, en sortant pour s'élancer encore dans une route opposée avec la même ardeur et le même aveuglement, à la fois obstiné et mobile, et toujours excessif, dédaignant ce que la plupart des hommes adorent, le plaisir et la fortune, n'ayant d'autre passion que la renommée de son nom et le bruit de ses systèmes, non pas le saint Bernard, mais le J.-J. Rousseau de notre siècle. Tel est l'homme qui reprit un jour l'entreprise abandonnée de Pascal et des Jésuites, en croyant l'inventer, et qui s'imagina rendre un service décisif à l'église et terminer d'un coup toutes les querelles en supprimant l'un des deux principes qu'il s'agissait de mettre d'accord. M. l'abbé de Lamennais attaqua tout dogmatisme; il ne distingua plus, comme on l'avait fait jusqu'ici, entre la bonne et la mauvaise, entre la vraie et la fausse philosophie; toute philosophie lui devint fausse et mauvaise par cela seul qu'elle s'appuyait sur la raison et prétendait à une certitude qui lui fût propre : toute certitude releva de l'autorité, laquelle n'eut plus d'autre fondement qu'elle-même, étant parce qu'elle est et tant qu'elle est. M. de Lamennais, c'est Pascal réduit en système ; c'est l'auteur de la *Censure de la philosophie cartésienne* et du *Traité philosophique de la faiblesse de l'esprit humain,* moins savant et moins méthodique, mais passionné, mais véhément, armé à la fois de la logique de fer du *Contrat social* et de la rhétorique enflammée de l'*Héloïse.* La doctrine nouvelle, n'admettant qu'un seul principe, l'autorité, avait tout l'éclat des systèmes exclusifs; elle séduisit et emporta les faibles. Elle se liait d'ailleurs à toute l'entreprise de la restauration, qu'elle exagérait et envenimait. Depuis 1830, le soldat le plus ardent de l'autorité et de Rome est devenu un des apôtres de la liberté. La monarchie représentative, qui lui paraissait autrefois la licence constituée, lui est aujourd'hui une tyrannie insupportable. M. de Lamennais est républicain en politique, et son point de départ en philosophie n'est plus la révélation, mais la raison [1]. L'ancien abbé de Lamennais n'est plus, mais sa première doctrine demeure; cette doctrine a pénétré dans le clergé : l'église de France, dans sa jeune milice, en a reçu une impression funeste et durable. L'église a rejeté M. de Lamennais, mais elle a retenu, sinon tout son système, du moins l'esprit qui l'animait. C'est M. de Lamennais qui le premier a attaqué la philosophie moderne dans Descartes son père; le branle une fois donné, tout le monde a suivi, et il n'y a pas aujourd'hui de feuille prétendue religieuse qui ne déclame à perte de vue contre Descartes et contre la philosophie.

---

[1] *Esquisse d'une philosophie*, 3 vol. Paris, 1840. Tome Ier, Préface : « La philosophie a sa racine dans notre nature et c'est pourquoi on ne peut en assigner le commencement. Contemporaine de l'homme, elle n'est que *l'exercice même de sa raison...* » Ceci n'empêche pas qu'on ne rencontre dans l'*Esquisse* beaucoup de propositions qui rappellent le livre de *l'Indifférence*. Deux esprits contraires y sont sans cesse aux prises, et pour les accorder il faudrait un troisième ouvrage.

Qu'est-ce en effet que toutes ces attaques qui tombent chaque jour sur ce qu'on appelle la philosophie de l'Université, sinon le contre-coup et l'écho monotone de la vieille polémique du livre *de l'Indifférence?* On n'a inventé qu'un seul mot nouveau, celui de panthéisme; et voici toute la variante qui a été faite à l'argumentation de M. de Lamennais. M. de Lamennais disait : Toute philosophie qui veut être conséquente aboutit au scepticisme; on nous dit aujourd'hui : Toute philosophie qui part de la raison (et on appelle cela le rationalisme) conduit nécessairement au panthéisme, c'est-à-dire à l'identification de Dieu et du monde, c'est-à-dire encore au matérialisme et à l'athéisme; témoin Descartes et tous les cartésiens, mes amis et moi bien entendu, auxquels, j'en demande pardon à ces messieurs, il faut qu'ils joignent, s'ils veulent être conséquents eux-mêmes, tous les grands personnages du xviie siècle que j'ai cités tout à l'heure. Mais à qui, de grâce, fera-t-on accroire que mes amis et moi nous confondions le monde et Dieu, comme Volney et Dupuis, et que nous soyons devenus les tardifs adorateurs de cette religion de l'univers-Dieu que nous avons combattue à outrance pendant toute notre jeunesse ? Parlons sans détour : Qu'est-ce que le panthéisme ? Ce n'est pas un athéisme déguisé, comme on le dit ; non, c'est un athéisme déclaré. Dire, en présence de cet univers si vaste, si beau, si magnifique qu'il puisse être : Dieu est là tout entier, voilà Dieu, il n'y en a pas d'autre ; c'est dire aussi clairement qu'il est possible qu'il n'y a point de Dieu, car c'est dire que l'univers n'a point une cause essentiellement différente de ses effets. Et c'est à nous qu'on ose imputer une pareille doctrine !

Les rapports qui unissent la création et le créateur composent un problème obscur et délicat dont les deux solutions extrêmes sont également fausses et périlleuses : ici un Dieu tellement passé dans le monde qu'il a l'air d'y être absorbé ; là un Dieu tellement séparé du monde que le monde a l'air de marcher sans lui : des deux côtés égal excès, égal danger, égale erreur. Dieu est dans le monde toujours et partout ; de là, avec l'être et la durée, l'ordre et les beautés de ce monde qui viennent de Dieu, mêlées des imperfections inhérentes à la créature; car, tout immense qu'il est, ce monde est fini en soi, comparé à Dieu qui est infini; il en manifeste mais il en voile aussi la grandeur, l'intelligence, la sagesse. L'univers est l'image de Dieu, il n'est pas Dieu; quelque chose de la cause passe dans l'effet, elle ne s'y épuise pas, et demeure elle-même tout entière. L'univers même est si loin d'épuiser Dieu que plusieurs des attributs de Dieu y sont couverts d'une obscurité presque impénétrable et ne se découvrent que dans l'âme de l'homme. L'univers, c'est la nécessité; mais l'âme est libre, elle est une, simple, essentiellement identique à elle-même sous la diversité harmonieuse de ses facultés; elle est capable de concevoir la vertu et de l'accomplir; elle est capable d'amour et de sacrifice. Or, il répugne que l'être, qui est la cause première et dernière de cette âme, soit un être abstrait, possédant moins qu'il n'a donné, et n'ayant lui-même ni personnalité, ni liberté, ni intelligence, ni justice, ni amour. Ou Dieu est inférieur à l'homme, ou il possède au moins tout ce qu'il y a de permanent et de substantiel dans l'homme, avec l'infinité de plus.

Cette déclaration est suffisante, je l'espère, à l'équité et à la bonne foi ; mais elle ne l'est pas, je l'avoue, au besoin d'accuser et à la passion de nuire.

On persistera à répéter, d'après une ou deux phrases détournées de leur sens naturel, que je n'admets qu'une seule substance, que l'âme est nécessairement un mode de cette substance, et qu'ainsi je suis bien réellement panthéiste et fataliste. Mais comment puis-je faire de l'âme humaine un mode de Dieu, moi dont la première maxime de psychologie et d'ontologie tout ensemble est que l'âme de l'homme a pour caractère fondamental d'être une force libre, c'est-à-dire une substance, la notion de substance étant enveloppée dans celle de force, comme je l'ai si souvent démontré avec M. de Biran et d'après Leibnitz ? Ou contestez cette démonstration, qui est le principe de toute ma philosophie, ou cherchez un autre fondement à votre accusation. J'ai poussé si loin la liberté de l'homme que j'en ai tiré une politique profondément libérale, que je recommande à votre attention. A mes yeux, comme à ceux de Leibnitz, le monde extérieur lui-même est composé de forces, et par conséquent de substances. Si donc j'ai parlé quelque part de Dieu comme de la seule substance, du seul être qui soit, n'est-il pas évident que j'ai voulu marquer fortement par là, à la manière des platoniciens et de plusieurs pères de l'église, la substance et l'essence éternelle et absolue de Dieu en opposition à notre existence relative et bornée [1] ?

Plus d'une fois je me suis plaint que le XVIIe siècle et le cartésianisme lui-même avaient excédé, en attribuant trop à l'action de Dieu et en ne respectant pas assez la puissance personnelle de l'homme, la force volontaire et libre qui le constitue. Et voilà qu'on m'attribue cette mysticité sublime de Malebranche qui substitue l'action divine à l'action de l'homme !

---

[1] Voyez pour de plus grands détails l'*Avertissement* de la 3e édit. des *Fragments philosophiques*, p. XIX, et les *Leçons sur la philosophie de Kant*, 5e leçon, p. 113, et la 6e leçon contre la *Dialectique transcendentale*.

Étrange athéisme d'ailleurs que celui de Malebranche, qui consisterait à sacrifier l'homme à Dieu ! C'est bien plutôt là un théisme exagéré ; et pourtant je n'ai point hésité à le combattre[1], et à faire voir dans tous mes écrits que l'homme et la nature sont des forces douées d'une activité qui leur est propre, que l'âme humaine est une force libre autant qu'intelligente, qu'à ce double titre elle a conscience d'elle-même, se reconnaît et des droits et des devoirs et la responsabilité de tous ses actes.

On ne manquera pas de répliquer que, si je ne détruis pas Dieu, je le méconnais en lui refusant la liberté, puisque je tiens la création comme nécessaire. Entendons-nous. Il y a, comme parle l'École, deux sortes de nécessité, la nécessité physique et la nécessité morale. Il ne peut être question ici de la nécessité physique de la création ; car, dans cette hypothèse, Dieu, disons-le pour la centième fois, serait sans liberté, c'est-à-dire au-dessous de l'homme.

---

[1] Leçons de 1829, IIe leçon sur Spinosa et Malebranche, p. 427 de la 2e édition, et deux articles du *Journal des Savants* (1842), sur la correspondance de Mairan et de Malebranche.

Reste donc la nécessité morale de la création. Eh bien ! j'ai retiré jusqu'à cette expression, par cela seul qu'elle peut paraître équivoque et compromettre la liberté de Dieu. Et quant à celle de convenance souveraine que j'y ai substituée, je veux répéter l'explication que j'en ai donnée, et qu'une triste habileté vous a toujours fait supprimer [1]. Je suis libre, c'est là pour moi une démonstration invincible que Dieu l'est et possède toute ma liberté en ce qu'elle a d'essentiel, et dans un degré suprême, sans les limites qu'imposent à ma nature la passion et une intelligence bornée. La liberté divine ne connaît pas les misères de la mienne, ses troubles, ses incertitudes; elle s'unit naturellement à l'intelligence et à la bonté divine. Dieu était parfaitement libre de créer ou de ne pas créer le monde et l'homme, tout autant que je le suis de prendre tel ou tel parti. Cela est-il clair, dites-moi, et me trouvez-vous assez explicite sur la liberté de Dieu? Mais

---

[1] *Avertissement* de la 3ᵉ édition des *Fragments*, p. XXI. Cette édition est de 1838.

voici le nœud de la difficulté : Dieu était parfaitement libre de créer ou de ne créer pas, mais pourquoi a-t-il créé? Dieu a créé parce qu'il a trouvé la création plus conforme à sa sagesse et à sa bonté. La création n'est point un décret arbitraire de Dieu, comme le voulait Okkam; c'est un acte parfaitement libre en lui-même sans doute, mais fondé en raison : il faut bien accorder cela. Puisque Dieu s'est décidé à la création, il l'a préférée, et il l'a préférée parce qu'elle lui a paru meilleure que le contraire. Et si elle a paru meilleure à sa sagesse, il convenait donc à cette sagesse, armée de la toute-puissance, de produire ce qui lui paraissait le meilleur. Voilà mon optimisme : accusez-le tant que vous le voudrez d'athéisme et de fatalisme, vous ne pouvez porter cette accusation contre moi sans la faire également tomber sur Leibnitz, sans parler de saint Thomas et de bien d'autres, et je consens à être un fataliste et un athée comme Leibnitz. Le Dieu qui m'a fait pouvait assurément ne pas me faire, et mon existence ne manquait point à sa perfection. Mais, d'une part, si, créant le monde, il n'eût pas créé mon âme, cette âme qui peut le comprendre et l'aimer, la création eût été imparfaite, car en réfléchissant Dieu dans quelques-uns de ses attributs, elle n'eût pas manifesté les plus grands et les plus saints : par exemple, la liberté, la justice et l'amour ; et, d'une autre part, il était bon qu'il y eût un monde, un théâtre où pût se déployer cet être capable de s'élever jusqu'à Dieu à travers les passions et les misères qui l'abaissent vers la terre. Toutes les choses sont donc bien comme Dieu les a faites et comme elles sont. J'en conclus, ne vous en déplaise, que Dieu, sans être *nécessité* ni physiquement, ce qui est absurde, ni moralement, ce qui paraît équivoque, demeurant libre et parfaitement libre, mais trouvant meilleur de créer que de ne créer pas, créa non-seulement avec sagesse, mais en vertu de sa sagesse même, et qu'ainsi dans ce grand acte l'intelligence et l'amour dirigèrent la liberté.

Cette explication n'est point une concession ; c'est le développement régulier de la pensée fondamentale sur laquelle nous nous appuyons, mes amis et moi, à savoir : que la lumière de la haute métaphysique est dans la psychologie. C'est à l'aide de la conscience et des éléments permanents qui la constituent que, par une induction légitime, nous élevons l'homme à la connaissance des attributs les plus cachés de Dieu. L'homme ne peut rien comprendre de Dieu dont il n'ait au moins une ombre en lui-même : ce qu'il sent d'essentiel en lui, il le transporte ou plutôt il le rend à celui qui le lui a donné; et il ne peut sentir ni sa liberté, ni son intelligence, ni son amour, avec toutes leurs imperfections et leurs limites, sans avoir une certitude invincible de la liberté, de l'intelligence et de l'amour de Dieu, sous la raison de l'infinité. Une psychologie profonde comme point de départ, et pour dernier but une grande philosophie, morale et religieuse et en même temps libérale, telle est mon œuvre, s'il m'est permis de parler ainsi, en opposition à l'athéisme que produit la psychologie superficielle de l'empirisme, et en opposition aussi à la métaphysique hypothétique de l'école allemande, née de l'absence de toute psychologie. Si j'ai un nom en France, à quoi le dois-je, je vous prie, si ce n'est pas à la tâche persévérante que je poursuis depuis trente années, celle de combattre le matérialisme et l'athéisme, conséquences extrêmes de la philosophie du dernier siècle, non pas, il est vrai, en faisant la guerre à la raison, mais en essayant de la mieux diriger, non pas en abjurant la philosophie, mais en proclamant au contraire sa haute et bienfaisante mission. Je m'incline devant la révélation, source unique des vérités surnaturelles; je m'incline aussi devant l'autorité de l'église, nourrice et bienfaitrice du genre humain, à laquelle seule a été donné de parler aux nations, de régler les mœurs publiques, de fortifier et de contenir les âmes. Combien de fois n'ai-je pas défendu, comme homme politique et comme philosophe, l'autorité ecclésiastique dans ses limites nécessaires [1]? J'y ai perdu une ancienne popularité, je ne la regrette point; je faisais mon devoir, je suis prêt à le faire encore et à tout sacrifier à cette sainte cause, tout, excepté cette autre partie de la vérité, de la justice et de ma conviction réfléchie, j'entends le sentiment de l'excellence de la raison humaine et du pouvoir naturel et

---

[1] Voyez particulièrement mon *Rapport* à la Chambre des pairs sur la loi de l'Instruction primaire, rapport où j'ai défendu avec fermeté la part légitime du clergé dans la surveillance des écoles du peuple.

légitime qu'elle a reçu de Dieu de faire connaître à l'homme et lui-même et son divin auteur. Éclairez ce pouvoir, n'essayez pas en vain de l'étouffer. Respectez dans le cartésianisme la direction généreuse et l'énergie qu'il donne à la pensée. Loin de répéter, contre la vérité des choses et contre l'évidence de l'histoire, que toute philosophie conduit à l'athéisme, oh! je vous en conjure, proclamez bien haut que la mauvaise philosophie conduit seule à cette erreur funeste, et que la raison sagement cultivée porte en elle ces croyances sans lesquelles celles de l'église manquent de fondement, et ne reposent plus que sur l'imagination ou sur le désespoir impie de toute vérité, s'efforçant de se tromper lui-même et troublant l'église au lieu d'y trouver la paix. Quel avantage, dites-moi, a procuré à l'église de France l'altier système que nous combattons? Il lui a donné un triomphe d'un jour, puis des déchirements malheureux, et maintenant encore une direction fatale, contraire à ses traditions nationales, à ses intérêts de tous les temps, aux déclarations des saints conciles, au génie permanent du catholicisme. Au lieu de combattre l'Université, que l'église de France se joigne à elle pour accomplir de concert leur différente mission. Les professeurs de philosophie de l'Université n'ont point à enseigner la religion; ils n'en ont point le droit; car ils ne parlent pas au nom de Dieu; ils parlent au nom de la raison; ils doivent donc enseigner une philosophie qui, pour ne pas trahir la raison elle-même, la société et l'état, ne doit rien contenir qui soit contraire à la religion. Les rôles sont trop différents pour être opposés et pour être échangés : leur fin dernière est la même : la réhabilitation de la dignité de l'âme, la foi en la divine Providence et le service de la patrie.

Je demande pardon au lecteur de ces explications en apparence assez déplacées dans un avant-propos à des variantes de Pascal. Mais c'est Pascal, dans le livre même sur lequel roule ce travail, qui le premier a déclaré la guerre au cartésianisme et à toute philosophie. Cette guerre a été renouvelée de nos jours; elle est parvenue en ce moment à la dernière violence. Il n'était donc pas malséant d'adresser ici cette réponse aux ennemis de la philosophie, et voici mon dernier mot : Que le gouvernement demeure indécis et silencieux; que l'esprit public épuisé devienne de plus en plus étranger à ces nobles intérêts qui faisaient battre le cœur à nos aïeux et à nos pères et firent si longtemps de la France l'âme et l'intelligence du monde; que des attaques sans frein épouvantent les faibles convictions et ceux qui n'ont pas l'expérience des difficultés de la vie : il est un homme que sa bonne conscience maintiendra tranquille et ferme; qui ne pliera pas sous cette coalition de tous les mauvais partis; qui, Dieu aidant, ne se laissera ni égarer par les uns ni intimider par les autres; qui ne manquera jamais au profond respect dont il fait profession pour le christianisme, et ne trahira pas davantage les droits, sacrés aussi, de la liberté de la pensée et la foi à la dignité de la philosophie; inébranlablement attaché au drapeau de toute sa vie, dût ce drapeau être insulté chaque jour, déchiré et noirci par la calomnie.

V. Cousin.

15 décembre 1842.

DES PENSÉES
DE PASCAL.

RAPPORT

A L'ACADÉMIE FRANÇAISE

SUR LA NÉCESSITÉ D'UNE NOUVELLE ÉDITION

DES PENSÉES DE PASCAL,

Lu dans les Séances du 1er Avril, 1er Mai, 1er Juin,
1er Juillet, et 1er Août 1842.

Plus d'une fois l'Académie m'a entendu exprimer le vœu que, pour préparer et soutenir son beau travail du dictionnaire historique de la langue française, elle-même se chargeât de donner au public des éditions correctes de nos grands classiques, comme on le fait en Europe depuis deux siècles pour ceux de l'antiquité. Le temps est malheureusement venu de traiter cette seconde antiquité, qu'on appelle le siècle de Louis XIV, avec la même religion que la première, de l'étudier en quelque sorte philologiquement, de rechercher avec une curiosité éclairée les vraies leçons, les leçons authentiques que le temps et la main d'éditeurs inhabiles ont peu à peu effacées. Quand on compare la première édition de tel grand écrivain du xviie siècle avec celles qui en circulent aujourd'hui, on demeure confondu de la différence qui les sépare. Où la pensée dans son jet puissant, une logique sévère, une langue jeune et flexible encore, avaient produit une phrase riche, nombreuse, profondément synthétique, l'analyse, qui décompose sans cesse et réduit tout en poussière, a substitué plusieurs phrases assez mal liées. D'abord on avait cru changer seulement la ponctuation, et, au bout d'un siècle, il s'est trouvé que les vices de la ponctuation avaient insensiblement passé dans le texte et corrompu le style lui-même. Un mot, quelquefois même un tour, c'est-à-dire ce qui caractérise le plus vivement le génie d'un temps et d'un écrivain, ayant paru moins faciles à saisir au premier coup d'œil, pour épargner un peu d'attention et d'étude, on a ôté les tours les plus vrais, les locutions les plus naturelles, pour mettre en leur place des façons de parler qu'on a crues plus simples, et qui presque toujours s'écartent de la raison ou de la passion. Défendus par le rhythme, les poëtes ont été un peu plus respectés; et pourtant, je n'hésite pas à le dire, il y a bien peu de fables de La Fontaine qui soient demeurées intactes dans les modernes éditions[1]. Mais pour la prose, ne pouvant faire la même résistance, elle a été traitée sans pitié. Où sont aujourd'hui ces longues et puissantes périodes du Discours de la Méthode, semblables à celles de Cinna et de Polyeucte, qui se déroulaient comme de larges fleuves ou comme des torrents impétueux? On a rompu leur cours, on les a appauvries en les divisant outre mesure. Il appartient à l'Académie française de s'opposer à cette dégradation toujours croissante de nos grands écrivains, et il lui serait glorieux, ce me semble, en leur rendant leur pureté première, d'arrêter la langue nationale sur son déclin, comme autrefois elle a tant concouru à la former et à la constituer.

Si, un jour, l'Académie accueillait ce vœu, que je renouvelle, chacun de nous pourrait choisir parmi nos bons auteurs ceux qui se rapportent davantage à ses études particulières. Peut-être m'aurait-on abandonné les philosophes. Parmi

---

[1] Il faut en excepter celle de M. Walknaer.

eux, je me serais attaché à Descartes et à Pascal, et parce qu'ils me sont plus familiers et parce que je les considère l'un et l'autre comme les fondateurs de la prose française. Descartes l'a trouvée et Pascal l'a fixée. Or, Descartes et Pascal ce sont deux géomètres et deux philosophes; et c'est d'eux que notre prose a reçu d'abord les qualités qui désormais la constituent et qu'elle doit garder, sous peine de périr.

De tous les grands esprits que la France a produits, celui qui me paraît avoir été doué au plus haut degré de la puissance créatrice est incomparablement Descartes. Cet homme n'a fait que créer : il a créé les hautes mathématiques par l'application de l'algèbre à la géométrie; il a montré à Newton le système du monde en réduisant le premier toute la science du ciel à un problème de mécanique; il a créé la philosophie moderne, condamnée à s'abdiquer elle-même ou à suivre éternellement son esprit et sa méthode; enfin, pour exprimer toutes ces créations, il a créé un langage digne d'elles, naïf et mâle, sévère et hardi, cherchant avant tout la clarté et trouvant par surcroît la grandeur. C'est Descartes qui a porté le coup mortel, non pas seulement à la scholastique qui partout succombait, mais à la philosophie et à la littérature maniérée de la Renaissance. Il est le Malherbe de la prose; ajoutons qu'il en est le Malherbe et le Corneille tout ensemble. Avant Descartes il n'y a guère que des styles d'emprunt, parmi lesquels se distingue celui de Montaigne, piquant mélange de grec, de latin, d'italien, de gascon, que le plus heureux génie tourmente et anime en vain, sans pouvoir l'élever à la dignité d'une langue. C'est Descartes qui a fait cette langue. Dès que le Discours de la Méthode parut, à peu près en même temps que le Cid, tout ce qu'il y avait en France d'esprits solides, fatigués d'imitations impuissantes, amateurs du vrai, du beau et du grand, reconnurent à l'instant même le langage qu'ils cherchaient. Depuis, on ne parla plus que celui-là, les faibles médiocrement, les forts en y ajoutant leurs qualités diverses, mais, sur un fond invariable, devenu le patrimoine et la règle de tous.

Pascal est le premier homme de génie qui ait manié l'instrument créé par Descartes, et Pascal c'est encore un philosophe et un géomètre. Loin donc de s'altérer entre ses mains, le caractère imprimé à la langue s'y fortifia. Cette régularité géométrique du Discours de la Méthode, qui forme un si frappant contraste avec l'allure capricieuse de la phrase de Montaigne, devient en quelque sorte plus rigide sous le compas de Pascal. Descartes, qui invente et produit sans cesse, tout en écrivant avec soin, laisse encore échapper bien des négligences. Pascal n'a pas cette fécondité inépuisable; mais tout ce qui sort de sa main est exquis et achevé. Osons le dire: l'homme dans Pascal est profondément original, mais l'esprit créateur ne lui avait point été donné. En mathématique il n'a point fait de ces découvertes qui renouvellent la face de la science, telle que l'application de l'algèbre à la géométrie : le seul grand calcul auquel son nom demeure attaché est celui des probabilités, et Fermat partage au moins avec Pascal l'honneur d'avoir commencé ce calcul [1]. En physique il a démontré la pesanteur de l'air que Descartes avait trouvée douze ans même avant Toricelli [2]. En philosophie, il n'a fait autre chose que rallumer la vieille guerre de la foi et de la raison, guerre fatale à l'une et à l'autre. Pascal n'est pas de la famille de ces grandes intelligences dont les pensées composent l'histoire intellectuelle du genre humain : il n'a mis dans le monde aucun principe nouveau; mais tout ce qu'il a touché, il l'a porté d'abord à la suprême perfection. Il a plus de profondeur dans le senti-

---

[1] Montucla, *Histoire des Mathématiques*, t. III, p. 383-386.
[2] *Ibid.*, t. II, p. 205.

ment que dans la pensée, plus de force que d'étendue. Ce qui le caractérise, c'est la rigueur, cette rigueur inflexible qui aspire en toute chose à la dernière précision, à la dernière évidence. De là ce style net et lumineux, ce trait ferme et arrêté sur lequel se répand ensuite ou la grâce de l'esprit le plus aimable, ou la mélancolie sublime de cette âme que le monde lassa bien vite, et que le doute poursuivit jusque dans les bras de la foi.

Tels sont les deux fondateurs de la prose française. En sortant de leurs mains, elle était assez forte pour résister au commerce des génies les plus différents, et porter tour à tour, sur le fondement inébranlable de la simplicité, de la clarté et d'une méthode sévère, la majesté et l'impétuosité de Bossuet, la grâce mystique de Fénelon et de Malebranche, la plaisanterie aristophanesque de Voltaire, la profondeur raffinée de Montesquieu, la pompe de Buffon, et jusqu'à l'éloquence fardée de J.-J. Rousseau, avec laquelle finit l'époque classique et commence l'ère nouvelle et douteuse que nous parcourons.

Je regarde donc Descartes et Pascal comme les deux premiers maîtres de l'art d'écrire, et j'aurais aimé à en procurer des éditions fidèles. J'aurais voulu donner de Descartes un petit volume qui comprît ce qu'il a écrit de mieux en français : le

Discours de la Méthode, la préface des Principes, le traité des Passions, et un choix de ses lettres les plus remarquables, collationnées avec soin sur les originaux qui subsistent, et dont plusieurs sont tombés entre mes mains. En effet, toutes les éditions modernes de la correspondance de Descartes, et la mienne comme les autres, ont été faites sur celle de Clerselier, qui ne possédait que les minutes, et non pas les lettres telles qu'elles avaient été envoyées et reçues. On sait que Roberval, qui hérita des papiers de Mersenne et y trouva tant de lettres de Descartes, refusa de les communiquer [1]. A la mort de Roberval, elles passèrent entre les mains de Lahire, qui les donna à l'Académie des sciences [2], où on les chercherait en vain aujourd'hui. Sorties de là, on ne sait comment, elle se sont répandues partout. En comparant quelques-unes de ces lettres originales avec les lettres imprimées, on reconnaît avec douleur que la correspondance de Descartes, du moins avec Mersenne, peut être regardée comme encore inédite, non pas sans doute pour le fond des idées, mais pour l'exactitude et la vérité de l'expression. Quant à Pascal, c'est encore bien pis. Si nous pos-

[1] Préface du t. III des Lettres de Descartes, éd. in-4°.
[2] Voyez mon édition de Descartes, préface du t. VI.

sédons les Provinciales dans toute leur beauté et leur perfection, sauf les altérations trop nombreuses que leur a fait subir une ponctuation vicieuse souvent transportée dans le texte, les Pensées, publiées par lambeaux et d'intervalle intervalle, sans cesse augmentées et remaniées, attendent une édition vraiment critique qui recherche et restitue la véritable forme de ces admirables fragments.

Que dirait-on si le manuscrit original de Platon était, à la connaissance de tout le monde, dans une bibliothèque publique, et que, au lieu d'y recourir et de réformer le texte convenu sur le texte vrai, les éditeurs continuassent de se copier les uns sur les autres, sans se demander jamais si telle phrase sur laquelle ils disputent, que ceux-ci admirent et que ceux-là censurent, appartient réellement à Platon? Voilà pourtant ce qui arrive aux Pensées de Pascal. Le manuscrit autographe subsiste; il est à la Bibliothèque royale de Paris; chaque éditeur en parle, nul ne le consulte, et les éditions se succèdent. Mais prenez la peine d'aller rue de Richelieu, le voyage n'est pas bien long : vous serez effrayés de la différence énorme que le premier regard jeté sur le manuscrit original vous découvrira entre les pensées de Pascal telles qu'elles sont écrites de sa propre main et toutes les éditions, sans en excepter une seule, ni celle de 1669, donnée par sa famille et ses amis, ni celle de 1779, devenue le modèle de toutes les éditions que chaque année voit paraître. Si j'avais reçu de l'Académie la commission de préparer en son nom une édition des Pensées de Pascal, je me serais fait un devoir de consulter le manuscrit autographe, d'y rechercher et d'en tirer Pascal lui-même.

On ne peut se défendre d'une émotion douloureuse en portant ses regards sur ce grand in-folio, où la main défaillante de Pascal a tracé, pendant l'agonie de ses quatre dernières années, les pensées qui se présentaient à son esprit, et qu'il croyait lui pouvoir servir un jour dans la composition du grand ouvrage qu'il méditait. Il les jetait à la hâte sur le premier morceau de papier, *en peu de mots et fort souvent même à demi-mot*[1]. Quelquefois il les dictait à des personnes qui se trouvaient auprès de lui. L'écriture de Pascal est pleine d'abréviations, mal formée, presque indéchiffrable. Ce sont tous ces petits papiers sans ordre et sans suite qui, recueillis et collés sur de grandes feuilles, composent le manuscrit autographe des Pensées.

L'abbé Périer, qui en hérita, le déposa, en 1711,

---

[1] Préface de la première édition.

à l'abbaye de Saint-Germain-des-Prés, comme il l'atteste lui-même dans trois lettres qu'on trouve en tête du manuscrit. Elles méritent d'être remarquées [1]. D'abord on ne conçoit guère trois lettres pour constater le dépôt d'un seul manuscrit. Et puis la première lettre parle seule d'un volume « *composé de petits papiers...... qui sont les originaux du livre des Pensées de M. Pascal, imprimées chez Després* », ce qui se rapporte parfaitement au manuscrit autographe que nous avons sous les yeux ; mais la seconde lettre fait mention d'un volume contenant « *plusieurs pièces imparfaites sur la grâce et le concile de Trente ;* »

« [1] Je soussigné, prestre, chanoine de l'église de Clermont,
« certifie que le présent volume, contenant   pages, dont la
« première commence par ces mots
« et la dernière par ceux-ci
« est composé de petits papiers écrits d'un côté, ou de feuilles
« volantes qui ont été trouvées après la mort de M. Pascal, mon
« oncle, parmy ses papiers, et sont les originaux du livre des
« *Pensées de M. Pascal*, imprimé chez Desprez à Paris, pour la
« première fois en l'année   , et sont écrits de sa main, hors
« quelques-uns qu'il a dictez aux personnes qui se sont trouvées
« auprez de luy ; lequel volume j'ay déposé dans la bibliothèque
« de Saint-Germain-des-Prez pour y être conservé avec les autres
« manuscrits que l'on y garde.
   « Fait à Paris, ce vingt-cinq septembre mil sept cent onze.
            « *Signé* : PÉRIER. »

   « Je soussigné, prestre, chanoine de l'église de Clermont, cer-
« tifie que le présent volume contenant   pages, dont il y en a
« plusieurs en blanc, a été trouvé après la mort de M. Pascal,

et la troisième de « *cahiers qui sont des abrégés de la vie de Jésus-Christ.* » Or notre manuscrit ne renferme ni les cahiers ni les pièces désignées dans la seconde et la troisième lettre; d'où il suit évidemment que ces deux lettres se rapportent à deux manuscrits que nous n'avons plus, et dont la trace nous échappe.

La Bibliothèque royale de Paris possède aussi deux copies du manuscrit des Pensées, toutes deux de la fin du xviie siècle ou du commencement du xviiie, en général conformes entre elles. Une de ces copies contient la note suivante : « S'il arrivait que je vienne à mourir, il faut faire tenir à Saint-

---

« mon oncle, et est en partie écrit de sa main, et partie qu'il a
« fait copier au net sur sa minute, lequel volume contient plu-
« sieurs pièces imparfaites sur la grâce et le concile de Trente;
« et je l'ay déposé dans la bibliothèque de l'abbaye de Saint-
« Germain-des-Prez à Paris, pour y être conservé parmy les
« autres manuscrits.
 « Fait à Paris, ce vingt-cinq septembre mil sept cent onze.
                         « *Signé* : Périer. »

 « Je soussigné, prestre, chanoine de l'église de Clermont, cer-
« tifie que les cahiers compris dans ce volume, qui sont des
« abrégez de la vie de J.-C., sont écrits de la main de M. Pas-
« cal, mon oncle, et ont été trouvés après sa mort parmy ses
« papiers; lequel volume j'ay déposé dans la bibliothèque de
« l'abbaye de Saint-Germain-des-Prez, pour y être conservé avec
« les autres manuscrits que l'on y garde.
 « Fait, ce vingt-cinq septembre mil sept cent onze.
                         « *Signé* : Périer. »

Germain-des-Prés ce présent cahier pour faciliter la lecture de l'original qui y a été déposé. Fait en l'abbaye de Saint-Jean-d'Angely, ce 1ᵉʳ avril 1723. Fr. Jean GUERRIER. » L'autre copie porte aussi le nom de Guerrier. Quel était ce frère Jean Guerrier ? Nous l'ignorons ; mais nous savons que ses vœux ne furent point accomplis. A sa mort, les deux copies, au lieu d'être remises à l'abbaye de Saint-Germain-des-Prés, demeurèrent dans sa famille ; et, vers 1779, M. Guerrier de Bézame, maître des requêtes, les confia à Bossut, pour servir à l'édition que celui-ci préparait. Nous verrons tout à l'heure comment Bossut en fit usage. Elles furent ensuite déposées à la Bibliothèque du roi [1].

A la suite des Pensées, une de ces copies con-

---

[1] Lettre manuscrite de M. le garde des sceaux à M. Bignon, conseiller d'État, bibliothécaire du roi.

« MONSIEUR,

« M. Guérier de Bezame, maître des requêtes, est possesseur
« de deux volumes manuscrits des ouvrages de M. Pascal, qui
« ont servi d'originaux à la nouvelle édition qui vient de paraître,
« et il m'a écrit pour me prier d'en faire hommage au roy, et de
« les donner à la bibliothèque de Sa Majesté. Je viens de lui ré-
« pondre que je m'en chargerois bien volontiers et que je vous
« en donnerois avis, parce qu'il est juste que l'on sache que c'est
« à lui que l'on aura cette obligation.
  « Je suis, Monsieur,
                « Votre affectionné serviteur,
                      « MIROMENIL.
« *A Paris, le 14 avril 1779.* »

tient une quantité de pièces relatives à Pascal et de Pascal lui-même, entre autres les divers morceaux *sur la grâce et sur le concile de Trente*, dont il est question dans la seconde lettre de l'abbé Périer, une *comparaison des anciens chrétiens avec ceux d'aujourd'hui*, et une dissertation sur ce sujet : *qu'il n'y a pas une relation nécessaire entre la possibilité et le pouvoir.*

Enfin je dois indiquer deux manuscrits très-précieux, l'un provenant de l'Oratoire, l'autre du fond appelé *Supplément aux manuscrits français*. Le premier est un in-folio qui a pour titre : Manuscrit concernant M. Pascal, M. Arnaud, etc. Oratoire, n° 160; il contient un très-grand nombre de pièces importantes et peu connues, relatives à Port-Royal, des lettres très-nombreuses de ces *Messieurs*, entre autres de Pascal. L'autre manuscrit (*Supplém. franç.*, n° 1485), contient la première partie des Mémoires de mademoiselle Marguerite Périer, nièce de Pascal, sur toute sa famille, avec les mêmes lettres de Pascal qui se trouvent dans le manuscrit de l'Oratoire, et beaucoup d'autres lettres et de Pascal et des plus illustres personnages de Port-Royal. C'est le manuscrit que M. Reuchlin, dans sa Vie de Pascal (*Pascal's Leben*, Stuttgard, 1840), déclare avoir vu à la Bibliothèque royale de Paris, et dont

M. Libri a trouvé récemment un second exemplaire à la bibliothèque de Troyes (*Journal des Savants*, août 1841)[1].

C'est armé de tous ces secours qu'il faut examiner les éditions des Pensées.

Il n'y en a réellement que deux qui soient le fruit d'un travail sérieux, l'édition *princeps* donnée par la famille elle-même chez Després en 1669-1670, et la dernière qui fait partie des œuvres complètes de Pascal, publiées en 1779 par Bossut.

L'édition de 1669 a été faite sur le manuscrit autographe. On peut voir dans la préface l'esprit qui a dirigé ce premier travail. Madame Périer et son mari étaient d'avis de donner les Pensées de leur frère telles qu'elles avaient été trouvées après sa mort, sans chercher à y mettre un ordre arbitraire, sans y rien ajouter et sans en rien retrancher, surtout sans y introduire des corrections fort incertaines en elles-mêmes et peu respectueuses envers une pareille mémoire. Cet avis était le seul qui fût raisonnable. S'il eût été suivi, nous posséderions aujourd'hui les Pensées de Pascal telles qu'elles sont sorties de son imagination et de son âme, dans leur imperfection et dans leur

---

[1] M. Sainte-Beuve cite aussi ce manuscrit dans sa spirituelle et savante Histoire de Port-Royal, t. II, Paris, 1842.

grandeur. Mais parmi les amis de Pascal, Arnaud, dont l'autorité était si grande, combattit le dessein de M. et madame Périer; et, après bien des résistances, il fit prévaloir l'avis fatal d'arranger les Pensées de Pascal, comme on avait fait les Considérations de Saint-Cyran. On avait d'ailleurs à redouter la censure, et on se proposa avant tout de faire un livre irréprochable et édifiant. Le duc de Roannez, dont le principal mérite était une grande passion pour Pascal, eut le plus de part à ce travail bien au-dessus de ses forces. Il en sortit une édition qui réunit exactement tous les défauts qu'il fallait éviter : 1° elle omet une grande partie des Pensées contenues dans le manuscrit autographe, et elle omet précisément les plus originales, celles qui mettent à nu l'âme de Pascal, son scepticisme désolé, sa foi inquiète et désespérée; 2° elle altère quelquefois dans leur fond, elle énerve presque toujours dans leur forme les pensées qu'elle conserve; 3° elle donne un grand nombre de pensées qui ne sont point dans le manuscrit autographe ni dans les deux copies, et qui pourtant portent l'empreinte visible de la main de Pascal, sans indiquer la source d'où elles ont été tirées.

En 1779 on n'avait plus à craindre la censure des jésuites; les pieux scrupules qui avaient arrêté la famille et les amis de Pascal étaient depuis longtemps affaiblis; beaucoup de pensées, négligées par les premiers éditeurs, avaient successivement paru[1]. Le temps était donc venu d'entreprendre une édition complète et authentique. Bossut, par son savoir et par son goût, convenait à cette œuvre devenue, ce semble, assez facile : il passe même pour l'avoir accomplie avec succès. Il n'en est rien, et l'édition de 1779 est tout aussi défectueuse que celle de 1669. D'abord elle a été faite, non sur le manuscrit autographe que Bossut ne paraît pas avoir vu, mais sur les copies de l'abbé Guerrier : c'est là son moindre défaut, car ces copies sont en général fidèles. Mais, chose étrange, Bossut qui, en comparant l'édition de 1669 avec les deux copies manuscrites, pouvait en reconnaître du premier coup d'œil les différences et rétablir les leçons véritables, a maintenu toutes les altérations. Il y a plus : toutes les pensées de la première édition qui ne sont ni dans le manuscrit autographe ni dans les deux copies, Bossut les

---

[1] Les *Mémoires de littérature et d'histoire*, t. V, par le P. Desmolets, de l'Oratoire, contiennent les *OEuvres posthumes ou suite des Pensées de M. Pascal*, Paris, 1728. M. l'évêque de Montpellier avait fait imprimer bien des pensées inédites sur les miracles à la fin de sa lettre 3e à M. de Soissons, du 5 janvier 1727. L'édition des Pensées de Condorcet, Londres, 1776, donnait aussi plusieurs pensées nouvelles.

conserve sans se douter ou du moins sans avertir qu'elles n'y sont pas, et sans dire par quel motif il les conserve. Le seul mérite de l'édition de 1779 est d'avoir réuni toutes les pensées qui avaient paru depuis 1669, et d'avoir tiré de divers endroits, que Bossut n'indique jamais, plusieurs pensées nouvelles, quelques morceaux étendus et achevés dont la source demeure inconnue, et les petits écrits que nous avons retrouvés à la fin de l'une des copies de l'abbé Guerrier. Depuis, toutes les éditions n'ont fait que reproduire celle de Bossut, et la critique du texte de Pascal, de ce texte tout aussi digne d'étude que celui de Platon ou de Tacite, est encore à entreprendre. C'est ce travail ingrat mais utile que nous avons essayé, et dont nous allons offrir un échantillon à l'Académie.

Nous diviserons ce rapport en trois parties :

1° Nous examinerons les pensées contenues dans les deux éditions de Port-Royal et de Bossut et qui ne sont pas dans le manuscrit autographe; nous en rechercherons les sources et la forme primitive.

2° Une fois renfermés dans les Pensées proprement dites, celles qui se trouvent à la fois et dans les éditions et dans le manuscrit, nous comparerons les leçons des éditions avec celles du manuscrit, et nous ferons reparaître cette continuelle originalité de langage que la prudence et le goût sévère, mais un peu timide, de Port-Royal ont presque toujours effacée.

3º Après avoir ôté aux Pensées un très-grand nombre de morceaux étrangers, en retour nous leur rendrons et nous publierons pour la première fois plusieurs fragments remarquables qui leur appartiennent et que fournit notre manuscrit.

PREMIÈRE PARTIE.

Des morceaux insérés dans les éditions des Pensées qui sont étrangers à cet ouvrage et ne se trouvent point dans le manuscrit original. — Des sources et de la forme primitive de ces divers morceaux.

Le point fixe dont nous partons, le principe sur lequel reposent toutes nos recherches, c'est que par Pensées de Pascal il ne faut pas entendre les pensées de toute espèce qu'il est possible de tirer de ses différents ouvrages, imprimés ou manuscrits, composés à des époques différentes de sa vie, sur des sujets différents et sous des formes différentes. Encore bien moins faut-il entendre par là les maximes que sa famille ou ses amis se sont plu à recueillir soit de ses lettres confidentielles, soit même de ses conversations. Sous le nom de Pensées de Pascal on a toujours compris et on comprend encore les notes que, dans ses dernières années, Pascal déposait d'intervalle en intervalle sur le papier pour lui être des souvenirs et des matériaux utiles dans la composition de sa nouvelle Apologie de la religion chrétienne [1]. Tel est le sens vrai et unique des Pensées : c'est celui que sa famille et ses amis leur ont donné d'abord [2], et qu'elles doivent retenir pour garder leur caractère original, l'intérêt douloureux qui s'attache aux dernières idées d'un homme de génie, et un ordre réel, au milieu de leur désordre apparent, par leur rapport à un grand et magnifique dessein. Pascal à demi mourant développa un jour à ses amis le but et même le plan de l'ouvrage qu'il méditait [3] : ce sont les fragments inachevés de cet ouvrage qui ont été appelés les Pensées. Sans doute, à la réflexion, Pascal aurait supprimé beaucoup de

---

[1] Madame Périer, dans la vie de Pascal : « La dernière année de son travail a été toute employée à recueillir diverses pensées sur ce sujet. »

[2] Préface de la première édition, *passim.*

[3] Les premiers éditeurs, qui assistèrent à ce discours, le retracent dans la préface. Voyez aussi le « Discours sur les Pensées de M. Pascal, où l'on essaie de faire voir quel était son dessein (par M. Dubois, qui était présent à cette assemblée et prit part à la première édition). »

ces notes écrites à la hâte; il les amassait pour s'en servir ensuite librement, et on peut juger de quel œil sévère il les aurait revues et à quel travail il les aurait soumises, lui qui avait refait jusqu'à treize fois une des Provinciales, et qui demandait dix ans de bonne santé pour achever ce dernier monument[1]. D'ailleurs son dessein était assez vaste pour embrasser les pensées les plus diverses, et toutes se liaient plus ou moins dans son esprit, puisque lui-même les avait réunies et mises ensemble ainsi qu'on les a trouvées après sa mort[2]. Il y aurait de l'utilité peut-être à extraire de ses écrits de toute nature et à former des Pensées de Pascal, comme on a des Pensées de Platon, de Descartes, de Leibnitz. Il serait bien aussi de recueillir dans ses biographes et dans ses amis les discours et même les propos familiers qu'on lui attribue et de faire ainsi une sorte de *Pascaliana*. Mais tout cela n'a rien à voir avec les fragments de son Apologie de la religion chrétienne, fragments imparfaits et très-divers, mais qui ont au moins cette harmonie d'avoir été composés à la même époque, la dernière de la vie de Pascal, dans le

---

[1] Préface.

[2] Préface : « On eut un très-grand soin, après sa mort, de recueillir les divers écrits qu'il avait faits sur cette matière. On les trouva *tous ensemble* enfilés en divers liasses.... »

même esprit et pour le même objet. On fait disparaître cette harmonie dès qu'on mêle à ces fragments des choses étrangères, si excellentes qu'elles puissent être ; et ce mélange ne produit qu'un véritable chaos où se confondent toutes les époques de la vie de Pascal, et par conséquent des idées très-différentes qui enlèvent à l'ensemble, non-seulement toute ombre d'unité, mais tout caractère déterminé.

Nous le répétons donc ; nous entendons par les Pensées de Pascal les fragments de l'ouvrage auquel il consacra les dernières années de sa vie. Si ce principe est incontestable, il nous fournit deux règles à peu près infaillibles : 1° comme les Pensées de Pascal, mises *toutes ensemble* par lui-même, ont été fidèlement recueillies par sa famille dans le manuscrit in-folio déposé par M. l'abbé Périer à Saint-Germain-des-Prés, et qui est conservé aujourd'hui à la Bibliothèque royale de Paris, il s'ensuit que toutes les pensées qui se trouvent dans ce manuscrit autographe sont certainement des pensées authentiques de Pascal ; 2° réciproquement, toute pensée qui ne se trouve pas dans ce manuscrit est par cela même suspecte et ne doit être considérée comme authentique qu'après un sérieux examen. Il est possible qu'elle soit de Pascal, mais il est possible aussi qu'elle n'ait pas été destinée par lui à faire partie de son grand ouvrage. Dans ce cas elle doit être encore religieusement conservée, mais mise à part pour avoir sa valeur propre, et non pas perdue au milieu des fragments déjà si mal liés d'un ouvrage tout différent.

Or, en appliquant ces deux règles aux éditions successives des Pensées, on arrive à se convaincre que ces éditions se sont grossies, avec le temps, de morceaux entièrement étrangers aux Pensées, et dont plusieurs ne sont pas même de la main de Pascal.

Pour nous renfermer, comme nous l'avons fait jusqu'ici, dans les deux éditions extrêmes, la première et la dernière, la moins étendue et la plus compréhensive, celle de Port-Royal et celle de Bossut, nous dirons : 1° que celle de Bossut comprend à peu près un tiers de pensées qui certainement n'appartiennent pas aux Pensées proprement dites, ne se trouvent pas dans notre manuscrit, et quelquefois même sont d'un style qui contraste étrangement avec celui de Pascal ; 2° que l'édition *princeps* elle-même, celle de Port-Royal, contient aussi, tantôt le disant, tantôt ne le disant pas, près de cinq chapitres qui ne tiennent pas le moins du monde aux Pensées.

Ce sont ces deux assertions que nous allons

établir, aussi rapidement que nous pourrons le faire, sans mettre en péril la rigueur de la démonstration.

Nous commencerons par l'édition de Bossut.

On sait qu'elle présente les Pensées dans un nouvel ordre entièrement arbitraire, que, depuis, les uns ont suivi, les autres ont changé, selon le point de vue également arbitraire où ils se plaçaient. L'ordre de Bossut ne soutient pas le moindre examen : il détruit le dessein même de Pascal, tel qu'il l'avait exposé à ses amis. Bossut divise les Pensées en deux parties : l'une *contenant les pensées qui se rapportent à la philosophie, à la morale et aux belles-lettres ;* l'autre *les pensées immédiatement relatives à la religion.* Mais cette distinction ne peut convenir à des pensées qui toutes avaient un but commun, l'apologie de la religion chrétienne ; elle donne à l'œuvre de Pascal une sorte de physionomie littéraire, indigne du sérieux objet que se proposait ce grand esprit. Nous ne voulons pas dire qu'on ne puisse mettre les Pensées de Pascal dans cet ordre pour la commodité de quelques personnes, qui pourraient ainsi lire de préférence, celles-ci les pensées qui se rapportent à la religion, celles-là les pensées qui se rapportent à la philosophie et aux belles-lettres, comme parle Bossut. On ne doit pas blâmer ces divers arrangements, pourvu qu'on y attache peu d'importance. C'est ainsi qu'au milieu du xviiie siècle un contemporain de Bossut, Joly, dans son estimable traduction de Marc-Aurèle, a distribué les pensées du vertueux empereur dans un ordre qui lui a paru édifiant : d'abord celles qui se rapportent à telle vertu ; puis celles qui se rapportent à telle autre, et ainsi de suite, de telle sorte que le lecteur fait pour ainsi dire un cours de morale théorique et pratique : c'est un avantage assurément ; mais la vérité est que Marc-Aurèle a laissé, non pas un livre didactique, mais un journal, où, de loin en loin et sans aucun ordre systématique, pour soulager ou soutenir son âme, il déposait les pensées que lui inspiraient la méditation ou les circonstances ou les souvenirs de ses anciennes études stoïciennes. Une nouvelle traduction sérieuse devrait restituer ce caractère aux Pensées de Marc-Aurèle, en les remettant dans l'ordre même où elles se trouvent dans le petit nombre de manuscrits qui en subsistent : ce simple changement donnerait une face nouvelle à ce singulier et sublime monument. De même ici, il fallait se borner à publier les Pensées de Pascal dans l'ordre, ou, si l'on veut, dans le désordre où sa famille les avait distribuées selon une certaine analogie ; ou bien encore considérer ces petits papiers, qui souvent forment chacun un tout indivisible, comme autant de cartes, pour ainsi dire, qu'il ne s'agit plus que de classer sous les étiquettes qu'elles ont dans le manuscrit même, en ajoutant celles qui leur manquent quelquefois et qui paraissent leur convenir : tout cela avec une certaine rigueur, mais sans pourtant prétendre à une rigueur trop grande. Le point essentiel est que l'ordre suivi, quel qu'il soit, ne détruise pas le dessein de Pascal; et il n'y a presque plus de traces de ce dessein dans l'ordre imaginé par Bossut, et grâce à cette distinction de deux parties consacrées l'une à la philosophie et aux belles-lettres, l'autre à la religion. Tout, dans Pascal, tend à la religion; il n'a pas écrit de pensées morales et littéraires, comme Labruyère ou Vauvenargues, et toute sa philosophie n'était qu'une démonstration de la vanité de la philosophie et de la nécessité de la religion. Mais je néglige ce défaut de l'édition de Bossut; celui que je veux surtout relever est, comme je l'ai dit, l'insertion, au milieu des véritables Pensées, de morceaux qui leur sont étrangers.

Tout le monde sait que les deux articles 11 et 12 de la Ire partie, *Sur Épictète et Montaigne*, et *Sur la condition des grands* ont été rédigés par Nicole et par Fontaine, sur le souvenir, quelquefois bien éloigné, de conversations de Pascal auxquelles ils avaient assisté.

Le chapitre *Sur la condition des grands* se compose de trois discours que Pascal avait adressés au jeune duc de Roannez en présence de Nicole, qui les a rapportés neuf ou dix ans après, sans pouvoir affirmer « que ce soient les propres paroles dont M. Pascal se servit alors ». Nicole, qui travailla avec le duc de Roannez et Arnauld à la première édition des Pensées, se garda bien d'y mêler ces discours, et il les publia dans son traité de l'*Éducation d'un prince*, en les éclairant de détails intéressants sur la haute importance que Pascal attachait à l'éducation d'un prince et sur les sacrifices qu'il aurait faits volontiers pour contribuer à une œuvre aussi grande [1]. Bossut retranche ces détails qui donnaient un caractère particulier à ces trois discours, et il intercale ceux-ci fort mal à propos au milieu des Pensées, avec lesquelles ils n'ont aucune analogie. Et encore il se permet d'y introduire beaucoup de petits changements de style au moins inutiles.

Il a pris bien d'autres libertés avec Fontaine dans

---

[1] Nicole : « On lui a souvent ouï dire qu'il n'y avait rien à quoi il désirât plus de contribuer, pourvu qu'il y fût bien engagé, et qu'il sacrifieroit volontiers sa vie pour une chose si importante. »

le fameux chapitre sur Épictète et sur Montaigne. Ce chapitre est un débris d'une conversation qui eut lieu à Port-Royal entre Sacy et Pascal, plusieurs années avant les Provinciales. Le secrétaire de Sacy, Fontaine, qui assistait à cette conversation, la rapporte dans le tome II de ses mémoires, imprimés à Utrech en 1736. Avant que ces mémoires ne parussent, le père Desmolets, bibliothécaire de l'Oratoire, en avait eu connaissance, et il en tira cet entretien qu'il publia dans ses *Mémoires de littérature et d'histoire*, t. V, en 1728. « Il faut, écrivait en 1731, l'abbé d'Étemare à Marguerite Périer [1], que cet entretien de M. Pascal avec M. de Sacy ait été mis par écrit sur-le-champ par M. Fontaine. Il est indubitablement de M. Fontaine pour le style; mais il porte, pour le fond, le caractère de M. Pascal à un point que M. Fontaine ne pouvait rien faire de pareil. » Bossut a eu la malheureuse idée de mettre cette conversation, comme le Discours sur la Condition des Grands, parmi les Pensées, qu'elle précède de plusieurs années, puisqu'elle est antérieure aux Provinciales mêmes; et, pour l'y introduire, il l'a mutilée et défigurée; il a supprimé la forme du dialogue, ôté tout ce que dit Sacy, et gardé seulement ce que

[1] *Recueil de plusieurs pièces pour servir à l'histoire de Port-Royal*, p. 274.

dit Pascal; puis, pour lier ensemble ces fragments disjoints et en faire un tout, il lui a fallu pratiquer en quelque sorte des raccords de sa propre façon. Il y a plus : Bossut trouve que Pascal parle quelquefois un peu longuement par la bouche du bon Fontaine, et alors il supprime tout ce qui lui paraît languissant; quelquefois, au contraire, il ajoute à Fontaine et le développe; le plus souvent il brise et décompose ses longues phrases, et efface les formes logiques et raisonneuses de la langue du xviie siècle. Il faut en vérité que la parole de Pascal ait eu d'abord une originalité bien puissante pour avoir résisté et à la traduction du secrétaire de Sacy, et surtout à la seconde traduction de Bossut. La prose solide et naturelle de Fontaine, vivifiée par ses ressouvenirs, garde une impression manifeste du style énergique et altier de Pascal; et cette impression perce encore à travers tous les arrangements et sous le langage moderne et vulgaire de Bossut. Celui-ci a traité Fontaine comme Fontaine avait traité Pascal. Donnons quelques exemples de ces altérations incroyables.

Fontaine, t. II, p. 58 : « *Voilà*, monsieur, dit M. Pascal à M. de Sacy, les lumières de ce grand esprit (Épictète) qui a si bien connu *le devoir* de l'homme. *J'ose dire qu'il mériteroit d'être adoré*, s'il avoit aussi bien connu *son impuissance, puisqu'il falloit être Dieu pour apprendre l'un et l'autre aux hommes. Aussi, comme il étoit terre et cendre*, après avoir si bien compris ce qu'on doit faire, il se perd dans la présomption de ce qu'on peut. »

En vérité on croit presque ici entendre Pascal. Écoutons maintenant Bossut : « *Telles étaient* les lumières de ce grand esprit qui a si bien connu *les devoirs* de l'homme : *heureux s'il avoit aussi connu sa foiblesse!* mais, après avoir si bien compris ce qu'on doit faire, il se perd dans la présomption de ce que l'on peut. »

Fontaine, *ibid :* « Ces principes *d'une superbe diabolique.....* » Bossut : « Ces *orgueilleux* principes..... »

Voici une transition de la façon de Bossut :

Fontaine : « Il (Montaigne) agit, au contraire, en païen. De ce principe, dit-il, que hors de la foi tout est dans l'incertitude....... » Bossut : « Il agit, au contraire, en païen. *Voyons sa morale.* De ce principe..... »

Exemple d'addition et de substitution :

Dans Fontaine, Pascal termine un de ses discours par ces mots : « Comme j'ai tâché de faire dans cette étude. » Bossut : « *C'est la principale utilité qu'on doit tirer de ces lectures.* »

Décomposition de la phrase de Fontaine et de Pascal.

Fontaine, p. 70. A la suite d'une longue période sur Épictète et Montaigne et sur l'impossibilité de les réunir, Pascal conclut ainsi : « *De sorte qu'ils* ne peuvent ni subsister seuls à cause de leurs défauts, ni s'unir à cause de *leurs oppositions, et qu'ainsi* il faut qu'ils se brisent et s'anéantissent pour faire place à la vérité de *l'Évangile*. C'est elle qui accorde les contrariétés par un art tout divin. »

Bossut ôte la forme de la conclusion, coupe la phrase, rejette le dernier terme, non-seulement dans une autre phrase, mais dans un autre paragraphe, et il ajoute une épithète pour fortifier et éclaircir Pascal : « *Ils* ne peuvent ni subsister seuls à cause de leurs défauts, ni s'unir à cause de *la contrariété de leurs opinions.* » Puis, § 4 : « *Mais* il faut qu'ils se brisent et s'anéantissent pour faire place à la vérité de *la révélation*. C'est elle qui accorde les contrariétés *les plus formelles* par un art tout divin. »

Fontaine, p. 71 : « *Je vous demande pardon, monsieur, dit M. Pascal à M. de Sacy, de m'emporter ainsi dans la* théologie *au lieu de demeurer dans la* philosophie; *mais mon sujet m'y a conduit insensiblement.* » Bossut : « *C'est ainsi que* la philosophie conduit insensiblement à la théologie. »

Je pourrais faire les mêmes remarques [1] à peu près sur toutes les phrases : partout le caractère du style est changé : partout les traces des habitudes dialectiques du siècle de Pascal, les *car, ainsi, de sorte que, d'où il semble*, etc., ont disparu. L'insignifiante particule *on* remplace le *je*, qui n'est pas seulement ici une forme nécessaire du dialogue, mais qui souvent échappe à Pascal et trahit à son insu sa personnalité.

N'est-il pas évident que, dans une édition critique, il faudrait revenir au moins à Fontaine, si on ne peut remonter à Pascal, rétablir le chapitre sur Épictète et Montaigne dans sa forme première, celle d'un entretien conservé par un contemporain véridique, et retrancher cet entretien, ainsi que les discours au duc de Roannez, des Pensées proprement dites, comme n'appartenant ni au même ouvrage, ni au même temps, et n'étant pas de la même main ?

Voici maintenant trois morceaux tout aussi

---

[1] Je trouve la plupart de ces remarques dans le second volume du *Port-Royal* de M. Sainte-Beuve, qui paraît en ce moment. Je ne les efface pas pour cela, m'honorant de me rencontrer avec un des esprits les plus ingénieux et les plus délicats de notre temps.

étrangers aux Pensées que les précédents, mais qui sont du moins de la main de Pascal. Ce sont les trois premiers articles de la première partie de Bossut: *De l'autorité en matière de philosophie; De la géométrie en général; De l'art de persuader.* Ce sont autant de petits traités distincts et complets, qui n'ont aucun rapport avec le dessein du dernier ouvrage, et qui paraissent avoir été écrits longtemps avant les Provinciales, avant ce qu'on peut appeler la dernière conversion de Pascal.

Le premier article, *De l'autorité en matière de philosophie*, semble un fragment du Discours de la Méthode, tant il est pénétré de l'esprit de Descartes. Il roule sur la distinction essentiellement cartésienne de la philosophie et de la théologie, l'une où l'autorité est de mise, puisqu'elle n'admet point d'innovations; l'autre où l'autorité est un contresens, puisqu'elle vit de découvertes perpétuelles. Par philosophie, il faut entendre ici particulièrement la physique. Plus tard, et dans les Pensées, Pascal ne traite ni la philosophie ni Descartes avec ce respect. Je soupçonne que ce morceau est de l'époque où Pascal était tout occupé de sciences, à peu près du temps de la lettre à M. Le Pailleur, *sur le vide*, ou de celle à M. Ribeyre, lettres qui sont de l'année 1647 et de l'année 1651. Ce sont les mêmes principes et le même ton à la fois grave et animé. Aussi ce petit traité n'est-il pas dans notre manuscrit. C'est Bossut qui l'a publié pour la première fois et sans dire d'où il l'a tiré.

Il en est de même des Réflexions sur la géométrie en général : c'est un traité du même genre que le précédent, qui n'est point dans notre manuscrit, et que Bossut a publié aussi pour la première fois. Pascal lui-même dit qu'il a voulu faire *ce traité* sur un sujet particulier, qui est la géométrie, et dans le dessein de faire voir en quoi consiste l'esprit de netteté [1].

A considérer ce morceau en lui-même, on ne peut douter de son authenticité; il porte comme à chaque page la signature de Pascal. Cependant on voudrait savoir où Bossut l'a trouvé; mais, comme à son ordinaire, il garde le silence à cet égard. Le seul document qui nous fournisse quelque lumière est une lettre inédite (*Mémoires de Marguerite Périer*, p. 445), adressée par dom Touttée, le savant éditeur de saint Cyrille de Jérusalem, à l'abbé Périer, où il lui rend compte du travail auquel il s'est livré sur plusieurs petits écrits de

---

[1] « On ne peut trop entrer dans cet esprit de netteté pour lequel je fais tout ce traité plus que pour le sujet que j'y traite. »

Pascal que l'abbé Périer lui avait communiqués [1]. Parmi ces écrits étaient les Réflexions sur la géo-

---

[1] Lettre du R. P. dom Antoine Touttée, religieux bénédictin, à M. l'abbé Périer :

« Monsieur,

« J'ay l'honneur de vous renvoyer les trois écrits que vous
« avez bien voulu me communiquer. Au bas des deux petits
« écrits j'ay mis le titre qu'on pouvoit à peu près leur donner;
« j'ay mis aussi à la marge du grand quelques observations. Il
« y en a une générale à faire, qui est que cet écrit, promettant
« de parler de la méthode des géomètres, en parle, à la vérité, au
« commencement, et n'en dit rien, à mon avis, de particulier;
« mais il s'engage ensuite dans une grande digression sur les
« deux infinités de grandeur et de petitesse que l'on remarque
« dans les trois ou quatre choses qui composent toute la nature,
« et l'on ne comprend pas assez la liaison qu'elle a avec ce qui
« fait le sujet de l'écrit. C'est pourquoi je ne sais point s'il ne
« seroit point à propos de couper l'écrit en deux et de faire deux
« morceaux séparés : car il ne me semble pas bien qu'ils soient
« faits l'un pour l'autre. Au reste, cette seconde partie m'a paru
« contenir beaucoup de belles choses, parmi quelques-unes qui
« sont assez communes; je voudrois communiquer cet écrit à
« M. Varignon pour en dire son sentiment.

« Je travaille à rédiger en ordre les Pensées contenues dans
« les trois cahiers que vous m'avez laissés. Je crois qu'il ne faudra
« comprendre dans ce recueil que les pensées qui ont quelque
« chose de nouveau, et qui sont assez parfaites pour faire conce-
« voir au lecteur du moins une partie de ce qu'elles renferment.
« C'est pourquoi je laisserai celles qui n'ont rien de nouveau,
« soit pour le sujet, soit dans le tour et dans la manière, et celles
« qui sont trop informes, en sorte qu'elles ne peuvent présenter
« assez parfaitement leur sens. Je me recommande à vos saints
« sacrifices et à votre souvenir.

« Je suis.....

« *A Saint-Denis, ce 22 juin 1711.*

métrie en général. Cette lettre est de 1711, c'est-à-dire un peu plus de quarante ans après la première édition des Pensées. Il paraît que l'abbé Périer songeait à en donner une édition nouvelle, où il se proposait d'introduire des pensées négligées par Port-Royal, et même des morceaux étrangers aux Pensées et trouvés parmi les papiers de Pascal. Dom Touttée dit positivement qu'il *rédige en ordre* les pensées contenues dans trois cahiers qui lui avaient été remis pour en composer un recueil. Il déclare aussi qu'il a mis des titres à deux petits écrits de Pascal, qu'il ne nomme point, et qui pourraient bien être l'Autorité en matière de philosophie et l'Art de persuader. L'écrit plus étendu dont il parle est indubitablement l'article aujourd'hui intitulé : *Réflexions sur la géométrie en général.* Il en admire quelques parties, mais il y trouve du désordre, et propose presque d'en faire deux morceaux séparés ; l'un sur la méthode de la géométrie, l'autre sur les deux infinis de grandeur et de petitesse. Il est bien heureux que l'abbé Périer n'ait pas suivi cet avis, et que Bossut, en 1779, ait pu encore retrouver les Réflexions sur la géométrie dans l'état où leur auteur les avait laissées. Mais on ne peut s'empêcher d'être ému en songeant à tous les dangers qu'ont couru, en passant ainsi de main en main, les ouvrages posthumes de Pascal. Celui-là, du moins, a échappé aux conseils téméraires du docte bénédictin.

C'est le père Desmolets qui le premier publia l'Art de persuader (*Mémoires de littérature et d'histoire*, tome V, Ire partie), avec de nouvelles pensées, sous ce titre : *OEuvres posthumes, ou suite des Pensées de M. Pascal, extraites du manuscrit de M. l'abbé Périer, son neveu.* Et il est bien certain que les pensées diverses que le savant oratorien a mises au jour, se trouvent dans notre manuscrit; mais l'Art de persuader n'y est pas. Parmi toutes les Pensées de Pascal, il n'y en a pas une seule qui ait une pareille étendue. Ce n'est pas une note, c'est une dissertation sur les règles de la définition, qui ressemble fort au chapitre III de la Logique de Port-Royal : *De la méthode de composition, et particulièrement de celle qu'observent les géomètres.* Les règles sont les mêmes, et les termes qui les expriment conviennent merveilleusement.

Ainsi, sur les douze articles dont se compose la première partie des Pensées dans l'édition de Bossut, en voilà déjà cinq et des plus importants, qui incontestablement n'appartiennent point aux Pensées : deux ne sont pas même de la main de Pascal, et les trois autres sont des écrits particuliers composés sur des matières différentes et à des époques différentes.

Si nous pénétrons dans l'article X, intitulé : *Pensées diverses*, nous en trouverons plus d'une, et des plus célèbres, qui non-seulement ne se rapportent point au dernier ouvrage de Pascal, mais qui n'ont jamais été écrites par lui et ne sont autre chose que des propos recueillis même assez tard dans le souvenir de ses conversations. Ainsi on a cent fois cité ce § 41 de l'article X, où Pascal accuse Descartes d'avoir voulu se passer de Dieu dans toute sa philosophie. Cette accusation est si injuste et si absurde qu'on a peine à l'imputer à Pascal. Par ces mots « dans toute sa philosophie » il ne peut avoir en vue que l'ouvrage de Descartes intitulé : *Principes de philosophie;* autrement l'accusation serait même impossible, puisque la Méthode contient la preuve célèbre de l'existence de Dieu, et que les Méditations sont consacrées au développement de cette preuve. Or les Principes de philosophie ne sont qu'un traité de physique générale, et dans cet ordre de recherches la suppression des causes finales, j'entends des causes finales premières et dernières, est une conquête du génie de Descartes. Mais, s'il les supprime en physique, il les retrouve en métaphysique : car c'est là qu'est leur vraie place, et là Descartes les établit et les met en lumière avec une force qui a frappé Pascal lui-même, puisque c'est à Descartes qu'il a visiblement emprunté ses plus beaux morceaux sur l'infinitude et la perfection de Dieu. Quand Pascal écrivait sur le vide, il expliquait tout par des causes secondes et des lois physiques : aurait-on été reçu à l'accuser de vouloir se passer de Dieu ? Il aurait renvoyé à son grand ouvrage ; de même l'auteur des Principes de philosophie aurait pu le renvoyer aux Méditations. Nous avons la satisfation d'assurer que cette triste accusation n'est point dans le manuscrit de Pascal. C'est Marguerite Périer qui, nous racontant diverses particularités de la vie de son oncle et des mots remarquables qu'on lui avait entendu dire, fait mention de celui-là. Le Recueil de pièces pour servir à l'histoire de Port-Royal le cite, d'après les mémoires de mademoiselle Périer. Bossut le reproduit sans dire où il le prend, retranche tout ce qui l'entoure et l'explique dans le Recueil et dans les Mémoires, et le jette au milieu de l'ouvrage, convertissant un propos que se permettait Pascal dans des conversations intimes en une pensée réfléchie et destinée à voir le jour. Voici le passage entier des Mémoires de mademoiselle Périer :

« M. Pascal parloit peu de sciences ; cependant, quand l'occasion s'en présentoit, il disoit son sentiment sur les choses dont on lui parloit. Par exemple, sur la philosophie de M. Descartes il disoit assez ce qu'il pensoit; il étoit de son sentiment sur l'automate [1], et n'en étoit point sur la matière subtile, dont il se moquoit fort; mais il ne pouvoit souffrir sa manière d'expliquer la formation de toutes choses, et il disoit très-souvent : Je ne puis pardonner à Descartes; il voudroit bien, dans toute sa philosophie, se pouvoir passer de Dieu; mais il n'a pu s'empêcher de lui accorder [2] une chiquenaude pour mettre le monde en mou-

[1] C'est l'opinion de Descartes qui paraît avoir été reçue avec le plus de faveur à Port-Royal. Fontaine, t. II, p. 52 : « Combien aussi s'éleva-t-il de petites agitations dans ce désert touchant les sciences humaines de la philosophie et les nouvelles opinions de M. Descartes ! Comme M. Arnauld, dans ses heures de relâche, s'en entretenoit avec ses amis les plus particuliers, insensiblement cela se répandit partout, et cette solitude, dans les heures d'entretien, ne retentissoit plus que de ces discours. Il n'y avoit guère de solitaire qui ne parlât d'automate. On ne faisoit plus une affaire de battre un chien. On lui donnoit fort indifféremment des coups de bâton, et on se moquoit de ceux qui plaignoient ces bêtes comme si elles eussent senti de la douleur. On disoit que c'étoient des horloges, que ces cris qu'elles faisoient quand on les frappoit n'étoit que le bruit d'un petit ressort qui avoit été remué, mais que tout cela étoit sans sentiment. On élevoit de pauvres animaux sur des ais par les quatre pattes pour les ouvrir tout en vie et voir la circulation du sang, qui étoit une grande matière d'entretien. Le château de M. le duc de Luynes étoit la source de toutes ces curiosités, et cette source étoit inépuisable. On y parloit sans cesse du nouveau système du monde selon M. Descartes, et on l'admiroit. »

[2] Le Recueil, qui n'entend pas la grâce et la finesse de cette expression, *lui accorder une chiquenaude*, y substitue : *lui faire donner* une chiquenaude; et Bossut n'a pas manqué de suivre le Recueil.

vement; après cela, il n'a plus que faire de Dieu. »

Rapprochons de ce propos si défavorable à Descartes cette autre pensée que Bossut a le premier publiée : « *Sur la philosophie de Descartes.* Il faut dire en gros : cela se fait par figure et mouvement, car cela est vrai; mais de dire quelle figure et quel mouvement, et composer la machine, cela est ridicule; car cela est inutile et incertain et pénible. Et, quand tout cela seroit vrai, nous n'estimons pas que toute la philosophie vaille une heure de peine[1]. » Cette pensée est aussi fausse que le propos rapporté par Marguerite Périer est injuste. Car, si on peut dire en gros avec vérité : cela se fait par figure et mouvement, il est clair que cela doit se faire par telle figure et par tel mouvement, et qu'on peut, qu'on doit même rechercher quelle figure et quel mouvement concourent aux effets particuliers qu'il s'agit d'expliquer; sans quoi on ne posséderait qu'une explication générale et vague. Il y a donc plus d'humeur que de raison dans cette pensée.

---

[1] Cette opinion de Pascal a beaucoup d'analogie avec celle de Sacy, dans les Mémoires de Fontaine, *ibid.* « Je les (Descartes et les philosophes) compare à des ignorants qui verroient un admirable tableau, et qui, au lieu d'admirer un tel ouvrage, s'arrêteroient à chaque couleur en particulier et diroient : Qu'est-ce que ce rouge-là? de quoi est-il composé? C'est de telle chose, ou c'est d'une autre...... Ces gens-là cherchent la vérité à tâtons; c'est un grand hasard qu'ils la trouvent. »

Nous devons avouer qu'elle se trouve, avec plus d'une variante, dans le manuscrit original et dans les deux copies : « *Descartes*. Il faut dire en gros, etc. » Mais il paraît que Pascal avait lui-même condamné cette boutade ; car, dans le manuscrit et dans les copies, elle est barrée, c'est-à-dire effacée, tandis que jamais il n'a songé à effacer l'admirable pensée qu'il a intitulée *Roseau pensant*; et celle-là [1] lui vient de Descartes, du fameux : Je pense, donc je suis ; la forme seule est de Pascal, mais la forme, il est vrai, est d'une beauté incomparable.

De toutes les pensées, publiées pour la première fois par Bossut, nulle n'est plus frappante et plus précieuse que celle du paragraphe 78 de l'article XVII de la seconde partie, où Pascal déclare que, loin de se repentir d'avoir fait les Provinciales, s'il était à les faire, il les ferait plus fortes encore. On est tenté de croire, au premier coup d'œil, que c'est une de ces pensées qu'on n'aura pas osé publier en 1669, et que, plus tard, Bossut aura tirée de ses manuscrits. Il est certain qu'elle n'est pas dans le manuscrit autographe. Où Bossut l'a-t-il donc prise ? il n'en dit

---

[1] Et de même celle-ci : « C'est donc la pensée qui fait l'être de l'homme, et sans quoi on ne le peut concevoir. » Édit. de Port-Royal, ch. XXIII.

rien. Je la trouve à la fois et dans les mémoires de mademoiselle Périer et dans le manuscrit de l'Oratoire n° 160. Mais ce n'est point une pensée de Pascal; c'est un récit fait par mademoiselle Périer. En voici le titre dans le manuscrit de l'Oratoire : *Récit de ce que j'ai ouï dire à M. Pascal, mon oncle, non pas à moi, mais à des personnes de ses amis en ma présence. J'avois alors 16 ans et demi. (Copié sur l'original, écrit de la main de mademoiselle Périer.)* Or Marguerite Périer a écrit fort tard ses mémoires, sur la fin de sa vie, qu'elle a prolongée jusqu'en 1733. On est bien sûr qu'elle n'a pas altéré le sens des paroles de son oncle, et pour le fond on peut ajouter toute foi à ce récit ; mais il ne fallait pas le placer parmi les pensées écrites de la main même de Pascal. Quant tout a été confondu de cette façon, qui peut ensuite reconnaître ce qui est de Pascal et ce qui n'en est pas? Sans la rencontre du manuscrit de l'Oratoire et des mémoires de Marguerite Périer, j'aurais cru, comme tout le monde, que le paragraphe sur les Provinciales est tout aussi bien de la main de Pascal, que le morceau sur les deux infinis ou sur la misère de l'homme.

A la fin des Pensées, Bossut donne un Supplément aux Pensées de Pascal. Pour le coup, qui ne croirait que ce sont là enfin des pensées nouvelles, tirées par Bossut des deux copies qui ont été sous ses yeux? Point du tout : d'abord on y rencontre quelques-unes des pensées déjà publiées par Desmolets, rejetées, on ne sait pourquoi, dans ce Supplément, quand les autres ont été insérées par Bossut dans le corps même de l'ouvrage. Mais la plus grande partie des pensées de ce Supplément ne sont pas dans le savant oratorien; elles ne sont pas davantage dans notre manuscrit, et Bossut ne disant jamais à quelle source il les a puisées, on est dans le dernier embarras pour savoir d'où elles viennent et sur quoi repose leur authenticité. Ce sont le plus souvent des mots attribués à Pascal, que Bossut arrange en manière de pensées et qu'il emprunte, toujours sans le dire, tantôt aux Mémoires de Marguerite Périer, tantôt à la Vie de Pascal par sa sœur, ou même à la Logique de Port-Royal.

La Logique de Port-Royal (IIIe partie, chap. xix) contient ce passage : « Feu M. Pascal, qui savoit autant de véritable rhétorique que personne en ait jamais su, portoit cette règle jusques à prétendre qu'un honnête homme devoit éviter de se nommer et même de se servir des mots de *je* et de *moi;* il avoit accoutumé de dire sur ce sujet que *la piété chrétienne anéantit le moi humain,* et que *la civilité humaine le cache et le supprime.* » Bossut a donné cette pensée séparément et hors du cadre qui la mettait dans son vrai jour. Elle est devenue le § 3 du Supplément.

Madame Périer, dans la Vie de son frère, abonde en détails touchants sur l'amour de Pascal pour la pauvreté, et elle nous a conservé plus d'une grande parole échappée à l'âme de Pascal. Bossut en a fait les §§ 5 et 6.

Pour s'exhorter à l'esprit de pauvreté et aux autres vertus chrétiennes, Pascal avait écrit de sa main, sur un petit papier, le morceau célèbre qui commence ainsi : « J'aime la pauvreté, parce que Jésus-Christ l'a aimée ; j'aime les biens parce qu'ils donnent moyen d'assister les misérables... » Bossut a mis ce fragment précieux dans son Supplément (§ 6), et de là les autres éditeurs l'ont inséré parmi toutes les autres pensées, comme si Pascal avait jamais songé à entretenir la postérité de lui-même, et à mêler des détails biographiques à un livre consacré à la religion.

Il supportait les douleurs les plus cruelles avec une patience admirable. Quand on s'affligeait de tant de souffrances, il disait, à ce que raconte sa sœur : « Ne me plaignez point : la maladie est l'état naturel des chrétiens... » Bossut a ôté le début, et il a fait du reste le § 7 sur la maladie.

Le § 26, contre la guerre civile et l'esprit de révolte, est aussi un extrait bien affaibli du passage où madame Périer nous peint son aversion pour la Fronde et sa fidélité éprouvée à l'autorité royale.

Je m'arrête ici, pour ne pas trop multiplier les exemples, et je répète que je suis bien loin de prétendre qu'il faille retrancher d'une édition de Pascal ces précieux et instructifs souvenirs; mais une saine critique devait faire ici trois choses : 1° indiquer les ouvrages imprimés ou manuscrits auxquels on les empruntait ; 2° citer intégralement les passages qui nous les conservent ; 3° rejeter toutes ces citations en dehors du grand ouvrage, et en composer un véritable supplément qui, sans tromper personne, aurait eu un grand intérêt.

Passons à la première édition, celle de Port-Royal que Bossut a reproduite avec les accroissements que nous venons d'indiquer. Cette édition est le vrai fond des Pensées. Quelque défectueuse qu'elle soit, comme nous le démontrerons tout à l'heure, elle a, du moins, le mérite de ne rien contenir qui ne soit de la main de Pascal. Lorsqu'elle mêle aux Pensées des morceaux qui ne s'y rapportent pas, elle en avertit le plus souvent : par exemple elle avertit que la *Prière pour demander à Dieu le bon usage des maladies*, et les *Pensées sur la mort*, sont étrangères au dessein de Pascal, et ne sont là que pour l'édification; elle avertit même que, dans le chapitre des Pensées diverses, « *il s'y en pourra trouver quelques-unes qui n'ont nul rapport* à son dernier ouvrage, *et n'y étoient pas destinées.* » Ces indications sont précieuses, mais elles sont encore très-insuffisantes : il fallait dire toute la vérité, à savoir que non-seulement le chapitre des Pensées diverses, mais celui des Pensées chrétiennes et celui des Miracles, contiennent une foule de pensées qui ne devaient pas avoir leur place dans le grand monument auquel travaillait Pascal, et il fallait désigner expressément les écrits où on avait puisé toutes ces pensées. C'est ce que l'édition de Port-Royal aurait dû faire et ce qu'elle ne fait pas. En cherchant attentivement les Pensées diverses, les Pensées chrétiennes et les Pensées sur les miracles dans le manuscrit autographe, je me suis assuré qu'un très-grand nombre de ces pensées, et les plus importantes, n'y sont point; elles ne sont pas non plus dans la Vie de Pascal par madame Périer, ni parmi les propos que Marguerite Périer attribue à son oncle. D'où viennent-elles donc, et à quelle source sont-elles empruntées? Voilà un problème que Bossut ni personne jusqu'ici n'a ni soulevé ni même entrevu, et qui longtemps m'a laissé dans la plus profonde et la plus pénible incertitude. Voici comment peu à peu je suis arrivé à la solution de cet intéressant problème.

Port-Royal nous apprend lui-même que les Pensées sur la mort sont extraites d'une lettre de Pascal à M. et à Mᵐᵉ Périer, sur la mort de leur père, Étienne Pascal, et j'ai retrouvé cette lettre tout entière dans les mémoires de Marguerite Périer et dans le manuscrit de l'Oratoire. Là j'ai pu étudier et reconnaître le procédé que ces Messieurs ont employé pour extraire de la lettre de Pascal les pensées générales sur la mort. Cette lettre est écrite par Pascal, en son nom et au nom de sa sœur Jacqueline, à M. et à Mᵐᵉ Périer, qui étaient alors à Clermont, et elle est datée du 17 octobre 1651 : elle a donc précédé les Provinciales de cinq années. Il est dit dans les mémoires de mademoiselle Périer et dans le manuscrit de l'Oratoire que la copie qui s'y trouve est transcrite sur l'original, on peut donc se fier entièrement à cette copie. Or, comparée avec les pensées imprimées sur la mort, elle fournit des passages entièrement nouveaux et des variantes qui marquent de la manière la plus vive combien le style d'un homme médiocre, tel que le duc de Roannez, ou même le style d'un écrivain estimable, tel qu'Arnauld, diffère de celui d'un écrivain de génie, tel que Pascal.

Après quelques mots sur le malheur qui vient de frapper sa famille, Pascal continue ainsi :

« Je ne sais plus par où finissoit la dernière lettre; ma sœur l'a envoyée sans prendre garde qu'elle n'étoit pas finie; il me semble seulement qu'elle contenoit en substance quelques particularités de la conduite de Dieu sur la vie et la maladie[1], que je voudrois vous répéter ici, tant je les ai gravées dans le cœur et tant elles portent de consolation solide, si vous ne les pouviez voir dans la précédente lettre, et si ma sœur ne devoit vous en faire un récit plus exact à sa première commodité. Je ne vous parlerai donc ici que de la conséquence que j'en tire, qui est que sa fin est si chrétienne, si heureuse, si sainte et si souhaitable[2], qu'ôtées les personnes intéressées[3] par les sentiments de la nature, il n'y a pas de chrétien qui ne s'en doive réjouir. Sur ce grand fondement, je commencerai ce que j'ai à dire par un discours

---

[1] Nos manuscrits ne donnent point cette lettre de Jacqueline Pascal, où son frère avait mis la main.

[2] Ces mots, *que sa fin est si chrétienne, si heureuse, si sainte et si souhaitable*, ne sont pas dans la copie de mademoiselle Périer.

[3] Mademoiselle Périer : « *Otés ceux qui sont intéressés par...* »

bien consolatif[1] à ceux qui ont assez de liberté d'esprit pour le concevoir au fort de la douleur. C'est que nous devons chercher la consolation à nos maux, non pas dans nous-mêmes, non pas dans les hommes, non pas dans tout ce qui est créé, mais dans Dieu. »

Au lieu de ce simple, touchant et imposant début, ces *Messieurs* ont mis la phrase suivante, dont la vulgarité et la pesanteur ont pu être imputées à l'auteur des Provinciales : « *Quand nous sommes dans l'affliction à cause de la mort de quelque personne pour qui nous avons de l'affection, ou pour quelque autre malheur qui nous arrive*, nous *ne* devons *pas* chercher *de* la consolation dans nous-mêmes, *ni* dans les hommes, *ni* dans tout ce qui est créé, mais *nous devons la*[2] *chercher* dans Dieu *seul*. »

Pascal : « Ne nous affligeons donc pas comme les païens, qui n'ont pas d'espérance : nous n'avons pas perdu mon père au moment de sa mort; nous l'avions perdu, pour ainsi dire, dès qu'il entra dans l'Église par le baptême..... » Port-Royal a transporté à tous les fidèles ce que Pascal dit ici de son père; mais que peut signifier dans la

---

[1] Manuscrit de l'Oratoire : *bien consolant*.
[2] *La* rapporté à *de la consolation* est un solécisme.

bouche de Pascal cette expression : « Nous n'avons pas perdu les fidèles au moment de leur mort? » Il fallait mettre au moins : Nous ne perdons pas les fidèles.

Pascal : « Ne considérons plus un homme comme ayant cessé de vivre, quoi que la nature suggère, mais comme commençant à vivre, comme la vérité l'assure.... » *Quoi que la nature suggère* veut dire ici : quelque apparence contraire que la nature suggère. Ce n'est pas la conjonction *quoique*, *quamvis*, mais, comme diraient les grammairiens, l'adverbe conjonctif *quoi que, quidvis*. Port-Royal, qui n'a pas entendu cette phrase, la remplace par celle-ci : « *Quoique* la nature *le* suggère. »

Pascal : « Pour dompter plus facilement cette horreur (l'horreur de la nature pour la mort), il faut en bien comprendre l'origine, et, pour vous le toucher en peu de mots, je suis obligé de vous dire, en général, qu'elle est la source de tous les vices et de tous les péchés. C'est ce que j'ai appris de deux très-grands et très-saints personnages. La vérité qui ouvre ce mystère est que Dieu a créé l'homme avec deux amours..... » Port-Royal supprime tout cela, et dit seulement : « Dieu a créé l'homme avec deux amours.... »

Pascal : « L'horreur de la mort est naturelle, mais c'est en l'état d'innocence ; la mort, à la vérité, est horrible, mais c'est quand elle finit une vie toute pure. » Port-Royal : « L'horreur de la mort est naturelle, mais c'est dans l'état d'innocence, *parce qu'elle n'eût pu entrer dans le paradis qu'en finissant* une vie toute pure. »

Pascal : « L'âme quitte la terre et monte au ciel à l'heure de la mort, et sied à la droite au temps où Dieu l'ordonne. » Port-Royal : « Et enfin l'âme quitte la terre et monte au ciel *en menant une vie céleste. Ce qui fait dire à saint Paul : Conversio nostra in cœlis est. (Philip.* III, 20.) »

Pascal : « Voilà certainement quelle est notre croyance et la foi que nous professons, et je crois qu'en voilà plus qu'il n'en faut pour aider vos consolations par mes petits efforts. Je n'entreprendrois pas de vous porter ce secours de mon propre ; mais, comme ce ne sont que des répétitions de ce que j'ai appris, je le fais avec assurance, en priant Dieu de bénir ces semences et de leur donner l'accroissement ; car sans lui nous ne pouvons rien faire, et les plus saintes paroles ne prennent point en nous, comme il l'a dit lui-même. Ce n'est pas que je souhaite que vous soyez sans ressentiment ; le coup est trop sensible ; il seroit même insupportable sans un secours surnaturel. Il n'est donc pas juste que nous soyons sans douleur comme des anges, etc... » Port Royal réduit ainsi ce passage : « Il n'est pas juste que nous soyons sans ressentiment et sans douleur dans les afflictions *et dans les accidents fâcheux qui nous arrivent* comme des anges, etc... »

Pascal : « La prière et les sacrifices sont un souverain remède à ses peines (les peines de leur père); mais j'ai appris d'un saint homme, dans notre affliction, qu'une des plus solides et des plus utiles charités envers les morts est de faire, etc..... » Ce saint homme est probablement M. Singlin. Port-Royal efface cette allusion : « Une des plus solides et plus utiles charités envers les morts est, etc... »

Voici un long et touchant passage entièrement supprimé par Port-Royal :

« Faisons-le (leur père) donc revivre devant Dieu en nous de tout notre pouvoir, et consolons-nous en l'union de nos cœurs, dans laquelle il me semble qu'il vit encore, et que notre réunion nous rende en quelque sorte sa présence, comme Jésus-Christ se rend présent en l'assemblée de ses fidèles.

« Je prie Dieu de former et de maintenir en nous ces sentiments, et de continuer ceux qu'il me semble qu'il me donne d'avoir pour vous et pour ma sœur plus de tendresse que jamais; car il me semble que l'amour que nous avions pour mon père ne doit pas être perdu, et que nous en devons faire une refusion sur nous-mêmes, et que nous devons principalement hériter de l'affection qu'il nous portoit pour nous aimer encore plus cordialement, s'il est possible.

« Je prie Dieu de nous fortifier dans ces résolutions, et, sur cette espérance, je vous conjure d'agréer que je vous donne un avis que vous prendriez bien sans moi : mais je ne laisserai pas de le faire; c'est qu'après avoir trouvé des sujets de consolation pour sa personne, nous n'en venions pas à manquer pour la nôtre par les prévoyances des besoins et des utilités que nous aurions de sa présence.

« C'est moi qui y suis le plus intéressé : si je l'eusse perdu il y a six ans, je me serois perdu; et, quoique je croye en avoir à présent une nécessité moins absolue, je sens qu'il m'auroit été encore nécessaire dix ans et utile toute ma vie.

« Mais nous devons espérer que, Dieu l'ayant ordonné en tel temps, en tel lieu, en telle manière, sans doute c'est le plus expédient pour sa gloire et pour notre salut. Quelque étrange que cela paroisse, je crois qu'on en doit estimer de la sorte en tous les événements, et que, quelque sinistres qu'ils nous paroissent, nous devons espérer que Dieu en tirera la source de notre joie, si nous lui en remettons la conduite.

« Nous connoissons des personnes de condition qui ont appréhendé des morts domestiques que Dieu a peut-être détournées à leur prière, qui ont été cause ou occasion de tant de misères, qu'il seroit à souhaiter qu'ils n'eussent pas été exaucés. »

On voit qu'au moment où Pascal écrivait cette lettre, à la fin de 1651, il n'étoit point encore arrivé à cet absolu retranchement des affections naturelles les plus légitimes qu'il s'est imposé dans les dernières années de sa vie, par un excès contraire à la sagesse humaine, et même à la sagesse divine, qui a aimé aussi pendant son passage sur la terre. Ici Pascal est encore un homme, un fils, un frère. Cette lettre, qui peint son âme à cette époque de sa vie, doit être intégralement restituée.

En voyant à quel point Port-Royal l'a défigurée pour en tirer des Pensées générales et abstraites sur la mort, il m'est venu le soupçon que plusieurs des Pensées de la première édition, qui ne sont pas dans le manuscrit autographe, et dont l'origine m'échappait, pourraient bien avoir été formées de la même manière, sur des lettres semblables à celle que je viens de faire connaître d'après le manuscrit de l'Oratoire et mademoiselle Périer. Or le mémoire sur Pascal inséré dans le Recueil de pièces pour servir à l'histoire de Port-Royal nous apprend « qu'on a encore plusieurs lettres de M. Pascal à mademoiselle de Roannez, morte duchesse de la Feuillade, » et ce mémoire donne un fragment d'une de ces lettres qui commence et se termine ainsi : « Mademoiselle, il y a si peu de personnes à qui Dieu se fasse connoître par des coups extraordinaires, qu'on doit bien profiter de ces occasions, puisqu'il ne sort du secret de la nature qui le couvre que pour exciter notre foi à le servir avec d'autant plus d'ardeur que nous le connoissons avec plus de certitude. Rendons-lui des grâces infinies de ce que, s'étant caché en toutes choses pour les autres, il s'est découvert en toutes choses et en tant de manières pour nous. » En ouvrant le chapitre xxvii de Port-Royal intitulé : *Pensées sur les miracles*, on y trouve précisement cet admirable morceau : « Il y a si peu de personnes à qui Dieu se fasse paroître par des coups extraordinaires..... » et tout le reste, comme dans la lettre à mademoiselle de Roannez publiée par le Recueil. Ceci m'a été un trait de lumière. J'ai recherché les autres lettres de Pascal à mademoiselle de Roannez, et je les ai retrouvées dans le manuscrit de l'Oratoire et dans les mémoires de Marguerite Périer. Ce n'est point ici le lieu de faire connaître la pieuse et cruelle entreprise de Port-Royal sur cette noble et aimable personne, qu'un zèle farouche disputa si longtemps aux liens les plus légitimes de la nature et du monde, et qui, divisée avec elle-même dans ce terrible combat, finit par mourir misérablement, chargée des anathèmes de Port-Royal, malheureuse et désespérée d'avoir été une fille soumise et une épouse irréprochable [1]. Je veux détourner les yeux de cet épisode de la vie de Pascal, au temps de sa

---

[1] La mère de mademoiselle de Roannez voulait la marier : elle résista à sa mère par les conseils de Port-Royal. Elle s'échappa de la maison maternelle et se réfugia à Port-Royal, qui la reçut et ne la rendit qu'à la force et sur une lettre de cachet, que la pauvre mère sollicita et obtint de la reine. Elle avait inspiré un sentiment extraordinaire à une personne dont le nom ne se trouve pas dans nos manuscrits. Mademoiselle de Roannez revit cette personne, et elle commençait à être touchée d'une passion si fidèle, lorsqu'une entrevue avec l'austère abbé Singlin la remplit de scrupules et lui rendit sa première ferveur. Tant que Pascal vécut, il la retint. Après sa mort, elle rentra encore dans le monde, et épousa M. de la Feuillade. Le mariage ne fut pas plutôt fait qu'elle se repentit de sa faute, dit le Recueil. Le premier enfant qu'elle eut ne reçut point le baptême ; le second vint au monde tout contrefait ; le troisième fut une fille naine qui mourut subitement à l'âge de dix-neuf ans ; le quatrième a été M. de la Feuillade, mort en 1725 sans postérité. La duchesse de la Feuillade eut, après ses couches, des maladies extraordinaires qui donnèrent lieu à des opérations très-cruelles, au milieu desquelles elle mourut en 1683. Elle laissa trois mille livres à Port-Royal pour une religieuse converse qui remplirait la place qu'elle y devait tenir elle-même. (Tiré du Recueil des pièces pour servir, etc., p. 301. Voyez aussi, pour les détails, l'endroit des Mémoires de mademoiselle Périer qui a pour titre : *M. et Mademoiselle de Roannès.*)

grande conversion, plus triste encore que celui qui marqua sa conversion première, je veux dire cette dénonciation portée par Pascal et deux de ses amis contre un pauvre religieux de Rouen, nommé Saint-Ange, coupable de s'être permis, et encore dans des entretiens confidentiels, quelques explications hasardées des saints mystères [1]. Il ne faudrait même tirer de ces deux déplorables affaires qu'une leçon, celle de la profonde imper-

---

[1] Cette affaire est fort adoucie et même présentée en beau par madame Périer dans la Vie de Pascal. « Dieu lui donna dès ce temps-là une occasion de faire paroître le zèle qu'il avoit pour la religion. Il étoit alors à Rouen.... et il y avoit aussi en ce temps un homme qui enseignoit une nouvelle philosophie qui attiroit tous les curieux. Mon frère, ayant été pressé d'y aller par deux jeunes hommes de ses amis, y fut avec eux : mais ils furent bien surpris, dans l'entretien qu'ils eurent avec cet homme, qu'en leur débitant les principes de sa philosophie, il en tiroit des conséquences sur des points de foi contraires aux décisions de l'Église... Ils voulurent le contredire; mais il demeura ferme dans ce sentiment. De sorte qu'ayant considéré entre eux le danger qu'il y avoit de laisser la liberté d'instruire la jeunesse à un homme qui avoit des sentiments erronés, ils résolurent de l'avertir premièrement, et puis de le dénoncer, s'il résistoit à l'avis qu'on lui donnoit. La chose arriva ainsi, car il méprisa cet avis : de sorte qu'ils crurent qu'il étoit de leur devoir de le dénoncer à M. du Bellay, qui faisoit pour lors les fonctions épiscopales dans le diocèse de Rouen par commission de M. l'archevêque. M. du Bellay envoya quérir cet homme, et l'ayant interrogé, il fut trompé par une confession de foi équivoque qu'il lui écrivit et signa de sa main, faisant d'ailleurs peu de cas d'un avis de cette importance, qui lui étoit donné par trois jeunes hommes. Cependant, aussitôt qu'ils virent cette confession de foi, ils connurent ce défaut; ce

fection de la nature humaine, presque incapable du vrai milieu en toutes choses, et se laissant sans cesse emporter de l'austérité des mœurs à un fanatisme insensé, ou de l'indulgence naturelle à un relâchement sans dignité. Ici je ne dois considérer les lettres de Pascal à mademoiselle de Roannez que comme la source entièrement inconnue de la plus grande partie des Pensées qui se

---

qui les obligea d'aller trouver à Gaillon M. l'archevêque de Rouen, qui, ayant examiné toutes ces choses, les trouva si importantes, qu'il écrivit une patente à son conseil, et donna un ordre exprès à M. du Bellay de faire rétracter cet homme sur tous les points dont il étoit accusé, et de ne recevoir rien de lui que par la communication de ceux qui l'avoient dénoncé. La chose fut exécutée ainsi, et il comparut dans le conseil de M. l'archevêque, et renonça à tous ses sentiments ; et on peut dire que ce fut sincèrement, car il n'a jamais témoigné de fiel contre ceux qui lui avoient causé cette affaire. » Les choses ne se passèrent pas tout à fait comme le dit madame Périer. Le P. Saint-Ange ne faisait point de cours de philosophie, et il n'y avait point à craindre qu'il infectât la jeunesse de ses opinions. Il ne les avait exprimées que dans deux entretiens très-confidentiels avec deux ou trois personnes et dans une maison particulière. C'est Pascal qui insista pour que l'affaire fût poussée aussi loin. Dans le manuscrit de l'Oratoire se trouvent l'interrogatoire et la rétractation du religieux et la correspondance de M. du Bellay et de l'archevêque : une de nos copies du manuscrit autographe, parmi divers papiers relatifs à Pascal, contient l'original même de la dénonciation sous ce titre : *Récit de deux conférences ou entretiens particuliers, tenus les vendredi 1ᵉʳ et mardi 5ᵉ février 1647*. Ce récit, fort détaillé, est signé par quatre personnes qui assistèrent à ces entretiens, et là se trouve la seule signature autographe de Pascal que j'aie jamais vue.

trouvent dans le chapitre xxvii de Port-Royal Sur les Miracles et dans les Pensées chrétiennes.

Les lettres de Pascal à mademoiselle de Roannez sont au nombre de neuf; elles sont assez étendues et elles ont fourni plus d'une trentaine de pages de l'édition de Port-Royal. Elles nous peignent Pascal, non plus, comme en 1651, retenant les affections naturelles au milieu des progrès d'une piété raisonnable encore; mais Pascal, sous la discipline de l'abbé Singlin, engagé dans les sublimes petitesses de Port-Royal, charmé et s'enorgueillissant presque des miracles de la Sainte Épine, s'enfonçant chaque jour davantage et précipitant les autres dans les extrémités d'une dévotion exagérée [1].

[1] Madame Périer avait trouvé pour sa fille aînée, Jacqueline, âgée de quinze ans, un mariage très-avantageux, et elle songeait à cet établissement. Port-Royal et Pascal s'y opposèrent en des termes vraiment incroyables, et que nous trouvons dans un fragment inédit d'une lettre de Pascal à sa sœur (*Mémoires de Marguerite Périer*, p. 40) : « En gros leur avis (de MM. Singlin, de Sacy et de Rebours) fut que vous ne pouvez en aucune manière, sans blesser la charité et votre conscience mortellement et vous rendre coupable d'un des plus grands crimes, en engageant un enfant de son âge et de son innocence et même de sa piété à la plus périlleuse et la plus basse des conditions du christianisme; qu'à la vérité, suivant le monde, l'affaire n'auroit nulle difficulté et qu'elle étoit à conclure sans hésiter, mais que, selon Dieu, elle avoit plus de difficulté et qu'elle étoit à rejeter sans hésiter, parce que la condition d'un mariage avantageux est aussi souhaitable

Nous allons successivement parcourir ces lettres, en marquant les passages que Port-Royal a empruntés.

Le célèbre paragraphe des Pensées chrétiennes sur le pape, commençant ainsi : « Le corps n'est non plus vivant sans le chef que le chef sans le corps, etc. » est un fragment très-court et bien décoloré de la première lettre. Rétablissons le fragment original : « Je loue de tout mon cœur le petit zèle que j'ai reconnu dans votre lettre pour l'union avec le pape. Le corps n'est non plus vivant sans le chef que le chef sans le corps ; quiconque se sépare de l'un ou de l'autre n'appartient plus à Jésus-Christ. Je ne sais s'il y a des personnes dans l'Église plus attachés à cette unité du corps que ne le sont ceux que vous appelez

selon le monde qu'elle est vile et préjudiciable selon Dieu ; que, ne sachant à quoi elle devoit être appelée, ni si son tempérament ne sera pas si tranquillisé qu'elle puisse supporter avec piété la virginité, c'étoit bien peu en connoître le prix que de l'engager à perdre ce bien si souhaitable aux pères et aux mères pour leurs enfants, parce qu'ils ne peuvent plus le désirer pour eux, que c'est en eux qu'ils doivent essayer de rendre à Dieu ce qu'ils ont perdu d'ordinaire pour d'autres causes que pour Dieu ; de plus que les maris quoique riches et sages suivant le monde, sont en vérité de francs payens devant Dieu : de sorte que les dernières paroles de ces messieurs sont que d'engager un enfant à un homme du commun, c'est une espèce d'homicide et comme un déicide en leurs personnes. » (Copié sur l'original, dont il ne reste que les quatrième et cinquième pages.)

notés. Nous savons que toutes les vertus, le martyre, les austérités, toutes les bonnes œuvres, sont inutiles hors de l'Église et de la communion du chef de l'Église, qui est le pape. Je ne me séparerai jamais de sa communion; au moins je prie Dieu de m'en faire la grâce, sans quoi je serois perdu pour jamais. Je vous fais une profession de foi; je ne sais pourquoi, mais je ne l'effacerai pas... »

On a tiré aussi de cette même lettre le paragraphe du même chapitre : « C'est l'Église qui mérite avec Jésus-Christ, qui en est inséparable, la conversion de tous ceux qui ne sont pas dans la véritable religion (l'original : dans la vérité); et ce sont ensuite ces personnes converties qui secourent la mère qui les a délivrées. » Mais ce paragraphe est amené et suivi, dans Pascal, par des réflexions sur les circonstances du temps, où percent les desseins de Port-Royal sur mademoiselle de Roannez :

« Je suis ravi de ce que vous goûtez le livre de M. de Laval (le duc de Luynes) et les méditations sur la grâce; j'en tire de grandes conséquences pour ce que je souhaite.

« Je mande le détail de cette condamnation qui vous avoit effrayée. Cela n'est rien du tout, Dieu merci, et c'est un miracle de ce qu'on n'y

fait pas pis, puisque les ennemis de la vérité ont le pouvoir et la volonté de l'opprimer. Peut-être êtes-vous de celles qui méritent que Dieu ne l'abandonne pas et ne la retire pas de la terre qui s'en est rendue si indigne, et il est assuré que vous servez l'Eglise par vos prières, si l'Eglise vous a servie par les siennes; car c'est l'Eglise qui mérite avec Jésus-Christ, etc. . . . .
Je vois bien que vous vous intéressez pour l'Église; vous lui êtes bien obligée : il y a seize cents ans qu'elle gémit pour vous; il est temps de gémir pour elle et pour nous tous ensemble, et lui donner tout ce qui nous reste de vie, puisque Jésus-Christ n'a pris la sienne que pour la perdre pour elle et pour nous. »

Bossut a reproduit les deux paragraphes de l'édition de Port-Royal, sans se douter de leur origine, et il les a jetés au milieu d'autres Pensées tirées de sources différentes, et du tout il a fait le paragraphe 13 de l'article XVII.

La seconde lettre contient le morceau déjà cité sur les miracles à l'occasion du miracle de la Sainte-Épine et de la vérification qui venait d'en être achevée. Bossut a mis en tête de ce morceau et réuni dans un même paragraphe une autre Pensée de Pascal sur les miracles.

Port-Royal a tiré de la lettre troisième ces deux

paragraphes : « Il faut juger de ce qui est bon ou mauvais par la volonté de Dieu..... » —« Jésus-Christ a donné dans l'Évangile, pour reconnoître ceux qui ont la foi... » négligeant dans cette même lettre un autre fragment plus remarquable que tout le reste. C'est ici qu'on surprend, comme sur le fait, la méthode vicieuse et arbitraire de Bossut : il a réuni la Pensée : « Il faut juger de ce qui est bon ou mauvais par la volonté de Dieu..... » à une autre Pensée sur les saints ; et de ces deux Pensées mises ensemble il a composé le § 14 de l'article XVII. Puis de l'autre Pensée: « Jésus-Christ a donné dans l'Évangile..... » il a fait un paragraphe particulier. Mais ce qu'il y a de plus admirable, c'est qu'ayant eu probablement sous les yeux notre lettre, il a été frappé comme nous de la beauté du fragment négligé par Port-Royal, et il a publié le premier ce fragment; mais où l'a-t-il placé? non pas avec les deux autres Pensées qu'il continue, mais à part, en dehors des Pensées, parmi des fragments de lettres de Pascal. De deux choses l'une : Bossut maintenait ou rejetait la forme épistolaire; s'il la rejetait, il fallait mettre ce fragment avec les deux autres parmi les Pensées ; s'il la maintenait, il fallait retirer du milieu des Pensées les deux paragraphes donnés par Port-Royal, et, avec le fragment en question, restituer la lettre et la publier intégralement. Ce fragment commence ainsi : « Les grâces que Dieu fait en cette vie sont la mesure de la gloire qu'il prépare en l'autre, etc. »

Le beau paragraphe des Pensées chrétiennes : « On ne se détache jamais sans douleur, etc. » est la lettre VI presque tout entière.

Les deux paragraphes de Port-Royal, même chapitre : « Il faut tâcher de ne s'affliger de rien... » « Lorsque la vérité est abandonnée et persécutée... » sont extraits de la lettre v^e, mais avec bien des altérations : je n'en relèverai qu'une seule, qui fera juger de toutes les autres. Au lieu de cette phrase assez bonne pour le duc de Roannez et même pour Arnauld : « Lorsque la vérité est abandonnée et persécutée, il semble que ce soit un temps où le service qu'on rend à Dieu en le défendant lui soit bien agréable » Pascal avait dit : « Sans mentir, Dieu est bien abandonné ; il me semble que c'est un temps où le service qu'on lui rend lui est bien agréable. » Bossut a eu le courage de maintenir la première leçon.

Le paragraphe de Port-Royal sur la vanité des austérités et de la douleur même, sans la bonne disposition du cœur, pour la sanctification, n'est autre que la VIe lettre abrégée et altérée. Pascal commençait ainsi : « Quoi qu'il puisse arriver de l'affaire ***, il y en a assez, Dieu merci, de ce qui est déjà fait pour en tirer un admirable avantage contre les maudites maximes. Il faut que ceux qui ont quelque part en cela en rendent de grandes grâces à Dieu, et que leurs parents et amis en prient Dieu pour eux, afin qu'ils ne tombent d'un si grand bonheur et d'un si grand honneur que Dieu leur a fait. Tous les honneurs du monde n'en sont que l'image; celui-là seul est solide et réel; et néanmoins il est inutile sans la bonne disposition du cœur. Car ce ne sont ni les austérités du corps, etc. »

La lettre viie a fourni les deux paragraphes : « Le passé ne nous doit point embarrasser... »— « On se corrige quelquefois mieux par la vue du mal que par l'exemple du bien..... » Mais cette dernière pensée est admirablement préparée dans Pascal : « Je prévois, dit-il, bien des peines et pour cette personne et pour d'autres et pour moi; mais je prie Dieu, lorsque je sens que je m'engage dans ces prévoyances, de me renfermer dans mes limites; je me ramasse dans moi-même, et je trouve que je manque à faire plusieurs choses à quoi je suis obligé présentement, pour me dissiper en des pensées inutiles de l'avenir..... Ce que je dis là, je le dis pour moi, et non pas pour cette personne qui a assurément plus de vertu et de méditation que moi; mais je lui représente mon défaut pour l'empêcher d'y tomber. On se corrige quelquefois mieux par la vue du mal, etc. »

On n'a rien tiré de la lettre VIIIe, mais la IXe et dernière est la source de deux grands morceaux, l'un sur les prédictions que fournit l'Écriture pour le temps présent, et l'autre sur le mérite des reliques des saints : « Le Saint-Esprit repose invisiblement dans les reliques de ceux qui sont morts, etc. »

Sans nous arrêter à signaler d'innombrables variantes que nous fournissent nos manuscrits, et qui changeraient la face du texte imprimé, il nous suffit d'avoir montré que voilà bien des pages étrangères aux Pensées, et que la critique la plus superficielle doit se faire un devoir de rétablir dans leur forme primitive, c'est-à-dire séparément et sous la forme de lettres intimes et confidentielles, écrites par Pascal à sa sœur et à la duchesse de Roannez, lettres qui, rapprochées de plusieurs autres encore inédites, feraient paraître dans toute sa grandeur et aussi dans toute sa misère ce personnage extraordinaire, sublime mais sans mesure, rigoureux et conséquent jusqu'à la folie, ardent et extrême en tout, comme le dit la seule personne qui l'ait bien connu et qui ait osé le juger, une femme de son sang et de son ordre, Jacqueline Pascal, inférieure à sa sœur Gilberte comme femme, mais presque l'égale de son frère par la puissance de l'esprit et de la passion [1].

Concluons : il est démontré qu'il faut ôter des Pensées proprement dites et publier à part :

1° De l'édition de Bossut, les trois premiers articles : *De l'autorité en matière de philosophie ; Réflexions sur la géométrie en général; De l'art de persuader*, traités distincts, complets et achevés, et probablement écrits avant les Pro-

---

[1] Voyez, dans le Recueil de pièces pour servir, etc., p. 262, une lettre de Jacqueline à sa sœur, où elle parle de *l'humeur bouillante* de leur frère. Partout elle le juge avec une indépendance qui n'ôte rien à la tendresse. Dans une autre lettre du même Recueil, p. 264, en faisant remarquer les progrès que Pascal faisait *particulièrement en humilité, en soumission, en défiance, en mépris de soi-même, en désir d'être anéanti dans l'estime et dans la mémoire des hommes*, elle ajoute ces mots significatifs : *De telle sorte que je ne le connoissois plus.* Gilberte, madame Périer, quoiqu'elle eût beaucoup d'instruction et d'esprit, et qu'elle fût fort belle, comme l'avait été Jacqueline, était naturellement douce et humble; elle ne jugeait pas son frère, elle s'était dévouée à son service. Il est à regretter que l'on n'ait pas encore rassemblé tout ce qui reste de ces deux personnes diversement distinguées. Leurs écrits et leurs lettres, réunies à quelques pages de leur père, composeraient un volume intéressant, qui serait une suite naturelle aux œuvres de Blaise Pascal, et feraient mieux connaître cette admirable famille que Richelieu avait devinée dès la première entrevue, et dont il avait dit qu'il en voulait faire quelque chose de grand.

vinciales; l'article XII, *sur la condition des grands*, discours tenus au duc de Roannez, et rédigés longtemps après par Nicole; l'article XI, *sur Épictète et Montaigne*, qui est une conversation entre Pascal et Sacy, rédigée par Fontaine; enfin un bon nombre de paragraphes d'autres articles, qui ne sont point de la main de Pascal, et qui sont des propos tenus par lui et recueillis ou par sa sœur Gilberte, ou par sa nièce Marguerite, ou par Port-Royal, ou par d'autres auteurs.

2° De l'édition même de Port-Royal, la *Prière pour demander à Dieu le bon usage des maladies;* les *Pensées sur la mort*, extraites d'une lettre à madame Périer sur la mort de leur père, ainsi que la plus grande partie des deux chapitres *Sur les miracles* et *Pensées chrétiennes*, débris de la correspondance de Pascal avec mademoiselle de Roannez.

Nous croyons donc avoir établi de la manière la plus irréfragable cette proposition, qu'un quart ou peut-être un tiers des Pensées, considérées aujourd'hui comme des fragments du grand ouvrage de Pascal, sont entièrement étrangères à cet ouvrage, à son plan et à son objet, ne se trouvent point dans le manuscrit autographe, et appartiennent à des époques différentes de sa vie; que plusieurs même n'ont jamais été écrites par lui, et ne sont que des échos souvent éloignés et toujours affaiblis de ouï-dire recueillis et rédigés par des personnes très-diverses.

Nous allons maintenant nous renfermer dans les pensées qui devaient entrer certainement dans le grand ouvrage de Pascal, et qui sont communes à nos deux éditions et au manuscrit autographe, et nous démontrerons, avec une égale évidence, qu'ici, où tout est de la main de Pascal, cette main a été comme à plaisir méconnue, et le grand style de l'incomparable écrivain perpétuellement altéré et affaibli, sans que pourtant on soit parvenu à le faire disparaître, tant l'empreinte primitive était vive et ineffaçable!

DEUXIÈME PARTIE.

Des altérations de toute espèce qu'ont subies un très-grand nombre de Pensées. — Restitution de ces Pensées dans leur forme vraie.

L'édition de Port-Royal contient la plus grande partie des véritables *Pensées* de Pascal. Plus tard, le père Desmolets en publia un assez bon nombre qu'avait négligées Port-Royal. L'évêque de Montpellier mit au jour la plupart de celles qui se rapportent aux miracles. Condorcet en donna aussi quelques-unes d'un caractère différent. Bossut n'a guère fait autre chose que réunir et fondre ensemble tout ce que lui fournissaient Port-Royal, Desmolets, l'évêque de Montpellier et Condorcet. La part de ces deux derniers dans la publication successive des pensées de Pascal est si peu de chose qu'il est inutile de s'y arrêter. Les extraits du père Desmolets sont en général d'une fidélité irréprochable. Le seul coupable ne peut donc être ici que Port-Royal; en effet c'est Port-Royal qui le premier a mis la main sur les Pensées de Pascal, et y a introduit une multitude d'altérations grandes et petites, que Bossut a scrupuleusement reproduites, qui de Bossut ont passé dans toutes les éditions, et composent aujourd'hui le texte convenu de Pascal. Il n'y a pas un seul éditeur, pas un seul critique qui ait osé soupçonner une main étrangère dans des pages consacrées par une admiration séculaire, et qui pourtant ne ressemblaient pas toujours aux Provinciales. Je l'ai déjà dit, et je le répète : le manuscrit autographe est exposé à tous les regards, à la Bibliothèque royale de Paris; et nul regard n'a daigné s'y arrêter; personne ne l'a consulté, et le texte donné par Port-Royal a traversé toutes les éditions sans exciter aucun autre sentiment que celui d'une vénération superstitieuse. C'est ici la première réclamation pour Pascal contre Port-Royal, pour l'original contre une copie infidèle.

Il faut d'abord faire bien connaître l'esprit qui a dirigé Port-Royal dans la première édition des Pensées.

La *préface* de cette édition expose ainsi les différentes manières de publier les fragments laissés par Pascal, et celle qui fut préférée : « La première (manière) qui vint dans l'esprit, et celle qui était sans doute la plus facile, était de les faire imprimer tout de suite dans le même état où on les avait trouvées....... Une autre manière..... était d'y travailler auparavant, d'éclaircir les pensées obscures, d'achever celles qui étaient imparfaites, et, en prenant dans tous ces fragments le dessein de M. Pascal, de suppléer en quelque sorte l'ouvrage qu'il en voulait faire..... L'on s'y est arrêté assez longtemps, et l'on avait en effet commencé à y travailler, mais enfin l'on s'est résolu de la rejeter aussi bien que la première..... L'on en a choisi une entre deux qui est celle que l'on a suivie dans ce Recueil. L'on a pris seulement, parmi ce grand nombre de pensées, celles qui ont paru les plus claires et les plus achevées, et on les donne telles qu'on les a trouvées sans y rien ajouter ni changer, si ce n'est qu'au lieu qu'elles étaient sans suite, sans liaison et dispersées confusément de côté et d'autre, on les a mises dans quelque sorte d'ordre et réduit sous les mêmes titres celles qui étaient sur les mêmes sujets.... »

Nous ne pouvons guère qu'approuver cette troisième manière de publier les Pensées de Pascal, que Port-Royal déclare avoir préférée et suivie. Il ne reste plus qu'à savoir si elle a été fidèlement pratiquée, et si on n'est pas souvent revenu à la seconde manière à laquelle on *s'était arrêté* d'abord, d'après laquelle on avait *commencé à travailler*, et qui consistait à *éclaircir et achever les Pensées obscures et imparfaites* et à *suppléer* Pascal lui-même. Ç'avait été l'avis du duc de Roannez, qui eut la principale part à cette édition. Il avait commencé à l'exécuter dans cet esprit et sur ce plan, et il ne s'était arrêté qu'à grand'peine sur le refus de M. et de madame Périer. La troisième manière, dont parle la préface, n'est qu'une concession faite à M. et à madame Périer, concession qui coûta beaucoup à celui qui la faisait, sans contenter entièrement ceux à qui elle était faite, et sur laquelle on disputa assez vivement de part et d'autre pendant l'année 1668. Voilà ce qu'établissent certainement des documents authentiques, les uns déjà publiés, les autres encore inédits.

La préface promettait de donner les Pensées telles qu'on les a trouvées « sans y rien ajouter ni changer ». *Le Recueil de plusieurs pièces pour servir à l'histoire de Port-Royal* confirme à la fois cette promesse et commence à la démentir un peu : il nous apprend que « M. et madame Périer eurent assez de peine à consentir aux retranchements et aux petites corrections qu'on se crut nécessairement obligé de faire à quelques Pensées (sans changer ni le sens ni les expressions de l'auteur) pour les mettre en état de paraître. »

Mais, en vérité, si les corrections qu'on se croyait obligé de faire ne changeaient ni le sens ni les expressions de l'auteur, on ne comprend pas la résistance de M. et de madame Périer. Pour l'expliquer, il faut supposer qu'on leur avait proposé de véritables changements. En effet, une lettre d'Arnauld à M. Périer, du 20 novembre 1668 (OEuvres complètes, t. I, p. 642), découvre un peu plus les prétentions de Port-Royal; déjà le mot de *changement* est prononcé, il est vrai, avec de grands adoucissements. « Souffrez, Monsieur, que je vous dise qu'il ne faut pas être si difficile ni si religieux à laisser un ouvrage comme il est sorti des mains de l'auteur, quand on le veut exposer à la censure publique. On ne saurait être trop exact quand on a affaire à des ennemis d'aussi méchante humeur que les nôtres. Il est bien plus à propos de prévenir les chicaneries par quelque petit *changement* qui ne fait qu'adoucir une expression, que de se réduire à la nécessité de faire des apologies. C'est la conduite que nous avons tenue touchant les Considérations sur les dimanches et les fêtes de feu M. de Saint-Cyran.... Les amis sont moins propres à faire ces sortes d'examens que les personnes indifférentes, parce que l'affection qu'ils ont pour un ouvrage les rend plus indulgents, sans qu'ils le pensent, et moins clairvoyants. Ainsi, Monsieur, il ne faut pas vous étonner si, ayant laissé passer de certaines choses sans en être choqués, nous trouvons maintenant qu'on les doit *changer*, en y faisant plus d'attention après que d'autres les ont remarquées. »... Arnauld prend pour exemple un fragment sur la justice, qu'il critique avec raison, et il conclut ainsi : « Pour vous parler franchement, je crois que cet endroit est insoutenable, et on vous supplie de voir parmi les papiers de M. Pascal si on ne trouvera pas quelque chose qu'on puisse mettre à la place. »

Un autre document, qui jusqu'ici n'a pas vu le jour, nous fait mieux connaître ce qu'il faut entendre par les *changements* que demande Arnauld : en réalité ces changements n'étaient pas moins que des *éclaircissements et des embellissements ;* ces mots se trouvent, et même répétés, dans deux lettres inédites que nous a laissées Marguerite Périer de ce comte de Brienne si célèbre par ses bizarreries, et qui, alors retiré à l'Oratoire, entretenait des relations intimes avec la famille et les amis de Pascal. Ces deux lettres sont adressées à madame Périer, et elles sont de la même époque que celle d'Arnauld : l'une est du 16 novembre 1668 ; l'autre du 7 décembre de la même année. La première nous montre M. de Roannez retranchant des morceaux dont Brienne et l'abbé Périer cherchent à sauver quelque chose. « M. de Roannez est très-content ; et assurément on peut dire que lui et ses amis ont extrêmement travaillé..... Nous allons encore faire une revue, monsieur votre fils et moi, après laquelle il n'y aura plus rien à refaire, et je crois que notre dessein ne vous déplaira pas, ni à M. Périer, puisque nous ne faisons rien autre chose que de voir si l'on ne peut rien restituer des fragments que M. de Roannez a ôtés.... »

La seconde lettre de Brienne va beaucoup plus loin, et trahit toute la vérité. Tout en répétant sans cesse, comme l'auteur de la préface, que rien n'a été changé ni au sens ni aux expressions de Pascal, Brienne avoue que ce qui a dirigé le travail de M. de Roannez et de ses amis n'est pas moins que la prétention d'amener à la perfection des Provinciales les matériaux souvent informes que la mort avait arrachés, dix ans avant le temps, à la main de Pascal. « Comme ce qu'on y a fait ne change en aucune façon le sens et les expressions de l'auteur, mais ne fait que *les éclaircir* et *les embellir*, et qu'il est certain que, s'il vivoit encore, il souscriroit sans difficulté à tous ces petits *embellissements* et *éclaircissements* qu'on a donnés à ses pensées, et qu'il les auroit mises lui-même en cet état s'il avoit vécu davantage, et s'il avoit eu le loisir de les repasser, puisqu'on n'y a rien mis que de nécessaire et qui ne vînt naturellement à l'esprit à la première lecture qu'on fait de ces fragments, je ne vois pas que vous puissiez raisonnablement vous opposer.... à la gloire de celui que vous aimez. Les autres ouvrages que nous avons de lui nous disent assez qu'il n'auroit point laissé ses premières Pensées en l'état où il les avoit écrites d'abord ; et quand nous n'aurions que l'exemple de la xviiie lettre, qu'il a refaite jusqu'à treize fois, nous serions trop forts, et nous aurions droit de vous dire que l'auteur seroit parfaitement d'accord avec ceux qui ont osé faire dans ses écrits ces petites corrections, s'il étoit encore en état de pouvoir nous dire lui-même son avis.... » C'est, Madame, ce qui a fait que je me suis rendu au sentiment de M. de Roannez, de M. Arnauld, de M. Nicole, de M. Dubois, et de M. de la Chaise, qui tous conviennent d'une voix que les Pensées de M. Pascal sont mieux qu'elles n'étoient... » « On ne blessera point la sincérité chrétienne, même la plus exacte, en disant qu'on donne ces fragments tels qu'on les a trouvés et qu'ils sont sortis des mains de l'auteur, et le reste que vous dites si bien et d'une manière si agréable que vous m'entraîneriez à votre sentiment pour peu que je visse que le monde fût capable d'entrer dans les soupçons que vous appréhendez..... » « Quand vous verrez après cela la préface qu'on a faite...., vous ne vous contenterez pas de donner les mains à ce qu'on a fait, mais vous en aurez de la joie.... »

« J'ai examiné, » ajoute Brienne, qui, à ce qu'il paraît, s'était d'abord déclaré avec madame Périer contre toute altération du texte de Pascal, « j'ai examiné les corrections avec un front aussi rechigné que vous auriez pu faire ; j'étais aussi prévenu et aussi chagrin que vous contre ceux qui ont osé se rendre, de leur autorité privée et sans votre aveu, les correcteurs de M. Pascal ; mais j'ai trouvé leurs *changements* et leurs *embellissements* si raisonnables que mon chagrin a bientôt été dissipé, et que j'ai été forcé, malgré que j'en eusse, à changer ma malignité en reconnoissance et en estime pour ces mêmes personnes, que j'ai reconnu n'avoir eu que la gloire de monsieur votre frère en vue en tout ce qu'ils ont fait. J'espère que M. Périer et vous en jugerez tout comme moi, et ne voudrez plus après qu'on retarde l'impression du plus bel ouvrage qui fut jamais.... Si j'avais cru M. de Roannez et tous vos amis, c'est-à-dire M. Arnauld et M. Nicole, qui n'ont qu'un même sentiment sur cette affaire, quoique ces derniers craignent plus que M. de Roannez de rien faire qui vous puisse déplaire, parce que peut-être ils ne sont pas aussi assurés que M. de Roannez dit qu'il l'est que vous trouverez bon tout ce qu'il fera ; si, dis-je, je les avois crus, les Pensées de M. Pascal seroient bien avancées d'imprimer.... »

Un passage de cette lettre nous apprend que madame Périer *regardait le travail de M. de Roannez comme un grand commentaire;* et certainement l'opiniâtreté avec laquelle l'abbé Périer, suivant cette même lettre, résiste, au nom de la famille, aux amis de Pascal, prouve qu'il ne s'agissait pas seulement de retrancher les pensées trop imparfaites et de mettre les autres en quelque sorte d'ordre, comme dit la préface : « Je dois vous dire, écrit Brienne en *post-scriptum*, que monsieur votre fils est bien aise de se voir au bout de ses sollicitations auprès de moi et de vos autres amis, et de n'être plus obligé à nous tenir tête avec l'opiniâtreté qu'il faisait, et dont nous ne pénétrions pas bien les raisons ; car la force de la vérité l'obligeait à se rendre, et cependant il ne se rendait pas et revenait toujours à la charge ; et la chose allait quelquefois si loin, que nous ne le regardions plus comme un Normand, mais encore comme le plus opiniâtre Auvergnat qui fut jamais. »

M. et madame Périer cédèrent à l'avis de leurs amis par déférence plus que par conviction; et on voit, par la lettre que nous avons citée[1] du bénédictin Touttée à l'abbé Périer, que celui-ci était si peu satisfait qu'en 1711, après la mort de ces *Messieurs,* il songeait à publier les fragments qu'ils avaient supprimés, ainsi que d'autres morceaux trouvés parmi les papiers de Pascal.

La lettre d'Arnauld annonce, il est vrai, des scrupules peut-être excessifs; elle peut faire craindre des adoucissements, des suppressions même; mais elle n'explique point le retranchement de tant de beaux passages que le père Desmolets a depuis imprimés; elle n'explique point surtout les malheureuses corrections de style que nous aurons à signaler tout à l'heure. Il est impossible de les imputer à des hommes tels qu'Arnauld et Nicole. C'est qu'ils n'eurent pas une part aussi grande qu'on le croit au travail de la première édition, et que le véritable auteur de cette

---

[1] Première partie de ce rapport, p. 36.

édition fut le duc de Roannez. Dans les deux lettres de Brienne, le duc de Roannez est toujours sur le premier plan; il veut suppléer Pascal; dans son zèle aveugle et impatient il est d'avis de passer outre à toutes les observations de M. et de madame Périer. Lui seul avait pu communiquer les lettres écrites par Pascal à sa sœur, mademoiselle de Roannez; et c'est lui qui en a tiré tant d'admirables pensées qu'il a gâtées en y touchant, comme nous l'avons vu dans la première partie de ce rapport. La tradition constante de Port-Royal lui attribue le principal rôle dans toute cette affaire. Le Recueil d'Utrecht dit positivement (p. 354): « M. de Roannez eut le plus de part à ce travail, mais il fut secondé par MM. Arnauld, Nicole, de Tréville, Dubois, de la Chaise et Périer l'aîné. » Ces différents noms se retrouvent avec plusieurs autres dans une lettre inédite écrite par messieurs Louis et Blaise Périer à leur mère madame Périer, pour la consulter sur une liste des personnes auxquelles il conviendrait de faire présent d'un ou de plusieurs exemplaires des Pensées, selon la part plus ou moins grande qu'elles avaient prise à leur publication [1]. Cette même lettre nous

---

[1] Fonds de l'Oratoire, 160, n° 17, 6ᵉ cahier; Mémoires de Marguerite Périer, p. 192. «... Nous avons parlé à M. Guelphe sur les présents que nous devons faire des Pensées : il nous a dit

apprend qu'Arnauld était *toujours fort occupé, et qu'il n'a pas le loisir d'examiner* une nouvelle difficulté qui s'élevait. Il est très-probable qu'Arnauld et Nicole donnèrent seulement leur avis sur des points qui importaient à la foi ou à l'intérêt du parti, et qu'ils remirent tout le reste au duc de Roannez, qui n'avait rien à faire et dont le

qu'on n'en donne guère qu'aux amis particuliers. Nous luy avons demandé s'il en falloit donner plusieurs : il nous a dit que, pour M. Arnauld, nous luy en pouvions donner deux ou trois. Voici la liste que nous avions faite de ceux qui nous sont venus dans l'esprit, dont vous retrancherez ou ajouterez ceux que vous jugerez à propos :

« MM. Arnaud, Guelphe, de Roannès, de la Chaise, de Treville (qui assista à l'examen qui se fit des Pensées avec MM. de la Chaise et Dubois, et qui y donna de bons avis); MM. Dubois, Nicole, des Billettes, et M. le curé (de Saint-Jacques-du-Hautpas), le P. Malebranche, le P. d'Urfé, le P. Blot, le P. Dugué, frère de celui que nous avons vu à Clermont, avec qui nous avons fait grande liaison ; le P. Dubois, le P. Martin, le P. Quesnel, qui est aussi fort de nos amis; MM. Toisnard et Mesnard, le P. de l'Age, MM. Touret et de Caumartin, madame de Saint-Loup. Nous ne savons s'il en faut donner à P.-R. des Champs : si cela étoit, ce seroit à MM. de Sacy, de Sainte-Marthe et de Tillemont.

« Nous avons parlé à M. Arnauld de la Pensée de Montaigne, en luy montrant les endroits de Montaigne qui ont rapport à cela. Voicy comme il l'a corrigée : Montaigne n'a pas tort quand il dit que la coutume doit être suivie dès là qu'elle est coutume, etc., pourvu qu'on n'étende pas cela à des choses qui seroient contraires au droit naturel ou divin. Il est vray, etc.

« Comme M. Arnauld est toujours fort occupé et qu'il n'a pas eu le loisir de beaucoup examiner cela, si mon frère pouvoit se donner la peine d'y penser un peu, il y auroit encore assez de temps pour recevoir la réponse avant qu'on imprime. »

zèle pour la mémoire de Pascal leur était connu. Nous avons vu que Brienne lui-même avait eu ici quelque influence. Brienne était un homme d'esprit, à moitié fou; le duc de Roannez, ardent et borné; tous les autres, des hommes judicieux, mais médiocres, à l'exception de Nicole et d'Arnauld, dont le premier joignait à un sens exquis un goût et une délicatesse peu commune, et le second avait de la grandeur dans l'esprit comme dans le caractère; tous deux distraits par une foule d'autres travaux et par les querelles où s'est consumée leur vie. Voilà donc les hommes auxquels a été livré le manuscrit de Pascal, et qui ont osé souvent substituer leur main à la sienne!

Il faut tenir compte aussi des circonstances au milieu desquelles parut la première édition. Louis XIV et le pape avaient voulu terminer tous les différends des jésuites et des jansénistes et les troubles de l'Église par la paix célèbre appelée la paix de Clément IX. Port-Royal avait le plus grand intérêt à ne point réveiller des querelles mal assoupies. Or Pascal avait écrit au plus fort de ces querelles, et on sait que son ardeur et sa conséquence inflexible avaient laissé bien loin derrière lui le zèle plus timide ou plus éclairé de ses amis. Ce qui n'avait été qu'une défense intrépide en

1660 ou 1662 pouvait paraître une attaque inutile et dangereuse en 1669 et 1670. Port-Royal avait à garder des ménagements infinis. On le voit au soin avec lequel on recueillit, en faveur des Pensées, des approbations de plusieurs évêques et de docteurs en théologie[1]; et encore, après tant de précautions, de retranchements, de corrections, le livre, au moment de paraître, est en grand péril d'échouer, et l'archevêque de Paris tente d'en prévenir la publication[2].

Il est pourtant difficile d'absoudre entièrement les amis de Pascal du reproche d'une excessive prudence. Car, même en 1677[3], ils empêchèrent madame Périer d'imprimer la vie de son frère, cette vie écrite d'une manière si naïve et si touchante, et qui nous a conservé tant de précieux détails et aussi tant de belles paroles de Pascal. Ils

---

[1] Voyez les approbations en tête de l'édition de Port-Royal et les lettres citées par le Recueil, p. 361.

[2] *Recueil, etc.* p. 356. « M. Péréfixe fit quelque avance pour en arrêter le débit. »

[3] Voici ce que je trouve dans une lettre inédite de MM. Louis et Blaise Périer à leur mère, du 8 mars 1677 : « Il y avoit déjà quelque temps que nous avions parlé de la vie à ces Messieurs (Roannès, Arnauld, Nicole et Dubois), mais à chacun d'eux séparément ils ne nous avoient donné aucune réponse positive là-dessus, mais nous avoient témoigné que c'étoit une chose de grande conséquence et à laquelle il falloit beaucoup penser. Depuis ce temps-là, s'étant trouvés tous ensemble chez M. Dubois,

craignaient qu'elle ne réveillât les ombrages de l'autorité à l'endroit du jansénisme, et il ne semble pas qu'ils aient senti le mérite et l'intérêt de ce récit.

Toutes les infidélités que promettent une prudence poussée aussi loin, des circonstances aussi difficiles, une si étrange manière de comprendre les devoirs d'éditeur, et des mains aussi inhabiles, une comparaison attentive de l'édition de Port-Royal et du manuscrit autographe de Pascal va nous les montrer.

Mais soyons juste avant tout, et hâtons-nous de reconnaître que, parmi tant de corrections, il en est plusieurs, mais en fort petit nombre, que le bon sens suggérait et qu'il y aurait eu de la superstition à s'interdire, même envers un ouvrage auquel Pascal aurait mis la dernière main, à plus forte raison envers des notes souvent très-impar-

---

ils examinèrent fort cette affaire, et conclurent à ne point imprimer, pour plusieurs raisons que MM. de Roannez et Nicole nous ont rapportées..... Ils considèrent comme une chose fâcheuse d'imprimer une Vie en ce temps-ci, qu'elles sont devenues si communes que l'on les regarde avec assez d'indifférence, parce que l'on s'imagine dans le monde que les parents ne les publient que par une espèce d'ambition ou de vanité ; enfin ils disent que cette Vie, en l'état qu'on la donneroit, ne répondroit pas à l'idée qu'on s'en formeroit d'abord, etc..... Toutes ces raisons les ont déterminés à croire qu'il n'est pas à propos de l'imprimer présentement..... (*Mémoires de mademoiselle Périer*, p. 10 et 11.)

faites. Nous sommes loin de blâmer Port-Royal d'avoir ôté une erreur de fait insignifiante, ou éclairci une expression obscure. Il fallait bien aussi terminer une phrase interrompue. Nous admettons même qu'on a bien fait de donner quelquefois à une note informe le tour et le caractère d'une pensée achevée. Ce que nous blâmons, ce sont les changements inutiles dont l'unique motif est un caprice de goût que rien ne saurait justifier; ce sont les corrections qui altèrent le style du grand écrivain, et, sous prétexte de l'éclaircir, l'énervent, l'allongent, l'allanguissent pour ainsi dire; ce sont surtout les corrections qui bouleversent l'ordre de ses idées, séparent ce qui était uni, unissent ce qui était séparé, développent ce qui était abrégé, abrègent ce qui était développé; encore bien plus ces corrections meurtrières qui défigurent sa pensée, masquent son âme et mettent le duc de Roannez ou Arnauld lui-même à la place de Pascal.

Nous allons parcourir successivement ces diverses catégories d'altérations, ces divers chefs d'accusation contre Port-Royal, et les établir par un certain nombre d'exemples choisis entre mille que nous aurions pu citer, si nous n'eussions craint de lasser la patience de l'Académie.

Commençons par relever les corrections heureuses, et d'abord les corrections nécessaires.

Pascal laisse tomber de sa plume (Msc. p. 485) ces lignes qu'il ne termine pas : « Jésus-Christ que les deux testaments regardent, l'ancien comme son attente, le nouveau comme son modèle, tous deux comme leur centre. » Port-Royal était condamné ou à effacer ces lignes, qui sont belles quoique suspendues, ou à en faire la phrase suivante : « Les deux testaments regardent Jésus-Christ, l'ancien comme son attente, etc.... » (P.-R. ch. xiv. Bossut, 2ᵉ part. x, 5.) Il y a cent exemples de pareilles corrections, si on peut donner ce nom à ces légers changements, qui étaient indispensables.

Autre exemple à peu près du même genre :

Il y a dans le manuscrit de Pascal (Msc. p. 265) : « Non pas un abaissement qui nous rende incapable de bien, ni une sainteté exempte de mal. » Port-Royal : « *On ne trouve pas dans la religion chrétienne* un abaissement, etc... » (P.-R. iii. B. 2ᵉ part. v, 3.)

Pascal, qui hait les mots d'enflure, a écrit cette note consise mais très-claire en elle-même (Msc. p. 213) : « Masquer toute la nature et la déguiser ; plus de roi, de pape, d'évêque, mais auguste monarque, etc. ; point de Paris, capitale du royaume. » Je ne félicite point, mais je ne veux pas non plus blâmer Port-Royal d'avoir mis : « *Il y en a qui* masquent toute la nature. *Il n'y a point* de roi *parmi eux*, mais *un* auguste monarque; point de Paris, *mais une* capitale du royaume. » (P.-R. ch. xxxi. B. 1re part. x, 20.)

Voici maintenant de légères erreurs de Pascal, que Port-Royal a bien fait de nous épargner. Pascal avait dit : « Dieu fit ses promesses à Abraham; et lorsque Sem vivait encore, Dieu envoya Moïse. » Port-Royal corrige l'anachronisme de cette dernière phrase en la supprimant. (P.-R. ii. B., 2e part. iv, 5.)

Pascal (Msc. p. 283) : « Il n'y en a point (d'états) qui aient duré mille ans. » Port-Royal : « Il n'y en a point qui aient duré quinze cents ans. (P.-R. ch. ii. B. 2e part. iv, 6.)

Pascal (Msc. p. 21) : « César était trop vieux, ce me semble, pour aller s'amuser à conquérir le monde. Cet amusement était bon à Auguste ou à Alexandre. C'étaient des jeunes gens qu'il est difficile d'arrêter. Mais César devait être plus mûr. » Port-Royal raye Auguste, et ne laisse qu'Alexandre: «Cet amusement était bon à Alexandre; *c'était un jeune homme* qu'il *était* difficile d'arrêter.... » (P.-R. ch. xxxi. B., 1re partie, ix, 47.)

Ailleurs Port-Royal trouvant dans une phrase

un trait personnel, une allusion étrange et à peu près inintelligible, l'efface avec raison. Pascal : « Le *moi* est haïssable. » Puis s'adressant à une personne feinte ou réelle, dont le nom est difficile à lire dans l'autographe et qui, dans les copies, est Miton ou Marton [1], Pascal ajoute (Msc. p. 75) : « Vous le couvrez, vous ne l'ôtez pas pour cela : vous êtes donc toujours haïssable. » Port-Royal : « Le moi est haïssable : ainsi ceux qui ne l'ôtent pas et qui se contentent seulement de le couvrir, sont toujours haïssables » (P.-R. xxix. B. 1re part. ix, 23.)

Tout le monde sait par cœur cette belle pensée sur Cromwell qui s'en allait ravager toute la chrétienté, sans un petit grain de sable qui se mit dans son urètre. « Ce petit gravier, dit le manuscrit de Pascal (Msc. p. 229), ce petit gravier séparé, mis là, il est mort, sa famille abaissée et le roi rétabli. » Je ne désapprouve point la correction de Port-Royal : « Ce petit gravier, qui n'était rien ailleurs, mis *en cet endroit, le voilà* mort.... » (P.-R. xxiv. B. 1re part. vi, 2.)

---

[1] Dans un autre endroit du manuscrit, nous trouvons encore, mais d'une autre main que celle de Pascal (p. 440) : « *Marton* voit bien que la nature est corrompue et que les hommes sont contraires à l'honnêteté ; mais il ne sait pas pourquoi ils ne peuvent voler plus haut. »

Voici un changement plus douteux. Pascal : « Si on y songe trop, on s'entête et on *s'encoiffe*. (Msc. p. 355.) » Port-Royal : « Si on y songe trop, on s'entête et on *ne peut trouver la vérité*. » (P.-R. ch. xxv. B. 1re part. vi, 2.)

Telles sont à peu près toutes les corrections qui peuvent être admises : toutes les autres sont inutiles ou vicieuses.

Quant aux corrections inutiles, et qui, par cela seul, sont déjà blâmables, on pourrait en multiplier les citations jusqu'à l'infini.

Pourquoi, lorsque Pascal prend un exemple et que cet exemple est clair et sensible, le changer arbitrairement ? Pascal (Msc. p. 197.) : « Toutes les fois que deux hommes voient un corps changer de place, ils expriment tous deux la vue de ce même objet par les mêmes mots, en disant l'un et l'autre qu'il s'est mu.... » Port-Royal : « Toutes les fois que deux hommes voient *par exemple de la neige*, ils expriment tous deux la vue de ce même objet, en disant l'un et l'autre *qu'elle est blanche*..... » (P.-R., xxxi. B. 1re part. xi, 21.)

Pascal : « Toutes les autres religions ne l'ont pu : voyons ce que fera la sagesse de Dieu. (Msc. p. 317.) » Qu'y a-t-il de préférable dans cette leçon de Port-Royal? (P.-R. ch. iii. B. 2e part. v, 1.)

« Voyons ce que *nous dit sur tout cela* la sagesse de Dieu, *qui nous parle dans la religion chrétienne.* »

Pascal (Msc. p. 199) : « Depuis deux mille ans, aucun païen n'avait adoré le Dieu des Juifs. » Port-Royal : « Depuis deux mille ans le Dieu des Juifs *était demeuré inconnu parmi la foule des nations païennes.* » (P.-R. xv. B. 2ᵉ part. xi, 2.)

Pascal [1] : « C'est une chose monstrueuse de voir dans un même cœur et en même temps cette sensibilité pour les moindres choses et cette étrange insensibilité pour les plus grandes. » Port-Royal : « Cette étrange insensibilité pour les choses *les plus terribles* dans un cœur *si sensible aux plus légères* est une chose monstrueuse. » (P.-R. ch. 1, B. 2ᵉ part. xii.)

Pascal (Msc. p. 57) : « J.-C. est venu aveugler ceux qui voient clair et donner la vue aux aveugles. » Pourquoi Port-Royal a-t-il corrigé ainsi ? « J.-C. est venu afin que ceux qui ne voyaient pas vissent, et que ceux qui voyaient devinssent aveugles. » (P.-R. xviii. B. 2ᵉ part. xiii, 7.)

Pascal (Msc. p. 235) : « Il y en a de faux et de

---

[1] D'après les deux copies ; car je n'ai pas trouvé ce passage dans le manuscrit.

vrais (des miracles); il faut une marque, etc..... »
Port-Royal : « Il y a des miracles qui sont des
preuves certaines de la vérité. Il faut une marque, etc... » (P.-R. ch. XXVII. B. 2ᵉ part. XVI, 2.)

Pascal (Msc. p. 61) : « Ainsi non-seulement le
zèle de ceux qui le cherchent prouve Dieu, mais
l'aveuglement de ceux qui ne le cherchent pas. »
Port-Royal : « Ainsi non-seulement le zèle de ceux
qui cherchent Dieu prouve *la véritable religion;*
mais aussi l'aveuglement de ceux qui ne le cherchent pas, *et qui vivent dans cette horrible négligence.* » (P.-R. I. B. 2ᵉ part. XII.)

Pascal (Msc. p. 139) : « Quand je me suis quelquefois mis à considérer les diverses agitations des
hommes, les périls et les peines où ils s'exposent
à la cour, à la guerre, d'où naissent tant de querelles, etc..... » Port-Royal : « ..... à la cour, à la
guerre *et dans la poursuite de leurs prétentions
ambitieuses,* d'où naissent, etc... » (P.-R. ch. XXVI.
B. 1ʳᵉ part. VII.)

Pascal (Msc. p. 169) : « Deux excès : exclure la
raison, n'admettre que la raison. » Port-Royal :
« *Ce sont* deux excès *également dangereux* d'exclure la raison, de n'admettre que la raison. » (P.-R. v. B. 2ᵉ part. VI, 3.)

Voici maintenant de prétendues corrections
incontestablement défectueuses. L'ordre que nous

suivrons est celui des altérations plus ou moins graves que ces corrections malheureuses ont fait subir au style de Pascal. Nous commencerons par celles qui tombent sur des expressions, sur des tours, sur des phrases isolées.

Pascal (Msc. p. 199) : « Les enfants quittent la maison délicate de leurs pères pour aller dans l'austérité d'un désert. » Port-Royal ôte ce qu'il y a de distingué dans ce langage pour dire avec une simplicité vulgaire : « Les enfants *abandonnent* la maison de leurs pères pour aller *vivre* dans les déserts. » (P.-R. xv. B. 2ᵉ part. xi, 2.)

Où Pascal met le mot propre, Port-Royal substitue souvent une périphrase. Pascal (Msc. p. 359) : « De là vient que presque tous les philosophes confondent les idées des choses et parlent des choses corporelles spirituellement et des spirituelles corporellement. » Port-Royal : « *C'est cette composition d'esprit et de corps qui fait* que presque tous les philosophes ont confondu les idées des choses *et attribué aux corps ce qui n'appartient qu'aux esprits, et aux esprits ce qui n'appartient qu'aux corps.* » (P.-R. xxxi. B. 1ʳᵉ part. vi, 26.)

Pascal emploie toujours l'expression la plus juste qui se trouve ordinairement la plus frappante. Le plus petit changement apporté à une expression vraie la gâte. Pascal (Msc. p. 261) : « Le nœud de notre condition prend ses replis et ses tours dans cet abîme.... » Port-Royal : « .... prend ses *retours* et ses *plis* dans cet abîme. » (P.-R. III. B. 2ᵉ part. v, 4.) Mais si on dit fort bien les replis et les tours d'un nœud, qu'est-ce que les *plis* d'un nœud et surtout ses *retours?* Il n'y a là que quelques lettres de changées; mais la verité de l'expression a disparu et avec elle toute la vivacité de l'image.

Il ne faut pas fuir les termes familiers; presque toujours ils expriment plus nettement ce qu'on veut dire, et quelquefois dans un morceau sérieux un terme familier, vulgaire même, bien placé, ajoute à l'effet.

Pascal (Msc. p. 217) : « Il est si vain et si léger (l'homme) qu'étant plein de mille causes essentielles d'ennui, la moindre chose, comme un billard, ou une balle qu'il pousse, suffisent pour le divertir [1]. » Port-Royal : « ..... *La moindre bagatelle* suffit pour le divertir. (P.-R. XXVI. B. 1ʳᵉ part. VII, 1.)

---

[1] Cette Pensée est une de celles qui, dans le manuscrit, ne sont pas écrites par Pascal lui-même; mais elle est corrigée de sa main. Il y avait d'abord : « comme *un chien, une balle, un lièvre* suffisent..... » Lui-même a substitué : « *comme un billard et une balle qu'il pousse* suffisent.... »

Pascal (Msc. p. 61) : « Un homme dans un cachot, ne sachant si son arrêt est donné, n'ayant plus qu'une heure pour l'apprendre, cette heure suffisant, s'il sait qu'il est donné, pour le faire révoquer, il est contre nature qu'il emploie cette heure-là, non à s'informer si l'arrêt est donné, mais à jouer au piquet. » Port-Royal : « Mais *à jouer et à se divertir.* » (P.-R. 1. B. 2ᵉ part. II.)

Pascal (Msc. p. 133) : « Ce n'est pas l'amusement seul qu'il cherche ; un amusement languissant l'ennuiera ; il faut qu'il s'y échauffe, qu'il se pique lui-même, qu'il se forme un sujet de passion et qu'il excite sur cela son désir, sa colère, sa crainte pour l'objet qu'il s'est formé, comme les enfants qui s'effraient du visage qu'ils ont barbouillé. » Port-Royal : « ..... Qu'il se forme un objet de passion qui excite son désir, sa crainte, son espérance. » (P.-R. ch. XXVI. B. 1ʳᵉ part. VII, 3.)

Port-Royal (ch. XXXI) : « On ne s'imagine *d'ordinaire* Platon et Aristote qu'avec de grandes robes *et comme des personnages toujours graves et sérieux.* » Pascal (Ms. p. 137) : « On ne s'imagine Platon et Aristote qu'avec de grandes robes *de pédants.* »

Pascal nous peint le petit nombre des inventeurs n'obtenant point du très-grand nombre qui n'invente pas la gloire qu'ils méritent et qu'ils cherchent par leurs inventions. S'obstinent-ils, traitent-ils avec mépris ceux qui n'inventent pas ? « Les autres, dit Pascal (Msc. p. 441), leur donneroient des noms ridicules, leur donneroient des coups de bâton. Qu'on ne se pique donc pas... » Port-Royal (ch. xxxi. B. 1re part. viii, 20) : « *Tout ce qu'ils y gagnent, c'est qu'on* leur donne des noms ridicules *et qu'on les traite de visionnaires.* Il faut donc bien se garder de se piquer de cet avantage, etc. »

Pascal (Msc. p. 231) : « Les dévots qui ont plus de zèle que de science. » (P.-R. ch. xxix, § 2. B. 1re part. viii, 3) : « *Certains zélés* qui n'ont pas grande connoissance. »

Comme Port-Royal a peur du mot de *dévots*, à plus forte raison craint-il de toucher aux prédicateurs et de les montrer même une seule fois et par hasard, la voix enrouée, mal rasés et barbouillés : à ce prédicateur Port-Royal substitue un avocat.

Port-Royal (ch. xxv. B. 1re part. vi, 11) : « Ne diriez-vous pas que ce magistrat, dont la vieillesse vénérable impose le respect à tout un peuple, se gouverne par une raison pure et sublime, et qu'il juge des choses par lui-même, sans s'arrêter aux vaines circonstances qui ne blessent que l'imagination des faibles? Voyez-le entrer *dans la place où il doit rendre la justice*. Le voilà prêt à ouïr avec une *gravité* exemplaire. Si l'*avocat* vient à paroître et que la nature lui ait donné une voix enrouée et un tour de visage bizarre, et que son barbier l'ait mal rasé, et si le hasard l'a encore barbouillé, je parie la perte de la gravité du *magistrat.* » Pascal (Ms. p. 362) : « ..... Voyez-le entrer dans un *sermon où il apporte un zèle tout dévot, renforçant la solidité de la raison par l'ardeur de la charité :* le voilà prêt à l'ouïr avec un *respect* exemplaire. Que si le *prédicateur* vient à paroître et que la nature lui ait donné une voix enrouée et un tour de visage bizarre, que son barbier l'ait mal rasé et si le hasard l'a barbouillé *de surcroît, quelque grande vérité qu'il annonce*, je parie la perte de la gravité de *notre sénateur.* »

Il semble que Port-Royal prenne à tâche d'amortir la vivacité naturelle du style de Pascal. Pascal ne peut écrire quelques lignes sans s'animer et éclater bientôt en tours énergiques ; il se met lui-même en scène. Port-Royal retourne contre lui sa maxime qu'il ne faut pas parler de soi-même ; il efface la personnalité de Pascal, et ramène son langage incisif et animé à la manière de parler de tout le monde. Voici quelques exemples de cette métamorphose que Port-Royal fait subir à Pascal :

Pascal (Msc. p. 133) : « Tel homme passe sa vie sans ennui en jouant tous les jours peu de chose. Donnez-lui tous les matins l'argent qu'il peut gagner chaque jour, à la charge qu'il ne joue point, vous le rendrez malheureux. » Port-Royal : « Tel homme passe sa vie sans ennui en jouant tous les jours peu de chose, *qu'on rendrait* malheureux *en lui donnant* tous les matins l'argent qu'il peut gagner chaque jour, à la condition de ne pas jouer. » (P.-R. xxv. B. 1ʳᵉ part. vii, 3.)

Pascal (Msc. p. 322) : « Si vous l'avez bien sincère (la vue de notre bassesse), suivez-la aussi loin que moi, et reconnoissez, etc. » Port-Royal : « S'ils (les hommes) l'ont bien sincère, qu'ils la suivent, etc. » (P.-R. iv, p. 45. B. 2ᵉ part. v, 12.)

Pascal (Msc. p. 45) : « Qu'ont-ils donc à dire contre la résurrection et contre l'enfantement de la Vierge ? » Port-Royal : « Je ne vois pas qu'il y ait plus de difficulté de croire la résurrection des corps et l'enfantement de la Vierge. » (P.-R. xxviii. B. 2ᵉ part. xxii, 22.)

Pascal (Msc. p. 33) : « Qu'ils se consolent (ceux qui cherchent Dieu de tout leur cœur), je leur annonce une heureuse nouvelle : Il y a un libérateur pour eux ; je leur ferai voir ; je leur montrerai qu'il y a un Dieu pour eux... Je leur ferai voir qu'un Messie a été promis. » Port-Royal : « Qu'ils se consolent ; il y a un libérateur pour eux ; il y a un Dieu pour eux ; un Messie a été promis. » (P.-R. XIII. B. 2ᵉ part. IX, 17.)

Pascal (Msc. p. 244) : « Il est injuste qu'on s'attache à moi, quoiqu'on le fasse avec plaisir et volontairement ; je tromperais ceux en qui je ferois naître ce désir, car je ne suis la fin de personne, et n'ai de quoi le satisfaire. Ne suis-je pas prêt à mourir, et ainsi l'objet de leur attachement mourra donc! » Pascal avait pris cette pensée pour la règle de sa vie intérieure ; et, pour l'avoir toujours présente, il l'avait écrite de sa main sur un petit papier séparé, comme nous l'apprend madame Périer, qui, dans la vie de son frère, cite ce morceau sans y rien changer. Port-Royal n'a pas fait comme madame Périer ; il a ôté le ton personnel qui est sublime ici ; il a éteint, dans les froideurs de l'abstraction, l'ardente mélancolie de ce passage, qui semble avoir été écrit au désert par la plume brûlante de saint Jérôme, ou par l'auteur de l'Imitation dans sa cellule. Port-Royal : « Il est injuste qu'on s'attache à *nous*, quoiqu'on le fasse avec plaisir et volontairement ; nous *tromperons* ceux à qui *nous* en *ferons* naître le désir ; car nous ne *sommes* la fin de personne, et nous *n'avons* pas de quoi *les* satisfaire (à quoi se rapporte *les?*). Ne *sommes-nous* pas prêts à mourir, et ainsi l'objet de leur attachement *mourroit.* » (P.-R. xviii. B. 2ᵉ part. xvii, 49.)

Passons à des altérations plus graves encore, celles qui dégradent bien davantage le style de Pascal, soit par substitution, soit par addition, soit par abréviation.

Pascal (Msc. p. 79) : « La seule chose qui nous console de nos misères est le divertissement, et c'est la plus grande de nos misères. » — Port-Royal : « Les divertissements ne nous consolent de nos misères *qu'en nous causant* une misère *plus réelle et plus effective.* » (P. R. xxvi. B. 1ʳᵉ part. vii, 3.)

Pascal [1] : « La plus grande bassesse de l'homme est la recherche de la gloire, et c'est cela qui est la plus grande marque de son excellence. » — Port-Royal : « *Si, d'un côté,* cette *fausse* gloire *que les hommes recherchent* est une grande marque de leur misère, c'en est une aussi de leur excellence. » (P.-R. xxii. B. 1ʳᵉ part. iv, 5.)

Pascal (Msc. p. 83) : « Si on considère son ouvrage incontinent après l'avoir fait, on en est encore tout prévenu ; si trop longtemps après, on

---

[1] D'après les deux copies.

n'y entre plus. Ainsi les tableaux vus de trop loin ou de trop près ; et il n'y a qu'un point indivisible qui soit le véritable lieu ; les autres sont trop près, etc. » — P.-R. : « .... Il n'y a qu'un point indivisible qui soit le véritable lieu de voir les tableaux; les autres...... » (P.-R. xxv. B. 1re part. vi, 2.) Qu'est-ce que le lieu de voir les tableaux ?

Pascal (Msc. p. 210) : « De là vient que le plaisir de la solitude est une chose incompréhensible. » Port-Royal : « De là vient *qu'il y a si peu de personnes qui soient capables de souffrir la solitude.* » (P.-R. xxvi. B. 1re part. vii, 1.)

Pascal (Msc. p. 210) : « Voilà tout ce que les hommes ont pu inventer pour se rendre heureux. Et ceux qui font sur cela les philosophes et qui croient que le monde est bien peu raisonnable de passer tout le jour à courir après un lièvre qu'ils ne voudroient pas avoir acheté, ne connoissent guère notre nature. Ce lièvre ne nous garantiroit pas de la vue de la mort et des misères, mais la chasse nous en garantit; et ainsi, etc.... »

Port-Royal change, transpose, bouleverse toute cette phrase : « Voilà tout ce que les hommes ont pu inventer pour se rendre heureux. Et ceux qui *s'amusent simplement à montrer la vanité et la bassesse des divertissements des hommes* connois-

sent *bien, à la vérité, une partie de nos misères;
car c'en est une bien grande que de pouvoir
prendre plaisir à des choses si basses et si méprisables; mais ils n'en connoissent pas le fond,
qui leur rend ces misères mêmes nécessaires, tant
qu'ils ne sont pas guéris de cette misère intérieure et naturelle qui consiste à ne pouvoir souffrir la vue de soi-même.* Ce lièvre qu'ils auroient
acheté ne les garantiroit pas de cette vue; mais la
chasse les en garantit. Ainsi, etc... » (P.-R. l. l. B. l. l.)

Voici une pensée où, dans Port-Royal même,
l'énergie du langage semble avoir atteint sa dernière limite, et que pourtant Pascal avait écrite
plus vive et plus énergique encore :

Port-Royal (ch. xxxi, Boss. 1re part. vi, 26) : « Au
lieu de recevoir les idées des choses en nous, nous
teignons des qualités de notre être composé toutes
les choses simples que nous contemplons. » Pascal
(Msc. p. 360) : « ..... nous les teignons de nos
qualités et empreignons de notre être composé
toutes les choses simples que nous contemplons. »

Exemples d'additions oiseuses ou tout à fait
vicieuses :

Pascal (Msc. p. 451) : « Il faut que les habiles
soumettent leur esprit à la lettre. » Pourquoi ajouter à Pascal et lui faire dire avec Port-Royal? « Il
faut...... que les habiles soumettent leur esprit

à la lettre, *en pratiquant ce qu'il y a d'extérieur*. (P.-R. II. B. 2ᵉ part. IV, 3.)

Pascal (Msc. p. 1) : « En voyant l'aveuglement et la misère de l'homme, et regardant tout l'univers muet etc.... » Port-Royal introduit entre ces deux membres de phrase cette addition insignifiante : « En voyant l'aveuglement et la misère de l'homme, *et ces contrariétés étonnantes qui se découvrent dans sa nature*, et regardant tout l'univers muet.... » (P.-R. VIII. B. 2ᵉ part. VII, 1.)

Pascal (Msc. p. 21) : « Nous ne vivons jamais, nous espérons de vivre, et nous disposant toujours à être heureux, il est inévitable que nous ne le serons jamais. » Port-Royal : « ... il est *indubitable* que nous ne le serons jamais, *si nous n'aspirons à une autre béatitude que celle dont on peut jouir en cette vie.* » (P.-R. XXIV. B. 1ʳᵉ part. VI, 5.)

Pascal (Msc. p. 10) : « Le conseil qu'on donnoit à Pyrrhus de prendre le repos qu'il alloit chercher par tant de fatigues recevoit bien des difficultés. » Port-Royal : « C'est pourquoi, lorsque Cynéas disoit à Pyrrhus, qui se proposoit de jouir du repos avec ses amis après avoir conquis une grande partie du monde, qu'il feroit mieux d'avancer lui-même son bonheur en jouissant dès lors de ce repos sans l'aller chercher par tant de fatigues, il lui donnoit un conseil qui recevoit de grandes difficultés et qui n'étoit guère plus raisonnable que le dessein de ce jeune ambitieux. L'un et l'autre supposoit que l'homme se pût contenter de soi-même et de ses biens présents sans remplir le vuide de son cœur d'espérances imaginaires, ce qui est faux. Pyrrhus ne pouvoit être heureux ni devant ni après avoir conquis le monde. Et peut-être que la vie molle que lui conseilloit son ministre étoit encore moins capable de le satisfaire que l'agitation de tant de guerres et de tant de voyages qu'il méditoit (P.-R. XXVI. B. 1re part. VII, 1.) » Lorsqu'on voit une si petite phrase devenir ainsi une page entière entre les mains des amis de Pascal, on comprend que madame Périer ait appelé leur travail, non pas une édition, mais un commentaire.

Je n'ai voulu citer qu'un très-petit nombre d'additions, par ménagement pour le lecteur médiocrement jaloux de faire connaissance avec le style du duc de Roannez et de relire ici ce qu'il a déjà lu dans l'édition de Port Royal. Je serai moins sobre d'exemples de suppressions et d'abréviations, puisque ces exemples auront l'avantage de mettre au jour de nouvelles lignes, quelquefois même de nouvelles phrases de Pascal, rejetées par Port-Royal et dignes pourtant de figurer à côté de celles qui sont en possession de l'admiration universelle.

Parmi les passages les plus admirés, nul ne l'a plus été et ne mérite plus de l'être que celui où Pascal compare l'homme à un roseau, mais à un roseau pensant. C'est un des morceaux les plus accomplis et les plus travaillés qui soient sortis de sa plume. Pascal est revenu à deux fois sur cette pensée; il ne l'a quittée qu'après l'avoir portée à sa dernière perfection, et l'avoir gravée à jamais. Il est curieux d'en retrouver dans un coin du manuscrit la première et imparfaite ébauche. La voici avec ce titre qui renferme d'abord la pensée tout entière (Msc. p. 165) : *Roseau pensant*. « Ce n'est point de l'espace que je dois chercher ma dignité ; mais c'est du règlement de ma pensée. Je n'aurai pas davantage en possédant des terres par l'espace : l'univers me comprend et m'engloutit comme un point ; par la pensée je le comprends. » C'est de cette ébauche déjà si grande que Pascal a tiré le morceau sublime que Port-Royal a publié, en se permettant d'en retrancher un trait qui achevait la pensée et n'est pas indigne de ce qui l'entoure. Port-Royal : « Toute notre dignité consiste donc dans la pensée. C'est de là qu'il faut nous relever, non de l'espace et de la durée. » (P.-R. xxxiii. B. 1ʳᵉ part. iv, 6). Pascal avait écrit (Msc. p. 63) : « ..... Non de l'espace et de la durée, *que nous ne saurions remplir.* »

Pascal dit de l'imagination (Msc. p. 361) : « Elle a ses heureux et ses malheureux, ses sains, ses malades, ses riches, ses pauvres ; *elle fait croire, douter, nier la raison ; elle suspend les sens, elle les fait sentir ;* elle a ses fous et ses sages. » Port-Royal abrége ainsi : « Elle a ses heureux et ses malheureux, ses sains, ses malades, ses riches, ses pauvres, ses fous et ses sages. » (P.-R. xxv. B. 1re part. vi, 2.)

Pascal (Msc. p. 258) : « Cette neutralité est l'essence de la cabale (la secte des pyrrhoniens). Qui n'est pas contre eux est excellemment pour eux. *Ils ne sont pas pour eux-mêmes ; ils sont neutres, indifférents, suspendus à tout, sans s'excepter.* Que fera donc l'homme... » Port-Royal : « Cette neutralité est l'essence du pyrrhonisme. Qui n'est pas contre eux est excellemment pour eux. Que fera l'homme etc......... » (P.-R. ch. xxi. B. 2e part. i, 1.)

Pascal, sur l'ennui attaché à toute habitude (Msc. p. 251) : « *L'éloquence continue ennuie.* Les princes et les rois jouent quelquefois : ils ne sont pas toujours sur le trône ; ils s'y ennuieroient... » Port-Royal a supprimé la première phrase : « L'éloquence continue ennuie. » (P.-R. xxxi. B. 1re part. ix, 49.)

Pascal, sur la condition d'un roi condamné à

se divertir (Msc. p. 139) : « Il tombera dans les vues *qui le menacent des révoltes qui peuvent arriver, et enfin de la mort et des maladies qui sont inévitables ;* de sorte que, s'il est sans ce qu'on appelle divertissement, le voilà malheureux *et plus malheureux que le moindre de ses sujets qui joue et qui se divertit.* » Port-Royal a tiré de tout cela la petite phrase suivante : « Il tombera *par nécessité* dans les vues affligeantes de l'avenir, *et, si on ne l'occupe hors de lui*, le voilà *nécessairement* malheureux. » (P.-R. xxvi. B. 1re part. vii, 1.)

Pascal avait dit (Msc. p. 377) : « Lui seul (Dieu) est son véritable bien, et depuis qu'il l'a quitté, c'est une chose étrange qu'il n'y a rien dans la nature qui n'ait été capable de lui en tenir la place, astres, *ciel, terre,* éléments, plantes, *choux, poireaux,* animaux, *insectes, veaux, serpents, fièvre, peste,* guerre, *famine,* vices, adultère, inceste ; et depuis qu'il a perdu le vrai bien, etc... » Cette longue nomenclature de toutes les choses dont l'homme a fait des dieux, est fort mal à propos abrégée dans Port-Royal qui, en supprimant les choses les plus ignobles que Pascal n'avait pas craint de nommer, supprime précisément les cultes les plus extravagants où l'homme s'égare lorsqu'il quitte le vrai Dieu. En compensation de ces retranchements, Port-Royal ajoute une phrase qui n'est guère du style de Pascal : « C'est une chose étrange qu'il n'y a rien dans la nature qui n'ait été capable de tenir la place *de la fin et du bonheur de l'homme*, astres, éléments, plantes, animaux, insectes, *maladies*, guerre, vices, *crimes*, etc. *L'homme étant déchu de son état naturel, il n'y a rien à quoi il n'ait été capable de se porter.* Depuis qu'il a perdu le vrai bien... » (P.-R. xxi. B. 2ᵉ part. i, i.)

Pascal (Msc. p. 221) : « Le peuple a des opinions très-saines : 1° d'avoir choisi le divertissement et la chasse plutôt que la poésie, etc.; 2° d'avoir distingué les hommes par le dehors, comme par la noblesse ou le bien; 3° de s'offenser pour avoir reçu un soufflet, ou de tant désirer la gloire. Mais cela est très-souhaitable à cause des autres biens essentiels qui y sont joints; et un homme qui a reçu un soufflet sans s'en ressentir est accablé d'injures et de nécessités. » Port-Royal a craint, sans doute, que le troisième point mal compris n'induisît en tentation, et il l'a supprimé. (P.-R. ch. xxix, § 6. B. 1ʳᵉ part. viii, 15.)

A propos de cette pensée, si habituelle dans Pascal, que les opinions du peuple sont très-saines, Condorcet a le premier publié le morceau suivant qu'avait retranché Port-Royal (C. vii, 1. B. 1ʳᵉ part. viii, 1) : « Nous allons voir que toutes "les opinions du peuple sont très-saines; que le peuple n'est pas si vain qu'on le dit; et ainsi l'opinion qui détruisoit celle du peuple sera elle-même détruite. » Ce n'est là, pour ainsi dire, qu'un extrait de la pensée de Pascal, qui, fidèlement reproduite, a un tout autre caractère, une toute autre portée (Msc. p. 231.) (*En titre*) « *Renversement continuel du pour au contre.* — Nous avons donc montré que l'homme est vain par l'estime qu'il fait des choses qui ne sont point essentielles, et toutes ces opinions sont détruites. »

« Nous avons montré ensuite que toutes ces opinions sont très-saines, et qu'ainsi toutes ces vanités étant très-bien fondées, le peuple n'est pas si vain qu'on dit: et ainsi nous avons détruit l'opinion qui détruisoit celle du peuple.

« Mais il faut détruire maintenant cette dernière proposition, et montrer qu'il est toujours vrai que le peuple est vain, quoique ses opinions soient saines, etc.... »

Port-Royal (XXVII. B. 1re part. VII, 1): « Un gentilhomme croit sincèrement qu'il y a quelque chose de grand et de noble à la chasse; il dira que c'est un plaisir royal. » Pascal (Msc. p. 209): « Le gentilhomme croit sincèrement que la chasse est un plaisir grand, un plaisir royal; *mais son picqueur n'est pas de ce sentiment-là.* »

Port-Royal (xxv. B. 1ʳᵉ part. vi, 12) : « L'esprit du plus grand homme du monde n'est pas si indépendant qu'il ne soit sujet à être troublé par le moindre tintamarre qui se fait autour de lui... Si vous voulez qu'il puisse trouver la vérité, chassez cet animal qui tient sa raison en échec et trouble cette puissante intelligence qui gouverne les villes et les royaumes. » Pascal (Msc. p. 79) : « L'esprit de *ce souverain juge du monde* n'est pas si indépendant.... et trouble cette puissante intelligence qui gouverne les villes et les royaumes. *Le plaisant Dieu que voilà! O ridicolosissimo eroe!* »

Port-Royal (xxxi. B. 1ʳᵉ part. ix, 55), en parlant de Platon et d'Aristote : « Quand ils ont fait leurs lois et leurs traités de politique, ç'a été en se jouant et pour se divertir. C'était la partie la moins philosophe et la moins sérieuse de leur vie ; le plus philosophe était de vivre simplement et tranquillement. » Pascal (Msc. p. 137) : « Quand ils se sont *divertis* à faire leurs lois et *leurs politiques*, ils l'ont fait en se jouant. C'étoit la partie la moins philosophe.... simplement et tranquillement. *S'ils ont écrit de politique, c'étoit comme pour régler un hôpital de foux ; et s'ils ont fait semblant d'en parler comme d'une grande chose, c'est qu'ils savoient que les foux à qui ils parloient, pouvoient être rois et empereurs ; ils entrent dans leurs principes pour modérer leur folie au moins mal qu'il se peut.* »

Port-Royal (xxviii. B. 2ᵉ part. xvii, 35) termine ainsi un paragraphe sur saint Athanase, sainte Thérèse, etc. : « C'étaient des saints, disons-nous; ce n'est pas comme nous. » Pascal (Msc. p. 12) développe l'allusion au temps présent : « C'étaient des saints, disons-nous; ce n'est pas comme nous. *Que se passait-il donc alors ? Saint Athanase était un homme appelé Athanase, accusé de plusieurs crimes, condamné en tel et tel concile pour tel et tel crime; tous les évêques y consentirent, et le pape enfin. Que dit-on à ceux qui résistent? Qu'ils troublent la paix; qu'ils font schisme.* »

Nous avons donné, ce me semble, assez d'exemples de changements inutiles ou défectueux qui altèrent le texte de Pascal par des substitutions, des additions et des suppressions malheureuses. Nous allons maintenant rendre compte de changements qui ne portent plus sur des phrases isolées et des morceaux de peu d'étendue, mais sur des fragments considérables et presque sur des chapitres entiers. Nous allons montrer Port-Royal, tantôt brisant et décomposant de longs morceaux fortement travaillés et complets en eux-mêmes, comme avec le regret de rencontrer des débris trop bien conservés de la dernière œuvre de Pascal; tantôt, et comme par un sentiment contraire, dans l'ambitieux dessein de construire un édifice là où Pascal n'avait laissé que des matériaux, prenant avec plus ou moins de discernement des fragments distincts et sans beaucoup d'analogie entre eux, pour en composer un tout qui n'appartient point à Pascal et laisse voir à un œil attentif la discordance intérieure d'éléments étrangers arbitrairement réunis. Donnons quelques exemples de ces compositions mensongères.

Ouvrez Port-Royal; lisez le chapitre VIII (P.-R. ch. VIII; B. 2ᵉ part. VII, 1), où Pascal nous peint un homme qu'on aurait porté endormi dans une île déserte et qui s'éveillerait sans savoir où il est, au milieu de créatures semblables à lui et qui n'en savent pas plus que lui, s'adressant vainement à elles pour en obtenir quelques lumières. Les beautés de détail de ce chapitre, et surtout du 1ᵉʳ paragraphe, tant de fois cité, trompent sur l'unité de l'ensemble. Or ce premier paragraphe, dans son état actuel, n'est point de Pascal. Il est composé de deux fragments entièrement distincts, l'un sur un homme qui s'éveillerait tout à coup dans une île effroyable, et demanderait en vain à tout ce qui l'entoure les moyens d'en sortir; l'autre sur l'impuissance de nos semblables à nous donner le bonheur. Je cite le dernier fragment tel qu'il est dans le manuscrit autographe (Msc. p. 63) : « Nous sommes plaisants de nous reposer dans la société de nos semblables, misérables comme nous, impuissants comme nous. Ils ne nous aideront pas à mourir; on mourra seul; il faut donc faire comme si l'on étoit seul; et alors bâtiroit-on des maisons superbes? on chercheroit la vérité etc..... » Il fallait publier séparément ces sombres réflexions, ou les mettre à côté du morceau précédemment cité sur la vanité et l'injustice de l'attachement d'un homme pour un homme. Au lieu de cela, Port-Royal les transporte au milieu du 1er paragraphe du chapitre VIII, et, pour les y rattacher, leur donne le ton et le mouvement de tout le reste. L'homme qui s'éveille dans l'île déserte s'exprime ainsi : « Je vois d'autres personnes auprès de moi, de semblable nature; je leur demande s'ils sont mieux instruits que moi; ils me disent que non; et sur cela ces misérables égarés, ayant regardé autour d'eux et ayant vu quelques objets plaisants, s'y sont donnés et s'y sont attachés. Pour moi je n'ai pu y prendre d'attache, et, considérant combien il y a plus d'apparence qu'il y a autre chose que ce que je vois, j'ai recherché si ce Dieu n'auroit point laissé quelque trace de soi..... » Port-Royal brise cette dernière phrase, n'en conserve que les premiers mots :

« Pour moi je n'ai pu » et à ce commencement il réunit l'autre fragment, qu'il arrange ainsi : « Pour moi je n'ai pu m'y arrêter, ni me reposer dans la société de ces personnes semblables à moi, misérables *comme moi*, impuissantes *comme moi*; je vois qu'ils ne m'aideroient pas à mourir. Je mourrai seul : il faut donc faire comme si j'étois seul; or, si j'étois seul, je ne bâtirois pas de maisons, je ne m'embarrasserois pas dans des occupations tumultuaires; je ne chercherais l'estime de personne; mais je tâcherois seulement à découvrir la vérité..... » Il est étrange de faire dire à un homme qui est dans une île déserte qu'il ne bâtirait point de maisons, qu'il ne s'embarrasserait pas dans des occupations tumultuaires, etc. Remarquons aussi que Port-Royal, qui ôte si souvent le *je* à Pascal, le lui impose ici.

Voilà un tout bien artificiel dont Pascal n'a fourni que les éléments. En voici un autre plus artificiel encore.

On trouve dans le manuscrit, entièrement séparé, un fragment sur le pyrrhonisme (p. 257), et un autre avec ce titre : « Que l'homme sans la foi ne peut connoître le vrai bien ni la justice. » (Ms. p. 377.) Que fait Port-Royal? Au lieu de publier séparément ces deux fragments, qui n'ont aucun lien entre eux, il les réunit forcément (P.-R.

ch. XXI; B. 2ᵉ part. 1), à l'aide de cette transition grossière : « Voilà ce qu'est l'homme à l'égard de la vérité; considérons-le maintenant à l'égard de la félicité, qu'il recherche avec tant d'ardeur dans toutes ses actions. »

Il y a plus : non-seulement de ces deux fragments distincts, Port-Royal compose un ensemble faux, mais il ne donne pas même chacun d'eux tel qu'il est. Au milieu du fragment sur le pyrrhonisme, avant le paragraphe qui commence ainsi : « Voilà donc la guerre ouverte entre les hommes » Port-Royal, rencontrant le mot de dogmatistes, à l'occasion de ce mot, va prendre dans le manuscrit un morceau tout différent sur les dogmatistes, et l'intercale dans le fragment sur le pyrrhonisme. Dans le morceau sur les dogmatistes, Pascal parlait en son nom et exprimait des principes qui lui sont propres; Port-Royal met ces principes dans la bouche des dogmatistes, et par là il se condamne à diverses altérations qui défigurent la pensée de Pascal, et qui pourtant ne la ramènent pas entièrement à la pensée ordinaire du dogmatisme; de telle sorte qu'au fond ni Pascal, ni les dogmatistes, ni surtout la critique philosophique et littéraire ne peuvent trouver leur compte dans ces incroyables arrangements.

Il en est de même de l'autre fragment sur le

vrai bien de l'homme. Port-Royal en brise l'unité pour introduire entre deux phrases, qui sont inséparables, un petit morceau sur les trois concupiscences (Msc. p. 275) que suivent tous les philosophes, en ôtant à ce petit morceau sa forme propre pour lui donner celle du fragment plus considérable auquel il le réunit.

Je ne sais qu'un procédé plus contraire au devoir d'éditeur que ces compositions factices; c'est celui des décompositions que nous allons faire connaître. Plus d'une fois Port-Royal a rencontré dans le manuscrit d'assez longs fragments, dont toutes les parties étaient bien enchaînées et formaient une pensée unique et frappante. Il aurait dû s'estimer trop heureux de pouvoir recueillir avec religion et publier dans leur intégrité ces grands débris où la main de Pascal était plus particulièrement visible. Port-Royal, par je ne sais quelle fatalité, après avoir fait violence à Pascal pour tirer de ses notes éparses des ensembles discordants, lui fait ici de nouveau violence pour briser les grands ensembles qu'il trouvait tout construits, et en disperser les éléments dans des chapitres entièrement différents entre eux. Voilà ce qu'on n'aurait jamais pu croire, ce que nous ne pourrions croire nous-même, si le fait évident n'était sous nos yeux.

Dans le manuscrit (p. 347-360) et dans les deux copies est un morceau profondément travaillé, et d'une assez grande étendue, sur la situation de l'homme au milieu de la nature et sur son impuissance à l'embrasser tout entière. Là reviennent les deux infinis que nous avons déjà vus dans les Réflexions sur la géométrie, avec cette différence que, dans les Réflexions, la double infinité de la nature était fortement mais brièvement marquée, tandis qu'ici elle est exposée avec une plénitude et une magnificence qui remplissent une douzaine de pages de nos copies *in-folio*. C'est encore là que se rencontrent et doivent en effet trouver leur place les admirables pensées sur les extrêmes qui nous fuient de toute part et dans les choses et dans les sciences, et sur la duplicité de notre être composé que nous projetons hors de nous et dont nous teignons toutes choses. Nulle part Pascal n'est plus grand, plus ingénieux, plus fin, plus magnifique. Nulle page des Provinciales n'est plus soignée que celles-là. D'ailleurs, pas un mot qui, de près ou de loin, regarde les querelles du temps. Quelle bonne fortune donc pour Port-Royal, pour les amis de la gloire de Pascal, que la rencontre d'un pareil chapitre! Apparemment M. le duc de Roannez s'est cru trop grand seigneur pour se contenter du rôle de simple éditeur de Pascal. Possédé de la funeste manie de le suppléer et de le refaire, il a eu la barbarie d'oser mettre la main sur ce chapitre, devant lequel se seraient inclinés et Platon et Descartes et Fénelon et Malebranche et Bossuet. Le duc de Roannez en a pris ce qui lui convenait, à savoir tout le commencement « Que l'homme contemple donc la nature entière dans sa haute et pleine majesté... » (B. 1ʳᵉ part. iv) dont il a fait les premières pages du chapitre xxii, intitulé : *Connoissance générale de l'homme.* Il a bien voulu publier aussi ce beau passage : « Car enfin qu'est-ce que l'homme dans la nature? Un néant à l'égard de l'infini; un tout à l'égard du néant; un milieu entre rien et tout etc. » Après ce paragraphe, que le duc de Roannez a donné en l'altérant comme tout le reste, on trouve, dans Pascal, un morceau intimement lié au précédent, et qui commence ainsi : « Manque d'avoir contemplé ces infinis, les hommes se sont portés témérairement à la recherche de la nature, comme s'ils avoient quelque proportion avec elle..... » Suivent plusieurs paragraphes sur les vains efforts de la science humaine, paragraphes dont plusieurs sont barrés et refaits dans le manuscrit, et où le langage de Pascal, qui sait descendre comme il sait s'élever, prend un caractère tout différent. Il paraît que cette simplicité n'a pas charmé le duc de Roannez : il a supprimé tout ce morceau que, depuis, le père Desmolets a donné, mais séparément et sans dire à quel ensemble il se rattachait, et en supprimant même, ce qui ne lui est pas ordinaire, un des paragraphes. (Desm. p. 303; B. suppl. 8, et 1ʳᵉ part. vi, 24.)

Ici vient le beau paragraphe qui commence et finit de cette manière : « On se croit naturellement bien plus capable d'arriver au centre des choses que d'embrasser leur circonférence..... Les extrémités se touchent et se réunissent à force de s'être éloignées, et se retrouvent en Dieu, et en Dieu seulement. » Le duc de Roannez veut bien faire grâce à ce paragraphe et il le publie; mais où le met-il? Croyez-vous que ce soit en son rang, au chapitre xxii? point du tout; mais au chapitre xxxi, intitulé : *Pensées diverses.* Puisqu'il était dans un moment d'indulgence, pourquoi le duc de Roannez n'a-t-il pas sauvé aussi, en le déportant où il lui aurait plu, le paragraphe qui suit celui-là dans le manuscrit? « Connoissons donc notre portée : nous sommes quelque chose et ne sommes pas tout; ce que nous avons d'être nous dérobe la connoissance des premiers principes qui naissent du néant, et le peu que nous avons d'être nous cache la vue de l'infini. » Ni Desmolets, ni

Condorcet, ni Bossut, n'ont donné ce paragraphe, qui paraît pour la première fois.

Après ces suppressions et cette dislocation, Port-Royal revient au manuscrit, et en publie de suite plusieurs pages, qu'il altère comme à l'ordinaire, et il en compose toute la fin du chapitre XXII, depuis ces mots : « Cet état, qui tient le milieu entre deux extrêmes, se trouve en toutes nos puissances... » jusqu'à ceux-ci : « Mais tout notre édifice craque et la terre s'ouvre jusqu'aux abîmes. » Ainsi se termine le chapitre XXII, tandis que le grand fragment de notre manuscrit ne se termine point là. En le suivant pied à pied, nous rencontrons d'abord quatre paragraphes dont voici le premier et le quatrième : « Ne cherchons donc point d'assurance et de fermeté; notre raison est toujours déçue par l'inconstance des apparences. Rien ne peut fixer le fini entre les deux infinis, qui l'enferment et le fuient. . . . . . . » « Dans la vue de ces infinis, tous les finis sont égaux, et je ne vois pas pourquoi asseoir son imagination sur l'un plutôt que sur l'autre. La seule comparaison que nous faisons de nous au fini nous fait peine. » Ce n'est point Desmolets, c'est Condorcet qui a publié le premier ces quatre paragraphes.

Viennent ensuite dans le manuscrit trois pages in-folio, très-bien liées et fort travaillées, à en juger par les barres et les ratures. En voici le commencement et la fin : « Si l'homme s'étudiait le premier, il verrait combien il est incapable de passer outre. Comment se pourrait-il faire qu'une partie connût le tout? Mais il aspirera peut-être à connaître au moins les parties avec lesquelles il a de la proportion. Mais les parties du monde ont toutes un tel rapport et un tel enchaînement l'une avec l'autre, que je crois impossible de connaître l'une sans l'autre et sans le tout... Qui ne croirait, à nous voir composer toutes choses d'esprit et de corps, que ce mélange-là nous serait bien compréhensible? C'est néanmoins la chose que l'on comprend le moins. L'homme est à lui-même le plus prodigieux objet de la nature. Car il ne peut concevoir ce que c'est que corps et encore moins ce que c'est qu'esprit, et moins qu'aucune chose comme un corps peut être uni avec un esprit; c'est là le comble de ses difficultés, et cependant c'est son propre être : *Modus quo corporibus adhæret spiritus comprehendi ab hominibus non potest; et hoc tamen homo est.* »

Le duc de Roannez a bien voulu se laisser toucher par ces pages admirables et les mettre au jour; mais, au lieu de les placer dans le chapitre XXII, à la suite du morceau dont elles font partie intégrante, il les rejette dans le chapitre XXXI, à la suite du petit paragraphe qu'il y avait déjà rejeté, comme nous l'avons vu.

Enfin, dans le manuscrit, ce fragment a une conclusion que Pascal a barrée et qui est même suivie d'un petit paragraphe destiné à servir de transition à quelque autre chapitre : « Voilà une partie des causes qui rendent l'homme si imbécile à connaître la nature : elle est infinie en deux manières, il est fini et limité; elle dure et se maintient perpétuellement en son être, il passe et est mortel; les choses en particulier se corrompent et se changent à chaque instant, il ne les voit qu'en passant; elles ont leur principe et leur fin, il ne connaît ni l'un ni l'autre; elles sont simples, et il est composé de deux natures différentes.

« Enfin, pour consommer la preuve de notre faiblesse, je finirai par ces deux considérations... »

La comparaison détaillée du manuscrit et de l'édition de 1669 démontre donc ici, de la manière la plus manifeste, la profonde infidélité de Port-Royal, et avec quelle légèreté le duc de Roannez et ses amis ont traité Pascal. Ils avaient le bonheur de rencontrer un chapitre d'une certaine étendue et à peu près achevé, et, au lieu de le reproduire religieusement, ils l'ont décomposé, supprimant telle page, reléguant telle autre dans un autre endroit, puis renouant à toute force le fil d'abord brisé, puis le brisant encore, pour le renouer sans plus de raison, aussi mensongers et aussi artificiels dans la décomposition que dans la composition, faisant arbitrairement des pensées détachées comme tout à l'heure des touts incohérents. Desmolets et Condorcet ont sauvé du naufrage plusieurs paragraphes qui avaient été rejetés par Port-Royal; mais, comme je l'ai déjà dit, ni l'un ni l'autre n'ont averti du rapport des fragments qu'ils publient à ceux de Port-Royal. Et Bossut, qui, dans ses deux copies, a eu sous les yeux le chapitre entier, au lieu de le restituer dans son intégrité, s'est contenté de publier de nouveau tous les morceaux donnés par Port-Royal, Desmolets et Condorcet, séparés les uns des autres, de telle sorte qu'aujourd'hui ce beau chapitre est éparpillé de divers côtés dans les éditions. Voilà quel a été le sort d'un des plus admirables fragments de Pascal, et encore n'ai-je pas parlé des altérations de détail, qui sont infinies. Je me bornerai à mentionner les plus frappantes.

Pascal : « Que l'homme contemple donc la nature entière dans sa haute et pleine majesté; qu'il éloigne sa vue des objets bas qui l'environnent; qu'il regarde cette éclatante lumière, etc. » Port-Royal : « Qu'il ne *s'arrête* donc pas *à regarder simplement* les objets qui l'environnent; qu'il contemple la nature entière dans sa haute et pleine majesté, qu'il *considère* cette éclatante etc. »

Pascal : « Tout le monde visible n'est qu'un trait imperceptible dans l'ample sein de la nature. Nulle idée n'en approche. Nous avons beau enfler nos conceptions *au-delà des espaces imaginables;* nous n'enfantons que des atomes etc. » Port-Royal : « *Tout ce que nous voyons du monde* n'est qu'un trait imperceptible dans l'ample sein de la nature : nulle idée n'approche *de l'étendue de ses espaces.* Nous avons beau enfler nos conceptions, nous n'enfantons que des atomes etc. »

Pascal : « Qu'il se regarde comme égaré dans ce canton détourné de la nature, et que de ce petit cachot où il se trouve logé (j'entends l'univers) il apprenne à estimer la terre, les royaumes, les villes et soi-même, son juste prix. » Port-Royal : « Qu'il se regarde comme égaré dans ce canton détourné de la nature, et que *de ce que lui paraîtra* ce petit cachot où il se trouve logé, *c'est-à-dire ce monde visible,* il apprenne etc. »

Port-Royal : « Je veux lui faire voir là-dedans un abîme nouveau. Je lui veux peindre non-seulement l'univers visible, mais encore tout ce qu'il est capable de concevoir de l'immensité de la nature, dans l'enceinte de cet atome imperceptible. » Combien de fois n'a-t-on pas cité avec admiration cette expression déjà si belle : « dans l'enceinte de cet atome imperceptible? » Que dire de celle-ci, qui est la véritable leçon de Pascal : « dans l'enceinte de ce raccourci d'abîme? »

Pascal : « Car enfin, qu'est-ce que l'homme dans la nature? Un néant à l'égard de l'infini, un tout à l'égard du néant, un milieu entre rien et tout. Infiniment éloigné de comprendre les extrêmes, la fin des choses et leur principe sont pour lui invinciblement cachés dans un secret impénétrable. Il est également incapable de concevoir le néant d'où il est tiré et l'infini où il est englouti. »
Port-Royal : « Car enfin, qu'est-ce que l'homme... un milieu entre rien et tout. *Il est* infiniment éloigné *des deux* extrêmes ; *et son être n'est pas moins distant* du néant d'où il est tiré, que de l'infini où il est englouti. »

Pascal : « Nos sens n'aperçoivent rien d'extrême. Trop de bruit nous assourdit ; trop de lumière éblouit ; trop de distance et trop de proximité empêche la vue ; trop de longueur et trop de brièveté de discours l'obscurcit ; trop de vérité nous étonne. J'en sais qui ne peuvent comprendre que, qui de zéro ôte quatre, reste zéro. Les premiers principes ont trop d'évidence pour nous. Trop de plaisir incommode. Trop de consonnances déplaisent dans la musique, et trop de bienfaits irritent ; nous voulons avoir de quoi surpasser la dette : *beneficia eo usque grata sunt dum videntur exsolvi posse ; ubi multum anteverterint, pro gratia odium redditur.* Nous ne sentons ni l'extrême chaud, ni l'extrême froid etc. »

Port-Royal a ainsi réduit tout ce morceau : « Nos sens n'aperçoivent rien d'extrême; trop de bruit nous assourdit ; trop de lumière *nous* éblouit; trop de distance et trop de proximité empêche la vue; trop de longueur et trop de brièveté obscurcissent un discours; trop de plaisir incommode, trop de consonnances déplaisent. Nous ne sentons ni l'extrême chaud, ni l'extrême froid etc. »

Pascal : « Voilà notre état véritable. C'est ce qui nous rend incapables de savoir certainement et d'ignorer absolument. Nous nous voyons sur un milieu vaste, toujours incertains et flottants, poussés d'un bout vers l'autre. Quelque terme où nous pensions nous attacher et nous affermir, il branle et nous quitte ; et, si nous le suivons, il échappe à nos prises ; il glisse et fuit d'une fuite éternelle. Rien ne s'arrête pour nous; c'est l'état qui nous est naturel, et toutefois le plus contraire à notre inclination. Nous brûlons de désir de trouver une assiette ferme et une dernière base constante, pour y édifier une tour qui s'élève à l'infini; mais tout notre fondement craque, et la terre s'ouvre jusqu'aux abîmes. »

Port-Royal a gâté ce beau passage, en l'arrangeant de la manière suivante qui jusqu'ici a été fort admirée, et qui ne peut plus être supportée dès qu'on connaît la vraie : « Voilà notre état véritable. C'est *ce qui resserre nos connoissances en de certaines bornes que nous ne passons pas,* incapables de savoir *tout* et d'ignorer *tout* absolument (il ne s'agit pas de savoir ou d'ignorer tout, mais d'ignorer absolument ou de savoir avec certitude). Nous *sommes* sur un milieu vaste, toujours incertains et flottants *entre l'ignorance et la connoissance* (ceci détruit l'image commencée : l'ignorance et la connaissance étoient devenues les deux bouts du milieu); et, si nous pensons aller plus loin (il n'est pas question d'aller plus loin; plus loin que quoi? mais de s'attacher à un point fixe; Pascal ne parle pas d'un *objet*, mais d'un point, d'un terme auquel nous nous attachons), notre objet branle et échappe à nos prises; *il se dérobe* et fuit d'une fuite éternelle : rien ne le peut arrêter (Pascal dit bien plus : Rien ne s'arrête pour nous). C'est notre condition naturelle, et toutefois la plus contraire à notre inclination. Nous brûlons du désir d'approfondir tout (il ne s'agit ni d'approfondir tout, ni d'aller plus loin, etc., mais de trouver une assiette ferme), et d'édifier une tour qui s'élève jusqu'à l'infini (pour cela il faut d'abord trouver une assiette ferme et une dernière base constante). Mais tout notre édifice craque (non pas tout notre édifice, car nous n'avons pas pu en élever un, faute d'une base constante; c'est le fondement même que nous avons jeté qui craque), et la terre s'ouvre jusqu'aux abîmes. »

Mais cette altération continue du style de Pascal nous détourne beaucoup trop de notre objet présent, à savoir la décomposition que Port-Royal fait subir à des morceaux complets et achevés. Je veux donner encore un exemple d'une pareille décomposition sur un passage moins étendu, mais peut-être mieux lié et tout aussi beau que le précédent.

Je veux parler de ce fragment sur le vrai bien que j'ai déjà indiqué, et qui a été réuni par Port-Royal au fragment sur le pyrrhonisme, pour composer le chapitre XXI (B. 2ᵉ part. 1) : *Sur les contrariétés étonnantes qui se trouvent dans la nature humaine à l'égard de la vérité et du bonheur.* Il est impossible d'avoir eu plus de malheur que ce fragment entre les mains de Port-Royal. D'abord il a été employé comme élément dans un travail de composition très-vicieuse; maintenant nous allons le voir subir en lui-même un travail de décomposition plus vicieuse encore. Il est intitulé dans le manuscrit : *Que l'homme ne peut connoître le vrai bien ni la justice.* En voici le commencement : « Tous les hommes recherchent d'être heureux ; cela est sans exception, quelques différents moyens qu'ils y emploient. » On trouve tout ce morceau dans le chapitre xxi de Port-Royal ; on l'y trouve même grossi, comme nous l'avons vu, de quelques phrases sur les trois concupiscences, tirées d'un autre endroit du manuscrit. Après avoir exposé nos vains efforts pour arriver au bonheur, et la plainte éternelle de tous les hommes « princes, sujets, nobles, roturiers, vieux, jeunes, forts, faibles, savants, ignorants, sains, malades, de tous pays, de tous les temps, de tous âges et de toutes conditions », Pascal s'écrie : « Qu'est-ce donc que nous crie cette avidité et cette impuissance ?.... Ce gouffre infini ne peut être rempli que par un objet infini et immuable, c'est-à-dire par Dieu même. » Ce passage éloquent avait été admirablement préparé, et lui-même il prépare admirablement ce qui suit : « Lui seul (Dieu) est son véritable bien ; et, depuis qu'il l'a quitté, c'est une chose étrange qu'il n'y a rien dans la nature qui n'ait été capable de lui en tenir la place : astres, ciel, terre, etc. »

Ainsi le mouvement de tout ce morceau est gradué sur l'ordre et l'enchaînement des idées. Port-Royal a rompu, avec l'enchaînement des idées, le mouvement du style. Il a isolé cette tirade pathétique : « Qu'est-ce donc que nous crie cette avidité et cette impuissance? » et par là il a brisé toute la suite du fragment total; il en a gâté les proportions et l'harmonie, et il a donné à cette longue nomenclature des choses que l'homme a mises à la place de Dieu, je ne sais quel air brusque et étrange. Et quant à la belle tirade, il l'a extraite comme un morceau de rhétorique qu'il n'a pas voulu perdre, et dont il a fait un paragraphe distinct d'un autre chapitre (P.-R. ch. III. B. 2ᵉ part. v, 3). Mais alors ce grand mouvement, n'étant ni préparé ni soutenu, perd sa force; ce cri de douleur ne semble plus qu'une déclamation.

Tel a été le sort d'un fragment qui n'était pas fort étendu; il est curieux de montrer quel a été celui d'une seule phrase, qui n'était pas, ce semble, assez longue pour pouvoir être démembrée.

« Il a été prédit, dit Pascal (Msc. p. 232), que Jésus-Christ seroit roi des Juifs et des Gentils; et voilà ce roi des Juifs et des Gentils opprimé par les uns et les autres qui conspirent à sa mort, dominant [sur] les uns et les autres, et détruisant et le culte de Moïse dans Jérusalem, qui en étoit le centre et dont il fait sa première Eglise, et le culte des idoles dans Rome, qui en étoit le centre et dont il fait sa principale Église. » Il est impossible de trouver une phrase qui soit plus une, plus ramassée en elle-même, et qui se prête moins à toute décomposition; cependant Port-Royal a trouvé le secret de la briser et d'en disperser les membres dans des phrases différentes et assez éloignées les unes des autres. Port-Royal met d'abord en avant la prédiction (P.-R. ch. xv, p. 119. B. 2e part. xi, 2) : « Que Jésus-Christ seroit roi des Juifs et des Gentils ; » puis il intercale quatre paragraphes; alors il revient à la phrase de Pascal, qu'il arrange ainsi : « A cela s'opposent tous les hommes par l'opposition naturelle de leur concupiscence. Ce roi des Juifs et des Gentils est opprimé par les uns et les autres qui conspirent sa mort, etc. » Ici Port-Royal s'arrête encore, intercale de nouveau diverses pensées, et enfin il reprend le deuxième membre de la phrase de Pascal, auquel il rend le tour qu'il avait ôté au premier : « Malgré toutes ces oppositions, *voilà* Jésus-Christ, en peu de temps, régnant sur les uns et les autres et détruisant le culte judaïque dans Jérusalem, qui en étoit le centre, etc. »

En est-ce assez, et trouve-t-on que le duc de Roannez en ait usé assez librement avec les phrases, les paragraphes, les chapitres entiers de Pascal ? Nous allons le voir maintenant aux prises, non plus avec le style, mais avec la pensée même de Pascal, la méconnaissant et la défigurant de toutes manières.

Port-Royal altère la pensée de Pascal, quelquefois faute de la bien comprendre et à son insu, quelquefois aussi par politique, pour ne pas réveiller des querelles mal assoupies, le plus souvent par scrupule de conscience, pour épargner aux faibles la contagion d'un scepticisme dont tout le monde ne pénètre pas le secret et ne possède pas le remède.

Les altérations involontaires sont ou légères, sans jamais être indifférentes, et elles énervent plus ou moins la pensée de Pascal sans la dénaturer entièrement; ou bien elles sont assez graves et assez profondes pour constituer de véritables contre-sens.

Voici un exemple de chacun de ces genres d'altération.

Le chapitre xxv comprend un certain nombre de paragraphes dont le premier traite de la puissance de l'opinion; les autres ont l'air de rouler sur des sujets différents, qui n'ont d'autre lien que leur rapport commun au titre général du chapitre : La faiblesse de l'homme. Rien de plus inexact que tout cela. D'abord, dans le manuscrit, tous ces paragraphes se lient les uns aux autres et ne forment qu'un seul et même tout, et leur sujet commun n'est pas la faiblesse de l'homme, ce qui est bien vague; ce n'est pas non plus l'opinion; car quel rapport peuvent avoir à l'opinion plusieurs de ces paragraphes, entre autres le paragraphe sur les charmes de la nouveauté, surtout celui sur le plus grand homme du monde, dont une mouche, ou le moindre tintamarre qui se fait autour de lui, troublent la raison, ou celui qui nous peint un philosophe qui, bien en sûreté sur une planche plus large qu'il ne faut, tremble en songeant au précipice qui est dessous? L'opinion n'a rien à voir ici. Il s'ensuit que le premier paragraphe, qui, dans le manuscrit, n'est pas autre chose que le commencement du morceau entier, ne peut pas rouler sur l'opinion, puisque tous les autres paragraphes n'ont aucun rapport à l'opinion. Et pourtant lisez ce paragraphe dans Port-Royal, et vous verrez que l'opinion en est le sujet au moins apparent. « Cette maîtresse d'erreur qu'on appelle fantaisie et opinion... » Voilà le début, et, pour ainsi dire, l'enseigne de tout l'article. Et puis : « Qui dispense la réputation, qui donne la vénération aux personnes, aux ouvrages, aux grands, sinon l'opinion?... » « L'opinion dispose de tout... » Une réflexion très-attentive pourrait bien soupçonner quelque méprise. Car enfin, comment peut-on dire que c'est l'opinion qui dispense la réputation? L'effet ressemble un peu trop à la cause : la réputation c'est l'opinion même; et la phrase a bien l'air d'une tautologie. Mais j'en parle fort à mon aise, car je vois le dessous des cartes. J'ai le manuscrit, je possède l'original, et je reconnais facilement l'infidélité de la copie. Mais, quand on n'est pas averti, il faudrait une sagacité merveilleuse pour soupçonner ici la moindre erreur. Aussi tout le monde s'y est trompé. Et, comme Pascal fait mention du livre italien, *Dell' opinione regina del mondo*, on a cité cent fois tout ce paragraphe et tous ceux qui en dépendent comme traitant de l'opinion. Cependant il n'en est rien : le vrai sujet est semblable à celui-là, mais il n'est pas celui-là. Quel est-il? C'est l'imagination. Pascal le dit lui-même; il a mis lui-même un titre à tout ce morceau; ce titre est *Imagination*; et voici la vraie première phrase (Msc. p. 361-362): « C'est cette partie dominante de l'homme, cette maîtresse d'erreur et de fausseté, et d'autant plus fourbe qu'elle ne l'est pas toujours, etc. » Pour accommoder cette phrase à l'opinion il a fallu la changer et supprimer ce premier membre de phrase : « C'est cette partie dominante de l'homme... » Plus bas : « Qui dispense la réputation, qui donne le respect et la vénération aux personnes, aux ouvrages, *aux lois*, aux grands, sinon *cette faculté imaginante?* » Enfin : « *L'imagination* dispose de tout. » Dès qu'il s'agit de l'imagination et non pas de l'opinion, tous les autres paragraphes s'éclaircissent; on comprend le charme des nouveautés, car la nouveauté s'adresse à l'imagination; il est bien certain que le plus grand homme du monde, si la moindre distraction trouble son imagination, ne peut plus suivre son raisonnement, et le plus grand philosophe, sur une planche plus large qu'il ne faut pour y marcher en sûreté, tremble en se représentant par l'imagination l'abîme qui est au-dessous. Il y avait, dans l'original, bien des expressions qui ne se peuvent rapporter qu'à l'imagination : *partie dominante de l'homme, faculté*, etc. Port-Royal les a adoucies ou supprimées. Il a retranché aussi, ce qui est plus grave, trois ou quatre paragraphes où Pascal représente les magistrats et les médecins s'appliquant à faire impression sur l'imagination des hommes avec leurs bonnets et avec leurs robes, faute de posséder la vraie justice et la vraie science. C'est Desmolets qui depuis a publié ces paragraphes. A la fin Pascal a mis cette note : « Il faut commencer par là le chapitre des puissances trompeuses. » Sans doute, au milieu de tout cela, l'opinion est souvent prise à partie; Port-Royal a cru qu'elle était sur le premier plan. Il n'a pas compris la véritable pensée de Pascal. L'opinion n'est qu'une puissance extérieure, à laquelle on peut résister avec du courage et une certaine force de caractère : mais l'imagination est une puissance bien autrement trompeuse et bien autrement redoutable, puisqu'elle a son siége en nous-même. C'est l'ennemi domestique du philosophe. Pascal ni Malebranche ne pouvaient s'y tromper : mais Port-Royal qui n'était pas assez tourmenté par l'imagination pour se révolter contre elle, a pris un ennemi pour un autre; il a mis le sien à la place de celui de Pascal.

Ce n'est pas là, selon nous, une altération légère; car elle donne le change sur le vrai caractère d'un morceau très-important. En voici une autre qui, à proprement parler, n'est pas moins qu'un contresens, ou plutôt même un non-sens, qu'il est absolument impossible de mettre sur le compte de Nicole et d'Arnauld.

Le dessein de Pascal, dans sa nouvelle apologie, était de montrer que le christianisme est aimable, et, une fois ce grand point gagné, d'établir qu'il est aussi vrai qu'aucune chose au monde : il voulait l'insinuer en quelque sorte dans la raison par le cœur. Cette pensée est partout dans Pascal. Pour préparer les voies à cette nouvelle apologie, il met en avant une théorie qu'il croit inventer, mais qui est trop vraie pour être nouvelle, à savoir la distinction de deux ordres de vérités, les unes démontrables, les autres indémontrables parce qu'elles sont des vérités premières; les unes qui se prouvent, les autres qui se sentent; celles-ci qui relèvent de la raison, du raisonnement, de l'intelligence, de l'esprit, celles-là qui relèvent du sentiment, de l'instinct, du cœur. Port-Royal lui-même, au chapitre xxxi des Pensées diverses, donne le morceau suivant que je rétablis ici tel qu'il est dans le manuscrit (p. 59) : « Le cœur a son ordre; l'esprit a le sien, qui est par principes et démonstrations. Le cœur en a un autre : on ne prouve pas qu'on doit être aimé en exposant d'ordre les causes de l'amour. Cela seroit ridicule. Jésus-Christ et saint Paul ont bien plus suivi cet ordre du cœur que celui de l'esprit, etc... » Et ailleurs (Msc. p. 8) : « Le cœur a ses raisons que la raison ne connoît pas : on le sent en mille choses. » Cette distinction se trouve même dans le Traité de l'art de persuader; ce qui, à la rigueur, pourrait rattacher ce traité au grand ouvrage de Pascal. « L'esprit et le cœur sont comme les portes par où les vérités sont reçues dans l'âme. » Je trouve encore dans le manuscrit cette ligne isolée, mais profonde, que ni Port-Royal ni Bossut n'ont jugé à propos de recueillir : « instinct et raison, marque de deux natures. »

Quand on est familier avec cette théorie de Pascal, qui est celle de tous les grands philosophes, rien n'est plus clair que le fragment suivant, que Pascal lui-même aurait bien dû ne perdre jamais de vue, quand le scepticisme de Montaigne l'emporte trop loin. (Msc. p. 191.) « Nous connoissons la vérité, non-seulement par la raison, mais encore par le cœur; c'est de cette dernière manière que nous connoissons les premiers principes, et c'est en vain que le raisonnement, qui n'y a point de part, essaye de les combattre. Les pyrrhoniens, qui n'ont que cela pour objet, y travaillent inutilement. Nous savons que nous ne rêvons point, quelque impuissance où nous soyons de le prouver par raison. Cette impuissance ne conclut autre chose que la foiblesse de notre raison, mais non pas l'incertitude de toutes nos connoissances, comme ils le prétendent. Car la connoissance des premiers principes, comme qu'il y a espace, temps, mouvement, nombres, est aussi ferme qu'aucune de celles que nos raisonnements nous donnent; et c'est sur ces connoissances du cœur et de l'instinct qu'il faut que la raison s'appuie, et qu'elle y fonde tout son discours. Le cœur sent qu'il y a trois dimensions dans l'espace et que les nombres sont infinis, et la raison démontre ensuite qu'il n'y a point deux nombres carrés dont l'un soit double de l'autre. Les principes se sentent; les propositions se concluent, et le tout avec certitude, quoique par différentes voies. Et il est aussi inutile et aussi ridicule que la raison demande au cœur des preuves de ses premiers principes pour vouloir y consentir, qu'il seroit ridicule que le cœur demandât à la raison un sentiment de toutes les propositions qu'elle démontre pour vouloir les recevoir. »

Voici maintenant comment Port-Royal, je veux dire le duc de Roannez, a défiguré et travesti la pensée de Pascal. (P.-R. ch. xxi; B. 2ᵉ part. I, 1.) Au lieu de ces mots : « Nous connoissons la vérité non-seulement par la raison, mais encore par le cœur, » le duc de Roannez a mis : « non-seulement par *raisonnement*, mais aussi *par sentiment et par une intelligence vive et lumineuse.* » Mais ce que Pascal veut établir est précisément l'opposition de l'intelligence et du sentiment. Ce contresens est plus visible encore dans ce qui suit.

Pascal : « C'est sur ces connoissances du cœur et de l'instinct qu'il faut que la raison s'appuie, etc...» Le duc de Roannez corrige les mots de cœur et d'instinct, et y substitue ceux d'*intelligence* et de *sentiment*. Mais encore une fois quelle opposition y a-t-il, même grammaticalement, entre la raison et l'intelligence?

Pascal, pour mieux marquer sa pensée, force un peu le langage et dit : « Le cœur sent qu'il y a trois dimensions dans l'espace et que les nombres sont infinis. » Le duc de Roannez : « *Je sens* qu'il y a, etc. »

Pascal : « Il est aussi inutile et aussi ridicule que la raison demande au cœur des preuves de ses premiers principes, pour vouloir y consentir, qu'il seroit ridicule que le cœur demandât à la raison un sentiment de toutes les propositions qu'elle démontre pour vouloir les recevoir. » Le duc de Roannez supprime ces mots importants : « *Il est aussi inutile,* » et laisse seulement : il est aussi ridicule; et change ainsi le reste : « Il est aussi ridicule que la raison demande au sentiment et à l'intelligence des preuves de *ces* premiers principes pour y consentir, qu'il seroit ridicule que l'intelligence demandât à la raison un sentiment de toutes les propositions qu'elle démontre. » Il ne fallait retrancher ni *pour vouloir les recevoir*, ni, plus haut, pour *vouloir* y consentir; ce qui marque que la volonté n'est point ici de mise. Il n'est pas non plus question de *ces* premiers principes, mais des premiers principes du cœur, car le cœur a aussi *ses* principes. Mais je demande s'il est possible d'attacher quelque sens à cette phrase : « Il seroit ridicule que *l'intelligence* demandât à la *raison* un sentiment..... » Je répète que je n'impute point de pareilles absurdités à Arnauld et à Nicole.

Mais ce qu'il est permis de leur imputer, sans leur en faire un reproche, c'est l'adoucissement et souvent même la suppression absolue d'une foule de passages qui se rapportent aux querelles du temps et aux Jésuites. Pascal, comme l'atteste Marguerite Périer, loin de se repentir d'avoir fait les Provinciales, est mort en déclarant que, s'il avait à les refaire, il les ferait plus fortes. Dans une lettre que nous avons publiée, à Mlle de Roannez, il appelle les maximes des jésuites « *les maudites maximes.* » Enfin c'est bien dans le manuscrit (p. 99-100), au milieu d'autres pensées du même genre, que Condorcet a recueilli ces paroles qui attestent la conviction obstinée de Pascal, et le sentiment triomphant de la justice de sa cause, sous le feu d'une persécution implacable :

« J'ai craint que je n'eusse mal écrit, me voyant condamné ; mais l'exemple de tant de pieux écrits me fait croire au contraire. Il n'est plus permis de bien écrire.

« Toute l'inquisition est corrompue ou ignorante. Il est meilleur d'obéir à Dieu qu'aux hommes. . . . .

« Si mes lettres sont condamnées à Rome, ce que j'y condamne est condamné dans le ciel.

« L'inquisition et la Société sont les deux fléaux de la vérité. »

Bossut a conservé cette grande protestation ; mais, par une inconséquence inexplicable, il n'a pas osé mettre au jour bien des passages semblables, et il a altéré tous ceux qu'il a publiés. Notre devoir est de rétablir l'intégrité de ces fragments mutilés et défigurés par la prudence forcée de Port-Royal et la pusillanimité gratuite de Bossut.

On trouve dans Port-Royal bien des pensées générales qui, dans Pascal, sont particulièrement dirigées contre les jésuites. Chapitre XXVIII, *Pensées chrétiennes* : « Toutes les religions et toutes les sectes du monde ont eu la raison naturelle pour guide. Les seuls chrétiens ont été astreints à prendre leurs règles hors d'eux-mêmes et à s'informer de celles que J.-C. a laissées aux anciens pour nous être transmises. Il y a des gens que cette contrainte lasse. Ils veulent avoir comme les autres peuples la liberté de suivre leurs imaginations. » Au lieu des mots : « Il y a des gens..... »

Pascal avait mis (Msc. p. 451) : « Cette contrainte lasse ces bons pères. Ils veulent avoir etc. »

Port-Royal, chapitre XII, *figures* : « La synagogue ne périssoit point parce qu'elle étoit la figure de l'Église; mais parce qu'elle n'étoit que la figure, elle est tombée dans la servitude. La figure a subsisté jusqu'à la vérité, afin que l'Église fût toujours visible ou dans la peinture qui la promettoit ou dans l'effet. » Au lieu de ce style médiocre et émoussé, voici le texte authentique de Pascal (Msc. p. 451) : « *Ezéchias :* La synagogue étoit la figure et ainsi ne périssoit point, et n'étoit que la figure et ainsi est périe; c'étoit une figure qui contenoit la vérité; et ainsi elle a subsisté jusqu'à ce qu'elle n'a plus eu la vérité.

« Mes révérends pères tout cela se passoit en figures : les autres religions périssent, celle-là ne périt point. »

On voit ici comment ont été composées plusieurs des Pensées. Pascal lisant l'Écriture sainte, en tirait une réflexion qui pouvait servir à son Apologie du christianisme : il mettait donc par écrit cette réflexion; en même temps, comme il était pénétré d'une profonde indignation contre la corruption des saintes Écritures par les jésuites, son âme lui échappait, et il laissait éclater son indignation même au milieu d'une note de quelques lignes.

Ouvrez le manuscrit, vous y rencontrerez une foule de pensées sous ces titres : Casuistes, Probable, Probabilité, Pape, etc. Port-Royal supprime et ces titres et ces pensées; ou, s'il en garde quelques-unes, il leur enlève leur caractère particulier, et les présente sous une forme générale et abstraite, qui masque la vraie pensée de Pascal et ne laisse pas même toujours paraître une pensée bien déterminée.

Port-Royal, chapitre x, *Juifs* : « La religion juive doit donc être regardée différemment dans la tradition de leurs saints et dans la tradition du peuple, etc. » Il m'est impossible de comprendre ce que c'est que les saints du peuple juif, expression qui pourtant revient encore une fois dans ce même passage. J'ai donc recours au manuscrit, et j'y trouve cette phrase inintelligible (Msc. p. 55). Mais elle n'est pas de la main de Pascal : elle aura été écrite sous sa dictée, ou recopiée sur un premier brouillon qui n'est plus. A côté et en marge est une note de la main même de Pascal. Dans le morceau d'une écriture étrangère, il y avait, en effet, *de leurs saints*, ce qui n'a pas de sens; mais une autre main a corrigé : *des livres saints*, correction qui éclaircit tout, car rien n'est plus simple que la différence d'une religion dans les livres sacrés qui la conservent pure et dans la tradition du peuple où elle s'altère sans cesse. Voici de plus la note marginale de Pascal : « Et toute religion est de même ; car la chrétienne est bien différente dans les livres saints et dans les casuistes. » Port-Royal a supprimé ce dernier trait ; il aurait pu, du moins, en lisant parfaitement écrits de la main de Pascal ces mots *dans les livres saints*, éviter l'incroyable faute dans laquelle il est tombé.

C'est surtout à l'occasion du miracle de la sainte épine que Pascal, qui se trouvait honoré personnellement dans un miracle accompli sur sa nièce [1], s'élève contre les jésuites, que ce miracle devait confondre et qui le niaient et s'en moquaient. A tout moment Pascal quitte sa thèse générale de l'importance des miracles, pour se retourner contre les jésuites. Port-Royal, de peur de s'y blesser, ose à peine toucher aux pensées les plus générales, que nous devons en grande partie à l'évêque de Montpellier et à Desmolets. Le chapitre XXVII° de Port-Royal sur les miracles, s'il eût contenu toutes les pensées de Pascal sur ce sujet, aurait été bien autrement étendu et bien autrement remarquable. Port-Royal supprime les pen-

[1] Marguerite Périer, l'auteur des Mémoires.

sées les plus hardies, et il affaiblit toutes celles qu'il donne.

Port-Royal (ch. xxvii) : « Les miracles ont servi à la fondation et serviront à la continuation de l'Eglise, jusqu'à l'Ante-Christ, jusqu'à la fin, etc... » Dans Pascal, cette phrase était une réponse aux jésuites qui, pour diminuer l'effet du miracle de la sainte épine, avaient semblé médiocrement touchés de l'importance des miracles au xviie siècle. Pascal s'adresse à eux et leur dit (Msc. p. 451): « Les miracles sont plus importants que vous ne pensez : ils ont servi à la fondation etc... »

En 1779 Bossut crut enfin pouvoir publier impunément bien des morceaux où, à propos des miracles ou même en toute autre occasion, Pascal attaque la morale et les opinions relâchées des jésuites. Mais partout Bossut opère sur les fragments nouveaux qu'il publie, comme Port-Royal sur ceux qu'il a mis au jour. Quelquefois il retranche des parties plus ou moins considérables de ces fragments; il change l'ordre de ceux qu'il conserve, il en émousse les traits les plus incisifs, il en altère perpétuellement le langage.

Pascal, s'adressant aux jésuites qui, pour décrier le miracle de la sainte épine, détruisaient toutes les règles établies pour le discernement des vrais et des faux miracles (Msc. p. 402) : « Juges injustes, ne faites pas des lois sur l'heure. Jugez par celles qui sont établies, et établies par vous-mêmes. *Væ qui conditis leges iniquas.* Pour affoiblir vos adversaires, vous désarmez toute l'Eglise. » Bossut fait ici deux fautes : d'abord il fait précéder cette apostrophe : « Juges injustes etc. » par deux lignes qui ne sont pas de Pascal, et qui sont destinées à rattacher ce morceau à un morceau tout différent (B. 2ᵉ part. XVI, 10). Puis il transporte cette dernière phrase « Pour affoiblir *vos* adversaires etc. » dans un autre endroit, qui précède de plusieurs pages (*Ibid.* XVI, 9) : « *Ainsi*, pour affoiblir *leurs* adversaires, ils désarment l'Église etc. »

Pascal (Msc. p. 451) : « Injustes persécuteurs de ceux que Dieu protége visiblement! S'ils nous reprochent nos excès, ils parlent comme les hérétiques. S'ils disent que la grâce de J.-C. nous discerne, ils sont hérétiques. S'il se fait des miracles, c'est la marque de l'hérésie. » Et ailleurs (Msc. p. 402) : « S'ils disent que notre salut dépend de Dieu, ce sont des hérétiques. S'ils disent qu'ils sont soumis au pape, c'est une hypocrisie. S'ils sont prêts à souscrire toutes ses constitutions, cela ne suffit pas. S'ils disent qu'il ne faut pas tuer pour une pomme, ils combattent la morale des catholiques. S'il se fait des miracles parmi eux, ce n'est pas une marque de sainteté, et c'est, au contraire, un soupçon d'hérésie. »

De ces deux morceaux différents, Bossut en compose un seul, supprimant ce début « Injustes persécuteurs etc. », resserrant à son gré ou développant l'argumentation; et, au lieu de deux fragments pleins de vie, il a fait ce paragraphe languissant : « Les jésuites.... *n'ont pas laissé néanmoins d'en tirer cette conclusion, car ils concluent de tout que leurs adversaires sont hérétiques.* S'ils *leur* reprochent *leurs* excès, *ils disent* qu'ils parlent comme des hérétiques. S'ils disent que la grâce de Jésus nous discerne, *et* que notre salut dépend de Dieu, *c'est le langage des* hérétiques. S'ils disent qu'ils sont soumis au pape : *c'est ainsi,* disent-ils, que les hérétiques *se cachent et se déguisent.* S'ils disent qu'il ne faut pas tuer pour une pomme, ils combattent, *disent les jésuites,* la morale des catholiques. *Enfin,* s'il se fait des miracles parmi eux, ce n'est pas une marque de sainteté, c'est, au contraire, un soupçon d'hérésie. »

Quelquefois Bossut, en supprimant un seul trait, énerve toute l'argumentation. Dans le § 9 de l'article XVI, on lit cette défense de Port-Royal: « Ce lieu qu'on dit être le temple du diable, Dieu en fait son temple; on dit qu'il faut en ôter les enfants; on dit que c'est l'arsenal de l'enfer, Dieu en a fait le sanctuaire de ses grâces.... » Il est évident que la phrase est défectueuse, et qu'à cette objection « On dit qu'il faut en ôter les enfants » une réponse est nécessaire, comme il y a des réponses à l'objection qui précède et à celle qui suit. Cette réponse nécessaire est dans Pascal (Msc. p. 463): « On dit qu'il en faut ôter les enfants, *Dieu les y guérit.* » Nouvelle allusion au miracle de la sainte épine et à la guérison de Marguerite Périer.

Si je n'avais pas montré cent fois que Bossut affaiblit le style de Pascal, je citerais cet exemple. Pascal (Msc. p. 471): « Ce n'est point ici le pays de la vérité; elle *erre* inconnue parmi les hommes...» Bossut (l. l.): « Elle *est* inconnue parmi les hommes. » Mais il ne s'agit plus d'altérations de mots; il s'agit d'altérations tout autrement graves, et qui tombent sur la pensée même.

Bossut est le premier qui ait donné ce paragraphe sur l'utilité, la nécessité même des miracles dans un temps où la vérité est persécutée et n'a plus d'asile (l. 1, § 10). « Mais, disent-ils, les miracles ne sont plus nécessaires, à cause qu'on en a déjà; et ainsi ils ne sont plus des preuves de la vérité de la doctrine. Qui; mais quand on n'écoute plus la tradition, qu'on a surpris le peuple, et qu'ayant ainsi exclu la vraie source de la vérité etc... » Que fait ici le peuple? Pascal dit (Msc. p. 449): le pape : « Quand on n'écoute plus la tradition, quand *on ne propose plus que le pape*, quand on l'a surpris, et qu'ainsi, etc.... »

Bossut, d'après Desmolets (2ᵉ part. XVII, 76) : « Les opinions relâchées plaisent tant aux hommes naturellement, qu'il est étrange qu'elles leur déplaisent. C'est qu'ils ont excédé toutes les bornes etc.... » Ceci est inintelligible : si les opinions relâchées plaisent tant aux hommes, il est plus qu'étrange, il répugne qu'elles leur déplaisent. Et puis, qui a excédé toutes les bornes? A qui se rapporte cet *ils?* Dans Pascal tout se rapporte directement aux jésuites. Ce passage est intitulé *Montalte*, pour marquer que c'est ici comme une suite des Provinciales. (Msc. pag. 429) « Les opinions relâchées plaisent tant aux hommes naturellement, qu'il est étrange que *les leurs* déplaisent. C'est qu'ils ont excédé toute borne.... »

Bossut, dans le même paragraphe, toujours d'après Desmolets : « Il est ridicule de dire qu'une récompense éternelle est offerte à des mœurs licencieuses. » Pascal : « à des mœurs *escobartines.* »

Je ne trouve guère dans tout Bossut sur le probabilisme qu'une ou deux pensées du Supplément, par exemple, les §§ xi et xii; il y en a beaucoup plus dans Pascal. Il en est de même des casuistes. Ils sont sans cesse attaqués dans le manuscrit, et presque jamais dans Bossut. Mais ce n'est pas ici le lieu de restituer les passages omis par Bossut [1]; nous n'en sommes encore qu'à signaler les altérations qu'il a fait subir aux pensées qu'il a publiées. Cependant, quand on a conservé le paragraphe 77 de l'article xvii, donné par Condorcet, toute suppression ressemble fort à une précaution inutile. Ce paragraphe est bien énergique; il l'est encore plus dans le manuscrit. Il y est aussi beaucoup plus étendu. Bossut n'a pas complété Condorcet; quelquefois même il l'a abrégé et adouci. Malheureusement ce passage est presque illisible dans l'autographe. Nous en donnons ce que nous avons pu déchiffrer.

Msc. p. 99-100. « S'ils ne renoncent à la probabilité, leurs bonnes maximes sont aussi peu saintes que les méchantes. Car elles sont fondées sur l'autorité humaine; et ainsi, si elles sont plus justes, ils seront plus raisonnables, mais non pas plus saints. Elles tiennent de la tige sauvage sur quoi elles sont entées.

---

[1] Voyez la IIIe partie de ce rapport.

« Si ce que je dis ne sert à vous éclairer, il servira au peuple.

« Si ceux-là se taisent, les pierres parleront[1].

« Le silence est la plus grande persécution. Jamais les saints ne se sont tus. Il est vrai qu'il faut vocation; mais ce n'est pas des arrêts du conseil qu'il faut apprendre si on est appelé, c'est de la nécessité de parler[2].

« Or, après que Rome a parlé, et qu'on pense qu'elle a condamné la vérité... et que les livres qui ont dit le contraire sont censurés, il faut crier d'autant plus haut qu'on est censuré plus injustement, et qu'on veut étouffer la parole plus violemment; jusqu'à ce que vienne un pape qui écoute les deux parties, et qui consulte l'antiquité pour faire justice[3].

. . . .

« L'inquisition et la Société, les deux fléaux de la vérité[4].

« Que ne les accusez-vous d'arianisme? Car s'ils ont dit que J.-C. est Dieu, peut-être ils l'entendent

---

[1] Ces trois paragraphes ne sont ni dans Condorcet ni dans Bossut.

[2] Ce paragraphe est dans Condorcet et dans Bossut.

[3] Ce paragraphe manque dans Condorcet et dans Bossut.

[4] Dans Condorcet et dans Bossut.

non par nature, mais comme il est dit : *Dii estis*[1].

« Si mes lettres sont condamnées à Rome, ce qu'elles condamnent est condamné dans le ciel[2].

« Ad tuum, Domine Jesu, tribunal appello[3].

. . . .

« J'ai craint que je n'eusse mal écrit, me voyant condamné ; mais l'exemple de tant de pieux écrits me fait croire au contraire : il n'est plus permis de bien écrire.

« Toute l'inquisition est corrompue ou ignorante.

« Il est meilleur d'obéir à Dieu qu'aux hommes[4].

« Je ne crains rien, je n'espère rien. Les évêques ne font pas ainsi. Le Port-Royal craint, et c'est une mauvaise politique de les séparer ; car ils ne craindront plus et se feront plus craindre[5].

« Je ne crains pas... vos censures particulières, si elles ne sont fondées sur... la tradition.

« Car qui êtes-vous tous[6]? . . . .

. . . . »

---

[1] Ni dans Condorcet ni dans Bossut.
[2] Dans Condorcet et dans Bossut.
[3] Ni dans Condorcet ni dans Bossut.
[4] Ces trois paragraphes sont dans Condorcet et dans Bossut.
[5] Ce paragraphe est dans Condorcet. Bossut en a retranché ; *Les évêques ne font pas ainsi.*
[6] Ces deux derniers paragraphes sont à peu près illisibles dans le manuscrit.

Ainsi Port-Royal retranche entièrement, et Bossut ne publie qu'imparfaitement les pensées qui font connaître un des côtés les plus grands de l'âme de Pascal, cette altière obstination qui résista à la fois aux persécutions du pouvoir civil et aux foudres du saint-siége. Nous allons voir maintenant et Port-Royal et Bossut affaiblir et voiler, autant qu'il sera en eux, non plus un des côtés, mais le fond même de l'âme de Pascal, je veux dire ce scepticisme universel contre lequel il ne trouve d'asile que dans une foi volontairement aveugle.

En effet, Pascal est sceptique en philosophie. Otez la révélation, et Pascal serait un disciple de Montaigne. Géomètre, physicien, homme du monde[1], il n'avait d'études régulières et appro-

---

[1] Il l'avait été beaucoup plus qu'on ne le sait ordinairement. *Recueil*, p. 257 : «Comme on lui avoit interdit toute étude, il s'étoit engagé insensiblement à revoir le monde, à jouer et à se divertir pour passer le temps. Au commencement cela étoit modéré ; mais enfin il se livra tout entier à la vanité, à l'inutilité, au plaisir et à l'amusement, sans se laisser aller cependant à aucun déréglement. La mort de M. son père (en 1651) ne lui donna que plus de facilité et de moyens pour continuer ce train de vie. Mais lorsqu'il étoit le plus près de prendre des engagements avec le monde, de se marier ou d'acheter une charge, Dieu le toucha une seconde fois (en 1654)... ». Dans l'aventure du pont de Neuilli, il étoit, dit le Recueil, « en un carrosse à quatre ou six chevaux ». *Ibid.* Voyez une lettre importante de Jacqueline Pascal, déjà sœur Euphémie, du 25 janvier 1655, à sa sœur Mme Perrier, sur les

fondies ni en philosophie ni en théologie. Il n'y songea sérieusement qu'assez tard, sous une impression terrible; et, égaré par sa rigueur même, par les habitudes de l'esprit géométrique, comme aussi par cette *humeur bouillante* qu'il portait en toutes choses, il s'élança d'abord à l'extrémité du doute et à l'extrémité de la foi. Confondant le raisonnement et la raison, ne se souvenant plus qu'il a lui-même judicieusement distingué des vérités premières et indémontrables que nous découvre cette intuition spontanée de la raison qu'on peut aussi appeler avec lui l'instinct, le sentiment,

---

commencements de la seconde conversion de leur frère. « Environ vers la fin de septembre dernier, il me vint voir; et à cette visite, il s'ouvrit à moi d'une manière qui me fit pitié, en avouant qu'au milieu de ses occupations qui étoient grandes, et parmi toutes les choses qui pouvoient contribuer à lui faire aimer le monde et auxquelles on avoit raison de le croire fort attaché, il étoit de telle sorte sollicité à quitter tout cela, et par une aversion extrême qu'il avoit des folies et des amusements du monde et par le continuel reproche que lui faisoit sa conscience, qu'il se trouvoit détaché de toutes choses.... mais que d'ailleurs il étoit dans un si grand abandonnement du côté de Dieu qu'il ne sentoit aucun attrait.... que.... s'il avoit les mêmes sentiments de Dieu qu'autrefois, il se croiroit en état de pouvoir tout entreprendre, et qu'il falloit qu'il eût eu en ce temps d'horribles attaches pour résister aux grâces que Dieu lui faisoit... » Autre lettre de Jacqueline à Pascal lui-même du 19 janvier de la même année. « .... Il me paroît que vous aviez mérité en bien des manières d'être encore quelque temps importuné de la senteur du bourbier que vous aviez embrassé avec tant d'empressement.... »

le cœur, et des vérités qui se déduisent de celles-là par voie de raisonnement, ou qui se tirent de l'expérience par induction, oubliant qu'ainsi il a lui-même répondu d'avance à toutes les attaques du scepticisme, Pascal interroge avec l'expérience et le raisonnement tous les principes, et par là il les ébranle tous, sans beaucoup d'effort : transportant mal à propos dans la philosophie la méthode des physiciens et des géomètres, sans partir, comme eux, de faits ou de principes certains par eux-mêmes, voulant tout prouver, il ne trouve à rien des preuves suffisantes, et arrive à l'incertitude de toutes choses; qu'il n'y a en soi ni vrai ni faux, ni bien ni mal, ni juste ni injuste; que les degrés de latitude font toute la jurisprudence; que la propriété n'est qu'une convention; qu'il n'y a d'autre nature des choses que la coutume, et qu'enfin la raison, réduite à ses seules forces, est incapable de s'élever à l'idée de l'existence de Dieu et de l'immortalité de l'âme. Encore une fois, ôtez la révélation, et Pascal c'est Montaigne, et Montaigne réduit en système. Sa métaphysique, si tant est qu'il en ait une, sa morale et sa politique sont celles de la fin du xvie siècle et du commencement du xviie, en Italie, en France, et dans toute l'Europe, avant que Descartes fût venu tout renouveler et tout raffermir. On ne sait, on ne peut savoir quels services a rendus Descartes, qu'après avoir sondé longtemps le vide qu'avait laissé dans les esprits et dans les âmes la chute de la scholastique, c'est-à-dire de la philosophie chrétienne, et reconnu la vanité des efforts qu'avait faits d'abord l'esprit humain pour combler ce vide par des systèmes plus ou moins empruntés à l'antiquité, conceptions artificielles, pleines d'esprit et d'imagination, mais sans vrai génie, qui se dissipaient d'elles-mêmes à mesure qu'elles paraissaient, et conduisirent promptement du premier enthousiasme et des espérances chimériques de la raison émancipée à l'excès contraire, au sentiment exagéré de sa faiblesse[1]. Le scepticisme dominait en France quand Descartes parut et entreprit de triompher du doute en l'acceptant d'abord, pour le forcer à rendre la certitude qu'il contient à son insu : car douter, c'est penser encore, c'est donc savoir et c'est croire qu'on pense, et qu'on est par conséquent. C'est Descartes qui a restitué à la pensée la conscience de son droit et de sa force, et lui a enseigné qu'elle porte avec elle et sa propre lumière et celle qui éclaire l'existence entière,

---

[1] Voyez, sur la philosophie de la Renaissance, la dixième leçon du t. Ier de l'Histoire de la philosophie au XVIIIe siècle, 2e édit. p. 355-398, et dans les Fragments philosophiques, 4e édit., le vol. III, consacré à la scholastique, p. 80-82.

notre âme spirituelle, Dieu et l'univers[1]. Descartes, en arrachant l'esprit humain au scepticisme, premier fruit de la liberté naissante, ferma sans retour l'ère de la scholastique et ouvrit celle de la philosophie moderne. Les libres penseurs du xvie siècle n'avaient été que des révolutionnaires ; Descartes a été, de plus, un législateur. La législation qu'il a donnée à la philosophie n'est point un système ; c'est mieux que cela, c'est une méthode et une direction immortelle. Peu à peu cette méthode et cette direction, pénétrant dans les esprits, les relevèrent de leur abattement, ranimèrent la confiance de la raison en elle-même sans la jeter de nouveau dans une présomption toujours punie, et produisirent bientôt, secondée par la persécution même[2], cette sobre et forte philosophie du xviie siècle, libre et réservée, fidèle à la raison et respectueuse envers la foi, qui compte pour disciples et pour interprètes les génies les plus différents, Arnauld et Malebranche, Fénelon et Bossuet, Port-Royal et l'Oratoire, Saint-Sulpice et tout le clergé français, excepté les jésuites ; notre vraie philosophie nationale, si on peut parler de nationalité en philosophie, celle du moins que nul souffle étranger

---

[1] *Histoire de la philosophie du* xviiie *siècle*, t. I, leçon xie, p. 420.

[2] *Fragm. philosop.*, t. II. *De la persécution du cartésianisme.*

ne nous a apportée et que l'Europe entière nous a empruntée, dont un côté exagéré a produit Spinoza, un autre Locke, un autre encore Berkeley, et qui, développée selon son vrai génie, a servi de fondement à la Théodicée de Leibnitz.

Pascal avait un peu goûté de cette grande philosophie; il n'en avait pas été pénétré. Il était presque formé avant qu'elle fût devenue la philosophie du siècle, et il avait été formé à une toute autre école, celle précisément qu'était venu renverser Descartes. Montaigne était son véritable maître avant celui qui lui parla du haut de la croix.

Le philosophe, dans Pascal, interrogeant mal la raison, n'en obtient que des réponses incertaines; et, incapable de s'y arrêter, il se précipite dans tous les abîmes du scepticisme. Mais l'homme, dans Pascal, ne se résigne point au scepticisme du philosophe. Sa raison ne peut pas croire; mais son cœur a besoin de croire. Il a besoin de croire à un Dieu, non pas à un Dieu abstrait, principe hypothétique des nombres et du mouvement, mais à un Dieu vivant qui a fait l'homme à son image, et qui puisse le recueillir après cette courte vie. Pascal a horreur de la mort comme de l'entrée du néant; il cherche un asile contre la mort de toute la puissance de son âme, de toute la faiblesse de sa raison désarmée. Pascal veut croire à Dieu, à une autre vie, et, ne le pouvant pas avec sa mauvaise philosophie, faute d'en posséder une meilleure et d'avoir suffisamment étudié et compris Descartes, il rejette toute philosophie, renonce à la raison et s'adresse à la religion. Mais sa religion n'est pas le christianisme des Arnauld et des Malebranche, des Fénelon et des Bossuet, fruit solide et doux de l'alliance de la raison et du cœur dans une âme bien faite et sagement cultivée : c'est un fruit amer, éclos dans la région désolée du doute, sous le souffle aride du désespoir. Pascal a voulu croire, et il a fait tout ce qu'il était nécessaire de faire pour finir par croire. Les difficultés qu'il rencontrait, sa raison ne les a pas surmontées, mais sa volonté les a écartées. Ne les lui rappelez pas, il les connaît mieux que vous; sa dernière, sa vraie réponse est qu'il ne veut pas du néant, et que la folie de la croix est encore son meilleur asile. Pascal a donc fini par croire; mais, comme il n'y est parvenu qu'en dépit de la raison, il ne s'y soutient qu'en redoublant de soins contre la raison, par de pénibles et continuels sacrifices, par la mortification de la chair, surtout par celle de l'esprit; c'est là la foi inquiète et malheureuse que Pascal entreprend de communiquer à ses semblables. Il ne se proposait point de s'adresser à la raison, sinon pour l'humilier et pour l'abattre, mais au cœur pour l'épouvanter et le charmer tout ensemble, à la volonté pour agir sur elle par tous les motifs connus qui la déterminent, la vérité en soi exceptée. Une telle apologie du christianisme eût été un monument tout particulier, qui aurait eu pour vestibule le scepticisme, et pour sanctuaire une foi sombre et mal sûre d'elle-même. Un pareil monument eût peut-être convenu à un siècle malade tel que le nôtre; il eût pu attirer et recevoir Byron converti, Faust ou Manfred, des hommes longtemps en proie aux horreurs du doute et voulant s'en délivrer à tout prix. Mais les esprits calmes et réglés du xviie siècle n'auraient su que faire d'un semblable ouvrage. Pour eux, la religion était le couronnement de la philosophie, la foi le développement le plus légitime de la raison vivifiée et éclairée par le sentiment. Le scepticisme de Pascal leur eût été un scandale plutôt qu'une leçon. Aujourd'hui même, les Pensées sont peut-être plus dangereuses qu'utiles; elles répandent l'aversion de la philosophie bien plus que le goût de la religion; elles ravagent l'âme plus qu'elles ne l'éclairent et ne la pacifient; et la foi qu'elles inspirent, fille de la peur plutôt que de l'amour, est inquiète et agitée comme celle de ce sublime et infortuné génie.

Il n'est donc pas surprenant que des hommes tels qu'Arnauld et Nicole, qui voulaient faire des Pensées un livre édifiant, n'aient pas consenti à les publier telles qu'ils les trouvaient ; mais c'est ici notre devoir d'éditeur fidèle de rétablir le caractère original de l'ouvrage sur lequel nous travaillons, d'ôter au scepticisme et à la religion de Pascal leurs derniers voiles, et cela avec d'autant moins de scrupules que le scepticisme de Pascal est, à nos yeux, une erreur qui veut être démasquée et combattue, et la foi par laquelle il entreprend de le corriger, un autre excès, un remède extrême, presque aussi funeste que le mal qu'il prétend guérir, qu'il ne guérit point, qu'il envenime au contraire, et rend plus tard incurable à tous les efforts d'une philosophie généreuse et du vrai christianisme[1].

---

[1] Il y a douze ans j'exprimais déjà la même opinion sur le caractère de la philosophie et de la religion de Pascal, dans la XIIe leçon de l'Histoire de la philosophie du XVIIIe siècle, t. I, p. 443, 2e édit. « Partout nous avons vu la philosophie sortir du sein de la théologie... Or il était impossible que la théologie vît sans ombrage s'élever à côté d'elle une philosophie indépendante ; et la théologie dut s'affliger d'autant plus de voir l'esprit humain lui échapper qu'elle le vit faire quelquefois un assez triste essai de ses forces. Aussi, à très-bonne intention, la théologie entreprit-elle (et elle en avait le droit et le devoir) de ramener l'esprit humain au sentiment de sa faiblesse. Elle le servait par là ; car il est de la plus grande importance de rappeler sans cesse au dogmatisme que sa base après tout est la raison humaine et

Tout le monde a bien vu que plusieurs pensées de Pascal étaient des pensées de Montaigne, tantôt fidèlement reproduites, tantôt citées de mémoire, abrégées ou développées ; mais on a quelquefois

que la raison humaine a ses limites. Mais si la théologie sert encore l'esprit humain en lui rappelant sa faiblesse, il faut comprendre que ce service n'est pas tout à fait désintéressé, et que le but secret ou avoué, mais naturel et nécessaire de la théologie, est de ramener l'esprit humain du sentiment de sa faiblesse, en exagérant un peu ce sentiment, à la foi ancienne, à l'ancienne autorité, de laquelle était sortie la philosophie.

En effet, au XVIIe siècle, à peine la philosophie indépendante avait-elle produit quelques essais de dogmatisme idéaliste et empirique, qu'aussitôt la théologie, s'autorisant des fautes où déjà était tombée la philosophie, s'est empressée de lui mettre sous les yeux le tableau de ses erreurs, afin de la dégoûter de l'indépendance et de la ramener à la foi. Et il faut que cet artifice ait alors été bien souvent employé en Europe ; car le secret en fut connu bien vite. Dès 1692, ce feint scepticisme est démasqué et combattu dans un livre dont le titre est bien remarquable, *Pyrrhonismus pontificius* (par Fr. Turretini, de Genève ; imprimé à Leyde).

« . . . . Il faut mettre Pascal à la tête de cette classe de sceptiques : en effet, Pascal est incontestablement sceptique dans plusieurs de ses *Pensées ;* et en même temps le but avoué de son livre est un dogmatisme religieux d'une parfaite orthodoxie. Ni ce scepticisme, ni cette orthodoxie n'ont rien de fort remarquable en eux-mêmes. Son scepticisme est celui de Montaigne et de Charron qu'il reproduit souvent dans les mêmes termes : n'y cherchez ni une vue nouvelle, ni un argument nouveau. Il en est à peu près de même de son dogmatisme théologique. Qui donc place si haut Pascal et constitue son originalité ? C'est que tandis que le scepticisme n'est évidemment pour les autres sceptiques dont je viens de vous entretenir qu'un jeu de l'esprit, une combinaison inventée de sang-froid pour faire peur prétendu que c'étaient des objections que Pascal marquait pour y répondre; c'est n'avoir pas compris son dessein et l'esprit de sa nouvelle apologie. Non, ce n'étaient pas là des objections que Pascal

à l'esprit humain de lui-même et le ramener à la foi, il est profondément sérieux dans Pascal. L'incertitude de toutes les opinions n'est pas entre ses mains un épouvantail de luxe; c'est un fantôme, imprudemment évoqué, qui le trouble et le poursuit lui-même. Dans ses *Pensées* il en est une rarement exprimée, mais qui domine et se sent partout, l'idée fixe de la mort. Pascal, un jour, a vu de près la mort sans y être préparé, et il en a eu peur. Il a peur de mourir, il ne veut pas mourir; et, ce parti pris en quelque sorte, il s'adresse à tout ce qui pourra lui garantir le plus sûrement l'immortalité de son âme. C'est pour l'immortalité de l'âme, et pour elle seule, qu'il cherche Dieu; et du premier coup d'œil que ce jeune géomètre, jusque là presque étranger à la philosophie, jette sur les ouvrages des philosophes, il n'y trouve pas un dogmatisme qui satisfasse à ses habitudes géométriques et au besoin qu'il a de croire, et il se jette entre les bras de la foi et de la foi la plus orthodoxe; car celle-là enseigne et promet avec autorité ce que Pascal veut espérer sans crainte. Que cette foi ait aussi ses difficultés, il ne l'ignore pas; et c'est pour cela peut-être qu'il s'y attache davantage comme au seul trésor qui lui reste et qu'il s'applique à grossir de toute espèce d'arguments, bons et mauvais; ici de raisons solides, là de vraisemblances, là même de chimères. Livrée à elle-même, la raison de Pascal inclinerait au scepticisme; mais le scepticisme c'est le néant; et cette horrible idée le rejette dans le dogmatisme, et le dogmatisme le plus impérieux. Ainsi d'un côté une raison sceptique; de l'autre un invincible besoin de croire : de là un scepticisme inquiet, et un dogmatisme qui a aussi des inquiétudes; de là encore, jusque dans l'expression de la pensée, ce caractère mélancolique et pathétique qui joint aux habitudes sévères de l'esprit géométrique, fait du style de Pascal un style unique et d'une beauté supérieure. »

voulait réfuter, mais des arguments contre la raison, qu'il mettait en réserve au profit de sa cause, et qu'au lieu de réfuter il se proposait de développer et de fortifier. Ainsi Pascal, comme tous les sceptiques, comme Montaigne, Charron, La Mothe le Vayer, et avec eux toute l'école sensualiste de tous les pays et de tous les temps, comme ses contemporains Hobbes et Gassendi, n'admet pas l'autorité propre de la raison, ni par conséquent celle de la conscience, ni justice naturelle, ni droit naturel, nul autre droit que celui de la force et de la coutume. Montaigne, qui est l'inconséquence même, chancelle perpétuellement dans son scepticisme, et il dit quelquefois que la coutume a du bon, et que c'est pour cela qu'on la suit. Pascal redresse ici Montaigne, il lui reproche cette concession et maintient que la force de la coutume se tire d'elle-même, c'est-à-dire de la seule faiblesse de l'homme. Nous avons vu qu'Arnauld cite cette pensée ou telle autre du même genre, comme un exemple des pensées qu'il est nécessaire de modifier, et qui sont *insoutenables*[1] ; nous avons vu aussi Maguerite Périer, soumettant à son frère l'abbé Périer les difficultés que provoquait ce passage, ainsi que la nouvelle rédaction proposée

---

[1] Voyez plus haut, p. 77.

par Arnauld : Montaigne *n'a pas tort quand il dit que* la coutume doit être suivie dès là qu'elle est coutume, etc., *pourvu qu'on n'étende pas cela à des choses qui seroient contraires au droit naturel et divin.* Il est vray que [1], etc..... » Bossut modifie encore la rédaction de Port-Royal (1re part. ix, 43) : « Montaigne *a raison;* la coutume doit être suivie dès là qu'elle est coutume et qu'on la trouve établie, *sans examiner* si elle est raisonnable ou non; *cela s'entend toujours de ce qui n'est point contraire au droit naturel ou divin.* Il est vrai que, etc... » Pascal s'était bien gardé de faire aucune réserve en faveur du droit naturel et divin, qu'il n'admettait pas; allant au delà de Montaigne, il avait dit (Ms. p. 134) : « Montaigne a tort; la coutume ne doit être suivie que parce qu'elle est coutume, et non parce qu'elle soit raisonnable ou juste. Mais le peuple etc. »

Cette phrase n'est dans le manuscrit que le commencement d'un morceau où la pensée de Pascal est exposée sans aucune ambiguïté : « Il seroit donc bon, ajoute-t-il après ce qu'on vient de lire, qu'on obéît aux lois et coutumes parce qu'elles sont lois, qu'on sût qu'il n'y en a aucune juste et vraie à introduire, que nous n'y connoissons rien, et

---

[1] Page 84, à la note.

qu'ainsi il faut seulement suivre les reçues. Par ce moyen on ne les quitteroit jamais. Mais le peuple n'est pas susceptible de cette doctrine, et ainsi, comme il croit que la vérité se peut trouver et qu'elle est dans les lois et coutumes, il les croit et prend leur antiquité comme une preuve de leur vérité (et non de leur seule autorité, sans vérité); ainsi il obéit; mais il est sujet à se révolter dès qu'on lui montre qu'elles ne valent rien : ce qui se peut faire voir de toutes en les regardant d'un certain côté. »

Port-Royal a supprimé tout ce morceau. Bossut l'a donné d'après Condorcet, ainsi mutilé et réduit (B. 1re part. IX, 11. — Cond. v, § 2, 19.) : « Il seroit bon qu'on obéît aux lois et coutumes, parce qu'elles sont lois, et que le peuple comprît que c'est là ce qui les rend justes. Par ce moyen, on ne les quitteroit jamais : au lieu que, quand on fait dépendre leur justice d'autre chose, il est aisé de la rendre douteuse; et voilà ce qui fait que les peuples sont sujets à se révolter. »

Dans le grand fragment sur le pyrrhonisme, Pascal, au lieu d'épuiser l'énumération des arguments des pyrrhoniens, s'arrête et dit, selon Port-Royal (ch. XXI) : « Je laisse les discours que font les pyrrhoniens contre les impressions de la coutume, de l'éducation, des mœurs, des pays, et les autres choses semblables qui entraînent la plus grande partie des hommes qui ne dogmatisent que sur ces vains fondements. » Voilà comme Port-Royal fait parler Pascal. Mais Pascal lui-même parle bien autrement. Dans Port-Royal il ne prend pas parti pour les pyrrhoniens; dans le manuscrit (p. 257) il se déclare ouvertement pour eux contre «... les impressions de la coutume, de l'éducation, des mœurs, des pays, et autres choses semblables, qui, *quoiqu'elles* entraînent la plus grande partie des hommes *communs*, qui ne dogmatisent que sur ces vains fondements, *sont renversées par le moindre souffle des pyrrhoniens. On n'a qu'à voir leurs livres si l'on n'en est pas assez persuadé; on le deviendra bien vite et peut-être trop.* »

Voici des pensées analogues à celles-là, que Port-Royal a retranchées et que Bossut n'a pas cru devoir tirer des deux copies :

(Msc. p. 229.) « Toute la dignité de l'homme est en la pensée. Mais qu'est-ce que cette pensée? Qu'elle est sotte ! »

(Msc. p. 447.) « Mon Dieu! que ce sont de sots discours : Dieu auroit-il fait le monde pour le damner, etc.? Pyrrhonisme est le remède à ce mal et rabat cette vanité. »

(Msc. p. 81.) « Rien ne fortifie plus le pyrrhonisme que ce qu'il y en a qui ne sont pas pyrrhoniens ; si tous l'étoient, ils auroient tort. »

(Msc. p. 83.) « Cette secte se fortifie par ses ennemis plus que par ses amis ; car la foiblesse de l'homme paroît bien davantage en ceux qui ne la connoissent pas qu'en ceux qui la connoissent. »

Et encore (Msc. p. 8) : « Tous les principes sont vrais, des pyrrhoniens, des stoïques, des athées, etc. Mais leurs conclusions sont fausses, parce que les principes opposés sont vrais aussi. »

Le père Desmolets, moins scrupuleux que Port-Royal, a publié cette pensée, que Bossut a reproduite (Desm. p. 329 ; B. 2ᵉ part. XVII, 1) : « Le pyrrhonisme sert à la religion. *Le pyrrhonisme est le vrai*; car, après tout, les hommes avant Jésus-Christ ne savoient où ils en étoient (Msc. p. 83). » Bossut a atténué Desmolets ; il dit seulement : « Le pyrrhonisme a servi à la religion. Car, après tout, les hommes avant Jésus-Christ ne savoient où ils en étoient. »

Partout Pascal rejette et combat les preuves métaphysiques de l'existence de Dieu, et même celles qui se tirent du spectacle de la nature. Qu'auroient dit d'une pareille polémique, je ne dis pas Descartes et Leibnitz, mais l'auteur du Traité de l'existence de Dieu et celui de la Connoissance de Dieu et de soi-même ? Nicole, au commencement de son Discours de l'existence de Dieu et de l'immortalité de l'âme, s'exprime ainsi : « Il y en a (des preuves) d'abstraites et de métaphysiques... et je ne vois pas qu'il soit raisonnable de prendre plaisir à les décrier. Mais il y en a aussi qui sont plus sensibles (les preuves physiques), plus conformes à notre raison, plus proportionnées à la plupart des esprits, et qui sont telles, qu'il faut que nous nous fassions violence pour y résister. » On conçoit donc que Port-Royal ait craint de répandre des pensées telles que celle-ci : « Je n'entreprendrai pas de prouver par des raisons naturelles ou l'existence de Dieu ou la Trinité ou l'immortalité de l'âme, ni aucune des choses de cette nature; non-seulement parce que je ne me sentirois pas assez fort pour trouver dans la nature de quoi convaincre des athées endurcis, mais encore etc. (B. 2ᵉ part. III, 2). » — « C'est une chose admirable que jamais auteur canonique ne s'est servi de la nature pour prouver Dieu; tous tendent à le faire croire et jamais ils n'ont dit : Il n'y a point de vide; donc il y a un Dieu. Il falloit qu'ils fussent plus habiles que les plus habiles gens qui sont venus depuis, qui s'en sont tous servi. Cela est très-considérable. (B. 2ᵉ part. III, 3). » C'est Desmolets qui le premier a publié ces fragments très-équivoques.

« J'admire, dit Pascal (Msc. p. 206), avec quelle hardiesse ces personnes entreprennent de parler de Dieu en adressant leurs discours aux impies. Leur premier chapitre est de prouver la divinité par les ouvrages de la nature. Je ne m'étonnerois pas de leur entreprise s'ils adressoient leurs discours aux fidèles ; car il est certain que ceux qui ont la foi vive dedans le cœur voient incontinent que tout ce qui est n'est autre chose que l'ouvrage du Dieu qu'ils adorent. Mais, pour ceux en qui cette lumière est éteinte, et dans lesquels on a dessein de la faire revivre, ces personnes, destituées de foi et de grâce, qui, recherchant de toute leur lumière tout ce qu'ils voient dans la nature qui les peut mener à cette connoissance, ne trouvent qu'obscurité et ténèbres, dire à ceux-là qu'ils n'ont qu'à voir la moindre des choses qui les environnent, et qu'ils y verront Dieu à découvert, et leur donner pour toute preuve, à ce grand et important sujet, le cours de la lune et des planètes, et prétendre l'avoir achevée sans peine avec un tel discours, c'est leur donner sujet de croire que les preuves de notre religion sont bien foibles, et je vois, par raison et par expérience, que rien n'est plus propre à leur en faire naître le mépris. Ce n'est pas de cette sorte que l'Écriture, qui connoît mieux les choses qui sont de Dieu, en parle : elle dit, au contraire, que Dieu est un Dieu caché, et que, depuis la corruption de la nature, il les a laissés dans un aveuglement dont ils ne peuvent sortir que par Jésus-Christ, hors duquel toute communication avec Dieu est ôtée. *Nemo novit patrem nisi filius, et cui filius voluerit revelare.*

« C'est ce que l'Écriture nous marque quand elle dit en tant d'endroits que ceux qui cherchent Dieu le trouvent : ce n'est point de cette lumière qu'on parle, comme le jour en plein midi. On ne dit point que ceux qui cherchent le jour en plein midi, ou de l'eau dans la mer, en trouveront ; et ainsi il faut bien que l'évidence de Dieu ne soit pas telle dans la nature. Aussi elle nous dit ailleurs : *Vere tu es Deus absconditus.* »

Condorcet a seul donné ce morceau (art. v, § 1, n° 2) en l'altérant perpétuellement, et Bossut n'a pas jugé à propos de le reproduire.

Quelquefois Desmolets, faute de comprendre Pascal ou ne voulant pas le suivre, de peur de lui imputer des énormités, lui attribue des pensées bien vagues. Desmolets (p. 309) : « Athéisme, *manque de force d'esprit, mais jusqu'à un certain point seulement.* » On ne voit pas bien ce que cela signifie. Pascal a écrit de sa propre main, et en caractères très-lisibles (Msc. p. 61) : « Athéisme, *marque* de force d'esprit, mais jusqu'à un certain degré seulement. » C'est-à-dire que c'est force d'esprit de rejeter l'existence de Dieu au nom de la raison, pourvu qu'ensuite on l'accepte des mains de la révélation. Pascal est là tout entier. Desmolets n'a pas osé le montrer tel qu'il est, et Bossut, reculant également devant le vrai et devant le faux, ne redresse ni ne maintient la citation de Desmolets : il la supprime.

Quand on pousse le scepticisme jusque-là, on court bien risque de le retrouver jusque dans le sein de la foi, et il échappe à Pascal, au milieu des accès de sa dévotion convulsive, des cris de misère et de désespoir que Port-Royal ni Desmolets ni Bossut n'ont osé répéter. « Le silence éternel de ces espaces infinis m'effraie. » Cette ligne sinistre qu'on rencontre séparée de tout le reste, n'est-elle pas comme un cri lugubre sorti tout à coup des abîmes de l'âme, dans le désert d'un monde sans Dieu! Ailleurs est cette autre ligne isolée comme la première (Msc. p. 23) : « Combien de royaumes nous ignorent! » A la marge d'un morceau sur le divertissement, Pascal a écrit (Msc. p. 217) : « Que le cœur de l'homme est creux et plein d'ordure! » On a cent fois cité cette pathétique tirade (P.-R. ch. xxi. B. 2ᵉ part. 1, 5) : « Quelle chimère est-ce donc que l'homme? quelle nouveauté, quel chaos, quel sujet de contradiction ! Juge de toutes choses, imbécile ver de terre, dépositaire du vrai, *amas* d'incertitude, gloire et rebut de l'univers ! » Voici un trait qui n'a pas trouvé grâce devant le duc de Roannez, et qui pourtant ajoute encore à la grandeur et au sombre coloris de ce fragment : « Quelle chimère est-ce donc que l'homme ? quelle nouveauté, quel monstre, quel chaos, quel sujet de contradictions, quel prodige ! Juge de toutes choses, imbécile ver de terre, dépositaire du vrai, *cloaque* d'incertitude *et d'erreur*, gloire et rebut de l'univers ! Qui démêlera cet embrouillement, etc. » (Msc. p. 258).

Combien cette expression, *amas d'incertitude*, semble faible et pâle devant celle-ci : *cloaque* d'incertitude *et d'erreur*, qui en même temps a l'avantage de former un contraste naturel avec cette autre expression : *dépositaire du vrai*, comme aussi de rappeler et de préparer celles de *ver de terre* et *rebut de l'univers !*

Nous avons vu comment toutes les éditions ont affaibli le scepticisme de Pascal : elles n'ont pas moins altéré le caractère de sa foi.

Elle est bien loin d'être sans nuage. Pascal ne dissimule point les difficultés que le christianisme présente à la critique, si on s'engage dans l'étude des textes sacrés, et à l'équité, si on le compare avec les autres religions.

Pascal a tourné les figures de l'Ancien Testament contre les Juifs, qui les ont prises à la lettre; mais il avoue qu'il y a des figures qui ont pu tromper les Juifs, et qui semblent *un peu tirées par les cheveux.* (Msc. p. 459.) Port-Royal lui fait dire (ch. xii; B. 2⁰ part. ix, 1) : « Il y en a d'autres qui semblent moins naturelles. »

Port-Royal (ch. xvii; B. 2⁰ part. xli, 9) : « Je veux qu'il y ait dans l'Écriture des obscurités. » Pascal (Msc. p. 456) : « Je veux qu'il y ait des obscurités *qui soient aussi bizarres que celles de Mahomet.* »

Pascal (Msc. p. 27) : « Comme Jésus-Christ est venu *in sanctificationem et in scandalum*... nous ne pouvons convaincre les infidèles, et ils ne peuvent nous convaincre. Mais, par là même, nous les convainquons, puisque nous disons qu'il n'y a point de conviction dans toute sa conduite (de Dieu) de part ni d'autre. » Port-Royal (ch. xviii; B. 2⁰ part. xiii, 7) : « .... Nous ne pouvons convaincre *l'obstination* des infidèles. Mais *cela ne fait rien contre nous,* puisque nous disons qu'il n'y a point de conviction dans toute la conduite de Dieu *pour les esprits opiniâtres, et qui ne recherchent pas sincèrement la vérité.* »

Pascal (Msc. p. 265) : « La seule religion, contre la nature, contre le sens commun, contre nos plaisirs, est la seule qui ait toujours été. » Port-Royal éclaircit fort inutilement une partie de cette phrase et affaiblit l'autre (ch. 11 ; B. 2ᵉ part. IV, 9) : « La seule religion *contraire* à la nature *en l'état qu'elle est*, *qui combat tous* nos plaisirs *et qui paroît d'abord contraire* au sens commun, est la seule qui ait toujours été. »

Port-Royal a supprimé cette pensée bizarre et fausse (Msc. p. 485) : « Les miracles ne servent pas à convertir, mais à condamner. »

Que dire encore de cette autre pensée, que j'hésite presque à publier (Msc. p. 153) : « Les prophéties citées dans l'Évangile, vous croyez qu'elles sont rapportées pour vous faire croire ? Non, c'est pour vous éloigner de croire. »

Quelle religion, bon Dieu! que celle dont les monuments sacrés induiraient en tentation d'incrédulité, au lieu d'inspirer la foi! Grâce à Dieu, ce n'est pas ainsi que Gerson et Bossuet commentent les saintes Écritures.

Mais arrivons au passage le plus frappant et le plus décisif, celui où l'un des premiers auteurs du calcul des probabilités essaie de prouver que, d'après les règles des jeux de hasard, il vaut beaucoup mieux parier que Dieu existe que de parier le contraire. Port-Royal, en publiant une partie de ces pages singulières, a bien soin de les faire précéder d'un avis où il essaie de donner un tour favorable et raisonnable à cette étrange manière de prouver Dieu. Selon Port-Royal, Pascal ne s'adresserait qu'à certaines personnes, et ne leur parlerait ainsi qu'en s'accommodant à leurs propres principes, *en attendant qu'elles aient trouvé la lumière nécessaire pour se convaincre de la vérité.* Non content de cet avis préliminaire, Port-Royal retranche ce qu'il y a de plus fort à la fois et de plus bizarre dans les calculs de Pascal; et le père Desmolets n'a pas osé rétablir ces calculs dans toute leur rigueur. Quoi qu'en dise Port-Royal, ce n'est pas là pour Pascal un argument provisoire; c'est celui que, dans l'impuissance de rien démontrer par la raison et dans l'absence de toute certitude, il présente avec confiance, comme devant le plus sûrement entraîner la volonté et la forcer de prendre un parti dans ce jeu redoutable, où le oui et le non sont également incertains, où il y a tout à perdre comme tout à gagner, où en même temps il n'est pas possible de rester indifférent, et où il faut nécessairement parier pour ou contre, choisir pile ou croix. Pascal s'attache à cet argument comme à son dernier refuge. L'enjeu ici n'est pas la vérité, mais le bonheur présent et à venir, et c'est au nom de l'intérêt seul que Pascal raisonne et conclut. Le titre que Port-Royal et Desmolets ont omis dit tout (Msc. p. 3) : *Infini*, *Rien*. Le morceau est complet dans le manuscrit autographe. Toutes les parties en sont bien enchaînées et liées entre elles par des renvois clairement et soigneusement indiqués. Port-Royal n'a pris que les paragraphes qui lui convenaient; par là il a ôté à l'ensemble toute sa force. Partout aussi il a atténué les vives expressions de l'original et supprimé, le plus qu'il a pu, les termes de jeu, de gageure, de gain, de perte, de croix et de pile, que Pascal prodigue jusqu'à la satiété, et qui pourtant, le problème admis ainsi qu'il est posé, sont absolument indispensables.

Port-Royal fortifie son avis préliminaire de ce début qu'il impute à Pascal (ch. vii) : « Je ne me servirai pas, pour vous convaincre de son existence, de la foi par laquelle nous la connaissons certainement, ni de toutes les autres preuves que nous en avons, puisque vous ne les voulez pas recevoir. Je ne veux agir avec vous que par vos principes mêmes; et je prétends vous faire voir, par la manière dont vous raisonnez tous les jours sur les choses de la moindre conséquence, de quelle sorte vous devez raisonner en celle-ci, et quel parti vous devez prendre dans la décision de cette importante question de l'existence de Dieu. Vous dites donc que nous sommes incapables de connaître s'il y a un Dieu, etc. »

Tout cela, idée et style, est de Port-Royal et non de Pascal. Port-Royal cherche à mettre sur le compte de l'interlocuteur l'hypothèse que nous sommes incapables de connaître s'il y a un Dieu. Mais cette hypothèse est de Pascal lui-même. C'est Desmolets qui a donné le vrai début, tel qu'il est dans le manuscrit (p. 4) : « Parlons maintenant selon les lumières naturelles. S'il y a un Dieu, il est infiniment incompréhensible, puisque, n'ayant ni parties, ni bornes, il n'a nul rapport à nous. Nous sommes donc incapables de connaître ni ce qu'il est, ni s'il est. Cela étant, qui osera entreprendre de résoudre cette question? ce n'est pas nous, qui n'avons aucun rapport à lui. »

Voilà le fond de la conviction de Pascal; voilà le principe qui lui est commun avec toute l'école sceptique et sensualiste. Port-Royal, qui aurait eu horreur de ce principe, l'ôte à Pascal et l'impute à un interlocuteur fictif.

Bossut (2ᵉ part. III) donne bien le vrai début publié par Desmolets, mais il y joint, dans le même chapitre, le début supposé par Port-Royal; et, pour masquer, comme il peut, la contradiction, il retranche ce qu'il y a de plus fort dans celui de

Desmolets qui est le vrai. Pascal, dans Desmolets comme dans le manuscrit, dit : « Nous sommes donc incapables de connaître ni ce qu'il est (Dieu), ni s'il est. Bossut supprime « *ni s'il est.* »

Pascal pose nettement le problème : « Examinons donc ce point, et disons : « Dieu est ou il n'est pas. Mais de quel côté pencherons-nous? la raison n'y peut rien déterminer. » Port-Royal : « La raison, *dites-vous*, n'y peut rien déterminer. » Encore une fois, ce n'est pas l'interlocuteur de Pascal, c'est Pascal lui-même qui décide et qui met en principe que la raison n'y peut rien déterminer.

Relevons ici, en passant, une petite variante. Port-Royal : « Il se joue un jeu à cette distance infinie où il arrivera croix ou pile. » Pascal, encore mieux : « Il se joue un jeu à l'extrémité de cette distance infinie, etc.... »

Partout Pascal rappelle qu'il ne s'agit pas ici de la vérité, de la raison, de la connaissance; que la connaissance est impossible, la raison impuissante, le vrai inaccessible; qu'il s'agit du bonheur, et du bonheur seulement. Pascal : « Vous avez deux choses à perdre, le vrai et le bien, et deux choses à engager, votre raison et votre volonté, votre connaissance et votre béatitude. Et votre nature a deux choses à fuir, l'erreur et la misère. Votre raison n'est pas plus blessée, puisqu'il faut nécessairement choisir, en choisissant l'un ou l'autre. Voilà un point vidé; mais votre béatitude! Pesons le gain et la perte, etc.... » Port-Royal a supprimé tout cela, c'est-à-dire le vrai état de la question, et Bossut s'est bien gardé de le rétablir.

Arrivé à la balance des chances de gain et de perte, Port-Royal abrége le calcul que Pascal développe pour lui donner une apparence de rigueur.

Port-Royal, et d'après lui Bossut : « Pesons le gain et la perte, *en prenant le parti de croire que Dieu est*. Si vous gagnez, vous gagnez tout; si vous perdez, vous ne perdez rien. Pariez donc qu'il est, sans hésiter. Oui, il faut gager; mais je gage peut-être trop. Voyons : puisqu'il y a pareil hasard de gain et de perte, *quand* vous n'*auriez* que deux vies à gagner pour une, vous pourriez encore gager. Et, s'il y en avait *dix* à gagner, vous seriez imprudent de ne pas hasarder votre vie pour en gagner *dix* à un jeu où il y a pareil hasard de perte et de gain. Mais il y a ici une infinité de vies infiniment heureuses à gagner avec pareil hasard de perte et de gain; *et ce que vous jouez est si peu de chose et de si peu de durée, qu'il y a de la folie à le ménager en cette occasion*. Car il ne sert de rien, etc.... »

Pascal : « Pesons le gain et la perte. En prenant

croix que Dieu est, estimons ces deux cas : Si vous gagnez, vous gagnez tout ; si vous perdez, vous ne perdez rien. Gagez donc qu'il est, sans hésiter. Cela est admirable. Oui, il faut gager ; mais je gage peut-être trop. Voyons : puisqu'il y a pareil hasard de gain et de perte, si vous n'aviez qu'à gagner deux vies pour une, vous pourriez encore gager. Mais, s'il y en avait trois à gagner, il faudrait jouer (puisque vous êtes dans la nécessité de jouer), et vous seriez imprudent, lorsque vous êtes forcé à jouer, de ne pas hasarder votre vie pour en gagner trois à un jeu où il y a pareil hasard de perte et de gain. Mais il y a une éternité de vie et de bonheur ; et, cela étant, quand il y aurait une infinité de hasards dont un seul serait pour vous, vous auriez encore raison de gager un pour avoir deux, et vous agiriez de très-mauvais sens, étant obligé à jouer, de refuser de jouer une vie contre trois, à un jeu où d'une infinité de hasards il y en a un pour vous. S'il y avait ici une infinité de vies infiniment heureuses à gagner (mais y a ici une infinité de vies infiniment heureuses à gagner), un hasard de gain contre un nombre infini de hasards de perte (et ce que vous jouez est fini), cela est tout parti[1] : par-

---

[1] C'est-à-dire conforme à la règle de tout parti, de tout jeu.

tout où est l'infini, et où il n'y a pas une infinité de hasards de perte contre celui de gain, il n'y a point à balancer, il faut tout donner ; et ainsi, quand on est forcé à jouer, il faut renoncer à la raison pour garder la vie plutôt que de la hasarder pour le gain infini, aussi prêt à arriver que la perte du néant. Car il ne sert de rien, etc.... »

Au milieu de tous ces calculs, Pascal se demande s'il serait impossible de voir quelque chose au-delà de ces chances incertaines et ténébreuses, et il renvoie brièvement à l'Écriture : « N'y a-t-il pas moyen, dit-il, de voir le dessous du jeu ? Oui, l'Écriture et le reste, etc... » Port-Royal étend un peu et défigure cette réponse : « Mais encore n'y *aurait-il point de moyen de voir un peu clair ?* Oui, *par le moyen de l'*Écriture, *et par toutes les autres preuves de la religion, qui sont infinies.* »

Ici, par une transposition bizarre, Port-Royal intercale plusieurs paragraphes qui se trouvent dans Pascal à d'autres endroits du manuscrit, et dont le seul qui appartienne à ce fragment vient évidemment beaucoup trop tôt, puisqu'il a pour titre : « Fin de ce discours ; » puis, reprenant le fil de la discussion, Port-Royal fait dire à Pascal : « Vous dites que vous êtes fait de telle sorte que vous ne sauriez croire. Apprenez au moins votre impuissance, etc... » Mais ce passage, dans le manuscrit, a tout autrement de mouvement et d'énergie : « Oui, avait dit Pascal, l'Écriture et le reste. Oui, se réplique-t-il à lui-même; mais j'ai les mains liées et la bouche muette. On me force à parier et je ne suis pas en liberté; on ne me relâche pas; et je suis fait d'une telle sorte que je ne puis croire. Que voulez-vous donc que je fasse? Il est vrai; mais apprenez au moins votre impuissance, etc... »

Et voulez-vous savoir ce que Pascal conseille à l'incrédule qui voudrait croire et qui ne le peut? Écoutons d'abord Port-Royal et Bossut : « Vous voulez aller à la foi, et vous n'en savez pas le chemin : vous voulez vous guérir de l'infidélité, et vous en demandez les remèdes. Apprenez-les de ceux qui ont été tels que vous, et *qui n'ont présentement aucun doute*. Ils savent ce chemin que vous voudriez suivre, et ils sont guéris d'un mal dont vous voulez guérir. Suivez la manière par où ils ont commencé. » Pascal ne dit pas tout à fait cela. Il ne dit pas que les gens qu'il propose comme guides n'ont présentement aucun doute, mais que, forcés de parier, ils ont parié résolument. « Vous voulez aller à la foi, etc... Apprenez-les de ceux qui ont été tels comme vous et qui parient tout leur bien. Ce sont gens qui savent ce chemin que vous voudriez suivre, et guéris d'un mal dont vous voulez guérir. Suivez la manière par où ils ont commencé. »

Maintenant quelle est cette manière, quel est ce remède qui doit guérir l'impuissance de la raison? Port-Royal : « Imitez leurs actions extérieures, si vous ne pouvez encore entrer dans leurs dispositions intérieures; quittez ces vains amusements qui vous occupent tout entier. » Ce précepte est excellent, si ce style est bien médiocre. Mais ni ce précepte ni ce style ne sont de Pascal. Il ne conseille pas seulement de se bien conduire pour mériter peu à peu de croire et d'aller à la religion par la morale, comme l'ont recommandé tous les grands moralistes et les grands théologiens; voici ce que je trouve dans le manuscrit : « …. Suivez la manière par où ils ont commencé : c'est en faisant tout comme s'ils croyaient, en prenant de l'eau bénite, en faisant dire des messes, etc. Naturellement même cela vous fera croire et vous abêtira. Mais c'est ce que je crains : et pourquoi? qu'avez-vous à perdre? »

Quel langage! Est-donc là le dernier mot de la sagesse humaine? La raison n'a-t-elle été donnée à l'homme que pour en faire le sacrifice, et le seul moyen de croire à la suprême intelligence est-il, comme le veut et le dit Pascal, de nous *abêtir?* Cette terrible sentence, portée par un tel génie et par un génie naturellement si superbe, accablerait l'humanité s'il n'y avait quelque chose au-dessus du génie lui-même, à savoir le sens commun, cette même raison que Pascal veut en vain étouffer, qui a été donnée à chaque homme et ne manque à aucun d'eux dans aucun pays et dans aucun temps, et qui leur persuade à tous, sans le secours d'une révélation positive ni sans celui de démonstrations arbitraires, l'existence d'une âme spirituelle, la distinction du bien et du mal, le devoir et le droit, la liberté et la responsabilité des actions, une justice éternelle, une Providence divine qui a tout fait avec poids et mesure, qui possède, dans un degré infini, tous les attributs qui reluisent dans ses œuvres, non-seulement la puissance et la grandeur, mais la liberté, l'intelligence et la vie. Toutes ces grandes croyances dont Pascal a soif comme l'humanité tout entière, le sens commun les a révélées plus ou moins imparfaitement dès le premier jour à tous les hommes; et, pour quelques génies égarés qui ont eu le malheur de les méconnaître, les génies les plus excellents ont mis leur gloire à les établir et à les répandre. Elles sont le patrimoine de la race humaine, son trésor au milieu de toutes ses misères. C'est bien mal la servir que d'entreprendre de les lui ravir d'une main, quand on n'est pas bien sûr de les lui rendre de l'autre. Comme si, d'ailleurs, lorsqu'on a hébété l'homme, il en était plus près de Dieu!

Est-il besoin de dire que je n'accuse point les intentions de Pascal? Le seul sentiment que j'éprouve est celui d'une commisération profonde pour ce grand esprit, trahi par une méthode infidèle et l'habitude de démonstrations géométriques, ici impossibles et superflues, enfermé par là dans le scepticisme, et, pour en sortir, se condamnant lui-même et les autres à une foi bien cher achetée et elle-même pleine de doute. Ainsi le doute avant et le doute après, tel a été le sort de Pascal! En vérité, il n'y a rien là qui puisse faire beaucoup d'envie.

Je terminerai par une citation glorieuse à Pascal. Après avoir prononcé les tristes paroles qui paraissent ici pour la première fois, Pascal se proposait d'adresser à son interlocuteur un discours qui devait lui relever l'âme et le tirer de l'abattement où l'avaient jeté et ces calculs bizarres et ces conseils douloureux. Pascal introduit sur la scène cet interlocuteur réjoui et ranimé. « Oh! ce discours me transporte, me ravit, etc. » Puis il lui dit: « Si ce discours vous plaît et vous semble fort, sachez qu'il est fait par un homme qui s'est mis à genoux auparavant et après, pour prier cet être infini et sans parties, auquel il soumet tout le sien, de se soumettre aussi le vôtre, pour votre propre bien et pour sa gloire, et qu'ainsi la force s'accorde avec cette bassesse[1]. »

Dans la troisième et dernière partie, nous rechercherons les pensées inédites qu'il est possible de glaner encore dans notre manuscrit, après Port-Royal, l'évêque de Montpellier, Desmolets, Condorcet et Bossut, et après les nombreux emprunts que nous lui avons déjà faits nous-mêmes pour réparer tant d'altérations et rétablir le texte vrai, le style, la pensée, l'âme de Pascal.

---

[1] Ce passage, qui n'est ni dans Port-Royal, ni dans Bossut, se trouve, ainsi que la phrase : « Mais j'ai les mains liées et la bouche muette ; on me force, etc. » et la bonne leçon : « voir le dessous du jeu, » dans une édition de Pascal de 1819 (chez le libraire Lefèvre), d'après une édition de 1787, qui a échappé à toutes nos recherches, et qui n'est pas même à la bibliothèque du Roi. D'un autre côté, cette même édition de 1819 maintient toutes les altérations introduites par Port-Royal et conservées par Bossut. Ce mélange de vrai et de faux est inexplicable. Enfin une note de l'éditeur exprime la prétention d'avoir consulté le manuscrit, et montre en même temps combien cette prétention est mal fondée. Sur ce passage : « Vous dites donc que nous sommes incapables de connoître s'il y a un Dieu, » l'éditeur fait cette remarque : « Cette phrase, qui est bien certainement dans le manuscrit, manque dans quelques éditions modernes. » Or cette phrase, qui ne manque ni dans l'édition de Port-Royal, ni dans celle de Bossut, devenue le modèle de toutes les autres, *n'est certainement pas dans le manuscrit.*

TROISIÈME PARTIE.

Pensées tirées, pour la première fois, du manuscrit autographe.

Le manuscrit des Pensées est un grand in-folio de 491 pages. La plupart des *verso* et même plusieurs feuillets entiers étant en blanc, le nombre des pages écrites se réduit à peu près à la moitié.

Ces pages se composent, la plupart du temps, de petits papiers collés les uns au bout des autres. J'ai déjà dit que l'écriture de Pascal, toujours difficile à lire, est quelquefois indéchiffrable par son extrême ténuité et la multitude des abréviations les plus capricieuses. Une demi-page du manuscrit équivaut ordinairement à deux pages de nos deux copies.

Les neuf dixièmes au moins du manuscrit, surtout les morceaux les plus étendus et les plus importants, sont de la main de Pascal. Il y a à peine sept ou huit pages qui soient entièrement d'une autre main. Voyez les pages 129, 206, et 440-444.

Quelquefois une écriture étrangère se rencontre au milieu de passages écrits par Pascal lui-même. Voyez pages 55, 209, 344, etc. Quelquefois Pascal a corrigé de sa main ce qu'il avait dicté ou ce qui avait été copié sur sa minute. Voyez pages 55, 81, 441, etc. L'abbé Périer nous apprend en effet, dans les lettres placées en tête du manuscrit, que Pascal avait fait *copier au net sur sa minute* plusieurs de ses pensées, et qu'il dictait quelquefois aux personnes qui se trouvaient auprès de lui[1]. Voilà ce qui explique comment, dans le manuscrit, il y a plus d'une main étrangère. On distingue plusieurs écritures différentes, quoique assez semblables entre elles, et aussi lisibles que celle de Pascal l'est peu. Un petit nombre de morceaux sont d'une main tout à fait inexpérimentée. Voici, par exemple, l'orthographe de quelques lignes, en assez gros caractères, et après lesquelles Pascal a pris lui-même la plume. Msc. p. 159 : « *Sommom jus somma injuria. La pluralité est la* meilieur vois, *parce quel est visible, et quel a la* forse *pour se faire obéi*re. Cepandant c'est l'avis

---

[1] Voyez plus haut, p. 11.

des moins abille. » Msc. p. 44 : « *S'il se veante, je l'abaisse ; s'il s'abesse, je le veante ; et le contreudit toujour jusqu'à se qu'il conpraine qu'il est un monstre inconpreansible.* » Cette écriture est probablement celle du domestique de Pascal ; car on ne peut attribuer de pareilles fautes à aucune personne de sa famille, pas même à sa nièce Marguerite Périer, qui avait environ seize ans à cette époque.

Parmi les fragments étendus, écrits de la main de Pascal, il y en a qui sont presque complets, mais dont on ne découvre la suite qu'avec assez de peine, à cause de la multitude des renvois pratiqués, non pas seulement aux marges, mais à tous les coins de chaque page, et quelquefois même d'une page à une autre. On revient ainsi deux ou trois fois à la même page, et on en sort autant de fois. Un exemple frappant de cet embrouillement matériel, où pourtant le fil de la pensée n'est jamais rompu, est le morceau célèbre où Pascal s'efforce de prouver qu'il est plus avantageux de parier que Dieu existe que de parier le contraire, dans la nécessité où l'on est de parier. (Msc. p. 4-7.) Nous donnons à l'Appendice un *fac-simile* lithographié de la première page de ce morceau.

Les fragments très-courts ne paraissent pas fort travaillés, ou du moins on n'y trouve pas de corrections et de ratures. Il n'en est pas ainsi des fragments étendus : ils sont remplis de corrections. Voyez particulièrement les belles pages sur les deux infinis, p. 347-360.

On trouve assez souvent dans le manuscrit plusieurs lignes, et même des pages entières barrées. Ce sont des développements inutiles, dont la suppression est une amélioration évidente et nécessaire; tantôt des premières ébauches de pensées auxquelles Pascal a donné ailleurs une forme plus parfaite; tantôt enfin des morceaux achevés pour le style, mais que Pascal, à la réflexion, par des motifs que nous ne découvrons pas toujours, a cru devoir retrancher.

Ni Port-Royal ni Bossut n'ont publié ces passages retranchés, et ils n'y étaient point tenus. Nous avons eu l'occasion d'en citer quelques-uns : il en est encore qui peuvent nous intéresser, dans cette étude approfondie du style des Pensées, à savoir ceux qui, ayant reçu une forme nouvelle, nous montrent Pascal s'efforçant de donner à ses idées une expression de plus en plus exacte ou frappante, et ceux aussi qui, supprimés pour des motifs qui ne nous touchent plus aujourd'hui, portaient tout d'abord l'empreinte de sa manière saine et vigoureuse.

Nous avons déjà publié les deux formes du morceau célèbre sur le *Roseau pensant.* Le passage sur Paul Émile et sur Persée (P.-R. XXIII ; B. 1re part. IV, 4) a commencé par être cette note informe (Msc. p. 83) : « Persée, roi de Macédoine. Paul Émile. On reprochoit à Persée de ce qu'il ne se tuoit pas. »

La pensée des effets de l'amour et du nez de Cléopâtre a été refaite trois fois. Première ébauche (Msc. p. 79) : « (*En titre.*) Vanité. Les causes et les effets de l'amour. Cléopâtre. » Deuxième façon : « Rien ne montre mieux la vanité des hommes que de considérer quelle cause et quels effets de l'amour; car tout l'univers en est changé : le nez de Cléopâtre. » Cette deuxième façon a été barrée de la main de Pascal. Voici la troisième et dernière, que la gravité de Port-Royal n'a pas voulu recueillir, et qui a été mise au jour par le père Desmolets (p. 306 ; B. 1re part. IX, 46) : « Qui voudra connoître à plein la vanité de l'homme n'a qu'à considérer les causes et les effets de l'amour. La cause en est un je ne sais quoi (Corneille), et les effets en sont effroyables. Ce je ne sais quoi, si peu de chose qu'on ne sauroit le reconnoître, remue toute la terre, les princes, les armées, le monde entier. Le nez de Cléopâtre, s'il eût été plus court, toute la face de la terre auroit changé. » (Les éditeurs : *Si* le nez de Cléopâtre eût été plus court, la face de la terre auroit changé.)

Pascal, après avoir montré que l'homme n'est qu'un sujet de contradiction, un chaos, s'écrie (Msc. p. 258) : « Qui démêlera cet embrouillement? Certainement cela passe le dogmatisme et le pyrrhonisme, et toute la philosophie humaine. L'homme passe l'homme. Que l'on accorde donc aux pyrrhoniens que la vérité n'est pas de notre portée ni de notre gibier, qu'elle ne demeure pas en terre, qu'elle est domestique du ciel, qu'elle loge dans le sein de Dieu, et qu'on ne la peut connoître qu'à mesure qu'il lui plaît de la révéler. Apprenons donc de la vérité incréée et incarnée notre véritable nature. »

Ce morceau, déjà excellent en lui-même, développé par Pascal, est devenu sous sa main cet admirable passage (Msc. *ibid.*) : »Qui démêlera cet embrouillement? La nature confond les pyrrhoniens, et la raison confond les dogmatistes. Que deviendrez-vous donc, ô homme, qui cherchez votre véritable condition par votre raison naturelle? Vous ne pouvez fuir une de ces sectes ni subsister dans aucune.

« Connoissez donc, superbe, quel paradoxe vous êtes à vous-même; humiliez-vous, raison impuissante; taisez-vous, nature imbécile. Apprenez que l'homme passe infiniment l'homme, et entendez de votre maître votre condition véritable, que vous ignorez : écoutez Dieu. »

Il est vraiment déplorable que Port-Royal ait gâté ce passage en le démembrant, en transportant la première partie dans le chapitre XXI, *Des contrariétés étonnantes*, etc. (B. 2ᵉ part. I, 1), et l'autre partie dans le chapitre III, *Véritable religion prouvée par les contrariétés qui sont dans l'homme et par le péché originel* (B. 2ᵉ part. v, 3); et, non content de cette dislocation sans motifs, Port-Royal a rayé le dernier trait, la conclusion : *Écoutez Dieu.*

Voici maintenant deux formes d'une même pensée, dont la première a été jugée par Pascal inférieure à la seconde, puisqu'il l'a barrée, et qui nous paraît soutenir au moins la comparaison avec celle qu'il a préférée. (Msc. p. 110.) « Cet homme si affligé de la mort de sa femme et de son fils unique, qui a cette grande querelle qui le tourmente, d'où vient qu'à ce moment il n'est pas triste, et qu'on le voit si exempt de toutes ces pensées pénibles et inquiétantes? Il ne faut pas s'en étonner : on vient de lui servir une balle, et il faut qu'il la rejette à son compagnon ; il est occupé à la prendre à la chute du toit, pour gagner une chasse. Comment voulez-vous qu'il pense à ses affaires ayant cette autre affaire à manier? Voilà un soin digne d'occuper cette grande âme, et de lui ôter toute autre pensée de l'esprit ! Cet homme, né pour connoître l'univers, pour juger de toutes choses, pour régler tous les états, le voilà occupé et tout rempli du soin de prendre un lièvre ! Et s'il ne s'abaisse à cela, et qu'il veuille toujours être tendu, il n'en sera que plus sot, parce qu'il voudra s'élever au-dessus de l'humanité ; et il n'est qu'un homme, au bout du compte, c'est-à-dire capable de peu et de beaucoup, de tout et de rien : il n'est ni ange ni bête, mais homme. »

La seconde manière, que Pascal a préférée, et que Port-Royal a dû suivre et publier, est beaucoup plus courte ; le lecteur jugera si elle est plus vive. (P.-R., ch. xxvi ; B. 1re part. v, 1 ; Msc. p. 133.) « D'où vient que cet homme, qui a perdu depuis peu de mois son fils unique, et qui, accablé de procès et de querelles, étoit ce matin si troublé, n'y pense plus maintenant ? Ne vous en étonnez pas : il est tout occupé à voir par où passera ce sanglier que les chiens poursuivent avec tant d'ardeur depuis six heures. Il n'en faut pas davantage pour l'homme. Quelque plein de tristesse qu'il soit, si on peut gagner sur lui de le faire entrer en quelque divertissement, le voilà heureux pendant ce temps-là. »

Passons maintenant aux morceaux que Pascal

n'a pas barrés pour les refaire, mais pour les supprimer entièrement.

Pascal a plusieurs fois fait l'éloge des hommes universels, des honnêtes gens, qui ne sont exclusivement ni poëtes ni mathématiciens, ne veulent point d'enseigne, prennent part à toutes les conversations, et jugent de toutes choses. (P.-R. chap. xxix; B. 1re part. ix, 18.) Il avait encore écrit sur ce sujet la pensée suivante : « Puisqu'on ne peut être universel, et savoir tout ce qui se peut savoir sur tout, il faut savoir [un] peu de tout ; car il est bien plus beau de savoir quelque chose de tout, que de savoir tout d'une chose. Cette universalité est la plus belle. Si on pouvoit avoir les deux, encore mieux. Mais, s'il faut choisir, il faut choisir celle-là. Et le monde le sent et le fait, car le monde est un bon juge souvent [1]. »

Autre pensée supprimée : « (*En titre :*) Nature. La nature nous a si bien mis au milieu que si nous changeons un des côtés de la balance, nous changeons aussi l'autre. Cela me fait croire qu'il y a des ressorts dans notre tête, qui sont tellement disposés, que qui touche l'un touche aussi le contraire. » (Msc. p. 110.)

(Msc. p. 362.) Dans le fragment sur l'imagina-

---

[1] D'après les deux copies.

tion et dans le paragraphe : « Le plus grand philosophe du monde, etc... » : « Il faut, puisqu'il lui a plu (à l'imagination), travailler tout le jour pour des biens reconnus pour imaginaires; et quand le sommeil nous a délassés des fatigues de notre raison, il faut incontinent se lever en sursaut pour aller courir après les fumées et essuyer (Pascal avait mis d'abord *suivre*) les impressions de cette maîtresse du monde. »

(Msc. p. 370.) Pascal avait terminé tout le chapitre sur l'imagination par les lignes suivantes, qui auraient servi de transition à un autre chapitre. « L'homme est donc si heureusement fabriqué, qu'il n'a aucun principe juste du vrai, mais plusieurs excellents du faux. Voyons maintenant combien. »

On ne voit pas pourquoi Pascal, qui a maintenu tant de phrases énergiques contre les jésuites, a rayé celle-ci : « Gens sans paroles, sans foi, sans honneur, sans vérité, doubles de cœur, doubles de langue, et semblables, comme il vous fut reproché autrefois, à cet animal amphibie de la fable, se tenant dans un état ambigu entre les poissons et les oiseaux. » (Msc. p. 344.)

Pascal a barré, il est vrai, les morceaux que nous allons transcrire sur l'absence de toute justice naturelle et sur le pyrrhonisme; mais ils n'en marquent pas moins sa véritable pensée qui paraît d'ailleurs dans tant d'autres endroits.

« J'ai passé de longtemps ma vie en croyant qu'il y avoit une justice; et en cela je ne me trompois pas : car il y en a selon que Dieu nous l'a voulu révéler. Mais je ne le prenois pas ainsi, et c'est en quoi je me trompois, car je croyois que notre justice étoit essentiellement juste et que j'avois de quoi la connoître et en juger. Mais je me suis trouvé tant de fois en faute de jugement droit, qu'enfin je suis entré en défiance de moi et puis des autres. J'ai vu tous les pays et hommes changeants; et ainsi après des changements de jugement touchant la véritable justice, j'ai connu que notre nature n'étoit qu'un continuel changement, et je n'ai plus changé depuis; et si je changeois je confirmerois mon opinion. La pyrrhonien Arcésilas qui redevint dogmatique. » (Msc. p. 110.)

Pascal a barré également cette addition qu'il avait faite au morceau précédent : « Il se peut faire qu'il y ait de vraies démonstrations, mais cela n'est pas certain. Et ainsi cela ne montre autre chose, sinon qu'il n'est pas certain que tout soit incertain; à la gloire du pyrrhonisme. » (Msc. *ibid.*)

Citons encore un fragment qui forme dans le manuscrit deux morceaux fort éloignés l'un de l'autre, et reliés entre eux par des numéros de la main même de Pascal. Les dernières phrases sont, dans la même page, séparées par des intervalles en blanc qui semblaient destinés à recevoir de nouveaux développements (Msc. p. 366 et p. 70) :

« Est-ce donc que l'âme est un sujet trop noble pour ses faibles lumières ! Abaissons-la donc à la matière : voyons si elle sait de quoi est fait le propre corps qu'elle anime, et les autres qu'elle contemple et qu'elle remue à son gré. Qu'en ont-ils connu ces grands dogmatistes qui n'ignorent rien ? »

« Cela suffiroit sans doute si la raison étoit raisonnable. Elle l'est bien assez pour avouer qu'elle n'a pu trouver encore rien de ferme, mais elle ne désespère pas encore d'y arriver; au contraire, elle est aussi ardente que jamais dans cette recherche, et s'assure d'avoir en soi les forces nécessaires pour cette conquête. Il faut donc l'achever, et après avoir examiné toutes ses puissances dans leurs effets, reconnoissons-les en elles-mêmes; voyons si elle a quelques forces et quelques prises capables de saisir la vérité.

« Mais peut-être que ce sujet passe la portée de la raison ? Examinons donc ses inventions sur les choses de sa force. S'il y a quelque chose où son intérêt propre ait dû la faire appliquer de son plus sérieux, c'est à la recherche de son souverain bien; voyons donc où ces âmes fortes et clairvoyantes l'ont placé et si elles en sont d'accord.

« L'un dit que le souverain bien est en la vertu; l'autre le met en la volupté, l'autre à suivre la nature, l'autre en la vérité : *felix qui potuit rerum cognoscere causas;* l'autre à l'ignorance tranquille; l'autre à l'indolence; d'autres à résister aux apparences; l'autre à n'admirer rien : *nil admirari prope res est una quæ possit facere et servare beatum;* et les braves pyrrhoniens en leur ataraxie, doute et suspension perpétuelle; et d'autres plus sages, qu'on ne le peut trouver, non pas même par souhait. Nous voilà bien payés.

« Si faut-il voir si cette belle philosophie n'a rien acquis de certain par un travail si long et si tendu : peut-être qu'au moins l'âme se connoîtra soi-même. Écoutons les régents du monde sur ce sujet : Qu'ont-ils pensé de la substance?.... Ont-ils été plus heureux à la loger?.... Qu'ont-ils trouvé de son origine, de sa durée et de son départ? »

Nous ne faisons un reproche ni à Port-Royal ni à Bossut d'avoir négligé les morceaux que nous venons de citer, puisque Pascal les avait lui-même condamnés à l'oubli; tout au plus eût-il été possible de les mettre dans un appendice. Si nous les avons fait connaître, ç'a été seulement pour montrer que Pascal, sévère envers lui-même, comme tous les grands écrivains, et cherchant toujours la perfection jusque dans ses premiers essais, avait souvent donné à sa pensée plusieurs formes différentes avant d'en trouver une qui le satisfît; que déjà même il avait fait un choix parmi ses notes, qu'il avait retranché les unes et conservé les autres.

Les éditeurs étaient seulement obligés à publier les *Pensées* que Pascal avait épargnées. Mais celles-là, il fallait les donner toutes ou presque toutes. Or le manuscrit autographe en renferme encore un assez grand nombre qui n'ont jamais vu le jour. Sans doute nos devanciers ne nous ont pas laissé à découvrir des fragments étendus et achevés. Nous nous empressons de le dire : ils ont dérobé ce qu'il y a de mieux. Et pourtant, après Port-Royal, Desmolets, Condorcet et Bossut, nous avons pu recueillir encore une moisson assez belle et assez riche pour être obligé de choisir nous-même entre un si grand nombre de *Pensées* jusqu'ici inconnues et plus ou moins dignes d'intérêt. Nous avons voulu montrer à l'Académie la nécessité d'une nouvelle édition des Pensées, et non pas faire cette édition devant elle. Nous publierons donc assez de *Pensées* nouvelles pour exciter la curiosité, sinon pour la satisfaire entièrement; et nous les diviserons en deux classes : d'un côté, celles qui sont relatives à Port-Royal, aux jésuites, aux querelles du temps; de l'autre, celles qui ont un caractère général, et dont Port-Royal et Bossut auraient pu grossir aisément les chapitres qu'ils ont intitulés : *Pensées diverses*, *Pensées morales* et *Pensées chrétiennes*. C'est par les Pensées de cette dernière classe que nous allons commencer.

I. Pensées diverses. — Pensées morales. — Pensées chrétiennes.

Le premier chapitre de Port-Royal *contre l'indifférence des athées* : « Que ceux qui combattent la religion apprennent au moins quelle elle est, etc. » (B. 2ᵉ part. II), a été en vain cherché dans le manuscrit autographe; mais il est dans les deux copies avec une note marginale indiquant que ce fragment est tiré d'un cahier particulier. Sans parler d'une foule de petites altérations, Port-Royal, en publiant ce fragment, a interverti l'ordre de plusieurs paragraphes, il a intercalé des morceaux étrangers qui se trouvent ailleurs dans le manuscrit même, par exemple celui-ci : « Un homme dans un cachot ne sachant si son arrêt est donné et n'ayant plus qu'une heure pour l'apprendre, etc... »; enfin il a supprimé à peu près le dernier quart de ce beau fragment. Mais il faut avouer que les parties supprimées sont moins un développement qu'une répétition, une forme différente de ce qui précède. Cependant elles ne sont pas rayées dans les deux copies, ce qui marque presque certainement qu'elles ne l'étaient pas dans l'autographe. Elles sont d'ailleurs d'un style admirable qui mérite d'être conservé, et nous allons les transcrire comme une sorte de transition des passages barrés et des premières ébauches dont nous avons donné plusieurs exemples, aux pensées tout à fait nouvelles que nous publierons tout à l'heure.

Voici la fin du chapitre de Port-Royal rectifiée sur nos deux copies : « Qu'ils donnent à cette lecture quelques-unes de ces heures qu'ils emploient si inutilement ailleurs. *Quelque aversion qu'ils y apportent* (manque dans Port-Royal), peut-être rencontreront-ils quelque chose, et pour le moins ils n'y perdront pas beaucoup. Mais pour ceux qui y apportent (Port-Royal appor*teront*) une sincérité parfaite et un véritable désir de rencontrer (Port-Royal *connoître*) la vérité, j'espère qu'ils auront satisfaction et qu'ils seront convaincus des preuves d'une religion si divine, que *j'ai* ramassées *et dans lesquelles j'ai suivi à peu près cet ordre.* » Port-Royal qui voulait s'arrêter là, a mis : « Que l'on *y* a ramassées. » Les deux copies poursuivent ainsi :

« Avant que d'entrer dans les preuves de la religion chrétienne, je trouve nécessaire de représenter l'injustice des hommes qui vivent dans l'indifférence de chercher la vérité d'une chose qui leur est si importante et qui les touche de si près.

« De tous leurs égarements, c'est sans doute celui qui les convainc le plus de folie et d'aveuglement, et dans lequel il est plus facile de les confondre par les premières vues du sens commun et par les sentiments de la nature; car il est indubitable que le temps de cette vie n'est qu'un instant; que l'état de la mort est éternel, de quelque nature qu'il puisse être, et qu'ainsi toutes nos actions et nos pensées doivent prendre des routes si différentes, selon l'état de cette éternité, qu'il est impossible de faire une démarche avec sens et jugement qu'en la réglant par la vue de ce point qui doit être notre dernier objet. (La fin de ce paragraphe, depuis : « toutes nos actions et nos pensées doivent prendre des routes différentes...» a été placée par Port-Royal dans la partie antérieure de ce fragment.)

« Il n'y a rien de plus visible que cela, et qu'ainsi selon les principes de la raison, la conduite des hommes est tout à fait déraisonnable s'ils ne prennent une autre voie; que l'on juge donc là-dessus de ceux qui vivent sans songer à cette fin de la vie; qui se laissant conduire à leurs inclinations et à leurs plaisirs sans réflexion et sans inquétude, et comme s'ils pouvoient anéantir l'éternité en en détournant leur pensée, ne pensent à se rendre heureux que dans cet instant seulement. Cependant cette éternité subsiste, et la mort, qui la doit ouvrir et qui les menace à toute heure, les doit mettre infailleiment dans peu de temps dans l'horrible nécessité d'être éternellement ou anéantis ou malheureux, sans qu'ils sachent laquelle de ces éternités leur est à jamais préparée. » (Ce paragraphe a été tiré de sa place, abrégé et intercalé au milieu de ce qui précède. Port-Royal, p. 6 : « C'est en vain qu'ils détournent leur pensée de cette éternité qui les attend, comme s'ils la pouvaient anéantir en n'y pensant point. Elle subsiste malgré eux, elle s'avance, et la mort qui la doit ouvrir les mettra infailliblement dans peu de temps dans l'horrible nécessité d'être éternellement ou anéantis ou malheureux. »)

Voilà un doute d'une terrible conséquence. (Port-Royal a transporté cette ligne en tête du paragraphe : « C'est donc assurément un grand mal que d'être dans ce doute, etc... ») « Ils sont dans le péril de l'éternité de misères, et sur cela, comme si la chose n'en valoit pas la peine, ils négligent d'examiner si c'est de ces opinions que le peuple reçoit avec une facilité trop crédule, ou de celles qui, étant obscures d'elles-mêmes, ont un fondement très-solide, quoique caché; ainsi ils ne savent s'il y a vérité ou fausseté dans la chose, ni si il y a force ou foiblesse dans les preuves; ils les ont devant les yeux, ils refusent d'y regarder; et dans cette ignorance ils prennent le parti de faire tout ce qu'il faut pour tomber dans ce malheur, au cas qu'il soit, d'attendre à en faire l'épreuve à la mort, d'être cependant fort satisfaits en cet état, d'en faire profession et enfin d'en faire vanité : peut-on penser sérieusement à l'importance de cette affaire, sans avoir horreur d'une conduite si extravagante? (Ce paragraphe est encore abrégé dans Port-Royal.)

« Ce repos dans cette ignorance est une chose monstrueuse et dont il faut faire sentir l'extravagance et la stupidité à ceux qui y passent leur vie, en la leur représentant à eux-mêmes pour les confondre par la vue de leur folie. Car voici comment raisonnent les hommes quand ils choisissent de vivre dans cette ignorance de ce qu'ils sont et sans chercher d'éclaircissement : Je ne sais, disent-ils..... (Port-Royal a transporté avec raison ce paragraphe avant celui qui commence ainsi : « Je ne sais qui m'a mis au monde, etc... »)

« Voilà ce que je vois et ce qui me trouble. Je

regarde de toutes parts et je ne vois partout qu'obscurité; la nature ne m'offre rien qui ne soit matière de doute et d'inquiétde. Si je n'y voyois rien qui marquât une divinité, je me déterminerois à la négative; si je voyois partout les marques d'un créateur, je reposerois en paix dans la foi. Mais voyant trop pour nier et trop peu pour m'assurer, je suis en un état à plaindre et où j'ai souhaité cent fois que, si un Dieu la soutient (la nature), elle le marquât sans équivoque, et que si les marques qu'elle en donne sont trompeuses, elle les supprimât tout à fait, qu'elle dît tout ou rien, afin que je visse quel parti je dois suivre; au lieu qu'en l'état où je suis, ignorant ce que je suis et ce que je dois faire, je ne connois ni ma conduite ni mon devoir; mon cœur tend tout entier à connoître où est le vrai bien pour le suivre; rien ne me seroit trop cher pour l'éternité. » (Port-Royal a tiré de là ce beau paragraphe, et l'a mis non plus dans tel ou tel endroit du chapitre I, *sur l'indifférence des athées*, dont il est une partie intégrante et essentielle, mais dans le chapitre VIII, *Image d'un homme qui s'est lassé de chercher Dieu par le seul raisonnement*. Il y a plus d'une variante importante; nous n'en signalerons qu'une seule. Port-Royal : « Mon cœur tend tout entier à connoître où est le vrai bien pour le suivre; rien ne me seroit trop cher *pour cela*. » Pascal : « Pour *l'éternité*. »)

« Je porte envie à ceux que je vois dans la foi vivre avec tant de négligence, et qui usent si mal d'un don duquel il me semble que je ferois un usage si différent. »

Arrivons à des pensées plus nouvelles.

On connoît cette pensée de Pascal, que les honnêtes gens ne veulent point d'enseignes, ni celle de mathématiciens, ni celle de poëtes (P.-R. ch. xxix; B. 1re part. ix, 18). Nous avons déjà publié là dessus une pensée barrée qui n'était pas dépourvue d'intérêt. En voici une autre encore qui montre à quel point ce sujet était cher à Pascal : (Msc. p. 440.) « *En titre* : Honnête homme. Il faut qu'on n'en puisse dire ni il est mathématicien, ni prédicateur, ni éloquent, mais il est honnête homme. Cette qualité universelle me plaît seule. Quand en voyant un homme on se souvient de son livre, c'est mauvais signe; je voudrois qu'on ne s'aperçût d'aucune qualité que par la rencontre et l'occasion d'en user : *ne quid nimis;* de peur qu'une qualité ne l'emporte et ne fasse baptiser. Qu'on ne songe pas qu'il parle bien, sinon quand il s'agit de bien parler; mais qu'on y songe alors. »

Les pensées suivantes peuvent être ajoutées

heureusement à toutes celles déjà connues sur les extrêmes. (B. 1re part. IV, 1; VI, 2.)

« Quand on lit trop ou trop doucement, on n'entend rien. »

« Trop et trop peu de vin. Ne lui en donnez pas, il ne peut trouver la vérité; donnez-lui en trop, de même. » (Msc. p. 23.)

« Je n'ai jamais jugé d'une même chose exactement de même. Je ne puis juger d'un ouvrage en le faisant; il faut que je fasse comme les peintres, et que je m'en éloigne, mais non pas trop. De combien donc? Devinez. » (Msc. p. 110.)

Nous allons donner, sans y mêler aucune réflexion, une suite de pensées qu'on sera bien aise de lire encore après toutes les pensées analogues déjà connues et publiées.

« Non-seulement nous regardons les choses par d'autres côtés, mais avec d'autres yeux : nous n'avons garde de les trouver pareilles. » (Msc. p. 420.)

« Il n'aime plus cette personne qu'il aimoit il y a dix ans. Je crois bien, elle n'est plus la même, ni lui non plus; il étoit jeune, et elle aussi; elle est tout autre; il l'aimeroit peut-être encore telle qu'elle étoit alors. » (Msc. 427.)

« Nous ne nous soutenons pas dans la vertu par notre propre force, mais par le contre-poids de deux vices opposés, comme nous demeurons debout entre deux vents contraires. Otez un de ces vices, vous tombez dans l'autre. » (Msc. *ibid.*)

« Notre nature est dans le mouvement : le repos entier est la mort. » (Msc. p. 440.)

« Ils disent que les éclipses présagent le malheur, parce que les malheurs sont ordinaires; de sorte qu'il arrive si souvent du mal qu'ils devinent souvent; au lieu que, s'ils disoient qu'elles présagent bonheur, ils mentiroient souvent. Ils ne donnent le bonheur qu'à des rencontres du ciel rares; ainsi ils manquent peu souvent à deviner. » (Msc. p. 127.)

« La diversité est si ample que tous les tons de voix, tous les marchers, toussers, mouchers, éternuers, sont différents[1]. On distingue des fruits les raisins, et entre eux le muscat, et puis Coindrieu, et puis des Argues, et puis.... Est-ce tout ? En a-t-elle (la nature) jamais produit deux grappes pareilles, et une grappe a-t-elle deux grains pareils ? » (Msc. p. 110.)

« La théologie est une science, mais en même temps combien est-ce de sciences ? Un homme est un suppôt; mais si on l'anatomise, sera-ce la tête,

---

[1] *Sont différents.* Ces deux mots manquent dans le manuscrit, mais sont dans les deux copies.

le cœur, l'estomac, les veines, chaque veine, chaque portion de veine, le sang, chaque humeur de sang?

« Une ville, une campagne de loin est une ville et une campagne ; mais, à mesure qu'on s'approche, ce sont des maisons, des arbres, des tuiles, des feuilles, des herbes, des fourmis, des jambes de fourmi à l'infini [1]. Tout cela s'enveloppe sous le nom de campagne. » (Msc. p. 73.)

« Tout est un, tout est divers. Que de natures en celles de l'homme! que de vocations! Et par quel hasard chacun prend d'ordinaire ce qu'il a le moins étudié! Talon bien tourné. » (Msc. p. 394.)

« *En titre :* Talon de soulier. — Que cela est bien tourné! que voilà un habile ouvrier! que ce soldat est hardi! Voilà la source de nos inclinations et du choix des conditions. Que celui-là boit bien! que celui-là boit peu! Voilà ce qui fait les gens sobres et ivrognes, soldats, poltrons, etc. » (Msc. p. 81[2].)

« *En titre :* La gloire. — L'admiration gâte tout dès l'enfance. Oh! que cela est bien dit! Oh! qu'il a bien fait, qu'il est sage! etc....

[1] Cette pensée et la précédente rappellent les considérations sur l'infinie petitesse de la nature. (P.-R. ch. XXII; 1re part. IV, 1).

[2] Ces deux dernières pensées ont une grande analogie avec ce paragraphe de Port-Royal (ch. XXIV; B. 1re part. VI, 4) : « La chose la plus importante à la vie, c'est le choix d'un métier. Le hasard en dispose, etc. »

« Les enfants de Port-Royal, auxquels on ne donne point cet aiguillon d'envie et de gloire, tombent dans la nonchalance. » (Msc. p. 69.)

« C'est une chose déplorable de voir tous les hommes ne délibérer que des moyens, et point de la fin. Chacun songe comment il s'acquittera de sa condition ; mais, pour le choix de la condition et de la patrie, le sort nous la donne.

« C'est une chose pitoyable de voir tant de Turcs, d'hérétiques et d'infidèles suivre le train de leurs pères par cette seule raison qu'ils ont été prévenus chacun que c'est le meilleur, et c'est ce qui détermine chacun à chaque condition de serrurier, soldat, etc. » (Msc. p. 61.)

« Nous nous connaissons si peu, que plusieurs pensent aller mourir quand ils se portent bien, et plusieurs semblent se porter bien quand ils sont proches de mourir, ne sentant pas la fièvre prochaine ou l'abcès prêt à se former. » (Msc. p. 431.)

« Ceux qui n'aiment pas la vérité prennent le prétexte de la contestation et de la multitude de ceux qui la nient ; et ainsi leur erreur ne vient que de ce qu'ils n'aiment pas la vérité ou la charité, et ainsi ils ne sont pas excusés. » (Msc. p. 270.)

« Si l'antiquité étoit la règle de la créance, les

anciens étoient donc sans règle[1]. (Msc. 273.)

« Il faut se connoître soi-même, quand cela ne serviroit pas à trouver le vrai, mais cela au moins sert à régler sa vie, et il n'y a rien de plus juste. (Msc. p. 75.)

« La vraie nature étant perdue, tout devient sa nature; comme le véritable bien étant perdu, tout devient son véritable bien.

« Il n'y a rien qu'on ne rende naturel : il n'y a naturel qu'on ne fasse perdre. » (Msc. p. 47.)

« Il n'est pas bon d'être trop libre.

« Il n'est pas bon d'avoir toutes ses nécessités. » (Msc. *Ibid.*)

« On croit toucher des orgues ordinaires en touchant l'homme : ce sont des orgues à la vérité, mais bizarres, changeantes, variables, dont les tuyaux ne se suivent pas par degrés conjoints. Ceux qui ne savent toucher que les ordinaires ne feroient pas d'accord sur celles-là. » (Msc. p. 65.)

« Si un animal faisoit par esprit ce qu'il fait par instinct, et s'il parloit par esprit ce qu'il parle par instinct, pour la chasse et pour avertir ses camarades que la proie est trouvée ou perdue, il par-

---

[1] Cf. Bossut, 1re part. art. 1er, « De l'autorité en matière de philosophie, » et le paragraphe : « N'est-ce pas là traiter indignement la raison de l'homme, etc. »

leroit bien aussi pour des choses où il a plus d'affection, comme pour dire : Rongez cette corde qui me blesse, et où je ne puis atteindre. » (Msc. p. 229.)

« La nature recommence toujours les mêmes choses, les ans, les jours, les heures; les espaces de même, et les nombres sont bout à bout à la suite l'un de l'autre : ainsi se fait une espèce d'infini et d'éternel; mais ces êtres terminés se multiplient infiniment. Ainsi il n'y a, ce me semble, que le nombre qui les multiplie qui soit infini. » (Msc. p. 423.)

« La nature s'imite : une graine jetée en bonne terre produit; un principe jeté dans un bon esprit produit.

« Les nombres imitent l'espace, qui sont de nature si différente.

« Tout est fait et conduit par un même maître : la racine, les branches, les fruits, les principes, les conséquences. » (Msc. p. 433.)

« Tout ce qui se perfectionne par progrès périt aussi par progrès. Tout ce qui a été foible ne peut jamais être absolument fort. On a beau dire : il est cru; il est changé; il est aussi le même.

« Il y a des herbes sur la terre; nous les voyons; de la lune on ne les verroit pas; et sur ces herbes des pailles, et dans ces pailles de petits animaux, mais après cela plus rien. O présomptueux! les mixtes sont composés d'éléments, et les éléments non! O présomptueux! voici un trait délicat : il ne faut pas dire qu'il y a ce qu'on ne voit pas; il faut dire comme les autres, mais non pas penser comme eux. » (Msc. p. 225.)

« Quand je considère la petite durée de ma vie absorbée dans l'éternité précédente et suivante, *memoria hospitis unius diei prætereuntis*, le petit espace que je remplis, et même que je vois abîmé dans l'infinie immensité des espaces que j'ignore, et que tu ignores, je m'effraie et m'étonne de me voir ici plutôt que là; car il n'y avoit pas de raison pourquoi ici plutôt que là, pourquoi à présent plutôt qu'alors! Qui m'y a mis? par l'ordre et la conduite de qui ce lieu et ce temps a-t-il été destiné à moi? (Msc. p. 67.)

« Pourquoi ma connoissance est-elle bornée, ma taille, ma durée à cent ans plutôt qu'à mille? quelle raison a eu la nature de me la donner telle, et de choisir ce nombre plutôt qu'un autre, dans l'infinité desquels il n'y a pas plus de raison de choisir l'un que l'autre, rien ne tenant l'un plus que l'autre? » (Msc. p. 49.)

« *En titre* : Ennui. — Rien n'est si insupportable à l'homme que d'être dans un plein repos, sans passion, sans affaires, sans divertissement, sans application ; il sent alors son néant, son abandon, son insuffisance, sa dépendance, son impuissance, son vide : incontinent il sort du fond de son âme l'ennui, la noirceur, la tristesse, le chagrin, le dépit, le désespoir. (Msc. p. 47 [1].)

« Quand un soldat se plaint de la peine qu'il a, ou un laboureur, etc., qu'on les mette sans rien faire.

« Si l'homme étoit heureux, il le seroit d'autant plus qu'il seroit moins diverti, comme les saints et Dieu [2].

« Quand on veut poursuivre les vertus jusqu'aux extrêmes, de part et d'autre il se présente des vices qui s'y insinuent dans leurs routes insensibles du côté du petit infini; et il se présente des vices en foule du côté du grand infini, de sorte qu'on se perd dans les vices et on ne voit plus les vertus. (Msc. p. 225.)

« On n'est pas misérable sans sentiment; une maison ruinée ne l'est pas; il n'y a que l'homme de misérable. » Cette pensée n'est peut-être qu'une première ébauche de cette autre si connue : « L'homme est si grand que sa grandeur paroît même en ce qu'il se connoît misérable. Un arbre

---

[1] Cf. P.-R. ch. XXVI; B. 1ʳᵉ part. VII, 1.
[2] Cf. P.-R. ch. XXIX; B. 1ʳᵉ part. IX, 25.

ne se connoît pas misérable, etc. » (P.-R. ch. XIII; B. 1re part. IV, 3.)

« La nature de l'homme n'est pas d'aller toujours : elle a ses allées et ses venues. » (Msc. p. 83.)

Voici maintenant des pensées qu'on pourrait réellement appeler avec Bossut des pensées littéraires. Pascal avait déjà dit : « Je hais les mots d'enflure [1]. » Il s'exprime encore mieux, Msc. p. 12 : « Je hais également le bouffon et l'enflé. » Mais cette ligne est barrée.

« J'ai l'esprit plein d'inquiétude; je suis plein d'inquiétude vaut mieux. » (Msc. p. 130.)

« L'inquiétude de son génie. Trop de deux mots hardis. » (Msc. p. 441.)

« Éteindre le flambeau de la sédition; trop luxuriant. » (Le Msc. p. 441, qui n'est point ici de la main de Pascal, mais d'une main étrangère, donne *luxuriante* qui n'a pas de sens.)

« Éloquence, qui persuade par douceur non par empire, en tyran, non en roi. » (Msc. p. 130.)

« Le docteur qui parle un quart d'heure après avoir tout dit : tant il est plein de désir de dire. » (Msc. p. 123.)

« Changer de figures, à cause de notre foiblesse. » (Msc. *ibid.*)

---

[1] B. 1re part. III : *De l'art de persuader.*

« Qu'on ne dise pas que je n'ai rien dit de nouveau : la disposition des matières est nouvelle. Quand on joue à la paume, c'est une même balle dont joue l'un et l'autre, mais l'un la place mieux. »

« J'aimerois autant qu'on me dît que je me suis servi de mots anciens, et comme si les mêmes pensées ne formoient pas un autre corps de discours par une disposition différente, aussi bien que les mêmes mots forment d'autres pensées par les différentes dispositions. » (Msc. p. 431 [1].)

Nous n'en finirions pas si nous citions tous les nouveaux passages où Pascal se complaît à ramener son opinion favorite, que la force fait la justice et domine sur la raison.

« C'est la force qui fait l'opinion. La mollesse est belle, selon votre opinion ; pourquoi ? Parce que qui voudra danser sur la corde sera seul, et je ferai une cabale plus forte de gens qui diront que cela n'est beau. » (Msc. p. 142 [2].)

« *Veri juris*; nous n'en avons plus ; si nous en avions, nous ne prendrions pas pour règle de justice de suivre les mœurs de son pays. » (Msc. p. 406.)

---

[1] Cf. Desm. p. 331; C. 1ʳᵉ part. x, 32.
[2] Cf. Condorcet, vii, 6.

« Le chancelier est grave et revêtu d'ornements, car son poste est faux, et non le roi ; il a la force, il n'a que faire de l'imagination. Les juges, médecins, etc., n'ont que l'imagination. » (Msc. p. 283 [1].)

Quand la force attaque la grimace, quand un simple soldat prend le bonnet carré d'un premier président et le fait voler par la fenêtre. » (Msc. p. 163.)

« Ils confessent que la justice n'est pas dans ces coutumes, mais qu'elle réside dans les lois naturelles, communes en tout pays. Certainement ils le soutiendroient opiniâtrément, si la témérité du hasard, qui a semé les lois humaines, en avoit rencontré au moins une qui fût universelle. Mais la plaisanterie est telle que le caprice des hommes s'est si bien diversifié qu'il n'y en a point. » (Msc. p. 69 et 365.)

« De là vient le droit de l'épée ; car l'épée donne un véritable droit. Autrement on verroit la violence d'un côté et la justice de l'autre.

« De là vient l'injustice de la Fronde qui élève sa prétendue justice contre la force. » (Msc. p. 159.)

« En montrant la vérité, on la fait croire ; mais en montrant l'injustice des ministres, on ne la cor-

---

[1] Cf. Bossut, 1re part. 8 et 9.

rige pas; on assure la conscience en montrant la fausseté, on n'assure pas la bourse en montrant l'injustice. « (Msc. p. 455.)

On rencontre épars à travers tout le manuscrit un bon nombre de traits contre la raison et la philosophie, qui rendent de plus en plus manifeste la pensée de Pascal. Dans le dessein de décrier la raison, il lui fait quelquefois une guerre de mots. Il faut avoir eu bien de l'humeur contre la raison et bien de la passion pour la force pour avoir écrit ce passage :

« Ils sont conraints de dire : Vous n'agissez pas de bonne foi; nous ne devrions pas, etc. Que j'aime à voir cette superbe raison humiliée et suppliante! car ce n'est pas là le langage d'un homme à qui on dispute son droit et qui le défend les armes et la force à la main; il ne s'amuse pas à dire qu'on n'agit pas de bonne foi, mais il punit cete mauvaise foi par la force. » (Msc. p. 23.)

Pascal voudrait-il donc qu'au lieu d'arguments présentés avec politesse la raison employât des baïonnettes?

Les philosophes, tel est le titre que portent dans le manuscrit bien des pensées, la plupart publiées, quelques-unes encore inédites.

« Philosophes. La belle chose de crier à un homme qui ne se connoît pas, qu'il aille de lui-même à Dieu! Et la belle chose de le dire à un homme qui se connoît! (Msc. p. 416.)

« Recherche du vrai bien. Le commun des hommes met le bien dans la fortune et dans les biens du dehors, ou au moins dans le divertissement. Les philosophes ont montré la vanité de tout cela, et l'ont mis où ils ont pu. (Msc. p. 47[1].)

« Pour les philosophes, 280 souverains biens.

« Le souverain bien. Dispute du souverain bien. *Ut sis contentus temetipso, et ex te nascentibus bonis.* Il y a contradiction; car ils (les philosophes, les stoïciens) conseillent enfin de se tuer. O quelle vie heureuse dont on se débarrasse comme de la peste!»

Quelle réponse n'aurions-nous pas à faire à de pareilles accusations, si l'humeur de Pascal se communiquait à nous, et si sa profonde injustice pouvait nous induire en tentation d'être injuste! Nous nous bornerons à rappeler cette pensée de Pascal lui-même que nous avons citée plus haut, qu'il ne faut pas s'armer contre la vérité du prétexte des contestations qu'elle excite, et de la multitude des opinions contraires. Ce n'était pas la peine en vérité d'avoir varié de tant de façons ce thème sublime, que la pensée fait la grandeur de

---

[1] Cf. P.-R. ch. XXI; B. 2ᵉ part. 1.

l'homme, pour renier ensuite et couvrir de sarcasmes le culte de la pensée, c'est-à-dire la philosophie, parce que la pensée qui nous enseigne, quoi qu'en dise Pascal, et l'existence de l'âme et celle de Dieu, et celle aussi du bien et du mal, de la vertu et du crime, de la liberté et de la responsabilité de nos actes, mêle à ces grands enseignements plus d'une erreur, et parce que la philosophie, comme toute religion, compte des écoles et des sectes différentes !

Mais au lieu de défendre la philosophie, nous préférons citer encore deux passages inédits où par mégarde Pascal traite assez bien les philosophes. Dans l'un il reconnaît que tout n'était pas si corrompu et si extravagant dans la philosophie ancienne, puisqu'il s'y est rencontré un homme qu'on fait bien de lire pour se préparer à recevoir l'impression de la religion chrétienne. « Platon, pour disposer au christianisme. » (Msc. p. 73.) Dans l'autre passage, pour prouver l'immatérialité de l'âme, il en appelle aux philosophes qui ont dompté leurs passions. « Immatérialité de l'âme. Les philosophes qui ont dompté leurs passions : quelle matière l'a pu faire ? (Msc. p. 393.) »

On a souvent dit, et avec raison, que Pascal a beaucoup emprunté à Montaigne : c'est que, dans

Montaigne, il se retrouvait lui-même, et qu'en lui-même il retrouvait Montaigne. C'étaient là ses deux livres habituels, qui s'éclaircissaient l'un par l'autre. Voilà ce qu'il nous déclare lui-même dans ces lignes intéressantes :

« Ce n'est pas dans Montaigne, mais dans moi que je trouve tout ce que j'y vois. » (Msc. 431.)

Je m'arrête ici, et ne citerai pas un plus grand nombre de pensées inédites qui peuvent accroître les chapitres de Port-Royal intitulés : *Pensées diverses* et *Pensées morales*. Je passe à celles qu'avec Port-Royal encore on pourrait appeler *Pensées chrétiennes*.

Ouvrons ce nouveau chapitre par la pensée qui en est le fonds et qui domine toutes celles qui vont suivre :

« Il est bon d'être lassé et fatigué par l'inutile recherche du vrai bien, afin de tendre les bras au libérateur. » (Msc. p. 63 [1].)

Pascal, après avoir dit que Dieu nous a donné une puissance de bonheur et de malheur, ajoute : « Vous pouvez l'appliquer ou à Dieu ou à vous. Si à Dieu, l'Évangile est la règle; si à vous, vous tiendrez la place de Dieu. » (Msc. p. 161.)

« Les vrais chrétiens obéissent aux folies; néan-

---

[1] Cf. B. 2ᵉ part. VIII, 19.

moins non pas qu'ils respectent les folies, mais l'ordre de Dieu, qui, pour la punition des hommes, les a asservis à ces folies. » (Msc. p. 81.)

« Il y a peu de vrais chrétiens, je dis même pour la foi. Il y en a bien qui croient, mais par superstition ; il y en a bien qui ne croient pas, mais par libertinage. Peu sont entre deux.

« Je ne comprends pas en cela (dans la superstition) ceux qui sont dans la véritable piété de mœurs, et tous ceux qui croient par un sentiment du cœur. » (Msc. p. 244.)

« Ce n'est pas une chose rare qu'il faille reprendre le monde de trop de docilité : c'est un vice naturel, comme l'incrédulité, et aussi pernicieux. » (Msc. p. 163 [1].)

« Le monde ordinaire a le pouvoir de ne pas songer à ce qu'il ne veut pas songer. Ne pensez pas aux passages du Messie, disait le juif à son fils. Ainsi font les nôtres souvent : ainsi se conservent les fausses religions et la vraie même à l'égard de beaucoup de gens.

« Mais il y en a qui n'ont pas le pouvoir de s'empêcher de songer, et qui songent d'autant plus qu'on leur défend. Ceux-là se défont des fausses religions, et de la vraie même, s'ils ne

---

[1] Cf. P.-R. ch. v; B. 2ᵉ part. vi, 3.

trouvent des discours solides. » (Msc. p. 41.)

Ces réserves contre la superstition et une docilité excessive en faveur du besoin et du droit de songer, comme dit Pascal, lui étaient évidemment suggérées par la nécessité de se défendre contre les jésuites qui parlaient au nom de l'autorité de l'Église, comme les attaques d'une incrédulité superficielle, irritant son *humeur bouillante*, l'entraînent souvent à avilir la raison devant l'autorité et la foi. La vérité est au milieu, ou plutôt elle embrasse ce qu'il y a de légitime dans l'une et l'autre de ces deux conduites, le ferme maintien des droits de la raison, lors même qu'on entreprend de la contenir dans de justes bornes, et le respect de la foi, alors même qu'on veut éclairer une docilité excessive, et qu'on attaque la superstition. Pascal, qui a si souvent parlé contre les extrêmes, n'a jamais su s'en bien défendre et garder cette juste mesure qui est à la fois le comble de la difficulté et du génie. Pour y atteindre, il eût fallu que son ardeur naturelle eût été tempérée par l'âge, par l'expérience de la vie, et par des connaissances plus étendues en philosophie et en histoire. Deux hommes seuls, au xviie siècle, à la *fin et non* pas au *commencement* de ce siècle, à la suite de tant de querelles métaphysiques et théologiques, arrivèrent à cette sagesse éminente,

Bossuet dans l'Église, Leibnitz parmi les philosophes. Mais poursuivons, sans réflexions superflues, le cours de nos extraits.

« Qu'il y a loin de la connoissance de Dieu à l'aimer ! » (Msc. p. 489.)

« L'Écriture a pourvu de passages pour consoler toutes les conditions, et pour intimider toutes les conditions. La nature seule avoit fait la même chose par ces deux infinis naturels et moraux; car nous aurons toujours du dessus et du dessous, de plus habiles et de moins habiles, de plus élevés et de plus misérables, pour abaisser notre orgueil et relever notre abjection. » (Msc. p. 41.)

« Grandeur et misère. — A mesure qu'on a plus de lumière, on découvre plus de grandeur et de bassesse dans l'homme.

« Le commun des hommes. Ceux qui sont plus élevés.

« Les philosophes : ils étonnent le commun des hommes.

« Les chrétiens : ils étonnent les philosophes.

« Qui s'étonnera donc de voir que la religion ne fasse que connoître à fond ce qu'on reconnoît d'autant plus qu'on a plus de lumière ? » (Msc. p. 75.)

« La foi est un don de Dieu. Ne croyez pas que

nous disions que c'est un don du raisonnement. Les autres religions ne disent pas cela de leur foi ; elles ne donnoient que le raisonner pour y arriver, qui n'y vient point néanmoins. » (Msc. p. 14[1].)

« Dieu s'est servi de la concupiscence des Juifs pour les faire servir à Jésus-Christ.

« La concupiscence nous est devenue naturelle et a fait notre seconde nature ; ainsi il y a deux natures en nous, l'une bonne, l'autre mauvaise. Où est Dieu? où vous n'êtes pas ; et le royaume de Dieu est dans vous. » (Msc. p. 1 [2].)

« Abraham ne prit rien pour lui, mais seulement pour ses serviteurs ; ainsi le juste ne prend rien pour soi du monde et des applaudissements du monde, mais seulement pour ses passions, desquelles il se sert en maître, en disant : Va et viens. *Sub te erit appetitus tuus.* Les passions ainsi dominées sont vertus ; l'avarice, la jalousie, la colère, Dieu même se les attribue ; et ce sont aussi bien des vertus que la clémence, la patience et la constance, qui sont aussi des passions. Il faut s'en servir comme d'esclaves, et, leur laissant leur aliment, empêcher que l'âme n'y en prenne ; car, quand les passions sont les maîtresses, elles

---

[1] Cf. P.-R. ch. vi; B. 2ᵉ part. vi.

[2] Cf. B. 2ᵉ part. xvii, 49 : « ..... Il faut aimer un être qui soit en nous et qui ne soit pas nous..... »

sont vices, et alors elles donnent à l'âme de leur aliment, et l'âme s'en nourrit et s'en empoisonne. » (Msc. p. 249.)

« Notre religion est sage et folle : sage, parce qu'elle est la plus savante et la plus fondée en miracles, prophètes, etc.; folle, parce que ce n'est point tout cela qui fait qu'on en est; cela fait bien condamner ceux qui n'en sont pas, mais non pas croire ceux qui en sont. Ce qui les fait croire, c'est la croix : *ne evacuata sit crux*. Et ainsi saint Paul, qui est venu en sagesse et signes, dit qu'il n'est venu ni en sagesse ni en signes, parce qu'il venoit pour convertir. Mais ceux qui ne viennent que pour convaincre peuvent dire qu'ils viennent en sagesse et en signes. » (Msc. p. 461 [1].)

« *Fascinatio nugacitatis*. Afin que la passion ne nuise point, faisons comme s'il n'y avoit que huit jours de vie. »

« De tout ce qui est sur la terre, il (le vrai chrétien) ne prend part qu'aux déplaisirs, non aux plaisirs; il aime ses proches, mais sa charité ne se renferme pas dans ces bornes, et se répand sur ses ennemis et puis sur ceux de Dieu. » (Msc. p. 419.)

Sur Mahomet : « Qui rend témoignage de Ma-

---

[1] Cf. P.-R. ch. XVIII; B. 2ᵉ part. XIII.

homet [1] ? Lui-même. Jésus-Christ veut que son témoignage ne soit rien.

« La qualité de témoins fait qu'il faut qu'ils soient toujours et partout ; et, misérable, il est seul ! » (Msc. p. 27.)

« Nous ne connoissons Dieu que par J.-C. Sans ce médiateur est ôtée toute communication avec Dieu. Par J.-C. nous connoissons Dieu. Tous ceux qui ont prétendu connoître Dieu et le prouver sans J.-C., n'avoient que des preuves impuissantes. Mais pour prouver J.-C. nous avons les prophéties, qui sont des preuves solides et palpables ; et ces prophéties, étant accomplies et prouvées véritables par l'événement, marquent la certitude de ces vérités, et partant la preuve de la divinité de J.-C. En lui et par lui nous connoissons donc Dieu. Hors de là et sans l'Écriture, sans le péché originel, sans médiateur promis et arrivé, on ne peut prouver absolument rien, ni enseigner ni bonne doctrine ni bonne morale ; mais par J.-C. et en J.-C. on prouve Dieu et on enseigne la morale et la doctrine. J.-C. est donc le vrai Dieu des hommes.

« Mais nous connoissons en même temps notre misère, car ce Dieu-là n'est autre chose que le

[1] Cf. P.-R. ch. XVII ; B. 2ᵉ part. XII, 7 et 10.

réparateur de notre misère. Ainsi, nous ne pouvons bien connoître Dieu qu'en connoissant nos iniquités. Aussi ceux qui ont connu Dieu sans connoître leur misère ne l'ont pas glorifié, mais s'en sont glorifiés : *quia non cognoverunt per sapientiam Deum, placuit Deo per stultitiam prædicationis salvos facere.* » (Msc. p. 151 [1].)

Ces nouvelles pensées *diverses*, *morales* et *chrétiennes* ont, comme celles que Port-Royal avait rassemblées sous ces titres, l'inconvénient d'avoir assez peu de liaison entre elles. Celles qui vont suivre sur les querelles du temps, les jansénistes et les jésuites, auront l'avantage d'une plus grande unité, par leur rapport à un seul et même objet. Elles auront aussi pour nous cet autre intérêt de nous faire pénétrer plus avant dans l'âme de Pascal, et de nous faire mieux connaître les idées et les passions qui agitèrent les dernières années de sa vie.

[1] Cf. P.-R. ch. xx; B. 2° part. xv.

II. Pensées sur les miracles, les jansénistes et les jésuites.

Le miracle de la sainte Épine, arrivé en 1657, et qui fut suivi de tant d'autres miracles du même genre, fit sur Pascal une impression profonde. Il y vit une grâce toute particulière de Dieu sur sa famille et sur lui[1], et il en ressentit une reconnaissance orgueilleuse jusque sous les pointes de la ceinture de fer par lesquelles il combattait en vain sa superbe naturelle[2]. Ce lui fut à la fois une récompense et une consécration qui l'affermit et l'anima d'autant plus dans sa fidélité à la cause de la morale et de la liberté chrétienne. On sait avec quelle véhemence il éclate contre les jésuites à la fin des Provinciales : l'écho de ces terribles accents retentit dans les lignes que nous avons déjà tirées de notre manuscrit, et nous le

---

[1] *Vie de Pascal*, par Mme Périer : « Mon frère fut sensiblement touché de cette grâce, qu'il regardoit comme faite à lui-même. » Quelques jours auparavant Pascal avait déclaré, si on en croit le Recueil d'Utrecht, que des miracles étaient nécessaires, aussi fut-il pénétré de voir, dit le Recueil, « que Dieu s'intéressoit, si on peut parler ainsi, à la parole qu'il avoit donnée. »

[2] *Ibid.* « Il prenoit, dans les occasions, une ceinture de fer pleine de pointes ; il la mettoit à nu sur sa chair, et, lorsqu'il lui venoit quelques pensées de vanité, etc.... il se donnoit des coups de coude pour redoubler la violence des piqûres. »

retrouverons prolongé mais affaibli dans celles que nous allons en extraire encore.

A l'occasion du miracle de la sainte Épine, Pascal écrit une foule de Pensées sur les miracles, qui ont fourni successivement le chapitre de Port-Royal sur ce sujet, les fragments donnés par l'évêque de Montpellier et ceux qu'a publiés Bossut. Nous pouvons y ajouter, d'après notre manuscrit, plusieurs traits nouveaux.

« Que je hais ceux qui font les douteux des miracles! Montaigne en parle comme il faut dans les deux endroits : on voit en l'un combien il est prudent, et néanmoins il croit en l'autre et se moque des incrédules. » (Msc. p. 453.)

« Je ne serois pas chrétien sans les miracles, dit saint Augustin. » (Msc. p. 270.)

« On n'auroit point péché en ne croyant point J.-C. sans les miracles : *Vide an mentiar.* » (Msc. p. 169.)

« Si le refroidissement de la charité laisse l'Église presque sans vrais adorateurs, les miracles en exciteront. Ce sont les derniers efforts de la grâce. » (Msc. p. 343.)

« S'il se faisoit un miracle aux Jésuites! » (*Ibid.*)

Cette dernière pensée nous conduit à celles qui se rapportent directement aux querelles du temps.

« L'Église a toujours été combattue par des erreurs contraires, mais peut-être jamais en même temps comme à présent; et si elle en souffre plus à cause de la multiplicité d'erreur, elle en reçoit cet avantage qu'elles se détruisent. » (Msc. p. 275.)

« La vérité est si obscurcie en ce temps et le mensonge si établi, qu'à moins que d'aimer la vérité on ne sauroit la connoître. » (Msc. p. 201.)

« Les malingres sont gens qui connoissent la vérité, mais qui ne la soutiennent qu'autant que leur intérêt s'y rencontre; mais hors de là ils l'abandonnent. » (*Ibid.*)

« C'est une chose horrible qu'on nous propose la discipline de l'Église d'aujourd'hui tellement pour bonne, qu'on fait un crime de la vouloir changer. Autrefois, elle étoit bonne infailliblement, et on trouve qu'on a pu la changer sans péché, et maintenant telle qu'elle est, on ne la pourra souhaiter changée!

« Il a bien été changé la coutume de ne faire des prêtres qu'avec tant de circonspection qu'il n'y en avoit presque point qui en fussent dignes; et il ne sera pas permis de se plaindre de la coutume qui en fait tant d'indignes! » (Msc. p. 249.)

« Si saint Augustin venoit aujourd'hui et qu'il fût aussi peu autorisé que ses défenseurs, il ne feroit rien. Dieu conduit bien son Église de l'avoir envoyée devant avec autorité. » (Msc. p. 109.)

« Bel état de l'Eglise, quand elle n'est plus soutenue que de Dieu! » (Msc. p. 461.)

« Est-ce donner courage à vos enfants de les condamner quand ils servent l'Eglise?

« C'est un artifice du diable de divertir ailleurs les armes dont ces gens-là combattroient les hérésies. » (Msc. p. 343.)

Voici maintenant sur le pape des Pensées aussi hardies qu'orthodoxes, qui rattachent Pascal et Port-Royal d'une part à Gerson et aux grands docteurs des conciles de Constance et de Bâle, et de l'autre à Bossuet et à la déclaration des droits de l'Eglise gallicane.

« Dieu ne fait point de miracles dans la conduite ordinaire de son Eglise; c'en seroit un étrange, si l'infaillibilité étoit dans un. » (Msc. p. 437 [1].)

« Les rois disposent de leur empire; mais les papes ne peuvent disposer du leur. » (Msc. p. 429.)

« Le pape hait et craint les souverains qui ne lui sont pas soumis par vœu. » (Msc. p. 427.)

« Dieu n'a pas voulu absoudre sans l'Eglise; comme elle a part à l'offense, il veut qu'elle ait part au pardon. Il l'associe à ce pouvoir comme les rois les parlements. Mais si elle absout ou si

---

[1] Cf. B. suppl. 14-16.

elle lie sans Dieu, ce n'est plus l'Eglise, comme au parlement; car encore que le roi ait donné grâce à un homme, si faut-il qu'elle soit entérinée; mais si le parlement entérine sans le roi, ou s'il refuse d'entériner sur l'ordre du roi, ce n'est plus le parlement du roi, mais un corps révolté. » (Msc. p. 442.)

« Il n'y a presque plus que la France où il soit permis de dire que le concile est au-dessus du pape. » (Msc. p. 251.)

« Le pape seroit-il déshonoré pour tenir de Dieu et de la tradition ses lumières, et n'est-ce pas le déshonorer que de le séparer de cette sainte union? » (Msc. p. 453.)

A tout propos Pascal exhale son indignation contre les jésuites, sur les marges et dans les coins de pages remplies de tout autres pensées.

« Vous corrompez la religion, ou en faveur de vos amis ou contre vos ennemis : vous en disposez à votre gré. » (Msc. p. 113[1].)

« Il faut que le monde soit bien aveugle, s'il vous croit. » (Msc. p. 433.)

« Sera bien condamné qui le sera par Escobar! » (Msc. p. 402.)

« Votre caractère est-il fondé sur Escobar?

---

[1] Cf. B. 2ᵉ part. XVI, 9 et 10.

« Peut-être avez-vous des raisons pour ne le pas condamner; il suffit que vous en approuviez ce que je vous en adresse. » (Msc. p. 453.)

« Vous ne m'accusez jamais de fausseté sur Escobar parce qu'il est commun. » (Msc. p. 423.)

« Ils ne peuvent avoir la perpétuité, et ils cherchent l'universalité! Et pour cela, ils font toute l'Église corrompue, afin qu'ils soient saints. » (Msc. p. 442.)

« Le grand nombre loin de marquer leur perfection marque le contraire.

« L'humilité d'un seul fait l'orgueil de plusieurs. » (Msc. p. 439.)

« Ceux qui aiment l'Église se plaignent de voir corrompre les mœurs; mais au moins les lois subsistent; mais ceux-ci corrompent les lois : le modèle est gâté. » (Msc. p. 427.)

« Ils font de l'exception la règle. Les anciens ont donné l'absolution avant la pénitence. Faites-le en esprit d'exception; mais de l'exception vous faites une règle sans exception; en sorte que vous ne voulez plus même que la règle soit en exception. » (Msc. p. 437.)

Restituons encore à l'auteur des Provinciales les pensées suivantes sur le probabilisme et sur les casuistes.

« Peut-ce être autre chose que la complaisance

du monde qui vous fasse trouver les choses probables? Nous ferez-vous accroire que ce soit la vérité, et que si la mode du duel n'étoit point, vous trouveriez probable qu'on se pût battre en regardant la chose en elle-même? » (Msc. p. 440.)

« Oseriez-vous ainsi vous jouer des édits du roi, en disant que ce n'est pas se battre en duel que d'aller dans un champ en attendant un homme? » (Msc. p. 435 [1].)

« Faut-il tuer pour empêcher qu'il n'y ait des méchants? C'est en faire deux au lieu d'un : *vince in bono malum*, saint Augustin. » (Msc. p. 419.)

« Généraux. — Il ne leur suffit pas d'introduire dans nos temples de telles mœurs, *templis inducere mores;* non-seulement ils veulent être soufferts dans l'Église, mais, comme s'ils étoient devenus les plus forts, ils en veulent chasser, eux qui n'en sont pas.

Mohatra [2]. *Ce n'est pas être théologien que de s'en étonner.* Qui eût dit à vos généraux qu'un temps étoit si proche qu'ils domineroient en mœurs à l'Église universelle et appelleroient guerre le refus de ces désordres? *Tot et tanta mala pacem.* » (Msc. p. 431.)

[1] Cf. *Lettres provinciales*, lettre VII. Extrait de Hurtado de Mendoza, rapporté par Diana.

[2] Cf. *Lettres provinciales*, lettre VIII, sur le contrat Mohatra.

« Casuistes. — Une aumône considérable, une pénitence raisonnable : encore qu'on ne puisse assigner le juste, on voit bien ce qui ne l'est pas. Les casuistes sont plaisants de croire pouvoir interpréter cela comme ils font.

« Gens qui s'accoutument à mal parler et à mal penser. » (Msc. p. 437.)

« Probabilité. — Ils ont quelques principes vrais, mais ils en abusent. Or l'abus des vérités doit être autant puni que l'introduction du mensonge. » (Msc. p. 344.)

« Probable. — Quand il seroit vrai que les auteurs graves et les raisons suffiroient, je dis qu'ils ne sont ni graves ni raisonnables. Quoi! un mari peut profiter de sa femme, selon Molina! La raison qu'il en donne est-elle raisonnable, et la contraire de Lessius l'est-elle encore? » (Msc. p. 435.)

« Les casuistes soumettent la décision à la raison corrompue, et le choix des décisions à la volonté corrompue, afin que tout ce qu'il y a de corrompu dans la nature de l'homme ait part à sa conduite. »

« La folle idée que vous avez de l'importance de votre compagnie vous a fait établir ces horribles voies; il est bien visible que c'est ce qui vous a fait suivre celle de la calomnie, puisque vous blâmez en moi, comme horribles, les mêmes impostures que vous excusez en vous... » (Msc. p. 343.)

Terminons ici nos extraits. Ils ne renferment rien, nous le répétons, qui puisse être comparé aux grands morceaux déjà publiés; mais ils valent à peu près tous les autres, et ils contribuent à mettre de plus en plus en lumière, sur chaque point fondamental, la pensée de Pascal.

Pour remplir notre tâche, il ne nous reste plus qu'à rechercher et à signaler à l'Académie les traces qui peuvent subsister dans notre manuscrit du plan ou plutôt du mouvement et des formes que Pascal s'était proposé de donner à la nouvelle apologie du christianisme. Il avait lui-même exposé à ses amis le plan de son ouvrage dans un discours dont la préface de Port-Royal nous a conservé les principaux traits : d'abord, une sorte de logique nouvelle sur « les preuves qui font le plus d'impression sur l'esprit des hommes, et qui sont les plus propres à les persuader; » puis l'état actuel de l'homme, sa grandeur et sa bassesse; puis encore l'inutile recherche de l'explication de cet état prodigieux auprès des philosophies et auprès de toutes les religions de la terre; enfin la rencontre du peuple juif et des livres sacrés, le péché originel, la promesse du Messie, les prophéties, Jésus-Christ, sa personne, sa vie, sa doctrine et l'histoire merveilleuse de l'établissement du christianisme. Port-Royal fait connaître ce plan avec netteté et brièveté. M. Dubois, qui avait assisté au discours adressé par Pascal à ses amis, en publia un récit étendu, quelques années après l'édition de Port-Royal, sous ce titre : *Discours sur les Pensées de M. Pascal*, avec un autre *Discours sur les preuves des livres de Moïse*, et une petite dissertation : *Qu'il y a des démonstrations d'une autre espèce et aussi certaines que celles de la géométrie*. Notre manuscrit ne nous fournit aucune lumière nouvelle à cet égard; on n'y trouve expressément marquées que des divisions inférieures qui se rapportent à ce plan général. Le père Desmolets a déjà fait connaître ces divisions : « Première partie : Misère de l'homme sans Dieu. —Seconde partie : Félicité de l'homme avec Dieu.» Le manuscrit ajoute, page 25 : « Autrement : première partie : Que la nature est corrompue par la nature même.—Seconde partie : Qu'il y a un réparateur par l'Ecriture. »

Desmolets a tiré du manuscrit la « Préface de la première partie : Parler de ceux qui ont traité de la connoissance de soi-même : des divisions de Charron, qui attristent et ennuient : de la confusion de Montaigne; qu'il avoit bien senti le défaut du droit de méthode; qu'il l'évitoit en sautant de sujet en sujet; qu'il cherchoit le bon air. » Suivent ces lignes si célèbres sur Montaigne, que Port-Royal a données en les ôtant de leur place et en les détournant par là de leur objet : « Le sot projet qu'il a (Port-Royal : *a eu*) de se peindre; et cela, non pas en passant et contre sa maxime, comme il arrive à tout le monde de faillir; mais par ses propres maximes et par un dessein premier et principal; car de dire des sottises par hasard et par foiblesse, c'est un mal ordinaire ; mais d'en dire par dessein (Port-Royal : *à dessein*, locution qui ne s'accorde plus avec les précédentes : *par ses propres maximes; par un dessein; par hasard, par foiblesse*), c'est ce qui n'est pas supportable, et d'en dire de telles que celles-ci (Port-Royal : *celles-là*). » (Msc. p. 206.)

Le manuscrit contient, même page, la *Préface de la seconde partie :*

« Parler de ceux qui ont traité de cette matière.» Cette préface n'est autre que le passage donné par Condorcet, et que nous avons cité ailleurs. « J'ad-
« mire avec quelle hardiesse ces personnes entre-
« prennent de parler de Dieu en adressant leurs
« discours aux impies : leur premier chapitre est
« de prouver la divinité par les ouvrages de la na-
« ture, etc. » Nous avons restitué le vrai texte de ce passage, mais il fallait aussi en rétablir la place,

parce que cette place nous éclaire sur l'objet et sur la portée de ce fragment.

Pascal ne s'était pas proposé seulement de faire un ouvrage convaincant : il voulait surtout que ce livre fût persuasif : c'était au cœur qu'il avait résolu de s'adresser; et pour toucher le cœur et charmer l'imagination, ce grand maître dans l'art de composer et d'écrire, cet homme qui savait *autant de vraie rhétorique que personne en a jamais su*, avait dessein de rompre la monotonie et l'austérité du genre didactique, en y mêlant des formes vives et animées, selon la pratique des grands prosateurs de tous les temps. Puisque la conviction se forme dans l'âme tout entière, pour la produire, il faut s'adresser à toutes les parties de l'âme. Déjà, dans Platon, la forme seule du dialogue est une source de variété et d'agrément; et pourtant elle ne lui a pas suffi; et, sans parler de la manière dont il met en scène ses personnages, et du cadre charmant, touchant ou majestueux qu'il donne toujours à la discussion la plus aride, au milieu ou à la suite d'une polémique qui épuise toutes les ressources du raisonnement, le grand artiste se complaît à introduire quelque récit emprunté à une histoire qu'il arrange à son gré, ou quelque mythe à moitié religieux, à moitié philosophique, destiné à achever ou à suppléer la démonstration. L'histoire des variations n'est au fond qu'un traité de théologie : voyez pourtant quelles grâces sévères Bossuet y a partout semées! L'art de peindre les hommes, leurs caractères, leurs passions avouées ou secrètes, y est peut-être porté plus loin encore que la vigueur de l'argumentation, et le rival d'Arnauld, le plus grand controversite du xviie siècle, y est le maître de Labruyère ; ses portraits des principaux personnages de la réforme ont un bien autre relief et une touche aussi fine et aussi piquante. Montesquieu, Rousseau et Buffon se sont comme accordés à jeter de loin en loin dans leurs écrits si profondément didactiques des épisodes qui participent du caractère du drame et de celui de l'épopée. A propos des lois pénales en fait de religion, au lieu d'écrire sur les vices de l'inquisition d'Espagne et de Portugal un chapitre uniquement destiné à l'homme d'état et au philosophe, Montesquieu suppose un inconnu venant prendre la défense d'une juive de dix-huit ans brûlée à Lisbonne dans le dernier auto-da-fé; il lui attribue une *très-humble remontrance* où le pathétique et le sarcasme servent d'armes à la raison indignée; on croit lire encore une lettre persane ou une provinciale. Rousseau pouvait expliquer à Émile, d'après Clarke et Nieuwentyt, les preuves physiques et métaphysiques de l'existence de Dieu ; mais non, ce n'est pas sur les bancs et dans la poussière d'une école qu'il conduit son élève; c'est sur une haute colline d'où se découvre la chaîne des Alpes et le cours harmonieux d'un grand fleuve, au lever du soleil et au milieu d'une admirable nature qui semble étaler toute sa magnificence pour servir de texte à un pareil entretien; là il introduit un vieux prêtre, un humble curé de campagne, qui, sans se donner pour un grand philosophe, expose à un jeune homme tourmenté par le doute les motifs simples et puissants de la raison et du cœur pour croire à une Providence; et ce peu de pages, la profession de foi du vicaire savoyard, protégera à jamais dans la mémoire des hommes la plus chimérique de toutes les utopies. Buffon lui-même, quand il arrive à l'homme, à l'explication de ses facultés diverses, à la formation successive de ses sentiments et de ses idées, ne peut se contenir dans son beau style didactique, limpide et majestueux : il prend tout à coup la manière et le langage de Platon, de Milton même, et il met en scène le premier homme parfaitement formé, mais tout neuf pour lui-même et pour ce qui l'environne, nous racontant lui-même, au moment où il s'éveille, ses premiers mouvements, ses premières sensations, ses premiers jugements. Enfin l'auteur du Génie du christianisme a mêlé à sa haute apologie de l'art chrétien deux épisodes empruntés au nouveau et à l'ancien monde, comme une démonstration vivante de sa théorie. L'ouvrage de Pascal aurait eu aussi ses épisodes, ses formes variées et dramatiques. C'est de la forme épistolaire que Pascal voulait se servir; il y avait déjà trouvé sa gloire, et il y excellait singulièrement. Il ne faut pas croire que les lettres provinciales aient été son coup d'essai en ce genre; il faut lire sa lettre au P. Noël, jésuite, de 1647, sur le vide, surtout celle à M. Lepailleur, de la même année et sur le même sujet, et celle encore à M. de Ribeyre, de 1651. On y rencontre déjà, avec une dialectique merveilleusement simple et évidente, une malice tempérée par le grâce, et en germe toutes les qualités parvenues à leur perfection dans les Provinciales. Pascal ne voulait donc pas renoncer à son arme accoutumée dans la défense du christianisme, et notre manuscrit contient plusieurs projets de lettres, et même de correspondance suivie. Le P. Desmolets a publié un de ces passages précieux : « Une lettre d'exhortation à un ami pour le porter à chercher; et il répondra : Mais à quoi me servira de chercher? rien ne me paroît. Et lui répondre : Ne désespérez pas; et il me répondra qu'il seroit heureux de trouver quelque lumière; mais que, selon cette religion même, quand il croiroit, cela ne lui serviroit à rien, et qu'ainsi il aime autant ne point chercher. Et à cela lui répondre : La machine. »

Que signifie cette expression : *La machine?* Il nous est impossible de le deviner. Elle revient plusieurs fois dans le manuscrit.

Page 25. « Lettre qui marque l'utilité des preuves par la machine. »

« La foi est différente de la preuve; l'une est humaine, l'autre est un don de Dieu. *Justus ex fide vivit.* C'est de cette foi, que Dieu lui-même met dans le cœur, dont la preuve est souvent l'instrument, *fides ex auditu;* mais cette foi est dans le cœur et fait dire : *Non scio,* mais *credo.*»

Page 29. « Lettre pour porter à chercher Dieu. »

« Et puis le faire chercher chez les philosophes, pyrrhoniens et dogmatiques, qui travaillent celui qui les recherche. »

Page 25. « Ordre. Après la lettre qu'on doit chercher Dieu, faire la lettre d'ôter les obstacles, qui est le discours de la machine, de préparer la machine, de chercher par raison. »

Ibid. « Dans la lettre de l'injustice peut venir la plaisanterie des aînés qui ont tout : mon ami, vous êtes né de ce côté de la montagne; il est donc juste que votre aîné ait tout. »

« Pourquoi me tuez-vous?.... »

Page 487. « Une lettre de la folie et de la science humaine et de la philosophie. »

« Cette lettre avant le divertissement. »

Voilà les traces les plus manifestes d'un dessein bien arrêté par Pascal d'introduire plus d'une fois la forme épistolaire dans la grande composition qu'il méditait. J'incline aussi à penser qu'il voulait y placer des dialogues : voici du moins ce que je trouve écrit de sa main, page 29 :

« Ordre par dialogues. »

« Que dois-je faire? Je ne vois partout qu'obscurités. Croirai-je que je ne suis rien? croirai-je que je suis Dieu? »

Viennent ensuite, séparées les unes des autres par d'assez grands intervalles, des lignes quelquefois inachevées.

« Toutes choses changent et se succèdent. »

« Vous vous trompez; il y a.... »

« Eh quoi! ne dites-vous pas vous-même que le ciel et les oiseaux prouvent Dieu? Non. Et notre religion ne nous le dit-elle pas? Non ; car encore que cela est vrai en un sens pour quelques âmes à qui Dieu donne cette lumière, néanmoins cela est faux à l'égard de la plupart. »

Ces indices nombreux prouvent incontestablement que l'ouvrage auquel Pascal avait consacré les dernières années de sa vie, s'il eût pu être achevé, n'eût pas été seulement un admirable écrit théologique et philosophique, mais un chef-d'œuvre d'art, où l'homme qui avait le plus réfléchi à la manière de persuader aurait déployé toutes les ressources de l'expérience et du talent, la dialectique, le pathétique, l'ironie, la véhémence, la grâce, parlé tous les langages, essayé toutes les formes pour attirer l'âme humaine tout entière vers l'asile assuré que lui ouvre le christianisme. D'un pareil monument il ne nous reste que des débris, ou plutôt des matériaux souvent informes, mais où brille encore de loin en loin l'éclair du génie. Recueillir et faire connaître ces matériaux dans l'état où ils nous sont parvenus est une tâche pieuse que nous avons commencée, qui reste encore à accomplir, et à laquelle nous convions quelque jeune ami des lettre. *Exoriare aliquis!* Il nous suffira de lui avoir montré et frayé la route. Nous nous flattons aussi que l'Académie, qui a écouté ce long rapport avec tant de bienveillance, ne refuserait pas ses encouragements, et peut-être même ses récompenses, à celui qui, répondant à notre appel, entreprendrait enfin une édition critique et authentique des Pensées.

FIN.

Fac-simile de la page 4 du manuscrit autographe des Pensées

Signature de Pascal: Pascal

(Voyez la note, p. 60.)

REPRODUCTION DU FAC SIMILE.

Parlons maintenant selon les lumières naturelles. S'il y a un Dieu, il est infiniment incompréhensible, puisque, n'ayant ni parties ni bornes, il n'a nul rapport à nous. Nous sommes donc incapables de connoître ni ce qu'il est ni s'il est. Cela étant, qui osera entreprendre de résoudre cette question? Ce n'est pas nous, qui n'avons aucun rapport à lui.

Qui blâmera donc les chrétiens de ne pouvoir rendre raison de leur créance, eux qui professent une religion dont ils ne peuvent rendre raison? Ils déclarent, en l'exposant au monde, que c'est une sottise, *stultitiam*, et puis vous vous plaignez de ce qu'ils ne la prouvent pas! S'ils la prouvoient, ils ne tiendroient pas parole : c'est en manquant de preuves qu'ils ne manquent pas de sens. Oui, mais encore que cela excuse ceux qui l'offrent telle, et que cela les ôte du blâme de la produire sans raison, cela n'excuse pas ceux qui la reçoivent; examinons donc ce point et disons : Dieu est ou il n'est pas. Mais de quel côté pencherons-nous? La raison n'y peut rien déterminer; il y a un chaos infini qui nous sépare; il se joue un jeu à l'extrémité de cette distance infinie, où il arrivera croix ou pile. Que gagnerez-vous? Par raison vous ne pouvez faire ni l'un ni l'autre; par raison vous ne pouvez défendre nul des deux.

Ne blâmez donc pas de fausseté ceux qui ont pris un choix, car vous n'en savez rien. Non, mais je les blâmerai d'avoir fait, non ce choix, mais un choix; car, encore que celui qui prend croix et l'autre (pile) soient en pareille faute, ils sont tous deux en faute : le juste est de ne point parier.

Oui, mais il faut parier, cela n'est pas volontaire, vous êtes embarqué; lequel prendrez-vous donc? Voyons. Puisqu'il faut choisir, voyons ce qui vous intéresse le moins. Vous avez deux choses à perdre : le vrai et le bien, et deux choses à dégager : votre raison et votre volonté, votre connaissance et votre béatitude; et votre nature a deux choses à fuir, l'erreur et la misère. Votre raison n'est pas plus blessée, puisqu'il faut nécessairement choisir, en choisissant l'un que l'autre. Voilà un point vidé; mais votre béatitude? Pesons le gain et la perte : en prenant croix que Dieu est, estimons ces deux cas. Si vous gagnez, vous gagnez tout; si vous perdez, vous ne perdez rien. Gagez donc qu'il est sans hésiter.

Cela est admirable. Oui, il faut gager; mais je gage peut-être trop. Voyons, puisqu'il y a pareil hasard de gain et de perte. Si vous n'aviez qu'à gagner deux vies pour une, vous pourriez encore gager; mais, s'il y en avait trois à gagner, il.... (A).

Je le confesse, je l'avoue, mais encore n'y a-t-il pas moyen de voir le dessous du jeu? Oui, l'Écriture et le reste, etc. Oui, mais j'ai les mains liées et la bouche muette; on me force à parier, et je ne suis pas en liberté; on ne me relâche pas.... (B).

Apprenez(les) de ceux qui ont été tels comme vous et qui parient maintenant tout leur bien. Ce sont gens qui savent un chemin que vous voudriez suivre, et guéris d'un mal dont vous voulez guérir. Suivez la manière par où ils ont commencé; c'est en faisant tout comme s'ils croyaient, en prenant de l'eau bénite, en faisant dire des messes, etc. Naturellement même cela vous fera croire et vous abestira. Mais c'est ce que je crains. Et pourquoi? Qu'avez-vous à perdre?

Mais, pour vous montrer que cela y mène, c'est que cela diminue les passions qui sont vos grands obstacles, etc.

O! ce discours me transporte, me ravit, etc. Si ce discours vous plaît et vous semble fort, sachez qu'il est fait par un homme qui s'est mis à genoux auparavant et après, pour prier cet être infini et sans parties auquel il soumet tout le sien, de se soumettre aussi le vôtre, pour votre propre bien et pour sa gloire, et qu'ainsi la force s'accorde avec cette bassesse (c).

(A) Après les mots : *mais, s'il y en avait trois à gagner, il....* le signe ⟅⟆ renvoie à la page 7, commençant ainsi : *Il faudrait jouer (puisque vous êtes dans la nécessité de jouer)....* et terminée par ces mots : *celle-là l'est.* Là le signe ⌂ renvoie à la marge de la page 4 lithographiée : *Je le confesse, je l'avoue....*

(B) Après ces mots : *on ne me relâche pas,* le signe ⟅⟆ renvoie à la page 8 : ⟅⟆ *pas, et je suis fait de telle sorte que je ne puis encore.... jusqu'à ces mots : et vous demandez les remèdes. Apprenez de ceux....* puis de là on revient à la page 4 lithographiée : *Apprenez de ceux qui ont été tels comme vous....*

(c) Au milieu de la page 4 est un paragraphe de quatre lignes : *On doit des obligations à ceux qui, etc.* paragraphe étranger à l'ensemble du morceau.

APPENDICE.

APPENDICE.

N° 1.

MANUSCRIT AUTOGRAPHE DE PASCAL, P. 3.

INFINI RIEN.

Notre âme est jetée dans le corps, où elle trouve nombre, temps, dimension; elle raisonne là-dessus et appelle cela nature, nécessité, et ne peut croire autre chose.

L'unité jointe à l'infini ne l'augmente de rien, non plus qu'un pied à une mesure infinie. Le fini s'anéantit en présence de l'infini, et devient un pur néant : ainsi notre esprit devant Dieu; ainsi notre justice devant la justice divine.

APPENDICE.

N° 1.
ÉDITIONS.

(P.-R., ch. vii [1].)
L'unité jointe à l'infini ne l'augmente de rien, non plus qu'un pied à une mesure infinie. Le fini s'anéantit en présence de l'infini, et devient un pur néant : ainsi notre esprit devant Dieu ; ainsi notre justice devant la justice divine.

---

[1] Bossut, 2ᵉ part. III, 4.

MANUSCRIT AUTOGRAPHE DE PASCAL, P. 3.

Il n'y a pas si grande disproportion entre notre justice et celle de Dieu, qu'entre l'unité et l'infini[1].

Il faut que la justice de Dieu soit énorme comme sa miséricorde : or, la justice envers les réprouvés est moins énorme et doit moins choquer que la miséricorde envers les élus.

Nous connoissons qu'il y a un infini et ignorons sa nature, comme nous savons qu'il est faux que les nombres soient finis : donc il est vrai qu'il y a un infini en nombre; mais nous ne savons ce qu'il est; il est faux qu'il soit pair; il est faux qu'il soit impair : car, en ajoutant l'unité, il ne change point de nature. Cependant c'est un nombre, et tout nombre est pair ou impair. Il est vrai que cela s'entend de tous nombres finis.

Ainsi, on peut bien connoître qu'il y a un Dieu sans savoir ce qu'il est.

---

[1] Les deux copies corrigent avec raison cette phrase comme Port-Royal.

ÉDITIONS.

(P.-R. ch. vii.)

Il n'y a pas si grande disproportion entre l'unité et l'infini, qu'entre notre justice et celle de Dieu.

(P.-R. ch. xxviii [1].)

Il est de l'essence de Dieu que sa justice soit *infinie aussi bien que* sa miséricorde. *Cependant sa* justice *et sa sévérité* envers les réprouvés est *encore* moins *étonnante* que *sa* miséricorde envers les élus.

(P.-R. ch. vii [2].)

Nous connoissons qu'il y a un infini et ignorons sa nature, comme[3], *par exemple*, nous savons qu'il est faux que les nombres soient finis : donc il est vrai qu'il y a un infini en nombre ; mais nous ne savons ce qu'il est ; il est faux qu'il soit pair ; il est faux qu'il soit impair : car, en ajoutant l'unité, il ne change point de nature.

Ainsi, on peut bien connoître qu'il y a un Dieu, sans savoir ce qu'il est ; *et vous ne devez pas con-*

---

[1] B. 2ᵉ part. xvii, 63.
[2] B. 2ᵉ part. iii, 5.
[3] Boss. *Ainsi par ex.*

MANUSCRIT AUTOGRAPHE DE PASCAL, P. 3.

Nous connoissons donc l'existence et la nature du fini parce que nous sommes finis et étendus comme lui.

Nous connoissons l'existence de l'infini et ignorons sa nature, parce qu'il a étendue comme nous, mais non pas des bornes comme nous; mais nous ne connoissons ni l'existence ni la nature de Dieu, parce qu'il n'a ni étendue ni bornes.

Mais par la foi nous connoissons son existence, par la gloire nous connoissons sa nature.

Or j'ai déjà montré qu'on peut bien connoître l'existence d'une chose sans connoître sa nature.

(P. 4.)
Parlons maintenant selon les lumières naturelles. S'il y a un Dieu, il est infiniment incompréhensible, puisque, n'ayant ni parties ni bornes, il n'a nul rapport à nous : nous sommes donc incapables de connoître ni ce qu'il est, ni s'il est. Cela étant, qui osera entreprendre de résoudre cette question? Ce n'est pas nous, qui n'avons aucun rapport à lui.

ÉDITIONS.

clure qu'il n'y a point de Dieu de ce que nous ne connoissons pas parfaitement sa nature.

(Desm. p. 310[1].)

Parlons maintenant selon les lumières naturelles. S'il y a un Dieu, il est infiniment incompréhensible, puisque, n'ayant ni parties ni bornes, il n'a nul rapport à nous. Nous sommes donc incapables de connoître ni ce qu'il est ni s'il est. Cela étant *ainsi*, qui osera entreprendre de résoudre cette question? Ce n'est pas nous, qui n'avons aucun rapport à lui.

[1] Boss. 2ᵉ p. III, 1.

MANUSCRIT AUTOGRAPHE DE PASCAL, P. 4.

Qui blâmera donc les chrétiens de ne pouvoir rendre raison de leur créance, eux qui professent une religion dont ils ne peuvent rendre raison? Ils déclarent, en l'exposant au monde, que c'est une sottise, *stultitiam*, et puis vous vous plaignez de ce qu'ils ne la prouvent pas! S'ils la prouvoient, ils ne tiendroient pas parole : c'est en manquant de preuves qu'ils ne manquent pas de sens. Oui ; mais encore que cela excuse ceux qui l'offrent telle, et que cela les ôte du blâme de la produire sans raison, cela n'excuse pas ceux qui la reçoivent.

ÉDITIONS.

(Desm. ll[1].)

Qui blâmera donc les chrétiens de ne pouvoir rendre raison de leur créance, eux qui professent une religion dont ils ne peuvent rendre raison? Ils déclarent, au contraire, en l'exposant *aux Gentils*, que c'est une *folie, stultitiam*. Et puis vous vous plaignez de ce qu'ils ne la prouvent pas! S'ils la prouvoient, ils ne tiendroient pas parole; c'est en manquant de preuves qu'ils ne manquent pas de sens. Oui; mais encore que cela excuse ceux qui l'offrent telle *qu'elle est*, et que cela les ôte du blâme de la produire sans raison, cela n'excuse pas ceux qui, *sur l'exposition qu'ils en font, refusent de la croire*[2]. *Reconnoissez donc la vérité de la religion dans l'obscurité de la religion, dans le peu de lumières que nous en avons, dans l'indifférence que nous avons de la connoître.*

(P.-R. vii[3].)

Je ne me servirai pas, pour vous convaincre de son existence, de la foi par laquelle nous le (Dieu)

---

[1] Boss. 2. p. xvii, 2; *Pensées diverses*.

[2] Desmolets a lui-même souligné cette phrase, comme pour indiquer qu'il avait corrigé en cet endroit la pensée de Pascal.

[3] Boss. 2. p. iii, 5.

MANUSCRIT AUTOGRAPHE DE PASCAL, P. 4.

Examinons donc ce point et disons : Dieu est, ou il n'est pas. Mais de quel côté pencherons-nous? La raison n'y peut rien déterminer. Il y a un chaos infini qui nous sépare. Il se joue un jeu *à l'extrémité* de cette distance infinie où il arrivera croix ou pile. Que gagerez-vous? par raison, vous ne pouvez faire ni l'un ni l'autre; par raison, vous ne pouvez défendre nul des deux.

Ne blâmez donc pas de fausseté ceux qui ont pris un choix : car vous n'en savez rien. Non; mais je les blâmerai d'avoir fait, non ce choix, mais un choix; car encore que celui qui prend

EDITIONS.

connoissons certainement, ni de toutes les autres preuves que nous en avons, puisque vous ne les voulez pas recevoir. Je ne veux agir avec vous que par vos principes mêmes, et je prétends vous faire voir par la manière dont vous raisonnez tous les jours sur les choses de la moindre conséquence, de quelle sorte vous devez raisonner en celle-ci, et quel parti vous devez prendre dans la discussion de cette importante question de l'existence de Dieu.

Vous dites donc que nous sommes incapables de connoître s'il y a un Dieu. Cependant il est certain que Dieu est ou qu'il n'est pas : *il n'y a point de milieu.* Mais de quel côté pencherons-nous ? La raison, *dites-vous,* n'y peut rien déterminer. Il y a un chaos infini qui nous sépare. Il se joue un jeu à cette distance infinie où il arrivera croix ou pile. Que gagerez-vous ? Par raison vous ne pouvez *assurer* ni l'un ni l'autre ; par raison vous ne pouvez *nier aucun* des deux.

Ne blâmez-donc pas de fausseté ceux qui ont *fait* un choix ; car vous ne savez *pas s'ils ont tort, et s'ils ont mal choisi.* Non, *direz-vous,* mais je les blâmerai d'avoir fait, non ce choix, mais un choix : *et* celui qui prend croix et *celui qui prend*

MANUSCRIT AUTOGRAPHE DE PASCAL, P. 4.

croix et l'autre (pile) soient en pareille faute, ils sont tous deux en faute : le juste est de ne point parier.

Oui, mais il faut parier, cela n'est pas volontaire; vous êtes embarqué[1]; lequel prendrez-vous donc? voyons, puisqu'il faut choisir, voyons ce qui vous intéresse le moins. Vous avez deux choses à perdre : le vrai et le bien, et deux choses à dégager[2] : votre raison et votre volonté, votre connoissance et votre béatitude; et votre nature a deux choses à fuir, l'erreur,[3] et la misère. Votre raison n'est pas plus blessée, puisqu'il faut nécessairement choisir, en choisissant l'un que l'autre. Voilà un point vidé; mais votre béatitude?

Pesons le gain et la perte : en prenant croix que Dieu est, estimons ces deux cas; si vous gagnez, vous gagnez tout; si vous perdez, vous ne perdez rien. Gagez donc qu'il est, sans hésiter. Cela est admirable. Oui, il faut gager, mais je gage peut-être trop[4]. Voyons, puisqu'il y a pareil hasard de gain

[1] Une des copies : *au carcan.*
[2] Les deux copies : *engager.*
[3] Les deux copies : *l'horreur.*
[4] Ici se trouve, dans le manuscrit, cette note marginale : « La seule science qui est contre le sens commun et la nature des

ÉDITIONS.

pile, ont tous deux tort : le juste est de ne point parier.

Oui ; mais il faut parier ; cela n'est point volontaire : vous êtes embarqué, *et ne parier point que Dieu est, c'est parier qu'il n'est pas.* Lequel prendrez-vous donc?

Pesons le gain et la perte en prenant *le parti de croire* que Dieu est. Si vous gagnez, vous gagnez tout ; si vous perdez, vous ne perdez rien. *Pariez* donc qu'il est sans hésiter. Oui, il faut gager, mais je gage peut-être trop. Voyons : puisqu'il y a pareil hasard de gain et de

MANUSCRIT AUTOGRAPHE DE PASCAL, P. 7.

et de perte, si vous n'aviez qu'à gagner deux vies pour une, vous pourriez encore gager; mais s'il y en avoit trois à gagner (P. 7), il faudroit jouer (puisque vous êtes dans la nécessité de jouer); et vous seriez imprudent, lorsque vous êtes forcé à jouer, de ne pas hasarder votre vie pour en gagner trois à un jeu où il y a pareil hasard de perte et de gain. Mais il y a une éternité de vie et de bonheur; et cela étant, quand il y auroit une infinité de hasards dont un seul seroit pour vous, vous auriez encore raison de gager un pour avoir deux; et vous agiriez de mauvais sens, étant obligé à jouer, de refuser de jouer une vie contre trois à un jeu où d'une infinité de hasards il y en a un pour vous, s'il y avoit une infinité de vie infiniment heureuse à gagner. Mais il y a ici une infinité de vie infiniment heureuse à gagner, un hasard de gain contre un nombre infini de hasards de perte[1], et ce que vous jouez est fini. Cela est tout parti; partout où est l'infini et où il n'y a pas infinité de hasards de perte contre celui de

hommes a toujours été la seule qui ait subsisté parmi les hommes. »

[1] Pascal avait mis d'abord : *Et autant de hasard de gain que de perte.*

ÉDITIONS.

perte, *quand* vous *n'auriez* que deux vies à gagner pour une, vous pourriez encore gager. Et s'il y en avoit *dix* à gagner, vous seriez imprudent de ne pas hasarder votre vie pour en gagner *dix* à un jeu où il y a pareil hasard de perte et de gain. Mais il y a ici une infinité de vie*s* infiniment heureuse*s* à gagner, *avec pareil hasard de perte et de gain; et ce que vous jouez est si peu de chose et de si peu de durée, qu'il y a de la folie à le ménager en cette occasion*[1].

---

[1] Cette dernière phrase n'est que le résumé des longs développements qui sont en regard.

MANUSCRIT AUTOGRAPHE DE PASCAL, P. 7.

gain, il n'y a point à balancer, il faut tout donner; et ainsi quand on est forcé à jouer, il faut renoncer à la raison pour garder la vie plutôt que de la hasarder pour le gain infini aussi prêt à arriver que la perte du néant.

Car il ne sert de rien de dire qu'il est incertain si on gagnera et qu'il est certain qu'on hasarde, et que l'infinie distance qui est entre la certitude qu'on *s'*expose et l'incertitude de ce qu'on gagnera égale le bien fini qu'on expose certainement à l'infini qui est incertain. Cela n'est pas ainsi; tout joueur hasarde avec certitude pour gagner avec incertitude. Et néanmoins il hasarde certainement le fini pour gagner incertainement le fini, sans pécher contre la raison. Il n'y a pas infinité de distance entre cette certitude de ce qu'on *s'*expose et l'incertitude du gain; cela est faux. Il y a à la vérité infinité entre la certitude de gagner et la certitude de perdre; mais l'incertitude de gagner est proportionnée à la certitude de ce qu'on hasarde, selon la proportion des hasards de gain et de perte; et de là vient que s'il y a autant de hasards d'un côté que de l'autre, le parti est à jouer égal contre égal; et alors la certitude de ce qu'on *s'*expose est égale à l'incertitude du gain : tant s'en faut qu'elle

ÉDITIONS.

Car il ne sert de rien de dire qu'il est incertain si on gagnera et qu'il est certain qu'on hasarde, et que l'infinie distance, qui est entre la certitude de ce qu'on expose et l'incertitude de ce que l'on gagnera, égale le bien fini qu'on expose certainement à l'infini qui est incertain. Cela n'est pas ainsi : tout joueur hasarde avec certitude pour gagner avec incertitude. Et néanmoins il hasarde certainement le fini, pour gagner incertainement le fini, sans pécher contre la raison. Il n'y a pas infinité de distance entre cette certitude de ce qu'on expose et l'incertitude du gain; cela est faux. Il y a à la vérité infinité entre la certitude de gagner et la certitude de perdre; mais l'incertitude de gagner est proportionnée à la certitude de ce qu'on hasarde, selon la proportion des hasards de gain et de perte : et de là vient que s'il y a autant de hasards d'un côté que de l'autre, le parti est à jouer égal contre égal; et alors la certitude de ce qu'on expose est égale à l'incertitude du gain : tant s'en faut qu'elle en soit infiniment

MANUSCRIT AUTOGRAPHE DE PASCAL, P. 7.

en soit infiniment distante ! Et ainsi notre proposition est dans une force infinie, quand il y a le fini à hasarder à un jeu où il y a pareils hasards de gain que de perte, et l'infini à gagner. Cela est démonstratif ; et si les hommes sont capables de quelque vérité, celle-là l'est.

(P. 4, à la marge.)

Je le confesse, je l'avoue, mais encore n'y a-t-il pas moyen de voir le dessous du jeu ? Oui, l'Écriture, et le reste, etc.

Oui, mais j'ai les mains liées et la bouche muette ; on me force à parier, et je ne suis pas en liberté ; on ne me relâche pas, et je suis fait d'une telle sorte que je ne puis croire. Que voulez-vous donc que je fasse ?

Il est vrai ; mais apprenez au moins votre impuissance à croire, puisque la raison vous y porte, et que néanmoins vous ne le pouvez. Travaillez donc non pas à vous convaincre par l'augmentation des preuves de Dieu, mais par la diminution de vos passions. Vous voulez

ÉDITIONS.

distante ! Et ainsi notre proposition est dans une force infinie, quand il *n'y a que* le fini à hasarder à un jeu où il y a pareils hasards de gain que de perte, et l'infini à gagner. Cela est démonstratif ; et si les hommes sont capables de quelqu*es* vérit*és*, *ils le doivent être de* celle-là.

Je le confesse, je l'avoue. Mais encore n'y auroit-il point de moyen *de voir un peu clair ?* Oui, *par le moyen de* l'Écriture, *et par toutes les autres preuves de la religion, qui sont infinies.*

(Suivent dans P.-R. 3 paragraphes, tirés de différents endroits du Msc., et un 4ᵉ : « Quel mal vous arrivera-t-il en prenant ce parti.... » qui ne doit venir que beaucoup plus tard, et que Pascal a lui-même intitulé : *Fin de ce discours.* L'édition de 1819 donne seule cet endroit du manuscrit.)

(P.-R., *ibid.*)

Vous dites que vous êtes fait *de* telle sorte que *vous ne sauriez* croire. Apprenez au moins votre impuissance à croire, puisque la raison vous y porte, et que néanmoins vous ne le pouvez. Travaillez donc à vous convaincre, non pas par l'augmentation des preuves de Dieu, mais par la diminution de vos passions. Vous voulez aller à la foi,

MANUSCRIT AUTOGRAPHE DE PASCAL, P. 4.

aller à la foi, et vous n'en savez pas le chemin; vous voulez vous guérir de l'infidélité, et vous en demandez les remèdes. Apprenez (les) de ceux qui ont été tels comme vous, et qui parient maintenant tout leur bien. Ce sont gens qui savent un chemin que vous voudriez suivre, et guéris d'un mal dont vous voulez guérir. Suivez la manière par où ils ont commencé : c'est en faisant tout comme s'ils croyoient, en prenant de l'eau bénite, en faisant dire des messes, etc. Naturellement même cela vous fera croire et vous abêtira. Mais c'est ce que je crains. Et pourquoi ? qu'avez-vous à perdre ?

Mais pour vous montrer que cela y mène, c'est que cela diminue les passions qui sont vos grands obstacles etc.

O ce discours me transporte, me ravit etc. Si ce discours vous plaît et vous semble fort, sachez qu'il est fait par un homme qui s'est mis à genoux auparavant et après, pour prier cet Être infini et sans parties, auquel il soumet tout le sien, de se soumettre aussi le vôtre pour votre propre bien et pour sa gloire, et qu'ainsi la force s'accorde avec cette bassesse.

ÉDITIONS.

et vous n'en savez pas le chemin; vous voulez vous guérir de l'infidélité, et vous en demandez les remèdes : apprenez-les de ceux qui ont été tels *que vous et qui n'ont présentement aucun doute. Ils savent ce chemin que vous voudriez suivre, et ils sont guéris* d'un mal dont vous voulez guérir. Suivez la manière par où ils ont commencé ; *imitez leurs actions extérieures, si vous ne pouvez encore entrer dans leurs dispositions intérieures ; quittez ces vains amusements qui vous occupent tout entier.*

(P.-R. donne ici deux paragraphes étrangers à ce morceau : « *J'aurois bientôt quitté ces plaisirs.* »

(L'édition de 1819 donne seule ce passage.)

MANUSCRIT AUTOGRAPHE DE PASCAL, P. 7.

FIN DE CE DISCOURS.

(P. 7.)

Or, quel mal vous arrivera-t-il en prenant ce parti ? Vous serez fidèle, honnête, humble, reconnoissant, bienfaisant, *ami* sincère, véritable. A la vérité vous ne serez point dans les plaisirs empestés, dans la gloire, dans les délices; mais n'en aurez-vous point d'autres? Je vous dis que vous y gagnerez en cette vie; et qu'à chaque pas que vous ferez dans ce chemin, vous verrez tant de certitude de gain, et tant de néant de ce que vous hasardez, que vous connoîtrez à la fin que vous avez parié pour une chose certaine, infinie, pour laquelle vous n'avez rien donné.

ÉDITIONS.

Quel mal vous arrivera-t-il en prenant ce parti? Vous serez fidèle, honnête, humble, reconnoissant, bienfaisant, sincère, véritable. A la vérité vous ne serez point dans les plaisirs empestés, dans la gloire, dans les délices. Mais n'en aurez-vous point d'autres? Je vous dis que vous gagnerez en cette vie; et qu'à chaque pas que vous ferez dans ce chemin, vous verrez tant de certitude de gain, et tant de néant *dans* ce que vous hasardez, que vous connoîtrez à la fin que vous avez parié pour une chose certaine et infinie, *et que* vous n'avez rien donné *pour l'obtenir.*

MANUSCRIT AUTOGRAPHE DE PASCAL, P. 347-361.

Pages bien suivies et très-travaillées.

DISPROPORTION DE L'HOMME.

(P. 347.)

Voilà où nous mènent les connoissances naturelles. Si celles-là ne sont véritables, il n'y a point de vérité dans l'homme; si elles le sont, il y trouve un grand sujet d'humiliation, forcé à s'abaisser d'une ou d'autre manière; et, puisqu'il ne peut subsister sans les croire, je souhaite, avant que d'entrer dans de plus grandes recherches de la nature, qu'il la considère une fois sérieusement et à loisir, qu'il se regarde aussi soi-même et juge s'il a quelque proportion avec elle par la comparaison qu'il fera de ces deux objets. (Cet alinéa est barré dans le Msc.)

Que l'homme contemple donc la nature entière dans sa haute et pleine majesté; qu'il éloigne sa vue des objets bas qui l'environnent; qu'il regarde cette éclatante lumière mise comme une lampe éternelle pour éclairer l'univers; que la terre lui paroisse comme un point au prix du vaste tour que cet astre décrit, et qu'il s'étonne de ce que ce vaste tour lui-même n'est qu'un point très-délicat à l'égard de celui que les astres qui roulent dans le firmament embrassent. Mais si notre vue

ÉDITIONS.

(Port-Royal, ch. XXII. Connoissance générale de l'homme.)

La première chose qui s'offre à l'homme quand il se regarde, c'est son corps, c'est-à-dire une certaine portion de matière qui lui est propre. Mais pour comprendre ce qu'elle est, il faut qu'il la compare avec tout ce qui est au-dessus de lui et tout ce qui est au-dessous, afin de reconnoître ses justes bornes.

Qu'il ne s'arrête donc *pas à regarder simplement* les objets qui l'environnent; qu'il contemple la nature entière dans sa haute et pleine majesté ; qu'il *considère* cette éclatante lumière, mise comme une lampe éternelle pour éclairer l'univers; que la terre lui paroisse comme un point au prix du vaste tour que cet astre décrit, et qu'il s'étonne de ce que ce vaste tour lui-même n'est qu'un point très-délicat à l'égard de celui que les astres qui roulent dans le firmament embrassent. Mais si notre vue

MANUSCRIT AUTOGRAPHE DE PASCAL, P. 347-361.

s'arrête là, que l'imagination passe outre : elle se lassera plutôt de concevoir que la nature de fournir. Tout le monde visible n'est qu'un trait imperceptible dans l'ample sein [1] de la nature. Nulle idée n'en approche ; nous avons beau enfler nos conceptions *au delà des espaces imaginables*, nous n'enfantons que des atomes au prix de la réalité des choses : c'est une sphère infinie dont le centre est partout, la circonférence nulle part. Enfin c'est le plus grand caractère sensible de la toute-puissance de Dieu que notre imagination se perde dans cette pensée.

(P. 348.)

Que l'homme étant revenu à soi, considère ce qu'il est au prix de ce qui est ; qu'il se regarde comme égaré dans ce canton détourné de la nature [2], et que, de ce petit cachot où il se trouve logé (j'entends l'univers), il apprenne à estimer la terre, les royaumes, les villes et soi-même son juste prix.

---

[1] Pascal avait mis d'abord : dans l'amplitude et immensité de la nature.

[2] Pascal avait mis d'abord : « Dans l'immense étendue des choses. » Ce petit morceau est plein de ratures, et porte la trace d'un grand travail.

ÉDITIONS.

s'arrête là, que l'imagination passe outre : elle se lassera plutôt de concevoir que la nature de fournir. *Tout ce que nous voyons du monde* n'est qu'un trait imperceptible dans l'ample sein de la nature ; nulle idée n'approche *de l'étendue de ses espaces ;* nous avons beau enfler nos conceptions, nous n'enfantons que des atomes au prix de la réalité des choses : c'est une sphère infinie dont le centre est partout, la circonférence nulle part. Enfin c'est un des plus grands caractères sensibles de la toute-puissance de Dieu que notre imagination se perde dans cette pensée.

Que l'homme, étant revenu à soi, considère ce qu'il est au prix de ce qui est ; qu'il se regarde comme égaré dans ce canton détourné de la nature, et que, *de ce que lui paroîtra* ce petit cachot où il se trouve logé, *c'est-à-dire ce monde visible,* il apprenne à estimer la terre, les royaumes, les villes et soi-même son juste prix.

MANUSCRIT AUTOGRAPHE DE PASCAL, P. 347-361.

Qu'est-ce qu'un homme dans l'infini? Mais pour lui présenter un autre prodige aussi étonnant, qu'il recherche dans ce qu'il connoît les choses les plus délicates. Qu'un ciron lui offre dans la petitesse de son corps des parties incomparablement plus petites; des jambes avec des jointures, des veines dans ces jambes, du sang dans ces veines, des humeurs dans ce sang, des gouttes dans ces humeurs, des vapeurs dans ces gouttes; que, divisant encore ces dernières choses [1], il épuise ses forces en ces conceptions, et que le dernier objet où il peut arriver soit maintenant celui de notre discours : il pensera peut-être que c'est là l'extrême petitesse de la nature : je veux lui faire voir là-dedans un abîme nouveau [2]; je lui veux peindre non-seulement l'univers visible, mais l'immensité qu'on peut concevoir de la nature dans l'enceinte de ce raccourci d'abîme; qu'il y voye une infinité d'univers [3], dont chacun a son firmament, ses planètes, sa terre, en la même proportion que le monde visible; dans cette terre, des animaux;

[1] Il y avait d'abord : ces gouttes.
[2] D'abord : un abyme de grandeur.
[3] D'abord : de mondes.

ÉDITIONS.

Qu'est-ce qu'un homme dans l'infini? *Qui le peut comprendre?* Mais pour lui présenter un autre prodige aussi étonnant, qu'il recherche dans ce qu'il connoît les choses les plus délicates. Qu'un ciron, *par exemple*, lui offre dans la petitesse de son corps des parties incomparablement plus petites, des jambes avec des jointures, des veines dans ces jambes, du sang dans ces veines, des humeurs dans ce sang, des gouttes dans ces humeurs, des vapeurs dans ces gouttes; que, divisant encore ces dernières choses, il épuise ses forces *et ses* conceptions; et que le dernier objet où il peut arriver soit maintenant celui de notre discours : il pensera peut-être que c'est là l'extrême petitesse de la nature. Je veux lui faire voir là-dedans un abîme nouveau; je veux lui peindre non-seulement l'univers visible, mais encore *tout ce qu'il est capable* de concevoir de l'immensité de la nature dans l'enceinte de *cet atome imperceptible;* qu'il y voye une infinité de mondes, dont chacun a son firmament, ses planètes, sa terre, en la même proportion que le monde visible; dans cette terre

MANUSCRIT AUTOGRAPHE DE PASCAL, P. 347-361.

enfin des cirons, dans lesquels il retrouvera ce que les premiers ont donné, et trouvant encore dans les autres la même chose, sans fin et sans repos[1].

(Les pages 349 et 350 en blanc. P. 351.—)

Qu'il se perde dans ces merveilles aussi étonnantes dans leur petitesse que les autres par leur étendue : car, qui n'admirera que notre corps, qui tantôt n'était pas perceptible dans l'univers, imperceptible lui-même dans le sein du tout, soit à présent un colosse, un monde, ou plutôt un tout à l'égard du néant où l'on ne peut arriver ?

Qui se considérera de la sorte s'effrayera de soi-même, et se considérant soutenu, dans la masse que la nature lui a donnée, entre ces deux abîmes de l'infini et du néant, il tremblera dans la vue de ces merveilles ; et je crois que, sa curiosité se changeant en admiration, il sera plus disposé à les contempler en silence qu'à les rechercher avec présomption.

---

[1] Il y avait d'abord : enfin des cirons, et dans ces cirons une infinité d'univers semblables à ceux qu'il vient d'atteindre, et toujours des profondeurs pareilles sans fin et sans repos.

ÉDITIONS.

des animaux, *et* enfin des cirons, dans lesquels il retrouvera ce que les premiers ont donné, trouvant encore dans les autres la même chose, sans fin et sans repos.

Qu'il se perde dans ces merveilles aussi étonnantes *par* leur petitesse que les autres par leur étendue : car, qui n'admirera que notre corps, qui tantôt n'étoit pas perceptible dans l'univers, imperceptible lui-même dans le sein du tout, soit maintenant un colosse, un monde, ou plutôt un tout à l'égard *de la dernière petitesse* où l'on ne peut arriver ?

Qui se considérera de la sorte, s'effrayera *sans doute de se voir comme suspendu,* dans la masse que la nature lui a donnée, entre ces deux abîmes de l'infini et du néant, *dont il est également éloigné;* il tremblera dans la vue de ces merveilles, et je crois que, sa curiosité se changeant en admiration, il sera plus disposé à les contempler en silence qu'à les rechercher avec présomption.

MANUSCRIT AUTOGRAPHE DE PASCAL, P. 347-361.

Car enfin, qu'est-ce que l'homme dans la nature? Un néant à l'égard de l'infini, un tout à l'égard du néant, un milieu entre rien et tout. Infiniment éloigné de comprendre les extrêmes, la fin des choses et leur principe sont pour lui invinciblement cachés dans un secret impénétrable; également incapable de voir le néant d'où il est tiré et l'infini où il est englouti [1].

Que fera-t-il donc, sinon d'apercevoir quelque apparence du milieu des choses, dans un désespoir éternel [2] de connoître ni leur principe, ni leur fin? Toutes choses sont sorties du néant et portées jusqu'à l'infini. Qui suivra ces étonnantes démarches? L'auteur de ces merveilles les comprend: tout autre ne le peut faire.

(P. 352.)

Manque d'avoir contemplé ces infinis, les

---

[1] D'abord : « Le néant d'où *tout* est tiré et l'infini où *tout* est poussé. »

[2] D'abord : sans espérance.

APPENDICE N° 1.

ÉDITIONS.

Car enfin, qu'est-ce que l'homme dans la nature? Un néant à l'égard de l'infini, un tout à l'égard du néant, un milieu entre rien et tout; *il est* infiniment éloigné des deux extrêmes, *et son être n'est pas moins distant* du néant d'où il est tiré que de l'infini où il est englouti.

Son intelligence tient, dans l'ordre des choses intelligibles, le même rang que son corps dans l'étendue de la nature (cette phrase ne vient dans le Msc. que 3 pages plus bas); *et tout ce qu'elle peut faire est* d'apercevoir quelque apparence du milieu des choses, dans un désespoir éternel *d'en* connoître ni le principe, ni la fin. Toutes choses sont sorties du néant et portées jusqu'à l'infini. Qui *peut suivre* ces étonnantes démarches? L'auteur de ces merveilles les comprend : *nul* autre ne le peut faire.

(Ici, grande lacune dans l'édition de Port-Royal. C'est Desmolets qui a publié le passage suivant :)

Manque d'avoir contemplé ces infinis, les

MANUSCRIT AUTOGRAPHE DE PASCAL, P. 347-361.

hommes se sont portés témérairement à la recherche de la nature, comme s'ils avoient quelque proportion avec elle.

C'est une chose étrange qu'ils ont voulu comprendre les principes des choses, et de là arriver jusqu'à connoître tout, par une présomption aussi infinie que leur objet ; car il est sans doute qu'on ne peut former ce dessein sans une présomption ou sans une capacité infinie comme la nature.

Quand on est instruit, on comprend que la nature, ayant gravé son image et celle de son auteur dans toutes choses, elles tiennent presque toutes de sa double infinité. C'est ainsi que nous voyons que toutes les sciences sont infinies en l'étendue de leurs recherches ; car, qui doute que la géométrie, par exemple, a une infinité d'infinités de propositions à exposer ? Elle sera aussi infinie dans la multitude et la délicatesse de leurs principes ; car, qui ne voit que ceux qu'on propose pour les derniers ne se soutiennent pas d'eux-mêmes, et qu'ils sont appuyés sur d'autres qui, en ayant d'autres pour appui, ne souffrent jamais de derniers ?

ÉDITIONS.

hommes se sont portés témérairement à la recherche de la nature, comme s'ils avoient quelque proportion avec elle [1].

[2] C'est une chose étrange qu'ils *aient* voulu comprendre les principes des choses et arriver jusqu'à connoître tout, par une présomption aussi infinie que leur objet [3]. *Or* il est sans doute qu'on ne peut former ce dessein sans une présomption ou sans une capacité infinie comme la nature.

[4] Quand on est instruit, on comprend que la nature, ayant gravé son image et celle de son auteur dans toutes choses, elles tiennent presque toutes de *cette* double infinité. C'est ainsi que nous *croyons* que toutes les sciences sont infinies en l'étendue de leurs recherches. (Lacune dans Desmolets, jusqu'à : « On voit d'une première vue que l'auteur.. » La fin du présent alinéa a été donnée par Condorcet, iv, 6.) Car qui doute que la géométrie, par exemple, a une infinité d'infinités de propositions à exposer? Elle sera aussi infinie dans la

---

[1] Cet alinéa n'a pas été reproduit par Bossut.
[2] Bossut, supplément, n° 8.
[3] Bossut, et d'après lui la plupart des éditeurs suppriment cette ligne : « par une présomption aussi infinie que leur objet. »
[4] Bossut, 1re part. vi, 24.

MANUSCRIT AUTOGRAPHE DE PASCAL, P. 347-361.

Mais nous faisons[1] des derniers qui paroissent à la raison comme on fait dans les choses matérielles, où nous appelons un point indivisible celui au delà duquel nos sens n'aperçoivent plus rien quoique divisible infiniment et par sa nature.

De ces deux infinis de sciences, celui de grandeur est bien plus sensible; et c'est pourquoi il est arrivé à peu de personnes de prétendre connoître toutes choses; je vais parler de tout, disoit Démocrite[2].

(Les pages 353 et 354 en blanc. P. 355. Titre répété : Disproportion de l'homme.)

---

[1] Peut-être Pascal avait-il voulu mettre *à l'égard* des d.?

[2] Pascal avait d'abord mis ici l'alinéa suivant qu'il a barré : « Mais outre que c'est peu d'en parler simplement, sans prouver et connoître, il est néanmoins impossible de le faire, la multitude infinie des choses nous étant si cachée que tout ce que nous pouvons exprimer par paroles ou par pensées n'en est qu'un trait indivisible. D'où il paroît combien est sot, vain et ignorant ce titre de quelques livres : *De omne scibili.* » — Le petit alinéa suivant, quoique reproduit par les éditions, est également barré dans le manuscrit.

ÉDITIONS.

multitude et la délicatesse de leurs principes ; car, qui ne voit que ceux qu'on propose pour les derniers ne se soutiennent pas d'eux-mêmes, et qu'ils sont appuyés sur d'autres qui, en ayant d'autres pour appui, ne souffrent jamais de derniers?

MANUSCRIT AUTOGRAPHE DE PASCAL, P. 347-361.

On voit d'une première vue que l'arithmétique seule fournit des principes sans nombre, et chaque science de même. (Barré dans le msc.)

Mais l'infinité en petitesse est bien moins visible; les philosophes ont bien plutôt prétendu d'y arriver, et c'est là où tous ont achoppé [1]; c'est ce qui a donné lieu à ces titres si ordinaires : *des principes des choses, des principes de la philosophie*, et autres semblables, aussi fastueux en effet quoique moins en apparence que cet autre qui crève les yeux : *de omni scibili.*

On se croit naturellement bien plus capable d'arriver au centre des choses que d'embrasser leur circonférence. L'étendue visible du monde nous surpasse visiblement. Mais comme c'est nous qui surpassons les petites choses, nous nous croyons plus capables de les posséder. Et cependant il ne faut pas moins de capacité pour aller jusqu'au néant que jusqu'au tout; il la faut infi-

---

[1] D'abord : *se sont appliqués avec le succès qu'on peut voir.* Corrigé : « *qu'on sait.* »

ÉDITIONS.

(*Desmol. l. l.*)

On voit d'une première vue que l'arithmétique fournit des principes sans nombre; chaque science de même.

[1] L'infinité en petitesse est bien moins visible : les philosophes ont prétendu d'y arriver, et c'est là où tous ont *échoué* [2]. C'est ce qui a donné lieu à ces titres si ordinaires : *Des principes des choses, Des principes de la philosophie,* et autres semblables aussi fastueux en effet, quoique moins [3] en apparence, que cet autre qui crève les yeux : *De omni scibili.*

(P.-R., ch. xxxi. *Pensées diverses* [4].)

On se croit naturellement bien plus capable d'arriver au centre des choses que d'embrasser leur circonférence. L'étendue visible du monde nous surpasse visiblement. Mais comme c'est nous qui surpassons les petites choses, nous nous croyons plus capables de les posséder. Et cependant il ne faut pas moins de capacité pour aller jusqu'au néant que jusqu'au tout. Il la faut infi-

---
[1] Boss. : *Mais si* l'inf...
[2] Boss. : *choppé.*
[3] Boss. : *non.*
[4] Boss. 1, p. vi, 26.

nie pour[1] l'un et l'autre, et il me semble que qui aurait compris les derniers principes des choses pourroit aussi arriver jusqu'à connoître l'infini. L'un dépend de l'autre et l'un conduit à l'autre. Ces extrémités se touchent et se réunissent à force de s'être éloignées, et se retrouvent en Dieu et en Dieu seulement.

Connoissons donc notre portée; nous sommes quelque chose et ne sommes pas tout; ce que nous avons d'être nous dérobe la connoissance des premiers principes qui naissent[2] du néant, et le peu que nous avons d'être nous cache la vue de l'infini.

Notre intelligence tient dans l'ordre des choses intelligibles le même rang que notre corps dans l'étendue de la nature, borné en tous genres.

Cet état, qui tient le milieu entre deux extrêmes, se trouve en toutes nos puissances.

Nos sens n'aperçoivent rien d'extrême. Trop de bruit nous assourdit; trop de lumière éblouit[3]; trop de distance et trop de proximité empêche la vue; trop de longueur et trop de brièveté du dis-

---

[1] D'abord : *en*.
[2] D'abord : *sortent*, puis *viennent*, enfin *naissent*.
[3] D'abord : *obscurcit*.

ÉDITIONS.

nie dans l'un et *dans* l'autre : et il me semble que qui aurait compris les derniers principes des choses, pourroit aussi arriver jusqu'à connoître l'infini. L'un dépend de l'autre, et l'un conduit à l'autre. Les extrémités se touchent et se réunissent à force de s'être éloignées, et se retrouvent en Dieu et en Dieu seulement.

(Cette phrase a été réunie dans P.-R. à un alinéa ci-dessus.)

(P.-R., suite du chap. XXII.)

Cet état, qui tient le milieu entre *les* extrêmes, se trouve en toutes nos puissances.

Nos sens n'aperçoivent rien d'extrême. Trop de bruit nous assourdit ; trop de lumière nous éblouit ; trop de distance et trop de proximité empêche la vue ; trop de longueur et trop de briéveté

MANUSCRIT AUTOGRAPHE DE PASCAL, P. 347-361.

cours l'obscurcit; trop de vérité nous étonne. J'en sais qui ne peuvent comprendre que, qui de zéro ôte quatre, reste zéro. Les premiers principes ont trop d'évidence pour nous. Trop de plaisir incommode; trop de consonnances déplaisent dans la musique, et trop de bienfaits irritent [1]; nous voulons avoir de quoi surpasser la dette [2]. *Beneficia eousque certa sunt dum videntur exsolvi posse; ubi multum anteverterint, pro gratia odium redditur.*

Nous ne sentons ni l'extrême chaud, ni l'extrême froid; les qualités excessives nous sont ennemies et non pas sensibles; nous ne les sentons plus, nous les souffrons [3]. Trop de jeunesse et trop de vieillesse empêche [4] l'esprit, trop et trop peu d'instruction. Enfin les choses extrêmes sont pour nous comme si elles n'étoient point [5], et nous ne sommes point à leur égard : elles nous échappent ou nous à elles.

Voilà notre état véritable; c'est ce qui nous

---

[1] D'abord : *nous rendent ingrats.*
[2] Effacé : *si elle nous passe, elle blesse.*
[3] D'abord : *nous les souffrons, nous ne les sentons pas.*
[4] D'abord : *gâte.*
[5] D'abord : p. nous *insensibles.*

ÉDITIONS.

obscurcissent *un* discours, trop de plaisir incommode, trop de consonnances déplaisent.

Nous ne sentons ni l'extrême chaud ni l'extrême froid. Les qualités excessives nous sont ennemies et non pas sensibles. Nous ne les sentons plus, nous les souffrons. Trop de jeunesse et trop de vieillesse empêchent l'esprit; *trop et trop peu de nourriture troublent ses actions;* trop et trop peu d'instruction *l'abétissent.* Les choses extrêmes sont pour nous comme si elles n'étaient *pas*, et nous ne sommes point à leur égard. Elles nous échappent ou nous à elles.

Voilà notre état véritable. C'est ce qui *resserre*

MANUSCRIT AUTOGRAPHE DE PASCAL, P. 347-371.

rend incapables de savoir certainement et d'ignorer absolument. Nous voguons [1] sur un milieu vaste, toujours incertains et flottants, poussés d'un bout vers l'autre. (P. 356) Quelque terme où nous pensions nous attacher et nous affermir, il branle et nous quitte, et si nous le suivons il échappe à nos prises, il glisse, et fuit d'une fuite éternelle [2]. Rien ne s'arrête pour nous ; c'est l'état qui nous est naturel et toutefois le plus contraire à notre inclination : nous brûlons de désir de trouver une assiette ferme et une dernière base constante pour y [3] édifier une tour qui s'élève à l'infini ; mais tout notre fondement craque, et la terre s'ouvre jusqu'aux abîmes.

Ne cherchons donc point d'assurance et de fermeté ; notre raison est toujours déçue par l'inconstance [4] des apparences ; rien ne peut fixer le fini entre les deux infinis qui l'enferment et le fuient.

---

[1] D'abord : *nous sommes.* Par erreur on a mis, p. 128 : nous *nous voyons.*
[2] Phrase raturée et travaillée.
[3] D'abord : *sur quoi nous puissions édifier.*
[4] D'abord : *les promesses.*

ÉDITIONS.

nos connoissances en de certaines bornes que nous ne passons pas, incapables de savoir *tout* et d'ignorer *tout* absolument. Nous *sommes* sur un milieu vaste, toujours incertains et flottants *entre l'ignorance et la connoissance ; et si nous pensons aller plus avant, notre objet* branle et échappe à nos prises : il *se dérobe* et fuit d'une fuite éternelle : *rien ne le peut arrêter.* C'est *notre condition* naturelle, et toutefois la plus contraire à notre inclination. Nous brûlons *du* désir *d'approfondir tout*, et d'édifier une tour qui s'élève *jusqu'à* l'infini. Mais tout *notre édifice* craque, et la terre s'ouvre jusqu'aux abîmes.

(Les 4 paragraphes suivants ont été publiés pour la première fois par Condorcet : iv, 6 [1].)

Ne cherchons donc point d'assurance et de fermeté : notre raison est toujours déçue par l'inconstance des apparences. Rien ne peut fixer le fini entre les deux infinis qui l'enferment et le fuient.

---

[1] Boss. 1, p. vi, 24.

APPENDICE N° 1.

MANUSCRIT AUTOGRAPHE DE PASCAL, P. 347-371.

Cela étant bien compris, je crois qu'on se tiendra en repos, chacun dans l'état où la nature l'a placé.

Ce milieu qui nous est échu en partage étant toujours distant des extrêmes, qu'importe qu'un rien ait un peu plus d'intelligence des choses? s'il en a, il les prend un peu de plus haut. N'est-il pas toujours infiniment éloigné du bout? et la durée de notre vie n'est-elle pas également et infiniment éloignée de l'éternité, pour durer dix ans davantage?

Dans la vue de ces infinis tous les finis sont égaux, et je ne vois pas pourquoi asseoir son imagination plutôt sur l'un que sur l'autre. La seule comparaison que nous faisons de nous au fini nous fait peine.

Si l'homme s'étudioit le premier, il verroit combien il est incapable de passer outre. Comment se pourroit-il qu'une partie connût le tout? Mais il aspirera peut-être à connoître au moins les parties avec lesquelles il a de la proportion. Mais les parties du monde ont toutes un tel rapport et

ÉDITIONS.

Cela étant bien compris je crois qu'on *s'en* tiendra au repos, chacun dans l'état où la nature l'a placé.

Ce milieu qui nous est échu, étant toujours distant des extrêmes, qu'importe que *l'homme* ait un peu plus d'intelligence des choses ? S'il en a, il les prend *d'un* peu plus haut. N'est-il pas toujours infiniment éloigné *des extrêmes ? Et la durée de notre plus longue vie n'est-elle pas* infiniment éloignée de l'éternité ?

Dans la vue de ces infinis, tous les finis sont égaux ; et je ne vois pas pourquoi asseoir son imagination plutôt sur l'un que sur l'autre. La seule comparaison que nous faisons de nous au fini nous fait peine.

(P.-R., ch. XXXI, *Pensées diverses* [1]).

Si l'homme *commençoit par s'étudier lui-même*, il verroit combien il est incapable de passer outre. Comment se pourroit-il *faire* qu'une partie connût le tout ? Mais il aspirera peut-être à connoître au moins les parties avec lesquelles il a de la proportion. Mais les parties du monde ont

---

[1] Boss. 1, p. VI, 26.

MANUSCRIT AUTOGRAPHE DE PASCAL, P. 347-371.

un tel enchaînement l'une avec l'autre que je crois impossible de connoître l'une sans l'autre et sans le tout.

L'homme, par exemple, a rapport à tout ce qu'il connoît; il a besoin de lieu pour le contenir, de temps pour durer, de mouvement pour vivre, d'éléments pour le composer, de chaleur et d'aliments pour le nourrir, d'air pour respirer; il voit la lumière, il sent les corps, enfin tout tombe sous son alliance[1].

Il faut donc, pour connoître l'homme, savoir d'où vient qu'il a besoin d'air pour subsister.

Et pour connoître l'air savoir par où il a ce rapport à la vie de l'homme, etc.

(Les pages 357 et 358 en blanc. Page 359.)

La flamme ne subsiste point sans l'air; donc pour connoître l'un il faut connoître l'autre.

Donc toutes choses étant causées et causantes, aidées et aidantes, médiatement et immédiatement, et toutes s'entretenant par un lien naturel et insensible qui lie les plus éloignées et les plus différentes, je tiens impossible de connoître les parties sans connoître le tout, non plus que de connoître

---

[1] D'abord *sa perception*; puis *sa dépendance*; puis *son all.*

ÉDITIONS.

toutes un tel rapport et un tel enchaînement l'une avec l'autre, que je crois impossible de connoître l'une sans l'autre et sans le tout.

L'homme, par exemple, a rapport à tout ce qu'il connoît. Il a besoin de lieu pour le contenir, de temps pour durer, de mouvement pour vivre, d'éléments pour le composer, de chaleur et d'aliments pour le nourrir, d'air pour respirer. Il voit la lumière, il sent les corps, enfin tout tombe sous son alliance.

Il faut donc pour connoître l'homme, savoir d'où vient qu'il a besoin d'air pour subsister.

Et pour connoître l'air il faut savoir par où il a rapport à la vie de l'homme.

La flamme ne subsiste point sans l'air. Donc pour connoître l'un il faut connoître l'autre.

Donc toutes choses étant causées et causantes, aidées et aidantes, médiatement et immédiatement, et toutes s'entretenant par un lien naturel et insensible qui lie les plus éloignées et les plus différentes, je tiens impossible de connoître les parties sans connoître le tout, non plus que de connoître le

MANUSCRIT AUTOGRAPHE DE PASCAL, P. 347-371.

le tout sans connoître particulièrement les parties[1].

L'éternité des choses en elles-mêmes ou en Dieu doit encore étonner notre petite durée. L'immobilité fixe et constante de la nature [par] comparaison au changement continuel qui se passe en nous, doit faire le même effet.

Et ce qui achève notre impuissance à connoître les choses, est qu'elles sont simples en elles-mêmes et que nous sommes composés [2] de deux natures opposées et de divers genre, d'âme et de corps; car il est impossible que la partie qui raisonne en nous soit autre que spirituelle; et quand on prétendroit que nous serions simplement corporels, cela nous excluroit bien davantage de la connoissance des choses, n'y ayant rien de si incon-

---

[1] D'abord : « Je tiens impossible *d'en connoître aucune sans connoître toutes les autres, c'est-à-dire impossible purement et absolument.* »

[2] D'abord : « *Et ce qui achève notre impuissance est la simplicité des choses comparées avec notre état double et composé. Il y a des absurdités invincibles à combattre ce point. Il est aussi absurde qu'impie de nier que l'homme est composé de deux parties de différente nature, d'âme et de corps; cela nous rend impuissants à connoître toutes choses. Ou si on nie cette composition et qu'on prétende que nous sommes tout corporels, je laisse à juger combien la matière est incapable de connoître la matière; rien n'est plus impossible que cela.* »

ÉDITIONS.

tout sans connoître particulièrement¹ les parties.

Et ce qui achève notre impuissance à connoître les choses, c'est qu'elles sont simples en elles-mêmes, et que nous sommes composés de deux natures opposées et de divers genres, d'âme et de corps. Car il est impossible que la partie qui raisonne en nous soit autre que spirituelle; et quand on prétendroit que nous *fussions* simplement corporels, cela nous excluroit bien davantage de la

___
¹ Boss. : *en détail.*

MANUSCRIT AUTOGRAPHE DE PASCAL, P. 347-371.

cevable que de dire que la matière se connoît soi-même; il ne nous est pas possible de connoître comment elle se connoîtroit.

Et ainsi si nous sommes simplement matériels, nous ne pouvons rien du tout connoître, et si nous sommes composés d'esprit et de matière, nous ne pouvons connoître parfaitement les choses simples [1], spirituelles et corporelles.

(P. 360.)

De là vient que presque tous les philosophes confondent les idées des choses et parlent des choses corporelles spirituellement et des spirituelles corporellement; car ils disent hardiment que les corps tendent en bas, qu'ils aspirent à leur centre, qu'ils fuient leur destruction, qu'ils craignent le vide, qu'ils ont des inclinations, des sympathies, des antipathies, qui sont toutes choses qui n'appartiennent qu'aux esprits; et en parlant des esprits ils les considèrent comme en un lieu et

---

[1] Pascal avait mis d'abord : « . . . . . *les choses simples*, car comment connoîtrions-nous distinctement la matière, puisque notre suppôt qui agit en cette connoissance est en partie spirituel? Et comment connoîtrions-nous nettement les substances spirituelles, ayant un corps qui nous aggrave et nous abaisse vers la terre? »

ÉDITIONS.

connoissance des choses, n'y ayant rien de si inconcevable que de dire que la matière *se puisse connoître* soi-même.

C'est cette composition d'esprit de corps qui a fait que presque tous les philosophes *ont* confondu les idées des choses et *attribué aux corps ce qui n'appartient qu'aux esprits et aux esprits ce qui n'appartient qu'aux corps.* Car ils disent hardiment que les corps tendent en bas, qu'ils aspirent à leur centre, qu'ils fuient leur destruction, qu'ils craignent le vide, qu'ils ont des inclinations, des sympathies, des antipathies, qui sont toutes choses qui n'appartiennent qu'aux esprits. Et en parlant des esprits, ils les considèrent comme en

MANUSCRIT AUTOGRAPHE DE PASCAL, P. 347-371.

leur attribuent le mouvement d'une place à une autre, qui sont choses qui n'appartiennent qu'aux corps.

Au lieu de recevoir les idées de ces choses purement, nous les teignons de nos qualités, et empreignons (de) notre être composé toutes les choses simples que nous contemplons.

Qui ne croiroit à nous voir composer toutes choses d'esprit et de corps, que ce mélange-là nous seroit bien compréhensible? C'est néanmoins la chose que l'on comprend le moins. L'homme est à lui-même le plus prodigieux objet de la nature; car il ne peut concevoir ce que c'est que corps, et encore moins ce que c'est qu'esprit, et moins qu'aucune chose comme un corps peut être uni avec un esprit; c'est là le comble de ses difficultés, et cependant c'est son propre être : *modus quo corporibus adhæret spiritus comprehendi ab hominibus non potest, et hoc tamen homo est.*

Voilà une partie des causes qui rendent l'homme si imbécile à connoître la nature. Elle est infinie en deux manières, il est fini et limité; elle dure et se maintient perpétuellement en son être, il passe et est mortel; les choses en particulier se

ÉDITIONS.

un lieu et leur attribuent le mouvement d'une place à une autre, qui sont *des* choses qui n'appartiennent qu'aux corps.

Au lieu de recevoir les idées des choses *en nous*, nous teignons des qualités de notre être composé toutes les choses simples que nous contemplons.

Qui ne croiroit, à nous voir composer toutes choses d'esprit et de corps, que ce mélange-là nous seroit bien compréhensible ? C'est néanmoins la chose que l'on comprend le moins. L'homme est à lui-même le plus prodigieux objet de la nature. Car il ne peut concevoir ce que c'est que corps, et encore moins ce que c'est qu'esprit, et moins qu'aucune chose comm*ent* un corps peut être uni avec un esprit ; c'est là le comble de ses difficultés, et cependant c'est son propre être : *modus quo corporibus adheret spiritus comprehendi ab hominibus non potest ; et hoc tamen homo est.*

MANUSCRIT AUTOGRAPHE DE PASCAL, P. 347-361.

corrompent et se changent à chaque instant, il ne les voit qu'en passant; elles ont leur principe et leur fin, il ne connoît ni l'un ni l'autre ; elles sont simples et il est composé de deux natures différentes. Et pour consommer la preuve de notre foiblesse, je finirai par cette réflexion sur l'état de notre nature. (Barré dans le Msc.)

Enfin pour consommer la preuve de notre foiblesse, je finirai par ces deux considérations.(Barré.)

(Fin de la p. 360.)

N° 2.

LETTRE DE PASCAL,

En son nom et au nom de sa sœur Jacqueline,

A M. ET MME PÉRIER, SUR LA MORT DE LEUR PÈRE, ÉTIENNE PASCAL.

(Msc. de l'Oratoire, 160, n° 16, avec cette remarque : « *Copié sur l'original, daté du* 17 *octobre* 1651, *de la main de M. Pascal.* » — Mémoires inédits de Marguerite Périer, p. 308, même date et avec cette même remarque : *transcrit sur l'original.*)

Puisque vous êtes maintenant informés l'un et l'autre de notre malheur commun, et que la lettre que nous avons commencée vous a donné quelque

EDITIONS.

consolation par le récit des circonstances heureuses qui ont accompagné le sujet de notre affliction, je ne puis vous refuser celles qui me restent dans l'esprit, et que je prie Dieu de me donner, et de me renouveler de plusieurs que nous avons autrefois reçues de sa grâce, et qui nous ont été nouvellement données par nos amis en cette occasion.

Je ne scay plus par où finissoit la première lettre. Ma sœur l'a envoyée sans prendre garde qu'elle n'étoit pas finie. Il me semble seulement qu'elle contenoit en substance quelques particularités de la conduite de Dieu sur la vie et la maladie que je voudrois vous répéter icy, tant je les ay gravées dans le cœur et tant elles portent de consolation, si vous ne les pouviez voir vous-même dans la précédente lettre, et si ma sœur ne devoit pas vous en faire un récit plus exact à sa première commodité.

Je ne vous parlerai donc icy que de la conséquence que j'en tire, qui est que sa fin est si chrétienne, si heureuse et si sainte et si souhaitable, qu'ôté les personnes intéressées [1] par les sentiments de la nature, il n'y a point de chrétien qui ne s'en doive resjouir.

Sur ce grand fondement je vous commenceray ce que j'ai à vous dire par un discours bien consolatif [2] à ceux qui ont assez de liberté d'esprit pour le concevoir au fort de la douleur.

[3] C'est que nous devons chercher la consolation à nos maux, non pas dans nous-mêmes, non pas

---

[1] Mémoires de Marguerite Périer : la conséquence que j'en tire, qui est *qu'ôtés ceux qui sont intéressés par....*

[2] Oratoire : bien *consolant.*

[3] Ces quatre premiers paragraphes ont été omis par Port-Royal (ch. xxx, *Pensées sur la mort*), et la première phrase du cinquième est ainsi modifiée et arrangée pour former le commencement de tout le chapitre : *Quand nous sommes dans l'affliction à cause de la mort de quelque personne pour qui nous avons de l'affection ou par quelque autre malheur qui nous arrive, nous ne devons pas chercher de la consolation dans nous-mêmes, ni dans les hommes, ni dans tout ce qui est créé, mais nous la devons chercher en Dieu seul.*

dans les hommes, non pas dans tout ce qui est créé, mais dans Dieu. Et la raison en est que toutes les créatures ne sont pas la première cause des accidents que nous appelons maux, mais que la providence de Dieu en étant l'unique et véritable cause, l'arbitre et la souveraine [1], il est indubitable qu'il faut recourir directement à la source et remonter jusqu'à l'origine pour trouver un solide allègement. Que si nous suivons ce précepte et que nous envisagions cet événement [2], non pas comme un effet du hasard, non pas [3] comme une nécessité fatale de la nature, non pas [4] comme le jouet des éléments et des parties qui composent l'homme, car Dieu n'a pas abandonné ses eslus au caprice et au hasard [5], mais comme une suite indispensable, inévitable, juste, sainte, utile au bien de l'Église et à l'exaltation du nom et de la grandeur de Dieu [6], d'un arrest de sa providence conçu de toute éternité [7] pour être exécuté dans

---

[1] Mém. de Mlle. Périer « *le souverain.* »

[2] P.-Royal : *et que nous considérions cette mort qui nous afflige.*

[3] P.-R. : *ni.*

[4] P.-R. : *ni.*

[5] P.-R. : *au caprice du hasard.*

[6] P.-R. omet ces mots : *utile au bien de l'Église et à l'exaltation du nom et de la grandeur de Dieu.*

[7] P.-R. omet : *conçu de toute éternité,* et garde *pour être exé-*

la plénitude de son temps, en telle année, en tel jour, en telle heure, en tel lieu, en telle manière [1]; et enfin tout ce qui est arrivé a été de tout temps présent [2] et préordonné en Dieu; si, dis-je, par un transport de grâce nous considérons cet accident non pas dans lui-même et hors de Dieu, mais hors de lui-même et dans l'intime de la volonté de Dieu [3], dans la justice de son arrest, dans l'ordre de sa providence qui en est la véritable cause, sans quoi il ne fût pas arrivé, par qui seul [4] il est arrivé et de la manière dont il est arrivé, nous adorerons dans un humble silence la hauteur impénétrable de ses secrets; nous révérerons [5] la sainteté de ses arrests; nous bénirons la conduite de la Providence, et unissant notre volonté à celle de Dieu même, nous voudrons avec lui, en lui et pour lui, la chose qu'il a voulu en nous et pour nous de toute éternité.

cuté dans la plénitude de son temps, membre de phrase qui ainsi isolé n'a plus de force.

[1] P.-R. omet fort mal à propos : *en telle année, en tel jour, en telle heure, en tel lieu, en telle manière.*

[2] Oratoire : *presçu.*

[3] P.-R. : *et dans la volonté même de Dieu.*

[4] P.-R. : *seule*, rapportant ce mot à la providence, tandis qu'il faut le rapporter à *l'ordre de sa providence.*

[5] P.-R. : *nous vénérerons......* expression moins juste parce qu'elle ne renferme pas au même degré l'idée de crainte jointe à celle de respect.

Considérons-la donc de la sorte et pratiquons cet enseignement que j'ay appris d'un grand homme dans le temps de notre plus grande affliction [1], qu'il n'y a de consolation qu'en la vérité seule. Il est sans doute que Sénèque et Socrate n'ont rien de persuasif [2] en cette occasion. Ils ont été sous l'erreur qui a aveuglé tous les hommes dans le premier : ils ont tous pris la mort comme naturelle à l'homme, et tous les discours qu'ils ont fondés sur ce faux principe sont si futiles [3] qu'ils ne servent qu'à montrer par leur inutilité combien l'homme en général est foible, puisque les plus hautes productions des plus grands d'entre les hommes sont si basses et si puériles.

Il n'en est pas de même de J.-C.; il n'en est pas ainsi des livres canoniques. La vérité y est découverte, et la consolation y est jointe aussi infailliblement qu'elle est infailliblement séparée de l'erreur. Considérons donc la mort dans la vérité que le Saint-Esprit nous a apprise. Nous avons cet admirable avantage de connoître que véritablement et effectivement la mort est une peine du péché impo-

---

[1] P.-R. omet *considérons-la*, jusqu'à *il n'y a de consolation*.

[2] P.-R. : *n'ont rien qui nous puisse persuader et consoler dans ces occasions*.

[3] P.-R. : *si vains et peu solides*.

sée à l'homme pour expier son crime, nécessaire à l'homme pour le purger du péché, qu'elle est la seule qui peut délivrer l'âme de la concupiscence des membres sans laquelle les saints ne vivent point en ce monde. Nous sçavons que la vie des chrétiens est un sacrifice continuel, qui ne peut être achevé que par la mort. Nous sçavons que J.-C. entrant au monde s'est considéré et s'est offert à Dieu comme un holocauste et une véritable victime, que sa naissance, sa vie, sa mort, sa résurrection, son ascension, et sa présence dans l'eucharistie, et sa séance éternelle à la dextre [1] n'est qu'un seul et unique sacrifice [2]. Nous sçavons que ce qui est arrivé en J.-C. doit arriver en tous ses membres.

Considérons donc la vie comme un sacrifice, et que les accidents de la vie ne fassent d'impression dans l'esprit des chrétiens qu'à proportion qu'ils interrompent ou qu'ils accomplissent ce sacrifice. N'appellons mal que ce qui rend la victime de Dieu la victime du diable; mais appellons bien ce qui rend la victime du diable en Adam victime de Dieu, et sur cette règle examinons la nature de la mort.

Pour cette considération, il faut recourir à la personne de J.-C.; car tout ce qui est dans les

---

[1] P.-R. : *à la droite de son père.*
[2] P.-R. : ne *sont* qu'un seul.

hommes est abominable ¹; et comme Dieu ne considère les hommes que par le médiateur J.-C., les hommes aussi ne devroient regarder ni les autres ni eux-mêmes que médiatement par J.-C. Car ² si nous ne passons par ce milieu, nous ne trouvons en nous que de véritables malheurs, ou des plaisirs abominables ; mais si nous considérons toutes choses en J.-C., nous trouverons toute consolation, toute satisfaction, toute édification.

Considérons donc la mort en J.-C., et non pas sans J.-C. Sans J.-C. elle est horrible, elle est détestable, et l'horreur de la nature ; en J.-C. elle est tout autre : elle est aimable, sainte, et la joie du fidèle. Tout est doux en J.-C. jusqu'à la mort ; et c'est pourquoi il a souffert et est mort pour sanctifier la mort et les souffrances, et que ³, comme Dieu et comme homme, il a été tout ce qu'il y a de grand et tout ce qu'il y a d'abject, afin de sanctifier en soi toutes choses, osté ⁴ le péché, et pour être le modèle de toutes les conditions.

Pour considérer ce que c'est que la mort et la

---

¹ P.-R. omet : *tout ce qui est dans les hommes est abominable*. Car comme Dieu...

² P.-R. omet *car*, et fait de ce qui suit un paragraphe à part.

³ P.-R. omet *que*.

⁴ P.-R. : *excepté* le péché.

mort de J.-C., il faut voir quel rang elle tient dans son sacrifice continuel et sans interruption, et pour cela remarquer que, dans les sacrifices, la principale partie est la mort de l'hostie. L'oblation et la sanctification qui précèdent sont des dispositions; mais l'accomplissement est la mort, dans laquelle, par l'anéantissement de la vie, la créature rend à Dieu tout l'hommage dont elle est capable, en s'anéantissant devant les yeux de sa majesté et en adorant sa souveraine existence, qui seule existe réellement [1]. Il est vrai qu'il y a une autre partie, après la mort de l'hostie, sous laquelle sa mort est inutile; c'est l'acceptation que Dieu fait du sacrifice; c'est ce qui est dit dans l'Écriture : *Et odoratus est Dominus suavitatem* [2], *et Dieu a odoré et reçu l'odeur du sacrifice;* c'est véritablement celle-là qui couronne l'oblation; mais elle est plutôt une action de Dieu vers la créature que de la créature vers Dieu, et n'empêche pas que la dernière action de la créature ne soit la mort.

Toutes ces choses ont été accomplies en J.-C. En entrant au monde il s'est offert : *Obtulit se—*

---

[1] P.-R. : *essentiellement.*

[2] Pascal, qui citait probablement de mémoire, comme on fait en écrivant une lettre, ne cite pas toujours avec une parfaite rigueur, et jamais il ne marque l'endroit de l'Ecriture qu'il cite. P.-R. rétablit le texte vrai et en indique la place : *odorem suavitatis* (Gen. VIII, 21).

metipsum per Spiritum Sanctum. Ingrediens mundum dixit : hostiam noluisti, tunc dixi : ecce venio, in capite, etc. Il s'est offert par le Saint-Esprit. En entrant au monde il a dit : Seigneur, les sacrifices ne te sont point agréables, mais tu m'as donné un corps. Lors j'ay dit, voici que je viens, pour faire, ô Dieu! ta volonté; et ta loi est dans le milieu de mon cœur [1]. Voilà son oblation : la sanctification a été immédiate de son oblation [2]. Ce sacrifice a duré toute sa vie, et a été accomply par sa mort. *Il a fallu qu'il ait passé par les souffrances pour entrer en sa gloire, et quoiqu'il fût fils de Dieu, il a fallu qu'il ait appris l'obéissance. Mais au jour de sa chair ayant crié avec grands cris à celui qui le pouvoit sauver de la mort, il a été exaucé pour sa révérence*[3]. Et Dieu l'a ressuscité, et envoyé sa gloire, figurée autrefois par le feu du ciel qui tomboit sur les victimes, pour brusler et consumer son corps et le

---

[1] P.-R. achève les citations et change la traduction naïve et vigoureuse de Pascal : *vous*, au lieu de *tu* : *Me voici ; je viens pour faire, mon Dieu, votre volonté...* etc.

[2] P.-R. : *a suivi immédiatement son oblation.*

[3] P.-R. marque les endroits de l'Écriture et change la traduction : *ayant offert avec un grand cri et avec larmes ses prières et ses supplications à celui qui le pouvoit tirer de la mort, il a été exaucé selon son humble respect pour son père.* Remarquons que c'est la traduction de Sacy que ces Messieurs ont substituée ordinairement à celle de Pascal.

faire vivre spirituel [1] de la vie de la gloire. C'est ce que J.-C. a obtenu, et qui a été accompli par sa résurrection.

Ainsi ce sacrifice étant parfait par la mort de J.-C., et consommé mesme en son corps par sa résurrection où l'image de la chair du péché a été absorbée par sa gloire ; J.-C. avoit tout achevé de sa part : il restoit [2] que le sacrifice fût accepté de Dieu, que, comme la fumée s'élevoit et portoit l'odeur au trosne de Dieu, aussi J.-C. fût en cet état d'immolation parfaite, offert, porté et receu au throne de Dieu même ; et c'est ce qui a été accompli en l'ascension, en laquelle il est monté et par sa propre force et par la force de son Saint-Esprit qui l'environnoit de toutes parts ; il a été enlevé, comme la fumée des victimes, figure de J.-C. [3], étoit portée en haut par l'air qui la soutenoit, figure du Saint-Esprit [4] ; et les actes des apostres nous marquent expressément qu'il fut reçu au ciel, pour nous assurer que ce saint sacrifice accompli en terre a été acceptable à Dieu, receu dans le sein

---

[1] P.-R. omet *spirituel*.
[2] P.-R. : *et il ne restoit plus sinon que*.
[3] P.-R. : *qui est la figure de J.-C*.
[4] P.-R. : *qui est la figure du S.-E*. Ces deux *qui*, inutiles en eux-mêmes, ajoutés à celui de la phrase intermédiaire : *porté en haut par l'air* QUI *la soutenoit*, composent une phrase entière très-peu harmonieuse:

de Dieu où il brusle de la gloire dans les siècles des siècles [1].

Voilà l'état des choses en notre souverain Seigneur : considérons-les en nous maintenant. Dès le moment [2] que nous entrons dans l'église, qui est le monde des fidèles et particulièrement des élus, où J.-C. entra dès le moment de son incarnation, par un privilége spécial [3] au fils unique de Dieu, nous sommes offerts et sanctifiés. Ce sacrifice se continue par la vie et s'accomplit à la mort, dans laquelle l'âme quittant véritablement tous les vices et l'amour de la terre, dont la contagion l'infecte toujours durant cette vie, elle achève son immolation et est receue dans le sein de Dieu.

Ne nous affligeons donc pas [4] comme les payens qui n'ont point d'espérance. Nous n'avons pas perdu mon père [5] au moment de sa mort : nous l'avons perdu, pour ainsi dire, dès qu'il entra dans l'église par le baptême. Dès lors il étoit à Dieu;

[1] P.-R. : *que ce saint sacrifice accompli en terre a été accompli et receu dans le sein de Dieu.*

[2] Pour éviter cette répétition : *dès le moment que nous entrons dans l'Eglise* et *dès le moment de son incarnation*, P.-R. met *lorsque nous entrons...*

[3] P.-R. : *particulier au fils.*

[4] P.-R. : *ne nous affligeons donc pas de la mort des fidèles...* Dans tout ce qui suit P.-R. applique aux fidèles en général tout ce qui dans Pascal se rapporte particulièrement à son père.

[5] P.-R. : nous ne *les* avons pas perdus.

sa vie étoit vouée à Dieu; ses actions ne regardoient le monde que pour Dieu ; dans sa mort il s'est totalement détaché de ses péchés, et c'est en ce moment qu'il a été receu de Dieu et que son sacrifice a receu son accomplissement et son couronnement. Il a donc fait ce qu'il avoit voué, il a achevé l'œuvre que Dieu luy avoit donnée à faire, il a accompli la seule chose pour laquelle il étoit créé. La volonté de Dieu est accomplie en luy et sa volonté est absorbée en Dieu. Que notre volonté ne sépare donc pas ce que Dieu a uny, et étouffons ou modérons par l'intelligence de la vérité les sentiments de la nature corrompue et déçue, qui n'a que des fausses images, et qui trouble par ses illusions la sainteté des sentiments que la vérité et l'Évangile [1] nous doit donner.

Ne considérons donc plus la mort comme des payens, mais comme des chrétiens, c'est-à-dire avec l'espérance, comme saint Paul l'ordonne, puisque c'est le privilége spécial des chrétiens. Ne considérons plus un corps comme une charogne infecte, car la nature trompeuse le figure [2] de la sorte, mais comme le temple inviolable et éternel du Saint-Esprit, comme la foi l'apprend. Car

---

[1] P.-R. : *la vérité de l'Évangile.*
[2] Bossut : *nous le représente.*

nous sçavons que les corps des saints sont habités par le Saint-Esprit jusqu'à la résurrection, qui se fera par la vertu de cet esprit qui réside en eux pour cet effet. [1] C'est pour cette raison que nous honorons les reliques des morts ; et c'est sur ce vrai principe que l'on donnoit autrefois l'Eucharistie dans la bouche des morts, parce que, comme on sçavoit qu'ils étoient le temple du Saint-Esprit, on croyoit qu'ils méritoient d'être aussi unis à ce saint sacrement. Mais l'Église a changé cette coutume, non pas pour ce que [2] ces corps ne soient pas saints, mais par cette raison que l'Eucharistie étant le pain de vie et des vivants, il ne doit pas être donné aux morts.

Ne considérons plus un homme [3] comme ayant cessé de vivre, quoi que la nature suggère [4], mais comme commençant à vivre, comme la vérité l'assure. Ne considérons plus son âme comme périe et réduite au néant, mais comme vivifiée et unie au souverain vivant, et corrigeons ainsi, par l'at-

---

[1] Mémoires de mademoiselle Perrier, et P.-R. : *pour cet effet. C'est le sentiment des pères.* C'est pour cette r..... Addition inutile.

[2] P.-R. : *non pas qu'elle croie que ces corps...*

[3] P.-R. : *ne considérons plus les fidèles qui sont morts en la grâce de Dieu comme ayant cessé de vivre.*

[4] Pour : *quelque chose que la nature suggère.* Faute d'entendre cette locution, P.-R. a mis : *quoique la nature LE suggère.*

tention à ces vérités, ces sentiments d'erreur qui sont si empreints en nous mesmes, et ces mouvements d'horreur qui sont si naturels à l'homme.

Pour dompter plus fortement cette horreur, il faut en bien comprendre l'origine; et pour vous le toucher en peu de mots, je suis obligé de vous dire en général quelle est la source de tous les vices et de tous les péchés. C'est ce que j'ai appris de deux très-grands et très-savants personnages. La vérité qui ouvre ce mystère est que [1] Dieu a créé l'homme avec deux amours, l'un pour Dieu, l'autre pour soi-même, mais avec cette loy que l'amour pour Dieu seroit infini, c'est-à-dire sans aucune autre fin que Dieu même, et que l'amour pour soi-même seroit fini et rapportant [2] à Dieu.

L'homme en cet état non-seulement s'aimoit sans péché, mais ne pouvoit pas ne point s'aimer sans péché.

Depuis, le péché étant arrivé, l'homme a perdu le premier de ces amours; et l'amour pour soi-même étant resté seul dans cette grande âme capable d'un amour infini, cet amour-propre s'est étendu et débordé dans le vuide que l'amour de

---

[1] P.-R. omet tout le commencement de ce paragraphe, depuis *pour dompter*, jusqu'à *Dieu a créé l'homme*.

[2] Bossut avertit qu'il faut ici sous-entendre *se*. Entendez : *ayant rapport à Dieu*.

Dieu a quitté [1]; et ainsi il s'est aimé seul et toutes choses pour soi, c'est-à-dire infiniment.

Voilà l'origine de l'amour-propre. Il étoit naturel à Adam et juste à son innocence; mais il est devenu criminel et immodéré en suitte de son péché.

Voilà la source de cet amour et la cause de sa défectuosité et de son excès. Il en est de même du désir de dominer, de la paresse et des autres [2] : l'application en est aisée. Venons à notre seul sujet [3]. L'horreur de la mort étoit naturelle [4] à Adam innocent, parce que sa vie étant très-agréable à Dieu, elle devoit être agréable à l'homme; et la mort étoit horrible lorsqu'elle finissoit une vie conforme à la volonté de Dieu. Depuis, l'homme ayant péché, sa vie est devenue corrompue, son corps et son âme ennemis l'un de l'autre, et tous deux de Dieu. Cet horrible changement [5] ayant infecté une si sainte vie, l'amour de la vie est néan-

---

[1] Bossut a pris je ne sais où *a laissé*.

[2] Bossut a ajouté: et des autres *vices*.

[3] P.-R. : *l'application en est aisée à faire au sujet de l'horreur que nous avons de la mort. Cette horreur étoit...*

[4] P.-R. : « étoit naturelle et *juste dans* Adam innocent. » Il n'est pas encore ici question de ce qu'il y a de juste ou d'injuste, mais de ce qu'il y a de naturel, d'agréable ou d'horrible dans la mort.

[5] P.-R. omet *horrible*.

moins demeuré, et l'horreur de la mort étant restée pareille [1], ce qui était juste en Adam est injuste et criminel [2] en nous.

Voilà l'origine de l'horreur de la mort et la cause de sa défectuosité : éclairons donc l'erreur de la nature par la lumière de la foi.

L'horreur de la mort est naturelle, mais c'est en l'état d'innocence ; la mort à la vérité est horrible, mais c'est quand elle finit une vie toute pure [3]. Il étoit juste de la haïr quand elle séparoit une âme sainte d'un corps saint ; mais il est juste de l'aimer quand elle sépare une âme sainte d'un corps impur. Il étoit juste de la fuir quand elle rompoit la paix entre l'âme et le corps, mais non pas quand elle en calme la dissension irréconciliable. Enfin, quand elle affligeoit un corps innocent, quand elle ostoit au corps la liberté d'honorer Dieu, quand elle séparoit de l'âme un corps soumis et coopé-

---

[1] Les manuscrits et l'édition de 1669 donnent *pareille*. Bossut a mis : *la même*, que les éditions subséquentes ont reproduit.

[2] P.-R. omet *criminel*.

[3] P.-R. a très-mal à propos changé cette phrase : « L'horreur de la mort est naturelle, mais c'est dans l'état d'innocence, *parce qu'elle n'eût pu entrer dans le paradis qu'en finissant une vie toute pure.* » Est-ce la mort qui n'eût pu entrer dans le paradis ? cela n'a pas de sens. On ne comprend pas ce qu'a voulu dire ici l'édition de 1669, et que toutes les éditions subséquentes aient reproduit cette phrase.

rateur à ses volontés, quand elle finissoit¹ tous les biens dont l'homme est capable, il étoit juste de l'abhorrer; mais quand elle finit une vie impure, quand elle oste au corps la liberté de pécher, quand elle délivre l'âme d'un rebelle très-puissant et contredisant tous les motifs de son salut, il est très-injuste d'en conserver les mêmes sentiments.

Ne quittons donc pas cet amour que la nature nous a donné pour la vie, puisque nous l'avons receu de Dieu, mais que ce soit pour la même vie pour laquelle Dieu nous l'a donné et non pas pour un objet contraire.

Et en consentant à l'amour qu'Adam avoit pour sa vie innocente et que J.-C. même a eue pour la sienne, portons-nous à haïr une vie contraire à celle que J.-C. a aimée et à n'appréhender que la mort que J.-C. a appréhendée, qui arrive à un corps agréable à Dieu, mais non pas à craindre une mort contraire² qui, punissant un corps coupable et purgeant un corps vicieux, nous doit donner des sentiments tout contraires, si nous avons un peu de foi, d'espérance et de charité.

¹ P.-R. : « quand *elle n'eût pu arriver* qu'en séparant... quand elle *eût* rempli... quand elle *eût* affligé... quand elle *eût* ôté... quand elle *eût* séparé... *eût* fini...

² P.-R. omet *contraire*, qui est indispensable.

C'est un grand principe [1] du christianisme que tout ce qui est arrivé à J.-C. doit se passer et dans l'âme et dans le corps de chaque chrétien ; que comme J.-C. a souffert durant sa vie mortelle, est mort à cette vie mortelle [2], est ressuscité d'une nouvelle vie, est monté au ciel et sied à la droite du père ; ainsi le corps et l'âme doivent souffrir, mourir, ressusciter, monter au ciel et seoir à la dextre [3]. Toutes ces choses s'accomplissent en l'âme durant cette vie, mais non pas dans le corps.

L'âme souffre et meurt au péché dans la pénitence et dans le baptême ; l'âme ressuscite à une nouvelle vie dans le même baptême [4] ; l'âme quitte la terre et monte au ciel à l'heure de la mort et sied à la droite au temps où Dieu l'ordonne [5].

Aucune de ces choses n'arrive dans le corps

[1] P.-R : c'est *un des grands* principes du christianisme.

[2] P.-R. omet ces mots : *est mort à cette vie mortelle*. Bossut les a rétablis, ainsi que les éditions qui sont venues après.

[3] P.-R. Toutes les éditions omettent *et seoir à la dextre*.

[4] P.-R. : *dans ces sacrements. Et enfin* l'âme.

[5] P.-R. et toutes les éditions d'après celle de 1669 : « monte au ciel en menant une vie céleste, ce qui fait dire à saint Paul : Conversatio nostra in cœlis est. Phil. III, 20. » Pascal n'a pas cité saint Paul, et on ne peut pas dire que l'âme monte au ciel en menant une vie céleste ; il aurait fallu dire qu'elle monte au ciel et y mène une vie céleste.

durant cette vie, mais mesmes choses s'y passent ensuite. Car à la mort le corps meurt à sa vie mortelle; au jugement il ressuscitera [1] à une nouvelle vie; après le jugement il montera au ciel et seoira à la droite [2].

Ainsi les mêmes choses arrivent au corps et à l'âme, mais en différents temps; et les changements du corps n'arrivent que quand ceux de l'âme sont accomplis, c'est-à-dire à l'heure [3] de la mort; de sorte que la mort est le couronnement de la béatitude de l'âme et le commencement de la béatitude du corps.

Voilà les admirables conduites de la sagesse de Dieu sur le salut des saints; et saint Augustin nous apprend sur ce sujet que Dieu en a disposé de la sorte, de peur que si le corps de l'homme fût mort et ressuscité pour jamais dans le baptême, on ne fût entré dans l'obéissance de l'Évangile que par l'amour de la vie, au lieu que la grandeur de la foi éclate bien davantage lorsque l'on tend à l'immortalité par les ombres de la mort.

Voilà certainement quelle est notre créance et la foi que nous professons, et je crois qu'en voilà plus qu'il n'en faut pour aider vos consolations

---

[1] P.-R. : *ressuscite*.

[2] P.-R. : il montera au ciel *et y demeurera éternellement*.

[3] P.-R. : *après* la mort.

par mes petits efforts. Je n'entreprendrois pas de vous porter ce secours de mon propre; mais comme ce ne sont que des répétitions de ce que j'ay appris, je le fais avec assurance, en priant Dieu de bénir ces semences et de leur donner l'accroissement; car, sans lui, nous ne pouvons rien faire, et ses plus saintes parolles ne prennent point en nous, comme il l'a dit lui-même [1].

Ce n'est pas que je souhaite que vous soyez sans ressentiment : le coup est trop sensible; il seroit même insupportable sans un secours surnaturel [2]. Il n'est donc pas juste que nous soyons sans douleur [3], comme les anges, qui n'ont aucun sentiment de la nature; mais il n'est pas juste aussi que nous soyons sans consolation, comme des païens, qui n'ont aucun sentiment de la grâce; mais il est juste que nous soyons affligés et consolés, comme chrétiens, et que la consolation de la grâce l'emporte par-dessus les sentiments de la nature; que nous disions, comme les apostres : Nous sommes persé-

---

[1] Tout ce paragraphe est omis dans P.-R. et dans toutes les éditions.

[2] Cette première phrase est omise dans les éditions.

[3] P.-R. : il n'est pas juste que nous soyons *sans ressentiment et sans douleur dans les afflictions et les accidents fâcheux qui nous arrivent* comme... Cette phrase languissante avec ses répétitions symétriques n'est assurément pas de Pascal.

cutés et nous bénissons [1]; afin que la grâce soit non-seulement en nous, mais victorieuse en nous ; qu'ainsi, en sanctifiant le nom de notre père, sa volonté soit faite la nôtre, que sa grâce règne et domine sur la nature, et que nos afflictions soient comme la matière d'un sacrifice que sa grâce consomme et anéantisse pour la gloire de Dieu, et que ces sacrifices particuliers honorent et préviennent le sacrifice universel où la nature entière doit être consommée par la puissance de Jésus-Christ.

Ainsi, nous tirerons avantage de nos propres imperfections, puisqu'elles serviront de matière à cet holocauste ; car c'est le but des vrais chrétiens de profiter de leurs propres imperfections, parce que tout coopère en bien pour les élus.

Et si nous y prenons garde de près, nous trouverons de grands avantages pour notre édification, en considérant la chose dans la vérité, comme nous l'avons dit tantost [2]. Car, puisqu'il est véritable que la mort du corps n'est que l'image de celle de l'âme, et que nous bâtissons sur ce principe qu'en cette rencontre nous avons tous les

---

[1] P.-R. omet ces mots : que nous disions, comme les apostres, nous sommes persécutés et nous bénissons.

[2] P.-R. omet : comme nous l'avons dit tantôt.

sujets possibles de bien espérer de son salut¹, il est certain que, si nous ne pouvons arrêter le cours du déplaisir², nous en devons tirer ce profit que, puisque la mort du corps est si terrible qu'elle nous cause de tels mouvements, celle de l'âme nous en devroit bien causer de plus inconsolables. Dieu nous a envoyé la première ; Dieu a détourné la seconde³. Considérons donc la grandeur de nos biens dans la grandeur de nos maux, et que l'excès de notre douleur soit la mesure de celle de notre joye.

Il n'y a rien qui la puisse modérer, sinon la crainte qu'il⁴ ne languisse pour quelque temps dans les peines qui sont destinées à purger le reste des péchés de cette vie ; et c'est pour fléchir la colère de Dieu sur luy⁵ que nous devons soigneusement nous employer.

La prière et les sacrifices sont un souverain remède à ses peines ; mais j'ai appris d'un saint

---

¹ P.-R. : sur ce principe *que nous avons sujet d'espérer du salut de ceux dont nous pleurons la mort...*

² P.-R. : Le cours de *notre tristesse et de notre déplaisir.*

³ P.-R. : Dieu a envoyé la première *à ceux que nous regrettons ; nous espérons qu'il a* détourné la seconde. Bossut et toutes les éditions subséquentes : *mais nous espérons.*

⁴ P.-R. : que *leurs âmes* ne languissent.

⁵ P.-R : sur *eux.*

homme, dans notre affliction[1], qu'une des plus solides et plus utiles charités envers les morts, est de faire les choses qu'ils nous ordonneroient s'ils étoient encore au monde, et de pratiquer les saints avis qu'ils nous ont donnés, et de nous mettre pour eux en l'état auquel ils nous souhaitent à présent.

Par cette pratique, nous les faisons revivre en nous en quelque sorte, puisque ce sont leurs conseils qui sont encore vivants et agissants en nous; et comme les hérésiarques sont punis en l'autre vie des péchés auxquels ils ont engagé leurs sectateurs, dans lesquels leur venin vit encore, ainsi les morts sont récompensés, outre leurs propres mérites, pour ceux auxquels ils ont donné suitte par leurs conseils et par leur exemple.

Faisons-le donc revivre devant Dieu en nous de tout notre pouvoir, et consolons-nous en l'union de nos cœurs dans lesquels il me semble qu'il vit encore, et que notre réunion nous rende en quelque sorte sa présence, comme J.-C. se rend présent en l'assemblée de ses fidèles[2].

Je prie Dieu de former et maintenir en nous ces sentiments, et de continuer ceux qu'il me semble

---

[1] Ce saint homme est peut-être M. de Singlin. Le commencement de cette phrase est supprimé dans P. R.

[2] Paragraphe entièrement supprimé.

qu'il me donne d'avoir pour vous et pour ma sœur plus de tendresse que jamais; car il me semble que l'amour que nous avions pour mon père ne doit pas être perdu pour nous, et que nous en devons faire une refusion sur nous-mêmes, et que nous devons principalement hériter de l'affection qu'il nous portoit, pour nous aimer encore plus cordialement, s'il est possible [1].

Je prie Dieu de nous fortifier dans ces résolutions; et sur cette espérance, je vous conjure d'agréer que je vous donne un avis que vous prendriez bien sans moi, mais je ne laisserai pas de le faire : c'est qu'après avoir trouvé des sujets de consolation pour sa personne, nous n'en venions pas à manquer pour la nôtre par les prévoyances des besoins et des utilités que nous aurions de sa présence [2].

C'est moi qui y suis le plus intéressé: si je l'eusse perdu il y a six ans, je me serois perdu; et quoique je croye en avoir à présent une nécessité moins absolue, je sçai qu'il m'auroit été encore nécessaire dix ans et utile toute ma vie [3].

Mais nous devons espérer que Dieu l'ayant ordonné en tel temps, en tel lieu, en telle manière,

---

[1] Tout ce beau paragraphe est également supprimé.
[2] Paragraphe également supprimé.
[3] Paragraphe également supprimé.

sans doute c'est le plus expédient pour sa gloire et pour notre salut. Quelque étrange que cela paroisse, je croy qu'on en doit estimer de la sorte en tous les événements, et que, quelque sinistres qu'ils nous paroissent, nous devons espérer que Dieu en tirera la source de notre joye si nous lui en remettons la conduite [1].

Nous connoissons des personnes de condition qui ont appréhendé des morts domestiques que Dieu a peut-être détournées à leur prière, qui [2] ont été cause ou occasion de tant de misère, qu'il seroit à souhaiter qu'ils n'eussent pas été exaucés [3].

[4] L'homme est assurément trop infirme pour pouvoir juger sainement de la suitte des choses futures. Espérons donc en Dieu, et ne nous fatiguons pas pour des prévoyances indiscrètes et téméraires. Remettons-nous à Dieu pour la conduite de nos vies, et que le déplaisir ne soit pas dominant en nous.

Saint Augustin nous apprend qu'il y a dans chaque homme un serpent, une Ève et un Adam : le serpent sont les sens et notre nature, l'Ève est

---

[1] Paragraphe également supprimé.

[2] Ellipse très-forte, mais très-claire, pour dire : morts détournées qui ont été cause...

[3] Paragraphe également supprimé.

[4] Ici recommence l'édition de 1669.

la partie concupiscible, et l'Adam est la raison. La nature nous tente continuellement; l'appétit concupiscible désire souvent; mais le péché n'est pas achevé si la raison ne consent.

Laissons donc agir ce serpent et cette Ève, si nous ne pouvons l'empêcher; mais prions Dieu que la grâce fortifie tellement notre Adam qu'il demeure victorieux, et que J.-C. en soit vainqueur, et qu'il règne éternellement en nous. *Amen*[1].

N° 3.

A MADEMOISELLE DE ROANNEZ.

(Oratoire, n° 160 (3° et 4° cahiers), avec ce titre: *Extraits de quelques lettres de M. Pascal ou plutôt de M. de Saint-Cyran.* — Mémoires de Marguerite Périer, p. 26, avec ce titre: *Extrait de quelques lettres de M. Pascal à mademoiselle de Roannès.*)

Ire LETTRE.

Pour répondre à tous vos articles, et bien écrire malgré mon peu de tems.

Je suis ravi de ce que vous goûtez le livre de

---

[1] P.-R. supprime *Amen*.

M. de Laval et les Méditations sur la grâce. J'en tire de grandes conséquences pour ce que je souhaitte.

Je mande le détail de cette condamnation qui vous avoit effrayée ; cela n'est rien du tout, Dieu mercy ; et c'est un miracle de ce qu'on ne [1] fait pas pis, puisque les ennemis de la vérité ont le pouvoir et la volonté de l'opprimer. Peut-être êtes-vous de celles qui mérittent que Dieu ne l'abandonne pas et ne la retire pas de la terre qui s'en est rendüe si indigne ; et il est assuré que vous servez l'Église par vos prières, si l'Église vous a servi par les siennes. Car c'est l'Église qui mérite avec J.-C., qui en est inséparable, la conversion de tous ceux qui ne sont pas dans la vérité ; et ce sont ensuitte ces personnes converties qui secourent la mère qui les a délivrées [2]. Je loüe de tout mon cœur le petit zèle que j'ai reconnu dans votre lettre pour l'union avec le pape [3]. Le corps n'est non plus vivant sans le chef, que le chef sans le corps ; quiconque se sépare de l'un ou l'autre n'est plus du corps et n'appartient plus à J.-C. Je

---

[1] Mém. de mademoiselle Perrier : *n'y.*

[2] Port-Royal et les éditions subséquentes donnent cette pensée, depuis, *c'est l'Église qui mérite avec J.-C.*, jusqu'à *la mère qui les a délivrées*. Au lieu de : *dans la vérité*, Port-Royal : *dans la véritable religion.*

[3] P.-R. : omet cette phrase.

ne sçai s'il y a des personnes dans l'Église plus attachées à cette unité du corps que le sont ceux que vous appellez nôtres [1]. Nous sçavons que toutes les vertus, le martire, les austéritez et toutes les bonnes œuvres sont inutiles hors de l'Église et de la communion du chef de l'Église qui est le pape. Je ne me sépareray jamais de sa communion; au moins je prie Dieu de m'en faire la grâce; sans quoi je serois perdu pour jamais. Je vous fais une espèce de profession de foy, et je ne scay pourquoy, mais je ne l'effacerai pas ni ne recommencerai pas [2].

M. Du Gas m'a parlé ce matin de votre lettre avec autant d'étonnement et de joye qu'on en peut avoir. Il ne sçait où vous avez pris ce qu'il m'a rapporté de vos paroles; il m'en a dit des choses surprenantes et qui ne me surprennent plus tant. Je commence à m'accoutumer à vous et à la grâce que Dieu vous fait, et neantmoins je vous avoüe qu'elle m'est toujours nouvelle, comme elle est toujours nouvelle en effet. Car c'est un flux continuel de grâces que l'Écriture compare à un fleuve et à la lumière que le soleil envoye incessamment hors de soy et qui est toujours nou-

---

[1] Mémoires de mademoiselle Perrier : *notés*. P.-R. omet cette phrase.

[2] P.-R. omet toute cette fin : *je ne me séparerai jamais*, etc.

velle, en sorte que s'il cessoit un instant d'en envoyer, toutes celles qu'on auroit reçues disparoîtroient, et on resteroit dans l'obscurité. Il m'a dit qu'il avoit commencé à vous répondre et qu'il le transcriroit pour le rendre plus lisible, et qu'en même tems il l'étendroit : mais il vient de me l'envoyer avec un petit billet où il me mande qu'il n'a pu ni le transcrire ni l'étendre. Cela me fait croire que cela sera mal écrit. Je suis témoin de son peu de loisir et du désir qu'il avoit d'en avoir pour vous [1].

Je prends part à la joye que vous donnera l'affaire des religieuses; car je vois bien que vous vous intéressez pour l'Église : vous lui êtes bien obligée. Il y a seize cens ans qu'elle gémit pour vous; il est temps de gémir pour elle et pour nous tous ensemble, et de lui donner tout ce qui nous reste de vie, puisque J.-C. n'a pris la sienne que pour la perdre pour elle et pour nous [2].

IIe LETTRE.

Il me semble que vous prenez assez de part au

[1] P.-R. a omis tout ce paragraphe.
[2] Paragraphe omis. — Ainsi en tout P.-R. a tiré de cette première lettre les deux § 6 et 7 du chapitre XXVIII (*Pensées chrétiennes*), et Bossut a fondu ces deux paragraphes dans le § 13 de l'article XVII.

miracle pour vous mander que la vérification en est achevée par l'Église [1], comme vous le verrez par cette sentence de M. le grand vicaire. Il y a [2] si peu de personnes à qui Dieu se fasse paroître [3] par ces coups extraordinaires, qu'on doit bien profiter de ces occasions, puisqu'il ne sort du secret de la nature qui le couvre que pour exciter notre foi à le servir avec d'autant plus d'ardeur que nous le connoissons avec plus de certitude. Si Dieu se découvroit continuellement aux hommes, il n'y auroit point de mérite à le croire, et s'il ne se découvroit jamais, il y auroit peu de foi : mais il se cache ordinairement, et se découvre rarement à ceux qu'il veut engager dans son service. Cet étrange secret dans lequel Dieu s'est retiré impénétrable à la vüe des hommes, est une grande leçon pour nous porter à la solitude, loin de la vüe des hommes [4]. Il est demeuré caché sous le voile de la nature qui nous le couvre, jusqu'à l'incarnation; et quand il a fallu qu'il ait paru, il s'est

---

[1] Ceci donne à peu près la date de cette lettre et la met à la fin d'octobre ou au commencement de novembre 1656.

[2] Le *Recueil* d'Utrecht a imprimé cette lettre en commençant à ces mots : *Il y a si peu de personnes*, jusqu'à la fin. P.-R. a fait de cette lettre le § 18 du chapitre XVII.

[3] Le *Recueil*, qui atténue aussi le style de Pascal : *se fasse connoître*.

[4] Le *Recueil* omet ces mots : *loin de la vue des hommes*.

encore plus caché en se couvrant de l'humanité. Il étoit bien plus reconnoissable quand il étoit invisible que non pas quand il s'est rendu visible. Et enfin quand il a voulu accomplir la promesse qu'il fit à ses apôtres de demeurer avec les hommes jusques à son dernier avénement, il a choisi d'y demeurer dans le plus étrange et le plus obscur secret de tous, qui sont [1] les espèces de l'Eucharistie. C'est ce sacrement que saint Jean appelle dans l'Apocalypse une *manne cachée;* et je crois qu'Isaïe le voyoit en cet état, lorsqu'il dit en esprit de prophétie : *véritablement tu*[2] *es un Dieu caché.* C'est là le dernier secret où il peut être. Le voile de la nature qui couvre Dieu a été pénétré par plusieurs infidelles qui, comme dit saint Paul, ont reconnu un Dieu invisible par la nature visible. Les chrétiens hérétiques[3] l'ont connu à travers son humanité et adorent J.-C. Dieu et homme; mais de le reconnoître sous des espèces de pain, c'est le propre des seuls catholiques : il n'y a que nous que Dieu éclaire jusques-là [4].

---

[1] P.-R : *savoir, sous* les esp.
[2] Bossut : *vous êtes.*
[3] P.-R. *Beaucoup de* chrétiens h.
[4] P.-R. : *Mais pour nous, nous devons nous estimer heureux de ce que Dieu nous éclaire jusqu'à le reconnoître sous les espèces du pain et du vin.*

On peut ajouter à ces considérations le secret de l'esprit de Dieu caché encore dans l'Ecriture. Car il y a deux sens parfaits, le littéral et le mystique; et les Juifs s'arrêtant à l'un ne pensent pas seulement qu'il y en ait un autre et ne songent pas à le chercher; de même que les impies, voyant les effets naturels, les attribuent à la nature, sans penser qu'il y en ait un autre auteur; et comme les Juifs voyant un homme parfait en Jésus-Christ n'ont pas pensé à y chercher une autre nature : *Nous n'avons pas pensé que ce fût lui,* dit encore Isaïe; et de même enfin que les hérétiques voyant les apparences parfaites de pain, ne pensent pas à y chercher une autre substance.

Toutes choses couvrent quelque mystère : toutes choses sont des voiles qui couvrent Dieu. Les Chrétiens doivent le reconnoître en tout. Les affections temporelles couvrent les biens spirituels où elles conduisent. Les joies temporelles couvrent les maux éternels qu'elles causent. Prions Dieu de nous le faire reconnoître et servir en tout, et rendons-lui des grâces infinies de ce que s'étant [1] caché en toutes choses pour les autres, il s'est découvert en toutes choses et en tant de manières pour nous.

---

[1] Bossut : *étant* caché, au lieu de *s'étant* caché, leçon qui est évidemment la bonne, et amène *s'est découvert.*

IIIᵉ LETTRE [1].

Je ne scai comment vous aurez receu la perte de vos lettres. Je voudrois bien que vous l'eussiez prise comme il faut. Il est temps de commencer à juger de ce qui est bon ou mauvais [2] par la volonté de Dieu, qui ne peut être ni injuste ni aveugle, et non pas par la notre propre, qui est toujours pleine de malice et d'erreur. Si vous avez eu ces sentiments, j'en serai bien content, afin que vous vous en soyez consolée sur une raison plus solide que celle que j'ai à vous dire, qui est que j'espère qu'elles se retrouveront : on a déjà apporté celle du 5 ; et quoique ce ne soit pas la plus importante, car celle de M. Du Gas l'est davantage, néantmoins cela me fait espérer de r'avoir l'autre.

Je ne scai pourquoi vous vous plaignez de ce

---

[1] P.-R. a tiré de cette lettre deux pensées : l'une qui est le § 10, l'autre le § 11 du chapitre XXVIII. Bossut a réuni la première à une autre pensée sur les saints, et de ces deux il a fait le § 14 de l'article XVII. Le second est le § 15. Bossut a dû avoir sous les yeux cette lettre, puisqu'il en a extrait une pensée qu'il a insérée dans son supplément, page 542.

[2] P.-R. : *Il faut juger de ce qui est bon ou mauvais*, jusqu'à *pleine de malice et d'erreur*.

que je n'avois rien écrit pour vous; je ne vous sépare point vous deux ¹, et je songe sans cesse à l'un et à l'autre. Vous voyez bien que mes autres lettres et encore celle-cy vous regardent assez. En vérité, je ne puis m'empêcher de vous dire que je voudrois être infaillible dans mes jugements; vous ne seriez pas mal si cela étoit, car je suis bien content de vous; mais mon jugement n'est rien; je dis cela sur la manière dont je vois que vous parlez du bon cordelier persécuté et de ce que fait le *. Je ne suis pas surpris de voir M. N. s'y intéresser, je suis accoutumé à son zèle, mais le votre m'est tout-à-fait nouveau. C'est ce langage nouveau que produit ordinairement le cœur nouveau. Jésus-Christ ² a donné dans l'Evangile cette marque pour connoître ³ ceux qui ont la foi qui est qu'ils parleront un langage nouveau. Et en effet le renouvellement des pensées et des désirs cause celui des discours. Ce que vous dites des peines où vous vous êtes trouvée seule et la consolation que vous donne la lecture, sont des choses que M. N. sera bien aise de sçavoir, quand

---

¹ Probablement son frère, le duc de R., et elle.

² P.-R. : *Jésus-Christ a donné dans l'Evangile cette marque*, jusqu'à la fin de l'alinéa : *l'esprit nouveau de la charité*, en retranchant *Ce que vous dites des jours...* etc.

³ P.-R. : *reconnoître*.

je les luy feray voir et ma sœur aussi. Ce sont assurément des choses nouvelles, mais qu'il faut sans-cesse renouveler ; car cette nouveauté [1] qui ne peut déplaire à Dieu, comme le vieil homme ne lui peut plaire, est différente des nouveautés de la terre, en ce que les choses du monde, quelque nouvelles qu'elles soient, vieillissent en durant, au lieu que cet esprit nouveau se renouvelle d'autant plus qu'il dure davantage. Notre vieil homme périt, dit saint Paul, et se renouvelle de jour en jour, et il ne sera parfaitement nouveau que dans l'éternité où l'on chantera sans-cesse ce *cantique nouveau* dont parle David dans les psaumes de Laudes [2], c'est-à-dire ce chant qui part de l'esprit nouveau de la charité.

Je vous dirai pour nouvelle de ce qui touche ces deux personnes, que je vois bien que leur zèle ne se refroidit point; cela m'étonne, car il est bien plus rare de voir continuer dans la piété que d'y voir entrer. Je les ai toujours dans l'esprit, et principalement celle du miracle [3], parce qu'il y a quelque chose de plus extraordinaire, quoique l'autre le soit aussi beaucoup et quasi sans exemple.

---

[1] P.-R. : *ces nouveautés*.
[2] P.-R.: dans *ses* Psaumes.
[3] Sa nièce Marguerite.

Il est certain que les grâces que Dieu fait en cette vie [1] sont la mesure de la gloire qu'il prépare en l'autre. Aussi quand je prévois la fin et le couronnement de son ouvrage par les commencements qui en paroissent dans les personnes de piété, j'entre en [2] une vénération qui me transit de respect envers ceux qu'il semble avoir choisis pour ses élus. Je vous avoue qu'il me semble [3] que je les vois déjà dans un de ces throsnes où ceux qui auront tout quitté jugeront le monde avec J.-C., selon la promesse qu'il en a faite. Mais quand je viens à penser que ces mêmes [4] personnes peuvent tomber et être au contraire au nombre malheureux des jugés, et qu'il y en aura tant qui tomberont de leur gloire et qui laisseront prendre à d'autres par leur négligence la couronne que Dieu leur avoit offerte, je ne puis souffrir cette pensée; et l'effroy que j'aurois de les voir en cet état éternel de misère, après les avoir imaginées avec tant de raison dans l'autre état, me fait détourner l'esprit de cette idée et revenir à Dieu pour le prier de ne pas abandonner les foibles créatures

---

[1] Bossut, p. 545; *fragment d'une lettre de Pascal :* Les grâces que Dieu fait en cette vie, *jusqu'à la fin de la lettre.*

[2] Bossut : *dans.*

[3] Bossut : *il me paroît que...*

[4] Bossut omet *mêmes.*

qu'il s'est acquises, et luy dire¹, pour les deux personnes que vous scavez, ce que l'Église dit aujourd'hui avec saint Paul : Seigneur, achevez vous-même l'ouvrage que vous-même avez commencé. Saint Paul se consideroit souvent en ces deux états, et c'est ce qui lui fait dire ailleurs : « Je châtie mon corps de peur que moi-même, qui convertis tant de peuples, je ne devienne réprouvé². » Je finis donc par ces paroles de Job : *J'ay toujours craint le Seigneur comme les flots d'une mer furieuse et enflée pour m'engloutir.* Et ailleurs : *Bienheureux est l'homme qui est toujours en crainte.*

IVᵉ LETTRE ³.

Il est bien assuré qu'on ne se détache jamais sans douleur. On ne sent pas son bras quand on suit volontairement celui qui entraîne, comme dit saint Augustin ; mais quand on commence à résister

---

¹ Bossut : *et lui dire avec saint Paul : Seigneur.*

² Bossut a fait la citation entière et substitué la traduction ordinaire : « Je châtie mon corps et le réduis en servitude, de peur qu'après avoir prêché aux autres je ne sois repoussé moi-même. » Il omet le reste de la lettre.

³ P.-R. a fait de cette lettre le § 32 de l'art. XXVIII : *On ne se détache....*

et à marcher en s'éloignant, on souffre bien; le lien s'étend et endure toute la violence, et ce lien est notre propre corps qui ne se rompt qu'à la mort. Notre Seigneur a dit que *depuis la venue de Jean-Baptiste*, c'est-à-dire depuis son avénement dans chaque fidèle, *le royaume de Dieu souffre violence et que les violents le ravissent.* Avant que l'on soit touché, on n'a que le poids de sa concupiscence qui porte à la terre. Quand Dieu attire en haut, ces deux efforts contraires font cette violence, que Dieu seul peut faire surmonter. *Mais nous pouvons tout*, dit saint Léon, *avec celui sans lequel nous ne pouvons rien.* Il faut donc se résoudre à souffrir cette guerre toute sa vie, car il n'y a point ici de paix. *J.-C. est venu apporter le couteau et non pas la paix.* Mais néantmoins il faut avouer que, comme l'Écriture dit que *la sagesse des hommes n'est que folie devant Dieu*, aussi on peut dire que cette guerre qui paroît dure aux hommes, est une paix devant Dieu; car c'est cette paix que J.-C. a aussi apportée. Elle ne sera néantmoins parfaite que quand le corps sera détruit; et c'est ce qui fait souhaiter la mort, en souffrant néantmoins de bon cœur la vie pour l'amour de celuy qui a souffert pour nous et la vie et la mort, et qui peut nous donner plus de bien que nous n'en pouvons ny demander ny imaginer, comme dit saint Paul en l'Épître de la messe d'aujourd'hui [1].

Ve LETTRE [2].

Je ne crains plus rien pour vous, Dieu mercy, et j'ai une espérance admirable. C'est une parole bien consolante que celle de J.-C. : *Il sera donné à ceux qui ont déjà.* Par cette promesse, ceux qui ont beaucoup reçu ont droit d'espérer davantage, et ainsi ceux qui ont reçu extraordinairement doivent espérer extraordinairement. J'essaye autant que je puis de ne m'affliger de rien [3] et de prendre tout ce qui arrive pour le meilleur; et je crois que c'est un devoir et qu'on pèche en ne le faisant pas. Car enfin la raison pour laquelle les péches sont péchés est seulement parce qu'ils sont contraires à la volonté de Dieu; et ainsi l'essence du péché consistant à avoir une volonté opposée à celle que nous connoissons [4] en Dieu, il est visible,

---

[1] P.-R. omet : « *En l'Épitre de la messe d'aujourd'hui,*

[2] P.-R, en a tiré deux pensées, § 33₁: *Il faut tâcher de ne s'affliger de rien,* etc.; et § 34 : *Lorsque la vérité est abandonnée et persécutée.*

[3] Ici commence l'extrait de P.-R. : *Il faut tâcher de ne s'affliger de rien.*

[4] Oratoire : *que nous* AVONS *en Dieu.*

ce me semble, que quand il nous découvre sa volonté par les événements, ce seroit un péché de ne s'y pas accommoder [1]. J'ay appris que tout ce qui est arrivé a quelque chose d'admirable, puisque la volonté de Dieu y est marquée. Je le loue de tout mon cœur de la continuation parfaite de ses grâces, car je vois bien qu'elles ne diminuent point.

L'affaire du + ne va guère bien. C'est une chose qui fait trembler ceux qui ont de vrais mouvements de Dieu, de voir la persécution qui se prépare, non-seulement contre les personnes (ce seroit peu) mais contre la vérité. [2] Sans mentir, Dieu est bien abandonné. Il me semble que c'est un temps où le service qu'on lui rend lui est bien agréable. Il veut que nous jugions de la grâce par la nature; et ainsi il permet de considérer que, comme un prince chassé de son propre pays par ses sujets a des tendresses extrêmes pour ceux qui lui demeurent fidelles dans la révolte publique, de même il semble que Dieu considère avec une bonté particulière ceux qui défendent aujour-

---

[1] Ici finit le § 33 de P.-R.

[2] Ici commence l'autre pensée tirée de cette lettre. P.-R. : *Lorsque la vérité est abandonnée et persécutée, il semble que ce soit un temps où le service qu'on rend à Dieu, en la défendant, lui est bien agréable.*

d'huy [1] la pureté de la religion et de la morale, qui est là fort combattue. Mais il y a cette différence entre les roys de la terre et le roy des roys que les princes ne rendent pas leurs sujets fidelles, mais qu'ils les trouvent tels ; au lieu que Dieu ne trouve jamais les hommes qu'infidelles [2] et qu'il les rend fidelles quand ils le sont : de sorte qu'au lieu que les rois ont une obligation insigne [3] à ceux qui demeurent dans leur obéissance [4], il arrive, au contraire, que ceux qui subsistent dans le service de Dieu, lui sont [5] eux-mêmes redevables infiniment. Continuons donc à le louer de cette grâce s'il nous l'a faite, de laquelle nous le louerons dans l'éternité, et prions-le qu'il nous la fasse encore et qu'il ait pitié et de nous et de l'Église entière hors laquelle il n'y a que malédiction.

Je prends part au + persécuté dont vous parlez. Je vois bien que Dieu s'est réservé des serviteurs cachés, comme il le dit à Élie. Je le prie que nous en soyons bien et comme il faut, en esprit, en vérité et sincèrement.

---

[1] P.-R. : *Ceux qui défendent la pureté de la religion quand elle est combattue.*

[2] P.-R. : *infidèles sans la grâce.*

[3] P.-R. : *Témoignent d'ordinaire avoir de l'obligation.*

[4] P.-R. : *Dans le devoir et dans leur obéissance.*

[5] P.-R. : *Lui* EN *sont.* Ici finit le § 34.

VIe LETTRE.

Quoi qu'il puisse arriver de l'affaire de +, il y en a déjà assez, Dieu merci, de ce qui est déjà fait pour en tirer un admirable avantage contre les maudites maximes. Il faut que ceux qui ont quelque part à cela en rendent de grandes grâces à Dieu, et que leurs parents ou amis prient Dieu pour eux, afin qu'ils ne tombent pas d'un si grand bonheur et d'un si grand honneur que Dieu leur a fait. Tous les honneurs du monde n'en sont que l'image ; celui-là seul est solide et réel, et néantmoins il est inutile sans la bonne disposition du cœur. Car ce ne sont [1] ni les austérités du corps ni les agitations de l'esprit, mais les bons mouvements du cœur qui méritent, et qui soutiennent les peines du corps et de l'esprit. Car enfin il faut ces deux choses pour sanctifier, peines et plaisirs. Saint Paul a dit que *ceux qui entreront* dans la bonne voie trouveront des *troubles et des inquiétudes en grand* nombre; cela doit consoler ceux qui en sentent, puisqu'étant avertis que le chemin du ciel qu'ils cherchent en est rempli, ils doivent se réjouir de rencontrer des marques qu'ils sont

---

[1] Ici commence l'extrait de P.-R. § 35 : *Ce ne sont ni...* etc.

dans le véritable chemin. Mais ces peines-là ne sont pas sans plaisir, et ne sont jamais surmontées que par le plaisir. Car de mesme que ceux qui quittent Dieu pour retourner au monde, ne le font que parce qu'ils trouvent plus de douceur dans les plaisirs de la terre que dans ceux de l'union avec Dieu, et que ce charme victorieux les entraîne, et, les faisant repentir de leur premier choix, les rend *des pénitens du diable* selon la parole de Tertullien, de même on ne quitteroit jamais les plaisirs du monde pour embrasser la croix de J.-C., si on ne trouvoit plus de douceur dans le mépris, dans la pauvreté, dans le dénuement et dans le rebut des hommes que dans les délices du péché. Et ainsi, comme dit Tertullien : *Il ne faut pas croire que la vie des chrétiens soit une vie de tristesse; on ne quitte les plaisirs que pour d'autres plus grands. Priez toujours*, dit saint Paul, *rendez grâces toujours, réjouissez-vous toujours.* C'est la joie d'avoir trouvé Dieu qui est le principe de la tristesse de l'avoir offensé et de tout le changement de vie. Celui qui a trouvé le[1] trésor dans un champ en a une telle joye, que cette joye, selon J.-C., lui fait vendre tout ce qu'il a pour l'acheter. Les gens du monde n'ont point cette joye *que le monde ne peut ny donner ny ôter*,

[1] P.-R. *un tr.*

dit J.-C. même. Les bienheureux ont cette joye sans aucune tristesse[1]; les gens du monde ont leur tristesse sans cette joye; et les chrétiens ont cette joye mêlée de la tristesse d'avoir suivi d'autres plaisirs et de la crainte de la perdre par l'attrait de ces autres plaisirs qui nous tentent sans relâche. Et ainsi nous devons travailler sans cesse à nous conserver cette joye qui modère notre crainte, et à conserver cette crainte qui modère notre joye [2], et selon qu'on se sent trop emporter vers l'un, se pencher vers l'autre pour demeurer debout. *Souvenez-vous des biens dans les jours d'affliction, et souvenez-vous de l'affliction dans les jours de réjouissance*, dit l'Écriture, jusqu'à ce que la promesse que J.-C. nous a faite de rendre sa joye pleine en nous, soit accomplie. Ne nous laissons donc pas abattre à la tristesse, et ne croyons pas que la piété ne consiste qu'en une amertume sans consolation. La véritable piété, qui ne se trouve parfaite que dans le ciel, est si pleine de satisfac-

---

[1] P.-R. change l'ordre et le progrès des phrases de Pascal : « Pour l'acheter. *Les gens du monde ont leur tristesse, mais ils n'ont point cette joie que le monde ne peut donner ni ôter, dit J.-C. Les bienheureux ont cette joie sans aucune tristesse; et les chrétiens...*

[2] P.-R. gâte cette belle phrase en la mutilant : « *Et ainsi nous devons travailler sans relâche à nous conserver cette crainte qui conserve et modère notre joie.*

tions qu'elle en remplit et l'entrée et le progrès et le couronnement. C'est une lumière si éclatante qu'elle rejaillit sur tout ce qui lui appartient; et s'il y a quelque tristesse meslée, et surtout à l'entrée, c'est de nous qu'elle vient et non de la vertu; car ce n'est pas l'effet de la piété qui commence d'être en nous, mais de l'impiété qui y est encore. Ostons l'impiété, et la joie sera sans mélange. Ne nous en prenons donc pas à la dévotion, mais à nous-mêmes, et n'y cherchons du soulagement que par notre correction.

VIIe LETTRE.

Je suis bien aise de l'espérance que vous me donnez du bon succès de l'affaire dont vous craignez de la vanité. Il y a à craindre partout; car si elle ne réussissoit pas, j'en craindrois cette mauvaise tristesse, dont saint Paul dit qu'*elle donne la mort,* au lieu qu'*il y en a une autre qui donne la vie.*

Il est certain que cette affaire là étoit épineuse, et que si la personne en sort, il y a sujet d'en prendre quelque vanité, si ce n'est à cause qu'on a prié Dieu pour cela, et qu'ainsi il[1] doit croire

---

[1] Les deux Msc. *il.* Les Mémoires de M. P. donnent au-dessus cette correction : *cette personne.*

que le bien qui en viendra sera son ouvrage. Mais si elle réussissoit mal, il ne devroit pas en tomber dans l'abattement, par cette même raison qu'on a prié Dieu pour cela, et qu'il y a apparence qu'il s'est approprié cette affaire. Aussi il le faut regarder comme l'auteur de tous les biens et de tous les maux, excepté le péché. Je lui répéterois là-dessus ce que j'ay autrefois rapporté de l'Écriture : *Quand vous êtes dans les biens souvenez-vous des maux que vous méritez, et quand vous êtes dans les maux, souvenez-vous des biens que vous espérez.* Cependant je vous dirai sur le sujet de l'autre personne que vous scavez, qui mande qu'elle a bien des choses dans l'esprit qui l'embarrassent, que je suis bien fâché de la voir en cet état ; j'ai bien de la douleur de ses peines et je voudrois bien l'en pouvoir soulager. Je la prie de ne point prévenir l'avenir et de se souvenir que, comme dit Notre Seigneur, *à chaque jour suffit sa malice.*

Le passé[1] ne nous doit point embarrasser puisque nous n'avons qu'à avoir regret de nos fautes : mais l'avenir nous doit encore moins toucher, puisqu'il n'est point du tout à notre égard, et que nous n'y arriverons peut-être jamais. Le présent

---

[1] Ici commence l'extrait de P.-R. § 36.

est le seul temps qui est véritablement à nous et dont nous devons user selon Dieu. C'est là où nos pensées doivent être principalement comptées [1]. Cependant le monde est si inquiet qu'on ne pense jamais à la vie présente et à l'instant où on vit, mais à celui où l'on vivra; de sorte qu'on est toujours en état de vivre à l'avenir et jamais de vivre maintenant. Notre Seigneur n'a pas voulu que notre prévoyance s'étendît plus loin que le jour où nous sommes; ce sont les bornes qu'il faut [2] garder et pour notre salut et pour notre repos [3]. Car en vérité les préceptes chrétiens sont les plus pleins de consolation : je dis plus que les maximes du monde.

Je prévois aussi bien des peines, et pour cette personne et pour d'autres et pour moy; mais je prie Dieu, lorsque je sens que je m'engage dans ces prévoyances, de me renfermer dans mes limites. Je me ramasse dans moi-même, et je trouve que je manque à faire plusieurs choses à quoi je suis obligé présentement, pour me dissiper en des pensées inutiles de l'avenir, auxquelles bien loin d'être obligé de m'arrêter, je suis au contraire obligé de ne m'y point arrêter. Ce n'est que faute

---

[1] P.R. : *rapportées*.
[2] Oratoire : qu'il *fait* garder. P.-R. : *nous fait* garder.
[3] Fin du § 36.

de scavoir bien connoître et étudier le présent qu'on fait l'entendu pour l'avenir. Ce que je dis là, je le dis pour moy et non pas pour cette personne qui a assurément bien plus de vertu et de méditation que moy; mais je luy représente mon deffaut pour l'empêcher d'y tomber. On se corrige [1] quelquefois mieux par la veüe du mal que par l'exemple du bien, et il est bon de s'accoutumer à profiter du mal, puisqu'il est si ordinaire, au lieu que le bien est si rare.

VIIIe LETTRE [2].

Je plains la personne que vous scavez, dans l'inquiétude où je sçai qu'elle est et où je ne m'étonne pas de la voir. C'est un petit jour du jugement qui ne peut arriver sans une émotion universelle de la personne, comme le jugement général en causera une générale dans le monde, excepté ceux qui se seront déjà jugés eux-mêmes, comme elle prétend faire. Cette peine temporelle garantiroit de l'éternelle par les mérites infinis de J.-C. qui la souffre et qui se la rend propre. C'est ce qui doit la consoler. Notre joug est aussi le

[1] P.-R. § 37 : *On se corrige etc.*
[2] P.-R. n'a rien tiré de cette lettre.

sien, sans cela il seroit insupportable. *Portez*, dit-il, *mon joug sur vous*. Ce n'est pas notre joug, c'est le sien; et aussi il le porte. *Sachez*, dit-il, *que mon joug est doux et léger*. Il n'est léger qu'à luy et à sa force divine. Je luy voudrois dire qu'elle se souvienne que ces inquiétudes ne viennent pas du bien qui commence d'être en elle, mais du mal qui y est encore et qu'il faut diminuer continuellement, et qu'il faut qu'elle fasse comme un enfant qui est tiré par des voleurs d'entre les bras de sa mère qui ne veut pas l'abandonner; car il ne doit pas accuser de la violence qu'il souffre la mère qui le retient amoureusement, mais ses injustes ravisseurs. Tout l'office de l'Avent est bien propre pour donner courage aux foibles, et on y dit souvent ce mot de l'Écriture : *Prenez courage, lâches et pusillanimes, voici votre rédempteur qui vient*. Et on dit aujourd'hui à vespres : « *Prenez de nouvelles forces et bannissez désormais toute crainte : voici notre Dieu qui arrive et vient pour nous secourir et nous sauver.* »

IXe LETTRE.

Votre lettre m'a donné une extrême joye. Je vous avoue que je commençois à craindre ou au moins à m'étonner. Je ne sçai ce que c'est que ce commencement de douleur dont vous parlez; mais je sçai qu'il faut qu'il en vienne. Je lisois tantôt le xiii⁰ chapitre de saint Marc en pensant à vous écrire, et aussi je vous dirai ce que j'y ai trouvé. J.-C. y fait[1] un grand discours à ses apôtres sur son dernier avénement ; et comme tout ce qui arrive à l'Église arrive aussi à chaque chrétien en particulier, il est certain que tout ce chapitre prédit aussi bien l'état de chaque personne qui, en se convertissant, détruit le vieil homme en elle, que l'état de l'univers entier, qui sera détruit pour faire place à de nouveaux cieux et à une nouvelle terre, comme dit l'Écriture. Et aussi je songeois que cette prédiction de la ruine du temple réprouvé, qui figure la ruine de l'homme réprouvé qui est en chacun de nous, et dont il est dit qu'il ne sera laissé pierre sur pierre, marque qu'il ne doit être laissé aucune passion en nous. Et ces effroyables guerres civiles et domestiques représentent si bien le trouble intérieur que sentent ceux qui se donnent à Dieu, qu'il n'y a rien de mieux peint[2].

[1] P.-R. § 38 : *Dans le treizième chapitre de saint Marc, J.-C. fait un grand discours...*

[2] Ici finit le § 38. Après le mot *peint*, P.-R. a mis *etc.*, comme pour marquer un retranchement ; en effet tout le milieu de cette lettre est retranché, et l'extrait ne recommence qu'à l'endroit où il est question des reliques.

Mais cette parole est étonnante : *Quand vous verrez l'abomination dans le lieu où elle ne doit pas être, alors que chacun s'enfuie sans rentrer dans sa maison pour reprendre quoi que ce soit.* Il me semble que cela prédit parfaitement le tems où nous sommes, où la corruption de la morale est aux maisons de sainteté et dans les livres des théologiens et des religieux où elle ne devroit pas être. Il faut sortir après un tel désordre, et malheur à celles qui sont enceintes ou nourrices en ce tems, c'est-à-dire à ceux qui ont des attachements au monde qui les y retiennent. La parole d'une sainte est à propos sur ce sujet, qu'il ne faut pas examiner si on a vocation pour sortir du monde, mais seulement si on a vocation pour y demeurer, comme on ne consulteroit point si on est appelé à sortir d'une maison pestiférée ou embrasée.

Ce chapitre de l'Évangile, que je voudrois lire avec vous tout entier, finit par une exhortation à veiller et à prier pour éviter tous ces malheurs; et, en effet, il est bien juste que la prière soit continuelle quand le péril est continuel.

J'envoye à ce dessein des prières qu'on m'a demandées; c'est à trois heures après midy. Il s'est fait un miracle, depuis votre départ, à une religieuse de Pontoise, qui, sans sortir de son couvent, a été guérie d'un mal de teste extraordinaire par une dévotion à la sainte Épine. Je vous en manderai un jour davantage; mais je vous diray sur cela un beau mot de saint Augustin et bien consolatif pour de certaines personnes : c'est qu'il dit que ceux-là voyent véritablement les miracles auxquels les miracles profitent; car on ne les voit pas si on n'en profite pas.

Je vous ai une obligation que je ne puis assez vous dire du présent que vous m'avez fait. Je ne sçavois ce que ce pouvoit être; car je l'ai déployé avant que de lire votre lettre, et je me suis repenti ensuite de ne luy avoir pas rendu d'abord le respect que je lui devois. C'est une vérité[1] que le Saint-Esprit repose invisiblement dans les reliques de ceux qui sont morts dans la grâce de Dieu, jusqu'à ce qu'il y paroisse visiblement en[2] la résurrection; et c'est ce qui rend les reliques des saints si dignes de vénération. Car Dieu n'abandonne jamais les siens, et non pas même dans le sépulchre, où leurs corps, quoique morts aux yeux des hommes, sont plus vivants devant Dieu, à cause que le péché n'y est plus, au lieu qu'il y réside toujours durant cette vie, au moins quant à sa racine; car les fruits du péché n'y sont pas toujours, et cette malheureuse racine, qui en est insépara-

---

[1] P.-R. : § 39 : Le Saint-Esprit repose...
[2] P.-R. : *dans*.

ble pendant la vie, fait qu'il n'est pas permis de les honorer alors, puisqu'ils sont plutôt dignes d'être haïs. C'est pour cela que la mort est nécessaire pour mortifier entièrement cette malheureuse racine, et c'est ce qui la rend souhaitable[1]. Mais il n'est pas nécessaire de vous dire ce que vous sçavez si bien : il vaudroit mieux le dire à ces autres personnes dont vous parlez; mais elles ne le croiroient pas.

N° 4.

NOUVEAUX FRAGMENTS DE LA 19ᵉ PROVINCIALE
AU PÈRE ANNAT, JÉSUITE.

(Les mémoires de mademoiselle Perrier contiennent le fragment de la 19ᵉ provinciale au Père Annat, trouvé par Bossut parmi les papiers de Pascal, et publié pour la première fois dans l'édition de 1779. De plus, ces Mémoires font connaître diverses phrases qui étaient aux marges de ce fragment; et une de nos copies, celles qui renferme plusieurs pièces relatives à Pascal, figure ces phrases telles qu'elles étaient aux marges de l'original. Les voici dans l'ordre où les mettent les Mémoires de mademoiselle Perrier, p. 37.)

« C'est donc là, mon père, ce que vous appelez le sens de Jansénius ; c'est donc cela que vous faites entendre au pape et aux évêques.

[1] Fin de la citation.

« Si les Jésuites étoient corrompus, et qu'il fût vray que nous fussions seuls, à plus forte raison devrions-nous demeurer.

« Quod bellum firmavit, pax ficta non aufferat.

« Neque benedictione, neque maledictione movetur, sicut angelus Domini.

« On attaque la plus grande des vérités chrétiennes, qui est l'amour de la vérité.

« Si la signature signifie cela, qu'on souffre que nous l'expliquions, afin qu'il n'y ait point d'équivoque; car il faut demeurer d'accord que signer demande un consentement [1].

« On n'est pas coupable de ne pas croire, et on seroit coupable de jurer sans croire.

« Mais vous pouvez vous être trompé?—Je jure que je crois que je puis m'être trompé; mais je ne jure pas que je crois que je me suis trompé.

« Si le rapporteur ne signoit pas, l'arrêt seroit invalide; si la bulle n'étoit pas signée, elle seroit véritable : ce n'est donc pas...

« Cela avec Escobar les met au haut bout; mais ils ne le prennent pas ainsi, en témoignant le déplaisir de se voir entre Dieu et le pape.

« Je suis fâché de vous dire tout; mais je ne vous fais qu'un récit. »

[1] La copie : « Demeurer d'accord que plusieurs croyent que signer marque consentement. »

FRAGMENT D'UNE LETTRE DE PASCAL.

(Bossut a le premier publié un fragment d'une lettre de Pascal commençant par ces mots : « Nous usons mal, au moins en ce qui m'en paroît, de l'avantage... » sans dire où il a pris ce fragment. Nous le trouvons dans les Mémoires de mademoiselle Perrier, avec un début qui semble indiquer que cette lettre est adressée à M. Perrier, lequel avait aussi des querelles avec les jésuites de Clermont.)

« Vous me faites plaisir de me mander tout le détail de vos fronderies, et principalement puisque vous y êtes intéressé ; car je m'imagine que vous n'imitez pas nos frondeurs de ce pays-ci[1], qui usent si mal, au moins en ce qui m'en paroît, de l'avantage que Dieu[2] leur offre de souffrir quelque chose pour l'établissement de ses vérités. Car, quand ce seroit pour l'établissement de leurs[3] vérités, ils[4] n'agiroient pas autrement ; et il semble qu'ils ignorent[5] que la même Providence qui a inspiré les lumières aux uns, les refuse aux autres ; et il semble qu'en travaillant à les persuader, ils ser-

---

[1] Probablement les jansénistes qui, selon Pascal, fléchissaient dans l'affaire du formulaire.

[2] Ici commence le fragment publié par Bossut : *Nous usons mal, au moins en ce qui m'en paroît, de l'avantage*, etc.

[3] B. : *nos*.

[4] B. : *nous n'agirions*.

[5] B. : *nous paroissons ignorer*.

vent[1] un autre Dieu que celui qui permet que des obstacles s'opposent à leurs progrès. Ils croyent[2] rendre service à Dieu en murmurant contre les empêchements, comme s'il étoit une autre puissance qui excitât leur[3] piété, et une autre qui donnât vigueur à ceux qui s'y opposent.

C'est ce qui fait l'esprit propre. Quand nous voulons, par notre propre mouvement, que quelque chose réussisse, nous nous irritons contre les obstacles, parce que nous sentons dans ces empêchements ce que le motif qui nous fait agir n'y a pas mis, et nous y trouvons des choses que l'esprit propre qui nous fait agir n'y a pas formées.

Mais quand Dieu fait agir véritablement, nous ne sentons jamais rien au dehors qui ne vienne du même principe qui nous fait agir; il n'y a pas d'opposition au motif qui nous presse; le même moteur qui nous porte à agir, en porte d'autres à nous résister, au moins il le permet; de sorte que comme nous n'y trouvons pas de différence et que ce n'est pas notre esprit qui combat les événements étrangers, mais un même esprit qui produit le bien et qui permet le mal, cette uniformité ne

---

[1] B. : *nous servions.*
[2] B. . *nous croyons.*
[3] B. : *notre.*

trouble point la paix d'une [1] âme, et est une des meilleures marques qu'on agit par l'esprit de Dieu, puisqu'il est bien plus certain que Dieu permet le mal, quelque grand qu'il soit, que non pas que Dieu fait le bien en nous (et non par quelque [2] motif secret), quelque grand qu'il nous paroisse ; de sorte que [3] pour bien reconnoître si c'est Dieu qui nous fait agir, il vaut bien mieux s'examiner par nos comportements au dehors, que par nos motifs au dedans, puisque si nous n'examinons que le dedans, quoyque nous n'y trouvions que du bien, nous ne pouvons pas nous assurer que ce bien vienne véritablement de Dieu. Mais quand nous nous examinons au dehors, c'est-à-dire quand nous considérons si nous souffrons les empêchements extérieurs avec patience, cela signifie qu'il y a une uniformité d'esprit entre le moteur qui inspire nos passions et celui qui permet les résistances à nos passions ; et comme il est sans doute que c'est Dieu qui permet les unes, on a droit d'espérer humblement que c'est Dieu qui produit les autres.

Mais quoy ! on agit comme si on avoit mission pour faire triompher la vérité, au lieu que, nous

[1] B. : *de l'âme.*
[2] B. : *quelque* AUTRE *motif.*
[3] B. : AINSI *pour b.*

n'avons mission que pour combattre pour elle. Le désir de vaincre est si naturel que quand il se couvre du désir de faire triompher la vérité, on prend souvent l'un pour l'autre, et on croit rechercher la gloire de Dieu en cherchant en effet la sienne. Il me semble en effet que la manière dont nous supportons les empêchements en est la plus sûre marque ; car enfin, si nous ne voulons que l'ordre de Dieu, il est sans doute que nous souhaiterons autant le triomphe de sa justice que celui de sa miséricorde, et que, quand il n'y aura point de notre négligence, nous serons dans une égalité d'esprit, soit que la vérité soit connue, soit qu'elle soit combattue, puisqu'en l'un la miséricorde de Dieu triomphe, et en l'autre sa justice.

Pater juste, mundus te non cognovit.
Père juste, le monde ne t'a pas connu.

Sur quoy saint Augustin dit que c'est un effet de sa justice qu'il ne soit point connu du monde. Prions et travaillons, et réjouissons-nous de tout, comme dit saint Paul.

Si vous m'aviez repris dans mes premières fautes, je n'aurois pas fait celle-cy, et je me serois modéré. Mais je n'effaceray pas non plus celle cy que l'autre ; vous l'effacerez bien vous-même, si vous voulez ; je n'ay pu m'empêcher [1], tant je suis en colère contre ceux qui veulent absolument que l'on croye la vérité lorsqu'ils la démontrent, ce que J.-C. n'a pas fait en son humanité créée. C'est une moquerie [2], etc., etc.

Bossut a aussi publié le premier un fragment *sur la conversion du pécheur*. Ce fragment se trouve dans les Mémoires de mademoiselle Périer avec cette note : « Cet écrit a été transcrit sur une copie « qui est parmi les papiers que mademoiselle Perrier « a laissés. On y a trouvé les lacunes telles qu'elles « sont marquées. Le nom de l'auteur n'y est point. « Je le crois de mademoiselle Pascal avant qu'elle « se fît religieuse. » Nous inclinons à l'avis de l'auteur de cette note. Le style de ce fragment est très-beau ; il a de l'élévation, de la force même, mais non pas cette véhémence intérieure qui marque les moindres paroles de Pascal.

[1] B. : m'en emp.
[2] B. : *C'est une moquerie, et c'est, ce me semble, traiter* etc. Au bas de cette lettre dans les Mémoires de M. Perrier, sont ces mots : « *Copié sur l'original : la dernière feuille est perdue.*

LETTRE DE PASCAL A LA REINE CHRISTINE,

En lui envoyant la machine arithmétique, 1650.

Bossut a imprimé cette admirable lettre, t. iv, p. 25. Les Mémoires de Melle Périer et le Msc. de l'Oratoire donnent un texte bien meilleur que celui de Bossut. Notons ici quelques variantes.

Boss., p. 26. « Et je m'estimerai heureux si, *à la suite* de tant de veilles, il peut donner à Votre Majesté une satisfaction de quelques moments. » Nos deux manuscrits : « si *en suite* de tant de veilles. »

B. *ibid.* « Ce n'est pas néanmoins cette espérance qui m'a inspiré *un tel* dessein. » Nos Msc. : *ce* d.

B. p. 27. « Ils exercent le droit de persuader, *ce qui* est parmi eux *ce que* le droit de commander est dans le gouvernement politique. » Ce style est de Bossut et non de Pascal. Nos MMss. : « Le droit de persuader, qui est parmi eux ce que... »

B. 28. « Quelque éclairé que soit un sujet, sa condition est toujours rabaissée par *sa* dépendance. » Nos Msc. : par *la* dép.

B. *ibid.* « Tous les rois et tous les savants en étoient autant d'ébauches qui ne remplissoient qu'à demi leur attente : ce chef-d'œuvre étoit réservé à notre siècle. »

Nos deux Msc. : «... qu'à demi leur attente; *et à peine nos ancêtres ont pu voir en toute la durée du monde un roi médiocrement savant.* Ce chef-d'œuvre étoit réservé à *votre* siècle. »

B. *ibid.* « Et qu'elle fasse l'admiration de tous les siècles. » Oratoire : « de tous les siècles *qui l'ont précédée.* » Cette addition est évidemment absurde. Mémoires de Melle P. : « de tous les siècles qui l'ont précédée et qui la suivront, comme elle a été l'ouvrage de tous les siècles qui l'ont précédée. » La vraie leçon doit être : « Qu'elle (l'union merveilleuse de la puissance et de la science) fasse l'admiration de tous les siècles *qui la suivront, comme elle a été l'ouvrage de tous les siècles qui l'ont précédée.* »

B. p. 29. « Régnez par le droit de naissance, *par* une longue suite d'années, sur tant de triomphantes provinces.» Nos Msc. : *durant* une longue suite d'.

B. *ibid.* « Ma foiblesse n'a point arrêté mon ambition. » Melle P. : *étonné.*

B. *ibid.* « que de pouvoir être *adopté.* » Les Msc. : *avoué.*

EXTRAIT D'UNE LETTRE INÉDITE DE PASCAL
A MADAME PÉRIER.

(Mém. de mademoiselle Perrier, p. 40.)

« En gros leur avis (de MM. Singlin, de Sacy et de Rebours) fut que vous ne pouvez en aucune manière sans blesser la charité et votre conscience mortellement et vous rendre coupable d'un des plus grands crimes en engageant un enfant, et un enfant de son âge et de son innocence [1] et même de sa piété, à la plus périlleuse et à la plus basse des conditions du christianisme ; qu'à la vérité, suivant le monde, l'affaire n'auroit nulle difficulté et qu'elle étoit à conclure sans hésiter, parce que la condition d'un mariage avantageux est aussi souhaitable selon le monde qu'elle est vile et préjudiciable selon Dieu ; que ne sachant à quoy elle devoit être appelée, ny si son tempérament ne sera pas si tranquillisé qu'elle puisse supporter avec piété la virginité, c'étoit bien peu en connoître le prix que de l'engager à perdre ce bien, si souhaitable pour chaque personne à soy-même et si souhaitable aux pères et aux mères pour leurs enfants, parce qu'ils doivent essayer de rendre à Dieu ce qu'ils ont perdu d'ordinaire pour d'autres causes que pour Dieu ;

---

[1] Jacqueline Périer, âgée de quinze ans.

de plus que les maris, quoyque riches et sages suivant le monde, sont en vérité de francs payens devant Dieu; de sorte que les dernières paroles de ces Messieurs sont que d'engager un enfant à un homme du commun, c'est une espèce d'homicide et comme un déicide en leur personne.

Copié sur l'original dont il ne reste que les 4ᵉ et 5ᵉ pages. »

LETTRE INÉDITE DE PASCAL.

(Mémoires de mademoiselle Perrier, p. 367, avec cette note :
Elle paroît écrite à sa sœur Jacqueline).

Ce 16 janvier 1648.

Ma chère sœur,

« Nous avons reçu tes lettres. J'avais dessein de te faire réponse sur la première que tu m'écrivis il y a plus de quatre mois; mais mon indisposition et quelques autres affaires m'empêchèrent de l'achever. Depuis ce temps-là je n'ai pas été en état de t'écrire, soit à cause de mon mal, soit manque de loisir, ou pour quelque autre raison. J'ay peu d'heures de loisir et de santé tout ensemble; j'essayerai néanmoins d'achever celle-là sans me forcer; je ne sçais si elle sera longue ou courte : mon principal dessein est de t'y faire entendre le fait[1]

---

[1] *Sic.*

des visites que tu sçais, où j'espérerois d'avoir de quoy te satisfaire et répondre à tes dernières lettres. Je ne puis commencer par autre chose que par le témoignage du plaisir qu'elles m'ont donné; j'en ay reçu des satisfactions si sensibles que je ne te les pourrois pas dire de bouche. Je te prie de croire qu'encore que je ne t'aie point écrit, il n'y a point d'heure que tu ne m'aies été présente, où je n'aye fait des souhaits pour la continuation des grands desseins que Dieu t'a inspirés[1]. J'ai ressenti de nouveaux accès de joye à toutes les lettres qui en portoient quelque témoignage, et j'ai été ravie d'en voir la continuation sans que tu eusses aucune nouvelle de notre part. Cela m'a fait juger qu'il y avoit un appui plus qu'humain, puisqu'il n'avoit pas besoin des moyens humains pour se maintenir. Je souhaiterois néanmoins d'y contribuer pour quelque chose; mais je n'ai aucune des parties qui sont nécessaires pour cet effet. Ma foiblesse est si grande que, si je l'entreprenois, je ferois plutôt une action de témérité que de charité, et j'aurois droit de craindre pour nous deux le malheur qui menace un aveugle conduit par un aveugle. J'en ay ressenti mon incapacité sans comparaison davantage, depuis les visites dont il est question; et bien loin d'en avoir rapporté assez de

[1] Ceci ne peut se rapporter qu'à Jacqueline.

lumières pour d'autres, je n'en ay rapporté que de la confusion et du trouble pour moy que Dieu seul peut calmer, et où je travailleray avec soin, mais sans empressement et inquiétude, sachant bien que l'un et l'autre m'en éloigneroient. Je te dis que Dieu seul le peut calmer, et que j'y travailleray, parce que je ne trouve que des occasions de le faire naître et de l'augmenter dans ceux dont j'en avois attendu la dissipation; de sorte que, me voyant réduit à moi seul, il ne me reste qu'à prier Dieu qu'il en bénisse le succès. J'aurois pour cela besoin de la communication de personnes savantes et de personnes désintéressées; les premiers sont ceux qui ne le feront pas : je ne cherche plus que les autres ; et pour cela je souhaite infiniment de te voir, car les lettres sont longues, incommodes et presque inutiles en ces occasions : cependant je t'en écrirai peu de chose.

La première fois que je vis M. Rebours, je me fis connoître à lui et j'en fus reçu avec autant de civilités que j'eusse pu souhaiter. Elles appartenoient toutes à Monsieur mon père, puisque je les reçus à sa considération. Ensuite des premiers compliments, je lui demandai permission de le revoir de temps en temps ; il me l'accorda : ainsi je fus en liberté de le voir, de sorte que je ne compte pas cette première vue pour visite, puisqu'elle n'en fut que la permission. J'y fus à quelque temps de là, et entre autres discours, je lui dis, avec ma franchise et ma naïveté ordinaires, que nous avions vu leurs livres et ceux de leurs adversaires, que c'étoit assez pour luy faire entendre que nous étions de leurs sentiments. Il m'en témoigna quelque joye. Je lui dis ensuite que je pensois que l'on pouvoit, suivant les principes mêmes du sens commun, démontrer beaucoup de choses que les adversaires disent luy être contraires, et que le raisonnement bien conduit portoit à les croire, quoiqu'il les faille croire sans l'aide du raisonnement. Ce furent mes propres termes où je ne crois pas qu'il y ait de quoy blesser la plus sévère modestie. Mais comme tu sçais que toutes les actions peuvent avoir deux sources, et que ce discours pouvoit procéder d'un principe de vanité et de confiance dans le raisonnement, ce soupçon, qui fut augmenté par la connoissance qu'il avoit de mon étude de la géométrie, suffit pour lui faire trouver ce discours étrange, et il me le témoigna par une répartie si pleine d'humilité et de modestie, qu'elle eût sans doute confondu l'orgueil qu'il vouloit réfuter. J'essayai néanmoins de lui faire connoître mon motif; mais ma justification accrut son doute, et il prit mes excuses pour une obstination. J'avoue que son discours étoit si beau que si j'eusse cru être en l'état qu'il se le figuroit, il m'en eût retiré; mais comme je ne pensois pas être dans cette maladie, je m'opposois au remède qu'il me présentoit; mais il le fortifioit d'autant plus que je semblois le fuir, parce qu'il prenoit mon refus pour endurcissement; et plus il s'efforçoit de continuer, plus mes remercîments lui témoignoient que je ne le tenois pas nécessaire; de sorte que toute cette entrevue se passa dans cette équivoque et dans un embarras qui a continué dans toutes les autres et qui ne s'est pu débrouiller. Je ne te rapporterai pas les autres mot à mot parce qu'il ne seroit pas nécessaire, ny à propos je te diray seulement en substance le principal de ce qui s'y est dit, ou pour mieux dire, le principe de leur retenue.

Mais je te prie avant toutes choses de ne tirer aucune conséquence de tout ce que je te mande, parce qu'il pourroit m'échapper de ne pas dire les choses avec assez de justesse; et cela te pourroit faire naître quelque soupçon peut-être aussi désavantageux qu'injuste. Car enfin après y avoir bien songé, je n'y trouve aucune obscurité où il seroit difficile et dangereux de décider, et pour moy j'en suspends entièrement mon jugement autant à cause de ma foiblesse que pour mon manque de connoissance. »

BILLET INÉDIT DE PASCAL

A MADAME LA MARQUISE DE SABLÉ.

(Portefeuille du docteur Valant, médecin de madame de Sablé, t. II, n° 288. Ce billet n'a ni date ni signature, et je n'y reconnais guère l'écriture de Pascal. Il est pourtant bien de lui; car, n° 297, est une lettre de remerciement de l'abbé Menjot à madame de Sablé, à l'occasion du billet de Pascal qu'elle lui avait communiqué par le docteur Valant [1].)

« Encore que je sois bien embarrassé, je ne puis différer davantage à vous rendre mille grâces de m'avoir procuré la connoissance de M. Menjot; car c'est à vous sans doute, Madame, que je la dois; et comme je l'estimois déjà beaucoup par les choses que ma sœur m'en avoit dittes, je ne puis vous dire avec combien de joye j'ai reçu la grâce qu'il m'a voulu faire. Il ne faut que lire son espître pour voir combien il a d'esprit et de jugement; et quoique je ne sois pas capable d'entendre le fonds des matières qu'il traite dans son livre [2], je vous dirai

---

[1] Lettre de Menjot à Mme de Sablé, sans date... « M. Valant me fit voir cette lettre de M. Paschal, laquelle est la plus obligeante du monde. Mais, madame, je ne sais que penser d'un témoignage si avantageux; car si je considère d'une part la sincérité et le savoir sublime de ce grand homme, de l'autre aussi je sais que la charité est la première des vertus chrétiennes, de sorte que etc. »

[2] Serait-ce l'*Historia febrium malignarum*, de 1662? Cela donnerait la date de ce billet qui serait de l'année même de la mort de Pascal.

néanmoins, Madame, que j'y ai beaucoup appris par la manière dont il accorde en peu de mots l'immatérialité de l'âme avec le pouvoir qu'a la matière d'altérer ses fonctions et de causer le délire. J'ai bien de l'impatience d'avoir l'honneur de vous en entretenir. »

N° 5.

Nous avons souvent parlé du Manuscrit de l'Oratoire, n° 160, et des Mémoires de Marguerite Perrier, comme renfermant une foule de pièces inédites et précieuses de Pascal lui-même ou relatives à Pascal et à sa famille. Il nous a semblé qu'il était bon de donner ici une notice exacte de ces deux manuscrits afin que les personnes qui s'intéressent, pour quelque motif que ce soit, à l'histoire de Pascal et de Port-Royal, puissent connaître et rechercher dans ces deux manuscrits ce qui peut convenir à leurs études.

DESCRIPTION DU MANUSCRIT DE L'ORATOIRE,
N° 160.

C'est un portefeuille in-folio qui contient un certain nombre de paquets.

Le 1er contient des lettres d'Arnauld, qui sont imprimées, avec des lettres de Nicole, qui le sont peut-être aussi.

N° 2 et 3. Des pièces imprimées.

N° 4. Extrait d'une correspondance entre l'abbé de La Trappe, l'abbé Nicaise (de Dijon) et l'abbé de Tillemont sur la mort d'Arnauld et sur diverses autres choses.

N° 5. Note biographique sur Arnauld.

N° 6. Lettres de Nicole et d'Arnauld à M. Perrier.

N° 7. Pièces sur les miracles de la sainte Épine.

N° 8. Lettre d'une religieuse sur l'histoire d'une autre religieuse.

N° 9. Extraits concernant Port-Royal avec plusieurs lettres de divers personnages, et avec des pensées et des règles sur la vie religieuse.

N° 10. Extraits de lettres de la mère Agnès à la sœur Euphémie, Jacqueline, sœur de Pascal. Ces extraits devraient être consultés pour une biographie de Jacqueline Pascal.

N° 11. Fourberies de Louvain.

N° 12. Affaire du père Saint-Ange, capucin. (Voyez ce vol. p. 59.)

N° 13. Mémoires ecclésiastiques de M. l'abbé Ferrier.

N° 14. Éclaircissement sur la doctrine des deux premiers siècles.

N° 15. Affaire de la prétendue rétractation de Pascal, avec toutes les lettres qui s'y rapportent.

N° 16. Un certain nombre de morceaux de Pascal et relatifs à Pascal.

D'abord la lettre écrite par Pascal à sa sœur madame Perrier, sur la mort de leur père. C'est de cette lettre qu'on a tiré le morceau imprimé *sur la mort*. Le manuscrit contient cette remarque que cette copie a été faite *sur l'original daté du* 17 *octobre* 1651, *de la main de Pascal.* (Voyez ce vol. p. 49.)

Vient ensuite la lettre à la reine de Suède en lui offrant la machine arithmétique. (Voyez ce vol. p. 368.)

Puis la relation de mademoiselle Perrier de ce qu'elle a entendu dire à son oncle sur les Provinciales. (Voyez ce vol. p. 44.)

N° 17. *Diverses pièces concernant M. Pascal.* 1° Extrait de l'Histoire de la Roulette. 2° Abrégé de l'Histoire de la prétendue rétractation. 3° Quelques détails connus sur le différend de MM. de Port-Royal et de Pascal, relativement à la signature du formulaire. 4° Divers éloges et épitaphes de Pascal. Tout cela est imprimé, mais au milieu est la fin de la préface des *Pensées*, laquelle n'a point été imprimée, dit notre manuscrit. Cette fin se terminait par la citation du portrait que Pascal avait fait de lui-même dans un petit papier écrit de sa main et trouvé après sa mort : *J'aime la pauvreté, etc.* Ce portrait, qui ne se trouve pas dans la première édition des

Pensées, a été depuis inséré par Bossut dans le supplément aux Pensées de Pascal, p. 535. 5° Neuf lettres attribuées à Pascal dans un premier titre, puis à M. de Saint-Cyran dans un second. Ce sont les lettres de Pascal à mademoiselle de Roannez. (Voyez ce volume p. 61 et p. 334.)

Après toutes ces lettres, il en vient une de mademoiselle Pascal à madame Perrier, sa sœur, en date du 15 septembre 1647, sur une visite que Descartes avait faite à Pascal, visite dont parle Baillet dans la vie de Descartes, seconde partie, p. 330, d'après une lettre manuscrite de Descartes à Mersenne, du 4 avril 1648. La lettre de mademoiselle Pascal a été imprimée dans le *Journal des Savants*, 1839, septembre, p. 554, et elle se trouve aussi dans les Mémoires de Marguerite Perrier, p. 7, avec des variantes. Elle est de Jacqueline et non de G. (Gilberte) Pascal; c'est au contraire à cette dernière qu'elle est adressée. Il faut lire partout, d'après M. Périer et d'après le msc. de l'Oratoire, au lieu de M. *Hébert*, M. *Habert*, à savoir Habert de Montmor, le Mécène des savants de cette époque.

Ce même numéro 17 donne aussi des copies de lettres adressées à Pascal. 1° Une lettre de Fermat à Pascal, datée de Tolose le 29 août 1654 : *Monsieur, nos coups fourrés....* elle est imprimée dans l'édition de Bossut, tom. IV, p. 435. 2° Une lettre de M. Sluze, chanoine de la cathédrale de Liége : *J'avoue que j'ai grande obligation à la gentilezza....* imprimée dans l'édition de Bossut, *ibid.*, p. 454. 3° Lettre de Leibnitz sur quelques manuscrits de Pascal touchant les sections coniques; imprimée dans Bossut, tom. V, p. 459: *Monsieur, vous m'avez obligé sensiblement....* 4° Lettre de M. le premier président Ribeyre à Pascal, de Clermont, 26 juillet 1651 : *Monsieur, je vous avoue...* Bossut, tom. IV, p. 214. 5° Lettre de M. de Sluze à Pascal, du 29 avril 1659 : *Monsieur, bien que je devrois passer pour importun...* imprimée dans Bossut, tom. V, p. 450 : 6° Une lettre sans date, sans nom d'auteur, commençant ainsi :

« J'ai reçu un très-grand contentement de vos lettres du 19 du mois passé, lesquelles m'ont été rendues il y a deux jours, et je me tiens fort obligé à la civilité de M. Pascal, duquel si l'estime que j'en ay pouvoit être plus grande, elle seroit augmentée par tant de démonstrations que j'en a reçues. Je vous prie donc, vous qui m'avez fait la faveur de me faire connoître une personne si savante, de lui témoigner le respect et l'estime que j'ay pour lui, et que, si je ne puis pas correspondre avec les effets à tant de grâces qu'il lui a plu de me faire, je ne manquerai pas au moins d'y satisfaire avec une bonne volonté que j'ai voulu vous faire connoître présentement par la réponse que je vous envoye de ce qu'on m'a proposé. Le temps est court, mais n'espérant pas de pouvoir, la semaine prochaine, avoir la commodité de m'appliquer à de semblables spéculations, je suis contraint de vous en dire mon sentiment sur-le-champ. Il est bien vrai qu'il me déplaît que d'abord je ne sois pas du sentiment de M. Pascal touchant l'analyse spéciose de laquelle je fais plus grand cas que luy, et j'ose dire que les preuves que j'en ay sont si grandes, que non-seulement elles me persuadent, mais elles m'obligent d'en faire une estime bien grande. J'avoue que le retour en est bien souvent difficile; mais parce que, quand j'ai fait exactement l'analyse, je suis aussi sûr de la solution du problême comme si je l'eusse démontré par synthèse; je ne me soucie pas quelquefois d'en chercher la construction la plus aisée, me persuadant ce qu'en une autre occasion M. Pascal dit : *non est par labori præmium ;* mais en cela comme en toute autre chose je laisse volontiers que chacun suive son propre sentiment. Je viens au problême des tangeans dont on désire une plus grande explication. Aussitôt que vous me l'envoyâtes. . . . . . . »

Cette longue lettre, qui a plus de six pages in-fol., se termine ainsi :

« Le porisme des anciens, à la description des sections coniques, me semble très-joli ; mais je n'ai pas le loisir de les examiner pour cette heure. Je conserverai le tout pour un meilleur temps, comme aussi de vous parler des carrés, que ces Messieurs appellent magiques desquels M. Pascal fait quelque mention dans sa lettre. J'y ajoute seulement que vous dites le vrai quand vous dites qu'il vous souvient que je vous ai parlé autrefois des deux moyennes, parce qu'il y a longtemps que j'ai trouvé la méthode de les trouver en une infinité de façons (j'entends par le lieu solide). Mais entre tous, ceux-là me plaisent d'avantage qui résoudent le problème *per circulum* et *ellipsim*. C'est ce que je vous prie de proposer à M. Pascal, pour savoir s'il lui est peut-être arrivé tout de même. Je vous prie de me donner quelques nouvelles des jansénistes et molinistes, comme aussi quelque objection qu'on fait à M. Descartes; et je voudrois savoir en quelle estime M. Hugenius, gentilhomme hollandais, est auprès de ces Messieurs. Il a imprimé plusieurs petits livres de géométrie, et il a demeuré quelque temps à Paris. »

Je ne trouve point cette lettre parmi celles de Sluze dans l'édition de Bossut. Il est vraisemblable qu'elle est de lui, venant après une lettre qui lui appartient certainement. Peut-être aussi est-elle de Fermat, et adressée à Carcavi. En tout cas il serait bon de la publier intégralement.

7° Un morceau intitulé : *Pour M. Pascal*. Il commence ainsi :

« Il y a quelque temps que nous fîmes voir à M. Arnauld la solution que M. de Comiers avoit donnée à tous vos problèmes. Il la comprit fort bien et la réduisit en chiffres pour les premiers problèmes qui se trouvèrent conformes à vos solutions. Il n'eut pas le loisir d'en chercher la démonstration; mais il en parla à un jeune homme qui demeure dans la même maison que M. de Roannez, qui a beaucoup d'ouverture pour la géométrie. Je ne sais si vous l'avez connu : il s'appelle M. le marquis de Sainte-Mesme. M. Arnauld lui proposa donc en l'air cette solution générale de M. de Comiers sans faire de figure; et il lui envoya le lendemain cette démonstration qui est générale, et qui est la même que celle que vous nous avez envoyée. M. Arnauld la trouva très-belle. Nous lui dismes un jour ce que nous savions de la vôtre; mais nous ne l'avions pas sur nous, et nous n'eusmes pas le temps de l'aller quérir.... (suit cette démonstration.) M. de Comiers ne nous a point encore rendu réponse sur ce que nous l'avions prié par M. Toinard de réduire en nombre les solutions des propositions au particulier. »

Je ne trouve nulle part cette lettre qui montre en quelle estime la géométrie était à Port-Royal et auprès d'Arnauld lequel avait fait de très-grandes études en ce genre.

Suit, mêlée à la lettre précédente, celle de Marguerite Perrier que nous avons publiée (p. 83), sur l'envoi à faire des exemplaires des *Pensées* à différentes personnes qui avaient pris part à la révision : « *Nous avons parlé à M. Guelphe....* »

Le septième cahier du n° 17 contient une lettre du P. Pouget, prêtre de l'Oratoire, du 25 mars 1704, où il déclare qu'il vient d'être chargé par l'évêque de Montpellier, Colbert, le frère du grand ministre, de composer pour son diocèse un catéchisme. Voilà donc le véritable auteur du fameux catéchisme de Montpellier.

Viennent ensuite des lettres de Rome contre les jésuites.

Le n° 18 contient deux cahiers. Le premier est la lettre de M. de Saint-Amour, de Rome, 26 mai 1653.

Il y rend compte de sa mission. Cette lettre doit avoir été imprimée. Le second cahier de ce même n° 18 contient deux lettres inédites très-intéressantes écrites au beau-frère de Pascal, M. Périer, conseiller à la Cour des aides de Clermont, toutes deux datées de Paris et de l'année 1657. Elles renferment de curieux détails sur les persécutions que subissaient les *Provinciales*. Malheureusement ces deux lettres ne sont pas signées. Elles ne peuvent être de madame Périer, qui étoit alors à Clermont avec son mari, et dont il est question dans une de ces deux lettres. Seraient-elles de Domat ou d'Arnaud ou de Pascal lui-même? Je ne les ai vues nulle part imprimées. Voici une bonne partie de la première, du 2 janvier 1657:

« Vous perdez quelque chose de ce que je suis accablé d'occupations; car je ne puis vous écrire si souvent ni si au long que nous le souhaiterions tous deux etc..... Je satisfais ici en courant à trois de vos lettres. Je crois vous avoir mandé qu'il n'y a point d'ordre du conseil portant défense d'imprimer, mais bien ordonnance du lieutenant civil trompettée et affichée. Nous nous en mocquons assez, aussi bien qu'on peut faire chez vous; mais cependant nous risquerions ouvertement imprimeurs et libraires qui ont peur et nous pour eux. Je crois avoir mandé aussi que vous donniez les suites d'extraits; il le faut faire au pluz tôt; et pourtant il est bon de les accompagner du *second avis* ou quatre pièces des curés. Je vous enverrai de tout abondamment par le messager de lundi; je pensais l'avoir déjà fait ; mais je vous proteste que j'ai tant de choses à la teste que ma mémoire oublie d'en faire passer quelques-unes jusqu'aux mains... Il y a une sanglante relation dans le procès-verbal du clergé contre la doctrine de Jansénius auquel ces Messieurs attribuent les propositions condamnées, qu'il n'a pas entendu saint Augustin etc., avec lettre au roi, à la reine, à Son Éminence et à tous les évêques. pour faire signer cet arrêt si étrange. Cela sera indubitablement suivi de persécution grande. »

Deuxième lettre, au même, de Paris, 24 avril 1657.

«...On a envoyé ici de Louvain un extrait de la réception et publication de la bulle qu'on appelle Alexandrine dans cette Université, dont tous les membres étant assemblés, la Faculté de Théologie par la bouche de son doyen a déclaré ce qui suit : .... Les mêmes lettres des Pays-Bas portent en propres termes que cette même déclaration de la bulle Alexandrine fait fort peu d'effet par deçà, et vraiment ne cause qu'un mépris des constitutions apostoliques. L'effet principal de deçà à Paris est tout de même. Il y a eu des emportés qui ont fait rage en cette publication. L'Oratoire de Saint-Honoré est la seule communauté qui a publié cette bulle par leur prédicateur de leur robbe, ce qui ne s'est pas fait sans ordre des supérieurs politiques, comme dit d'eux la nouvelle chanson qui court là-dessus, qu'étant si proches du Louvre, il faut en suivre le train. Un certain abbé Lenormand s'est aussi signalé par cette publication, qu'il avoit remise à dimanche dernier, avant-hier. Il est trésorier et curé de Saint-Jacques-de-L'Hôpital en cette ville. Il fit des réflexions sur les principaux endroits de la bulle ; et étant aux derniers mots qui parlent d'implorer le secours du bras séculier : « *Messieurs, je n'entends pas seulement les puissances ; je n'entends pas mon bras, mais celui de M. Jean Guillaume* (c'est le bourreau) *à qui il faut les livrer*. Et on m'a assuré qu'il avoit dit : *Ces diables de jansénistes* ; mais j'en doute. Pour ce qui est de la déclaration sanglante préparée par M. le chancelier contre les jansénistes, qui devoit être envoyée au Parlement avec la bulle, elle est échouée, et a été jetée au feu par un de ceux qui en avoient le pouvoir. Les jésuites se sont réduits ensuite à faire envoyer la bulle au Parlement avec une simple lettre de cachet à l'ordinaire. Mais cela est encore cassé, et on nous assure qu'ils en sont réduits à un arrest du conseil, qui est la marque d'une pauvre cause en ce temps. La justice et la fermeté qui paroît encore dans le Parlement leur est fort opposée et fort redoutable. Il n'y a nulle apparence que la bulle ni aucune déclaration y passe, et on doit seulement souhaiter que les autres Parlements se règlent sur celui-cy. Un conseiller des plus considérés a dit depuis peu à un ami que pour eux ils n'étoient pas juges des points de foi et de doctrine, mais que pour des points de fait, surtout s'agissant de faire perdre l'honneur ou le bien des particuliers, ils en pouvoient fort bien connoître, et que pour voir si les propositions étoient dans Jansénius ils feroient fort bien apporter la bulle et le livre de Jansénius sur le burreau... »

N° 19. Deux cahiers. La pièce qu'ils contiennent est imprimée : c'est l'image de la vertu de la mère Catherine-Agnès de Saint-Paul.

Enfin le n° 20 est une lettre de 1720, écrite à monseigneur l'archevêque d'Arles sur son mandement au sujet des calamités publiques.

DESCRIPTION DU MANUSCRIT N° 1485,

SUPPLÉMENT FRANÇAIS,

Contenant les Mémoires de mademoiselle Marguerite Perrier.

Ce manuscrit est un petit in-folio, d'une écriture du milieu du xviii° siècle, portant au dos ce titre : *Recueil de mademoiselle Perrier, tome I.* Sur la première feuille du texte on retrouve ce titre : *Première partie des Mémoires de mademoiselle Marguerite Perrier.* Ceci semble indiquer que ces Mémoires se composent de deux parties formant deux volumes, dont le second manquerait. Toutefois, il est permis d'en douter, car ce recueil est complet en lui-même. On peut même dire qu'il renferme les deux parties désignées, car la pagination change; il y a d'abord trente-cinq pages qui se suivent, puis une nouvelle pagination recommence jusqu'à la fin. Quoi qu'il en soit de cette conjecture, voici le contenu de ce volume.

Ce ne sont guère des Mémoires proprement dits. Marguerite Perrier y parle rarement en son nom; c'est plutôt un recueil de pièces relatives à la famille de Pascal et à Port-Royal.

La première partie ou les trente-cinq premières pages contiennent des additions de mademoiselle Perrier au nécrologe de Port-Royal, par exemple aux articles de M. de Sacy, de M. Lancelot, etc.

Vient ensuite, page 5, un morceau assez étendu et curieux intitulé : *M. et mademoiselle de Roannez.*

Pages 9 à 24, une *Copie d'un mémoire écrit de la main de mademoiselle Marguerite Perrier sur sa famille.* Presque rien sur Pascal. Page 13 :

« Pour venir maintenant au détail des personnes dont j'ai parlé, il est inutile de rien dire de M. Pascal, mon oncle, puisque sa vie a été écrite par madame Perrier sa sœur et ma mère. »

Ce mémoire se termine ainsi : page 20.

« Voilà quelle a été la vie de toutes les personnes de ma famille. Je suis restée seule : ils sont tous morts dans un amour inébranlable pour la vérité. Je dois dire comme Simon Machabée, le dernier de tous ses frères : Tous mes parents et tous mes frères sont morts dans le service de Dieu et dans l'amour de la vérité. Je suis resté seule ; à Dieu ne plaise que je pense jamais à y manquer ! C'est la grâce que je lui demande de tout mon cœur. »

Une autre main a continué l'histoire de Marguerite Perrier jusqu'à sa mort.

Page 21 : *Addition de mademoiselle Perrier à ce qu'elle a déjà dit de sa tante (Jacqueline Pascal), religieuse de Port-Royal.*

Pages 25 à 35 : *La vie de mademoiselle Euphé-*

mie Pascal depuis sa naissance jusqu'à l'âge de 26 ans et 3 mois qu'elle quitta le monde pour se faire religieuse à Port-Royal le 4 janvier 1652 : elle avait perdu son père, M. Pascal, le 24 septembre 1651. Écrite par madame Perrier, sa sœur.*

Ainsi Gilberte Pascal, madame Perrier, a écrit la vie de son frère et celle de sa sœur, l'une bien souvent imprimée, l'autre encore inédite. Le *Recueil de pièces pour servir à l'Histoire de Port-Royal*, Utrecht, 1740, aurait bien dû publier cette petite biographie dans toute son étendue.

La seconde partie de ce volume est très-considérable et contient environ 700 pages. Pages 1 à 7 : *Mémoire de la vie de M. Pascal, écrit par mademoiselle Perrier, sa nièce.* Nous donnerons ici des particularités renfermées en ce petit mémoire ce qui ne s'en trouve ni dans la vie de Pascal par madame Perrier ni dans le mémoire sur Pascal, inséré dans le Recueil d'Utrecht.

« MÉMOIRE SUR LA VIE DE M. PASCAL,
ÉCRIT PAR MAD^{LLE} MARGUERITE PERRIER, SA NIÈCE. »

« Lorsque mon oncle eut un an, il lui arriva une chose fort extraordinaire. Ma grand'mère étoit, quoyque très-jeune, très-pieuse et très-charitable ; elle avoit un grand nombre de pauvres familles à qui elle donnoit la charité. Il y en avoit une qui avoit la réputation d'être sorcière, tout le monde le lui disoit :

mais ma grand'mère qui n'étoit pas de ces femmes crédules et qui avoit beaucoup d'esprit, se mocqua de cet avis, et continuoit toujours à lui faire l'aumône. Dans ce temps-là il arriva que le petit Pascal tomba dans une langueur semblable à ce qu'on appelle à Paris *tomber en chartre ;* mais cette langueur étoit accompagnée de deux circonstances qui ne sont pas ordinaires, l'une qu'il ne pouvoit souffrir de voir de l'eau sans tomber dans des transports d'emportement très-grands ; et l'autre bien plus étonnant, c'est qu'il ne pouvoit souffrir de voir son père et sa mère s'approcher l'un de l'autre : il souffroit les caresses de l'un et de l'autre en particulier avec plaisir ; mais aussitôt qu'ils s'approchoient ensemble, il crioit, se débattoit avec une violence excessive ; tout cela dura plus d'un an durant lequel le mal s'augmentoit ; il tomba dans une telle extrémité qu'on le croyoit prêt à mourir.

« Tout le monde disoit à mon grand-père et à ma grand'-mère, que c'étoit assurément un sort que cette sorcière avoit jeté sur cet enfant ; ils s'en moquoient l'un et l'autre, regardant ces discours comme des imaginations qu'on a quand on voit des choses extraordinaires, et n'y faisant aucune attention, laissant toujours à cette femme une entrée libre dans leur maison où elle recevoit la charité. Enfin mon grand-père, importuné de tout ce qu'on lui disoit là-dessus, fit un jour entrer cette femme dans son cabinet, croyant que la manière dont il lui parleroit lui donneroit lieu de faire cesser tous les bruits ; mais il fut très-étonné lorsque après les premières paroles qu'il lui dit, auxquelles elle répondit seulement et assez doucement que cela n'étoit point et qu'on ne disoit cela d'elle que par envie, à cause des charités qu'elle recevoit, il voulut lui faire peur, et feignant d'être assuré qu'elle avoit ensorcelé son enfant, il la menaça de la faire pendre si elle ne lui avouoit la vérité; alors elle fut effrayée et se mettant à genoux elle lui promit de lui dire tout, s'il lui promettoit de lui sauver la vie. Sur cela mon grand-père, fort surpris, lui demanda ce qu'elle avoit fait, et ce qui l'avoit obligée à le faire ; elle lui dit que, l'ayant prié de solliciter un procès pour elle, il l'avoit refusée, parce qu'il croyoit qu'il n'étoit pas bon, et que pour s'en venger elle avoit jeté un sort sur son enfant qu'elle voyoit qu'il aimoit tendrement, et qu'elle étoit bien fâchée de le lui dire, mais que le sort étoit à la mort. Mon grand-père affligé lui dit : Quoy ! il faut donc que mon enfant meure ! elle lui dit qu'il y avoit du remède, mais qu'il falloit que quelqu'un mourût pour lui, et transporter le sort. Mon grand-père lui dit : Eh ! j'aime mieux que mon fils meure que si quelqu'un mouroit pour lui. Elle lui dit : On peut mettre le sort sur une bête. Mon grand-père lui offrit un cheval : elle lui dit que sans faire de si grands frais un chat lui suffiroit : il lui en fit donner un, elle l'emporta, et en descendant elle trouva deux capucins qui montoient pour consoler mon grand-père de l'extrémité de la maladie de son fils. Ces pères dirent à cette femme qu'elle vouloit encore faire quelque sortilége de ce chat : elle le prit et le jeta par une fenêtre, d'où il ne tomba que de la hauteur de six pieds et tomba mort ; elle en demanda un autre que mon grand-père lui fit donner. La grande tendresse qu'il avoit pour cet enfant fut cause qu'il ne fit pas d'attention que tout cela ne valoit rien, puisqu'il falloit, pour transporter ce sort, faire une nouvelle invocation au diable ; jamais cette pensée ne lui vint dans l'esprit, elle ne lui vint que longtemps après, et il se repentit d'avoir donné lieu à cela.

« Le soir la femme vint et dit à mon grand-père qu'elle avoit besoin d'avoir un enfant qui n'eût pas sept ans, et qui avant le lever du soleil cueillît neuf feuilles de trois sortes d'herbes ; c'est-à-dire trois de chaque sorte. Mon grand-père le dit à son apothicaire, qui dit qu'il y mènerait lui-même sa fille, ce qu'il fit le lendemain matin. Les trois sortes d'herbes étant cueillies, la femme fit un cataplasme qu'elle porta à sept heures du matin à mon grand-père, et lui dit qu'il falloit le mettre sur le ventre de l'enfant. Mon grand-père le fit mettre, et à midy, revenant du palais, il trouva toute la maison en larmes, et on lui dit que l'enfant étoit mort ; il monta, vit sa femme dans les larmes, et l'enfant dans le berceau, mort, à ce qu'il paroissoit. Il s'en alla, et en sortant de la chambre il rencontra sur le degré la femme qui avoit apporté le cataplasme, et attribuant la mort de cet enfant à ce remède, il lui donna un soufflet si fort qu'il lui fit sauter le degré. Cette femme se releva et lui dit qu'elle voyoit bien qu'il étoit en colère, parce qu'il croyoit que son enfant étoit mort ; mais qu'elle avoit oublié de lui dire le matin qu'il devoit paroître mort jusqu'à minuit, et qu'on le laissât dans son berceau jusqu'à cette heure-là et qu'alors il reviendroit. Mon grand-père rentra et dit qu'il vouloit absolument qu'on le gardât sans l'ensevelir. Cependant l'enfant paroissoit mort ; il n'avoit ny pouls, ny voix, ny sentiment ; il devenoit froid, et avoit toutes les marques de la mort ; on se moquoit de la crédulité de mon grand-père qui n'avoit pas accoutumé à croire à ces gens-là.

« On le garda donc ainsi, mon grand-père et ma grand'mère toujours présents, ne voulant s'en fier à personne ; ils entendirent sonner toutes les heures et minuit aussi sans que l'enfant revînt. Enfin entre minuit et une heure, plus près d'une heure que de minuit, l'enfant commença à bâiller ; cela surprit extraordinairement : on le prit, on le réchauffa, on lui donna du vin avec du sucre ; il l'avala ; ensuite la nourrice lui présenta le téton qu'il prit sans donner néanmoins des marques de connoissance et sans ouvrir les yeux ; cela dura jusqu'à six heures du matin qu'il commença à ouvrir les yeux et à connoître quelqu'un. Alors, voyant son père et sa mère l'un près de l'autre, il se mit à crier comme il avoit accoutumé; cela fit voir qu'il n'était pas encore guéri, mais on fut au moins consolé de ce qu'il n'étoit pas mort, et environ six à sept jours après il commença à souffrir la vue de l'eau. Mon grand-père, arrivant de la messe, le trouva qui se divertissoit à verser de l'eau d'un verre dans un autre dans les bras de sa mère; il voulut alors s'approcher ; mais l'enfant ne le put souffrir, et peu de jours après il le souffrit, et en trois semaines de temps cet enfant fut entièrement guéri et remis dans son embonpoint.

. . . .
. . . .

. . . Pendant que mon grand-père était à Rouen, M. Pascal, mon oncle, qui vivoit dans cette grande piété qu'il avoit luimême imprimée à la famille, tomba dans un état fort extraordinaire, qui étoit causé par la grande application qu'il avoit donnée aux sciences ; car les esprits étant montés trop fortement au cerveau, il se trouva dans une espèce de paralysie depuis la ceinture en bas, en sorte qu'il fut réduit à ne marcher qu'avec des potences ; ses jambes et ses pieds devinrent froids comme du marbre, et on étoit obligé de lui mettre tous les jours des chaussons trempés dans de l'eau-de-vie pour tâcher de faire revenir la chaleur aux pieds. Cet état où les médecins le virent, les obligea de lui défendre toute sorte d'application; mais cet esprit si vif et si agissant ne pouvoit pas demeurer oisif. Quand il ne fut plus occupé ny de sciences ny de choses de piété qui portent avec elle leur application, il lui fallut quelque plaisir; il fut contraint de revoir le monde, de jouer, et de se divertir. Dans le commencement cela étoit modéré ; mais insensiblement le goût en vint, il se mit dans le monde, sans vice néanmoins ni dérèglement, mais dans l'inutilité, le plaisir et l'amusement. Mon grand-père mourut ; il continua à se mettre dans le monde avec même plus de facilité, étant maître de son bien ; et alors, après s'y être un peu enfoncé, il prit la résolution de suivre le train commun du monde, c'est-à-dire de prendre une charge, et se marier, et prenant ses mesures pour l'un et pour l'autre, il en conféra avec ma tante qui étoit alors religieuse, qui gémissoit de voir celui qui lui avoit fait connoître le néant du monde, s'y plonger lui-même par de tels engagements. Elle l'exhortoit souvent à y renoncer ; il l'écoutoit, et ne laissoit pas de pousser toujours ses desseins. Enfin Dieu permit qu'un jour de la Conception de la Sainte Vierge, il allât voir ma tante, et demeurât au parloir avec elle durant qu'on disoit nones avant le sermon. Lorsqu'il fut achevé de sonner, elle le quitta, et luy de son côté entra dans l'église pour entendre le sermon, sans savoir que c'étoit là où Dieu l'attendoit. Il trouva le prédicateur en chaire, ainsi il vit bien que ma tante ne pouvoit pas lui avoir parlé ; le sermon fut au sujet de la Conception de la Sainte Vierge, sur le commencement de la vie des chrétiens, et sur l'importance de les rendre saints, en ne s'engageant pas, comme font presque tous les gens du monde, par l'habitude, par la coutume, et par des raisons de bienséance toutes humaines, dans des charges et dans des mariages ; il montra comment il falloit consulter Dieu avant que de s'y engager, et bien examiner si on pourroit faire son salut, si on n'y trouveroit point d'obstacles. Comme c'étoit là précisément son état et sa disposition, et que le prédicateur prêcha avec beaucoup de véhémence et de solidité, il fut vivement touché, et croyant que tout cela avoit été dit pour lui, il le prit de même. Ma tante alluma autant qu'elle put ce nouveau feu, et mon oncle se détermina peu de jours après à rompre entièrement avec le monde ; et pour cela il alla passer quelque temps à la campagne pour se dépayser, et rompre le cours général du grand nombre de visites qu'il faisoit et qu'il recevoit ; cela lui réussit, car depuis cela il n'a vu aucun de ces amis qu'il ne visitoit que par rapport au monde. »

Voici maintenant le seul témoignage authentique qui nous soit connu sur l'aventure du pont de Neuilly ; il n'y en a pas d'autre trace dans tous les papiers qui ont passé sous nos yeux. Page 6 :

« Monsieur Arnoul, chanoine de Saint-Victor, curé de Chamboursy, dit qu'il a appris de M. le prieur de Barillon, ami de M. Perrier, que M. Pascal, quelques années avant sa mort, étant allé, selon sa coutume, un jour de fête à la promenade au pont de Neuilly, avec quelques-uns de ses amis, dans un carrosse à quatre ou six chevaux, les deux chevaux de volée prirent le mors aux dents à l'endroit du pont où il n'y avoit point de garde-fou ; et s'étant précipités dans l'eau, les lesses qui les attachoient au train de derrière se rompirent ; en sorte que le carosse demeura sur le bord du précipice, ce qui fit prendre à M. Pascal la résolution de rompre ses promenades et de vivre dans une entière solitude. »

Donnons encore quelques anecdotes sur Pascal, rapportées par Marguerite Perrier sur le témoignage de ce même M. Arnoul.

« *Ibid.*, page 6. M. Pascal avoit des adresses merveilleuses pour cacher sa vertu, particulièrement devant les gens du commun, en sorte qu'un homme dit un jour à M. Arnoul qu'il sembloit que M. Pascal fût toujours en colère et qu'il vouloit jurer (ce qui est assez plaisant), mais qu'il ne seroit pas bon à écrire. »

Page 7. « M. Arnoul ajoutoit que quand on demandoit conseil à M. Pascal il écoutoit beaucoup et parloit peu. »

« M. Pascal étant allé voir M. Arnoul à Saint-Victor avec le duc de Roannez, vit entrer fort confusément un troupeau de moutons; il demanda à M. Arnoul s'il en devineroit bien le nombre. Celui-ci lui ayant répondu que non, il lui dit tout d'un coup en comptant en un moment sur ses doigts qu'il y en avoit quatre cents. M. de Roannez demanda à celui qui les conduisoit combien il y en avoit; il lui dit quatre cents. »

Le reste du volume est un amas de lettres de toute espèce, de Pascal, de ses deux sœurs, de son beau-frère, M. Perrier, de leurs enfants, de M. Arnauld, de M. Nicole et d'une foule d'autres personnages, dans un tel désordre que le catalogue qui exprimeroit cette confusion seroit lui-même d'une confusion intolérable. Nous rapporterons donc à un certain nombre de chefs toutes les pièces dispersées dans ce volume.

De Pascal lui-même ou sur Pascal on trouve :

Récit de ce que mademoiselle Perrier a ouï dire à son oncle parlant à quelques-uns de ses amis au sujet des Provinciales (imprimé par Bossut, comme de Pascal, et rappelé par nous, page 44 de ce volume).

Lettre de mademoiselle Pascal à madame Perrier, sa sœur, où il est parlé d'une entrevue de Pascal avec M. Descartes (voyez p. 380).

Extrait d'une lettre de MM. Louis et Blaise Perrier à madame leur mère au sujet de l'impression de la Vie de M. Pascal, qu'elle avoit composée (voyez p. 86).

Extrait d'une lettre à M. Perrier, datée de Paris le 27 octobre 1656, et relative aux Provinciales et aux remontrances des curés sur la morale des jésuites. Cette lettre pourroit bien être de Pascal, comme les deux autres que nous avons citées plus haut; elle paraît au moins de la même main, et elle est certainement d'une personne fortement engagée dans la querelle, Arnauld, Nicole ou Domat; elle ne peut pas être de Jacqueline Pascal qui étoit déjà sœur Euphémie à Port-Royal, ni de madame Perrier qui étoit alors à Clermont avec son mari.

Extrait (copié sur l'original) *d'une lettre à M. Perrier conseiller à la cour des aydes. A Paris, ce 27 octobre,* 1656.

« La quatorzième est sous la presse ; elle consolera les bons pères qui jettent feu et flâme, et qui jouent de leur reste pour perdre les amis. L'affaire des curés les incommode fort, et ils s'en prennent comme de tout ce qui se fait de bon contre eux à Port Royal. Les curés de Paris pensent à faire un deuxième avis, et de nouveaux extraits pires que les premiers. Ils s'assemblèrent hier pour cela. Ceux qui sont purs molinistes, ou inspirés et gouvernés par les bons pères, firent rage pour empêcher ce deuxième avis, mais pourtant il passa et il fut résolu qu'on y travailleroit. Je vous ay envoyé vingt ou vingt-cinq des avis imprimés, dont il y en a, ce me semble, dix de signés de la main des deux sindics; ç'a été pour envoyer dans toutes vos villes et doyennés, ou lieux plus considérables de vos quartiers, et afin que par ce moyen et de vos amis l'adresse en fût faite sur les lieux aux personnes les plus capables d'y bien servir; j'attends réponse là-dessus... Vous presserés au plutôt que les curés de delà envoyent leur procuration. J'ay oublié de vous mander que, ou dans les billets qui doivent accompagner chaque paquet à vos curés, ou dans les lettres que vous écrirez pour cela à vos connoissances, il faut leur donner avis que les curés doivent agir en cecy avec l'ordre et la participation de messieurs les évêques des lieux ou de leurs grands vicaires. Les bons pères, par une réponse à la treizième, que je diffère à vous envoyer pour vous en envoyer en même temps la réfutation, nient le soufflet de Guille qui cependant est indubitable: la seule difficulté est de savoir si ç'a été d'avant ou d'arrière-main[1]. Il y a une nouvelle théologie morale d'Escobar, et de nouveaux casuistes comme Mascarenhas, Busembaum, etc., où il y a les meilleures choses du monde pour nous... Je perds beaucoup et nos amis de ce que les jours n'ont que vingt-quatre heures.

« Copié sur l'original sans nom d'autheur. »

Autre lettre de la même époque et sur le même

---

[1] Voyez le passage de la XIIIme Provinciale, sur le soufflet donné par un père jésuite à un officier de la maison du roi.

sujet (Mémoires de mademoiselle Perrier, p. 191-192).

Ce 16 janvier 1657.

« Voici, Monsieur, un grand régal pour vous; c'est d'une dix-septième lettre qui n'est pas encore connue d'une personne du monde. On attendoit l'assemblée du clergé à finir, mais je pense qu'on attendroit trop long-temps. Ne la faites voir qu'à peu de gens bien assurés, et ne vous en dessaisissés point, car il n'y en a encore que dix mille de tirés, six mille de la petite et quatre mille de l'autre; il nous en faut encore beaucoup, parce qu'on rompra les formes; aucun de nos amis ne s'y attend, et il y pourroit avoir quelque changement etc. »

A propos des Provinciales, on trouve dans les Mémoires de mademoiselle Perrier des additions pour le *Nécrologue de Port-Royal,* qui renferment des détails curieux que l'auteur du Mémoire sur Pascal dans le Recueil d'Utrecht a publiés, mais incomplètement. Nous reproduisons ici ce fragment intéressant.

« *Note à la page* 59me, *ligne* 18, *de la préface.* »

« Ce fut M. Pascal qui attaqua la morale des jésuites en 1656, et voici comment il s'y engagea. Il étoit allé à Port-Royal-des-Champs pour y passer quelque temps en retraite, comme il faisoit de temps en temps. C'étoit alors qu'on travailloit en Sorbonne à la condamnation de M. Arnauld qui étoit aussi à Port-Royal. Lorsque ces messieurs le pressoient d'écrire pour sa défense et lui disoient : Est-ce que vous vous laisserez condamner comme un enfant sans rien dire? il donne un écrit qu'il lut en présence de tous ces Messieurs qui n'y donnèrent aucun applaudissement. M. Arnauld, qui n'étoit pas jaloux de louanges, leur dit : Je vois bien que vous trouvez cet écrit mauvais, et je crois que vous avez raison ; puis il dit à M. Pascal : Mais vous qui êtes curieux, vous devriez faire quelque chose. M. Pascal fit la première lettre, la leur lut ; M. Arnauld s'écria : Cela est excellent ; cela sera goûté ; il faut le faire imprimer. On le fit ; cela eut un succès que l'on a vu : on continua. M. Pascal, qui avoit une maison de louage dans Paris, alla se mettre dans une auberge à l'enseigne du Roi David, rue des Poirées, pour continuer cet ouvrage. Il étoit connu dans cette auberge sous un autre nom ; c'étoit tout vis-à-vis le collége de Clermont, à présent Louis-le-Grand. M. Perrier, son beau-frère, étant allé à Paris dans ce temps-là, alla se loger dans cette même auberge, comme un homme de province, sans faire connoître qu'il étoit son beau-frère. Le P. de Fretat, jésuite, son parent et aussi celui de M. Pascal, alla trouver M. Perrier, et lui dit qu'ayant l'honneur de lui appartenir il étoit bien aise de l'avertir qu'on étoit persuadé dans la société que c'étoit M. Pascal, son beau-frère, qui étoit l'auteur des petites lettres contre eux qui couroient Paris, qu'il devoit l'en avertir et lui conseiller de ne pas continuer parce qu'il pourroit lui en arriver du chagrin. M. Perrier le remercia, et lui dit que cela étoit inutile, et que M. Pascal lui répondroit qu'il ne pourroit pas les empêcher de l'en soupçonner ; il n'y avoit pas de remède. Il se retira là-dessus, lui disant toujours qu'il falloit l'en avertir, et qu'il y prît garde. M. Perrier fut fort soulagé quand il s'en alla ; car il y avoit une vingtaine d'exemplaires de la septième ou huitième lettre sur son lit qu'il y avoit mis sécher ; mais les rideaux étoient tirés, et heureusement un frère que le Père de Fretat avoit avec lui et qui s'étoit assis près du lit, ne s'en aperçut pas. M. Perrier alla aussitôt en avertir M. Pascal qui étoit dans la chambre au-dessus de lui et que les jésuites ne croyoient pas si proche d'eux.

« En 1672, le 27 février, mademoiselle Perrier raconta à un de ses amis que M. Pascal, son oncle, avoit un laquais, nommé Picard, très-fidèle, qui savoit que son maître composoit les Lettres provinciales; c'étoit lui qui pour l'ordinaire en portoit les manuscrits à M. Fortin, proviseur, seul principal du collége d'Harcourt, qui avoit soin de les faire imprimer. On assure qu'elles ont été imprimées dans le collége même.

« Elle a assuré au même que messieurs les curés de Paris avoient accoutumé dans ce temps-là de s'assembler tous les mois, et qu'à l'occasion des Lettres provinciales et de l'Apologie des casuistes, ils proposèrent de demander la condamnation de la morale relâchée, et de nommer quelqu'un de leur corps pour écrire contre. Personne ne paroissoit fort disposé à se charger de cette commission; mais M. Fortin, homme fort zélé, qui connoissoit particulièrement M. Mazure, curé de Saint-Paul, lui persuada d'accepter cet emploi, lui promettant de faire composer ses écrits par des personnes très-habiles. En effet, M. Fortin s'adressa à MM. Arnauld, Nicole et Pascal, qui sont auteurs des écrits qui ont paru sous le nom de messieurs les curés de Paris. Depuis ce temps-là, il fut défendu aux curés de Paris de s'assembler tous les mois, comme ils avoient accoutumé auparavant. »

Ainsi, d'après le témoignage de la notice qui précède, c'est un principal d'un collége de l'Université qui, malgré les défenses les plus rigoureuses de l'autorité, osa faire imprimer les Provinciales, et les imprimer dans son propre collége, le collége d'Harcourt. L'Université ne devait pas moins à celui qui ne craignait pas d'attaquer ses anciens et éternels ennemis. Un Arnauld avait, au commencement du XVIIe siècle, défendu l'Université contre les prétentions des jésuites devant le parlement de Paris : il était juste que l'Université rendît en secret au fils le service qu'elle avait reçu publiquement du père.

Voilà à peu près tout ce que nous trouvons dans les Mémoires de Marguerite Perrier qui puisse être attribué à Pascal, ou qui se rapporte directement à lui. Mais il y a une foule de pièces qui jettent du jour sur son caractère et sur sa conduite particulière avec toute sa famille. Au premier rang de ces pièces il faut mettre les lettres de sa sœur Jacqueline Pascal. Le *Recueil* d'Utrecht a donné quelques-unes de ces lettres, ainsi que plusieurs pièces de vers composées par Jacqueline; mais notre manuscrit contient un bien plus grand nombre de pièces inédites en prose et en vers des diverses époques de la vie si courte de cette personne vraiment extraordinaire. Il y aurait de quoi en former un volume plein d'intérêt. Nous ne donnerons ici que trois lettres inédites, l'une de la jeunesse ou plutôt de l'enfance de Jacqueline, écrite à son père Étienne Pascal, alors fugitif et persécuté, pour qu'on voie ce qu'elle était capable de faire à treize ans, pendant que son frère, qui avait deux ou trois ans de plus qu'elle, composait les sections coniques; l'autre, de l'année 1648, c'est-à-dire de l'époque de la première conversion de Pascal et de ses sœurs, écrite par Jacqueline en son propre nom et aussi au nom de son frère qui a même ajouté quelques lignes en *post-scriptum*, ce qui permet de la lui rapporter en partie; la troisième adressée à Pascal lui-même et qui montre où l'avait conduit sur la fin de sa vie l'exclusive préoccupation des choses du ciel.

PREMIÈRE LETTRE.

Monsieur mon Père,

« Il y a longtemps que je vous ai promis de ne point vous écrire si je ne vous envoyais des vers; et n'ayant pas eu le loisir d'en faire (à cause de cette comédie dont je vous ai parlé), je ne vous ai point écrit il y a longtemps. A présent que j'en ai fait, je vous écris pour vous les envoyer [1] et pour vous faire le récit de l'affaire qui se passa hier à l'hôtel de Richelieu où nous représentâmes *l'Amour tyrannique* devant M. le cardinal ; je m'en vais vous raconter de point en point tout ce qui s'est passé.

Premièrement, M. de Montdory entretint M. le cardinal

---

[1] Ne vous étonnez pas, incomparable Armand, etc.

depuis trois heures jusqu'à sept heures, et lui parla presque toujours de vous de sa part et non pas de la vôtre, c'est-à-dire qu'il lui dit qu'il vous connaissait. lui parla fort avantageusement de votre vertu, de votre science et de vos autres bonnes qualités. Il parla aussi de cette affaire des rentes, et lui dit que les choses ne s'étaient pas passées comme on avait fait croire, et que vous vous étiez seulement trouvé une fois chez M. le chancelier, et encore que c'était pour apaiser le tumulte ; et pour preuve de cela il lui conta que vous aviez prié M. Fayet d'avertir M... ; il lui dit aussi que je lui parlerais après la comédie. Enfin il lui dit tant de choses, qu'il obligea M. le cardinal à lui dire : « Je vous promets de « lui accorder tout ce qu'elle me demandera. » M. de Montdory dit la même chose à madame d'Aiguillon, laquelle lui disait que cela lui faisait grande pitié, et qu'elle y apporterait tout ce qu'elle pourrait de son côté. Voilà tout ce qui se passa devant la comédie. Quant à la représentation, M. le cardinal parut y prendre grand plaisir ; mais principalement lorsque je parlais, il se mettait à rire, comme aussi tout le monde de la salle.

« Dès que la comédie fut jouée, je descendis du théâtre avec le dessein de parler à madame d'Aiguillon ; mais M. le cardinal s'en allait, ce qui fut cause que je m'avançai tout droit à lui, de peur de perdre cette occasion-là en allant faire la révérence à madame d'Aiguillon ; outre cela, M. de Montdory me pressait extrêmement d'aller parler à M. le cardinal. J'y allai donc et lui récitai les vers que je vous envoie, qu'il reçut avec une extrême affection et des caresses si extraordinaires que cela n'était pas imaginable ; car, premièrement, dès qu'il me vit venir à lui, il s'écria : « Voilà la petite Pascal ; » puis il m'embrassait et me baisait, et pendant que je disais mes vers, il me tenait toujours entre ses bras et me baisait à tous moments avec une grande satisfaction ; et puis, quand je les eus dits, il me dit : « Allez, je vous accorde tout ce que vous « me demandez ; écrivez à votre père qu'il revienne en toute « sûreté. » Là-dessus madame d'Aiguillon s'approcha, qui dit à M. le cardinal : « Vraiment, Monsieur, il faut que vous « fassiez quelque chose pour cet homme-là ; j'en ai ouï par- « ler ; c'est un fort honnête homme et fort savant ; c'est « dommage qu'il demeure inutile. Il a un fils qui est fort « savant en mathématiques, et qui n'a pourtant que quinze « ans. » Là-dessus, M. le cardinal dit encore une fois que je vous mandasse que vous revinssiez en toute sûreté. Comme je le vis en si bonne humeur, je lui demandai s'il trouverait bon que vous lui fissiez la révérence ; il me dit que vous seriez le bienvenu ; et puis parmi d'autres discours, il me dit : « Dites à votre père, quand il sera revenu, qu'il me vienne « voir » et me répéta cela trois ou quatre fois. Après cela, comme madame d'Aiguillon s'en allait, ma sœur l'alla saluer, à qui elle fit beaucoup de caresses, et lui demanda où était mon frère, et dit qu'elle eût bien voulu le voir. Cela fut cause que ma sœur le lui mena ; elle lui fit encore grands compliments et lui donna beaucoup de louanges sur sa science. On nous mena ensuite dans une salle, où il y eut une collation magnifique de confitures sèches, de fruits, limonade et choses semblables. En cet endroit-là elle me fit des caresses qui ne sont pas croyables. Enfin je ne puis pas vous dire combien j'y ai reçu d'honneur, car je ne vous écris que le plus succinctement qu'il m'est possible de....... [1]. Je m'en ressens extrêmement obligée à M. de Montdory, qui a pris un soin étrange. Je vous

---

[1] Quelques mots sont effacés.

prie de prendre la peine de lui écrire par le premier ordinaire pour le remercier, car il le mérite bien. Pour moi, je m'estime extrêmement heureuse d'avoir aidé en quelque façon à une affaire qui peut vous donner du contentement. C'est ce qu'a toujours souhaité avec une extrême passion, Monsieur mon père, votre très-humble et très-obéissante fille et servante,

« PASCAL. »

« De Paris, ce 4 avril 1639. »

II° LETTRE.

LETTRE DE M. ET Mlle PASCAL

A MADAME PERRIER, LEUR SOEUR.

A Paris, ce 5 novembre 1648.

« MA CHÈRE SŒUR,

« Ta lettre nous a fait ressouvenir d'une brouillerie dont on avoit perdu la mémoire, tant elle est absolument passée. Les éclaircissements un peu trop grands que nous avons procurés ont fait paroître le sujet général et ancien de nos plaintes, et les satisfactions que nous en avons faites ont adouci l'aigreur que Monsieur mon père en avoit conçue. Nous avons dit ce que tu avois déjà dit, sans savoir que tu l'eusses excusé, et nous n'avons sçu ce que tu avois fait qu'après que nous l'avons eu fait nous-mêmes; car comme nous n'avions rien caché à mon père, il nous a aussi tout découvert et guéri ensuite tous nos soupçons. Tu sais combien tous ces embarras troublent la paix de la maison intérieure et extérieure, et combien dans ces rencontres on a besoin des avertissements que tu nous a donnés trop tard. Nous avons à t'en donner nous-mêmes sur le sujet des tiens.

« Le premier est sur ce que tu nous mandes que nous t'avons appris ce que tu nous écris. 1° Je ne me souviens pas de t'en avoir parlé, et si peu que cela m'a été très-nouveau. Et de plus, quand cela seroit vray, je craindrois que tu ne l'eusses retenu humainement, si tu n'avois oublié la personne dont tu l'avois appris, pour ne te ressouvenir que de Dieu qui peut seul te l'avoir véritablement enseigné. Si tu t'en souviens comme d'une bonne chose, tu ne saurois penser le tenir d'aucun autre, puisque ny toi ny les autres ne le peuvent apprendre que de Dieu seul. Car, encore que, dans cette sorte de reconnoissance, on ne s'arrête pas aux hommes à qui on s'adresse comme s'ils étoient auteurs du bien qu'on a reçu par leur entremise, néanmoins cela ne laisse point de former une petite opposition à la vue de Dieu, et principalement dans les personnes qui ne sont pas entièrement épurées des impressions charnelles qui font considérer comme source de bien les objets qui le communiquent. Ce n'est pas que nous ne devions reconnoître et nous ressouvenir des personnes dont nous tenons quelques instructions, quand ces personnes ont droit de le faire, comme les pères, les évêques et les directeurs, parce qu'ils sont les maîtres dont les autres sont les disciples ; mais quant à nous, il n'en est pas de même ; car comme l'ange refusa les adorations d'un saint serviteur comme lui, nous te dirons, en te priant de n'user plus de ces termes d'une reconnaissance humaine, que tu te gardes de nous faire de pareils compliments, parce que nous sommes disciples comme toi.

« Le second est sur ce que tu dis qu'il n'est pas nécessaire de nous répéter ces choses, puisque nous les savons déjà bien ; ce qui nous fait craindre que tu ne mettes pas icy assez de différence entre les choses dont tu parles, puisqu'il est sans doute qu'il suffit d'avoir appris une fois celles-cy et de les avoir bien retenues pour n'avoir plus besoin d'en être instruit, au lieu qu'il ne suffit pas d'avoir une fois compris celles de toutes sortes, et de les avoir connues de la bonne manière, c'est-à-dire par le mouvement intérieur de Dieu, pour en conserver la connoissance de la même sorte, quoy qu'on en conserve bien le souvenir. Ce n'est pas qu'on ne s'en puisse bien souvenir, et qu'on ne retienne aussi facilement une épître de saint Paul qu'un livre de Virgile ; mais les connoissances que nous acquérons de cette façon, aussi bien que leur continuation, ne sont qu'un effet de mémoire, au lieu que, pour y entendre le langage secret et étranger à ceux qui le sont du ciel [1], il faut que la même grâce qui peut seule en donner la première intelligence, la continue, et la rende toujours présente en la retraçant sans cesse dans le cœur des fidèles pour la faire toujours vivre ; comme dans les bienheureux Dieu renouvelle continuellement leur béatitude qui est un effet et une suite de sa grâce, et comme aussi l'Eglise tient que le Père produit continuellement le Fils et maintient l'éternité de son essence par une effusion de sa substance qui est sans interruption aussi bien que sans fin. Ainsi la continuation de la justice des fidèles n'est autre chose que la continuation de l'infusion de la grâce, et non pas une seule grâce qui subsiste toujours ; et c'est ce qui nous apprend parfaitement la dépendance perpétuelle où nous sommes de la miséricorde de Dieu, puisque, s'il en interrompt tant soit peu le cours, la sécheresse survient nécessairement. Dans cette nécessité, il est aisé de voir qu'il faut continuellement faire de nouveaux efforts pour acquérir

---

[1] *Sic.*

cette nouveauté continuelle d'esprit puisqu'autrement on ne peut conserver la grâce et qu'on perdra celle qu'on prétend retenir, comme ceux qui voulant renfermer la lumière n'enferment que des ténèbres. Ainsi nous devons veiller à purifier sans cesse l'intérieur qui se salit toujours de nouvelles taches en retenant aussi les anciennes, puisque sans le renouvellement assidu on n'est pas capable de recevoir ce vin nouveau qui ne sera point mis en vieux vaisseaux.

« C'est pourquoy tu ne dois pas craindre de nous remettre devant les yeux les choses que nous avons dans la mémoire et qu'il faut faire rentrer dans le cœur, puisqu'il est sans doute que ton discours en peut mieux servir d'instrument à la grâce, que non pas l'idée qui nous en reste en la mémoire, puisque la grâce est particulièrement accordée à la prière, et que cette charité que tu as eue pour nous est une prière du nombre de celles qu'on ne doit jamais interrompre. C'est ainsi qu'on ne doit jamais refuser de lire ny d'ouïr les choses saintes, si communes et si connues qu'elles soient ; car notre mémoire, aussi bien que les instructions qu'elle retient, n'est qu'un corps inanimé et judaïque sans l'esprit qui doit les vivifier ; et il arrive très-souvent que Dieu se sert de ces moyens extérieurs plutôt que des intérieurs pour les faire comprendre, et pour laisser d'autant moins de matière à la vanité des hommes, lorsqu'ils reçoivent ainsi la grâce en eux-mêmes. C'est ainsi qu'un livre et qu'un sermon, si communs qu'ils soient, apportent bien plus de fruit à celui qui s'y applique avec plus de dispositions, que non pas l'excellence des discours plus relevés qui apportent d'ordinaire plus de plaisir que d'instruction ; et l'on voit quelquefois que ceux qui les écoutent comme il faut, quoyqu'ignorants et presque stupides, sont touchés au seul nom de Dieu et par les seules paroles qui les menaçent de l'enfer, quoyque ce soit tout ce qu'ils y comprennent et qu'ils le sçûssent aussi bien auparavant.

« Le troisième est sur ce que tu dis que tu n'écris ces choses que pour nous faire entendre que tu es dans ce sentiment ; nous avons à te louer et à te remercier également sur ce sujet ; nous te louons de la persévérance et te remercions du témoignage que tu nous en donnes. Nous avions déjà tiré cet aveu de M. Perrier, et les choses que nous lui en avons fait dire nous en avoient assurés : nous ne pouvons te dire combien elles nous ont satisfaits qu'en te représentant la joye que tu recevrois, si tu entendois dire de nous la même chose.

« Nous n'avons rien de particulier à te dire touchant le dessein de votre maison. Nous savons que M. Perrier prend trop à cœur ce qu'il entreprend pour songer pleinement à deux choses à la fois, et que ce dessein entier est si long que pour l'achever il faudroit qu'il fût longtemps sans penser à autre chose. Nous savons bien aussi que son projet n'est que pour une partie du bâtiment ; mais outre qu'elle n'est que trop longue, elle seule l'engage à l'achèvement du reste, aussitôt qu'il n'y aura plus d'obstacle, de quelque résolution qu'on se fortifie pour s'en empêcher, principalement s'il emploie à bâtir le temps qu'il faudroit pour se détromper des charmes secrets qui s'y trouvent. Ainsi, nous l'avons conseillé de bâtir bien moins qu'il ne prétendoit, et rien que le simple nécessaire, quoyque sur le même dessein, afin qu'il n'ait pas de quoy s'y engager, et qu'il ne s'ôte pas ainsi le moyen de le faire. Nous te prions d'y penser sérieusement, de l'en résoudre et de l'en conseiller, de peur qu'il arrive qu'il ait bien plus de prudence et qu'il donne bien plus de soin et de peine au bâtiment d'une maison qu'il n'est pas obligé de faire, qu'à celui de cette tour mystique dont tu sais que saint Augustin parle dans une de ses lettres, qu'il s'est engagé d'achever dans ses entretiens. Adieu, B. P. J. P. (Blaise P., Jacqueline P.).

« J'espère que je t'écrirai en mon particulier de mon affaire dont je te manderai le détail ; cependant prie Dieu pour son issue. »

« De la main de M. Pascal. »

« Si tu sçais quelque bonne âme, fais-la prier Dieu pour moy aussi. »

« Copié sur l'original écrit de la main de mademoiselle Jacqueline Perrier. »

IIIe LETTRE.

« EXTRAIT D'UNE LETTRE DE LA SOEUR EUPHÉMIE A M. PASCAL, SON FRÈRE. »

« On m'a fort congratulée pour la grande ferveur qui vous élève si fort au-dessus de toutes les manières communes que vous mettez les balais au rang des meubles superflus.

« Il est nécessaire que vous soyez au moins durant quelques mois aussi propre que vous êtes sale, afin qu'on voye que vous reussissés aussi bien dans l'humble diligence de ce qui vous touche ; et après cela il vous sera glorieux et édifiant aux autres de vous voir dans l'ordure, s'il est vray toutefois que ce soit le plus parfait, dont je doute beaucoup, parce que saint Bernard n'étoit pas de ce sentiment. »

Notre manuscrit contient aussi une foule de

lettres des Perrier, d'Arnauld, de Nicole, de Sacy, de Sainte-Marthe, de Tillemont, de Lancelot et d'autres personnages éminents de Port-Royal. Parmi ces lettres nous en avons distingué plusieurs de Domat, avec une notice sur sa vie et même un certain nombre de Pensées écrites par lui, et dont quelques-unes ne seraient pas indignes de Pascal. Il faudrait publier et recueillir à part ces précieux restes du plus grand jurisconsulte du XVIIe siècle, de celui qui inspira D'Aguesseau, qui précéda et prévint plusieurs fois Montesquieu, et qui avait conçu le plan d'une réforme générale des lois civiles sur les principes de la justice naturelle, de la raison et du christianisme. C'est là que nous apprenons que le premier lien de Domat et de Pascal avait été les mathématiques, qu'ils firent ensemble plusieurs expériences sur la pesanteur de l'air, que personne ne fut plus parfaitement uni avec Pascal sur les affaires de la religion, qu'il avait été de son avis dans la question du formulaire, et que, s'étant trouvé à Paris pendant la dernière partie de sa vie, après lui avoir rendu les devoirs d'un ami sincère, il reçut ses derniers soupirs.

Nous n'en finirions pas si nous voulions indiquer tout ce qu'il y a de curieux et d'important dans ce manuscrit; mais nous ne voulons pas le quitter sans y signaler une correspondance du plus haut prix, celle de la sœur du grand Condé, de cette reine de la Fronde qui alla mourir aux Carmélites, et couvrit quelque temps Port-Royal des restes de son crédit. On trouve ici un très-grand nombre de lettres inédites de madame la duchesse de Longueville à la mère Agnès Arnauld et à la mère Angélique de Saint-Jean de la même famille, à M. Marcel, curé de Saint-Jacques du Haut-Pas, à la supérieure des Carmélites et à d'autres sœurs du même couvent. Cette correspondance est digne d'être publiée : elle ferait voir tout ce qu'il y avait de grandeur, de douceur, de tendresse et aussi d'incertitudes dans cette âme toujours agitée. Nous ne pouvons nous empêcher de donner au moins un portrait de madame de Longueville, tracé par une main inconnue de ce style naturel, grave et en même temps ingénieux et agréable, qui n'était pas très-rare à cette époque et dont le secret est aujourd'hui perdu.

« CARACTÈRE DE MADAME DE LONGUEVILLE. »

« C'étoit une chose à étudier que la manière dont madame de Longueville conversoit avec le monde.

« On y pouvoit remarquer ces qualités également estimables selon Dieu et selon le monde : elle ne médisoit jamais de personne, et elle témoignoit toujours quelque peine quand on parloit librement des défauts des autres quoyqu'avec vérité.

« Elle ne disoit jamais rien à son avantage, cela étoit sans exception ; elle prenoit autant qu'elle pouvoit sans affectation toutes les occasions qu'elle trouvoit de s'humilier.

« Elle disoit si bien tout ce qu'elle disoit qu'il auroit été difficile de le mieux dire, quelqu'étude que l'on y apportât.

« Il y avoit plus de choses vives et rares dans ce que disoit M. de Tréville, mais il y avoit plus de délicatesse et autant d'esprit et de bon sens dans la manière dont madame de Longueville s'exprimoit.

« Elle parloit sensément, modestement, charitablement et sans passion. On ne remarquoit jamais dans ses discours de mauvais raisonnements ; elle écoutoit beaucoup, n'interrompoit jamais, et ne témoignait point d'empressement de parler.

« L'air qui lui revenoit le moins étoit l'air décisif et scientifique ; et je sais des personnes, très-estimables d'ailleurs, qu'elle n'a jamais goûtées, parce qu'elles avoient quelque chose de cet air.

« C'étoit, au contraire, faire sa cour auprès d'elle que de parler de tout le monde avec équité et sans passion, et d'estimer en eux tout ce qu'ils pouvoient avoir de bon.

« Enfin tout son extérieur, sa voix, son visage, ses gestes étoient une musique parfaite, et son esprit et son corps la servoient si bien pour exprimer tout ce qu'elle vouloit faire entendre, que c'étoit la plus parfaite actrice du monde.

« Cependant, quoyque je sois persuadé qu'elle étoit un excellent modèle d'une conversation sage, chrétienne et agréable, je ne laisse pas de croire que l'état d'une personne qui n'auroit rien de tout cela, et qui seroit sans esprit et sans agrément, mais qui sauroit bien se passer de la conversation du monde et se tenir en silence devant Dieu, en s'occupant de quelque petit travail, est beaucoup plus heureux et plus souhaitable que celui-là, parce qu'il est moins exposé à la vanité, et moins tenté par le spectacle des jugements favorables qu'on attire par les belles qualités. »

FIN DE L'APPENDICE.

VOCABULAIRE

DES

LOCUTIONS LES PLUS REMARQUABLES

QUI SE RENCONTRENT

DANS LES FRAGMENTS DE PASCAL

CITÉS DANS LE PRÉSENT VOLUME.

A.

A, au lieu de *pour*. — « L'homme est *à* lui-même le plus prodigieux objet de la nature. » Page 123. — « Connoissez donc, superbe, quel paradoxe vous êtes *à* vous-même. » P. 196. — « Il (ce joug) n'est leger qu'*à* lui et *à* sa force divine. » P. 357.

— **A**, pour *par*. — « Se laissant conduire *à* leurs inclinations et *à* leurs plaisirs. » P. 208. — « Ne nous laissons pas abattre *à* la tristesse. » P. 352. Il est à remarquer que dans cette locution *à* se rapporte plutôt au premier des deux verbes.

— **A**, pour *relativement à*. — Il était naturel à Adam et juste *à* son innocence. » P. 323.

ABAISSER, — « Ayant un corps qui nous aggrave et nous *abaisse* vers la terre. » P. 304. — « Pour *abaisser* notre orgueil et *relever* notre abjection. » P. 229.

— **ABAISSER A**. — « *Abaissons-la* (l'âme) donc *à* la matière ? » P. 202.

— **S'ABAISSER**. — « S'il se vante, je *l'abaisse* ; s'il *s'abaisse*, je le vante. » P. 193. — « Forcé à *s'abaisser* d'une ou d'autre manière. » P. 276.

— **S'ABAISSER A**. — « Et s'il ne *s'abaisse à* cela. » P. 198.

— RABAISSER, *être rabaissé*, pris absolument. — « quelque éclairé que soit un sujet, sa condition *est* toujours *rabaissée* par la dépendance. » P. 368.

ABANDON. *Abandonnement.* — « Il (l'homme) sent alors son néant, son *abandon.* » P. 219. — Jacqueline Pascal raconte que son frère lui dit un jour qu'il étoit dans un si grand *abandonnement du côté de* Dieu que.... P. 157.

ABOMINABLE. — « Tout ce qui est dans les hommes est *abominable.* » P. 315. — « Des plaisirs *abominables.* » P. 315.

ABÊTIR. — « Cela vous fera croire et vous *abêtira.* » P. 187, et 272.

ABJECT, *Abjection*, dernier degré de la bassesse. — «Tout ce qu'il y a de grand et tout ce qu'il y a *d'abject.* » P. 315. — « Pour abaisser notre orgueil et relever notre *abjection.* » P. 229.

ABSORBER, *Absorbé*. — « Quand je considère la petite durée de ma vie *absorbée* dans l'éternité. » P. 218. — « Sa volonté est *absorbée* en Dieu. » P. 320. — « L'image de la chair du péché a été *absorbée* par la gloire. » P. 318.

ABYMÉ. — « Le petit espace que je remplis et même que je vois *abymé* dans l'infinie immensité des espaces que j'ignore. » P. 218.

ACCORDER, mettre d'accord : — « C'est elle qui *accorde* les contrariétés par un art tout divin. » P. 32.

— *Accorder avec.* — « Il *accorde* en peu de mots l'immatérialité de l'âme *avec* le pouvoir qu'a la matière d'altérer ses fonctions. » P. 377.

— Faire la concession de. — « *Accorder* à Dieu une chiquenaude pour mettre le monde en mouvement. » P. 41.

— *S'accorder avec.* — « La force *s'accorde avec* avec cette bassesse. » P. 292.

ACCROIRE. *Voyez* Croire.

ACHEVER, porter le dernier coup. — « Il faut donc *l'achever* (la raison). » P. 202.

— Rendre une chose telle qu'il n'y manque rien. — « Et ce qui *achève* notre impuissance à connoître les choses. » P. 302.— « Le péché n'est pas *achevé* si la raison ne consent. » P. 334.

ACHOPPER, se heurter à, faire un faux pas, échouer. — « Et c'est là où tous ont *achoppé*. » P. 290.

ADMIRER, pour : s'étonner. — « *J'admire* avec quelle hardiesse ces personnes entreprennent de parler de Dieu. » P. 173, et 244. — « Qui *n'admirera* que notre corps........ » P. 282.

AFFLIGER, pour : frapper, abattre, tomber sur, du latin *affligere*. — « Quand la mort *affligeoit* un corps innocent. » P. 324.

AGIR, Agissant. — « Laissons donc *agir* ce serpent et cette Ève. » P. 334. — « Ce sont leurs conseils qui sont encore vivants et *agissants* en nous. » P. 331.

AGGRAVER, rendre lourd. — « Un corps qui nous *aggrave* et nous abaisse vers la terre. » P. 304. Horace, *Sat.* II, 2, 77 : « Corpus... animum... *prægravat*..., atque *affligit humi*.

AIDER, aidé, aidant, aidante, sans relatif et sans régime. — « Toutes choses étant *aidées et aidantes*. » P. 300.

AIGUILLON, aiguillon *de*. — « Les enfants de Port-Royal auxquels on ne donne point cet *aiguillon d'*envie et *de* gloire, tombent dans la nonchalance. » P. 215.

AIR, le bon air, pour : les belles manières. — « Qu'il cherchoit *le bon air*. » P. 244.

ALLER, aller *à*. — « Qu'il *aille* de lui-même *à* Dieu. » Page 223-224.

— Avec un terme abstrait personnifié : « Vous voulez *aller à la foi*, et vous n'en savez pas le chemin. » P. 272.

— ALLÉES ET VENUES. — « La nature de l'homme n'est pas d'aller toujours ; elle a *ses allées et ses venues*. » P. 220.

ALLÉGEMENT. — « Un solide *allégement*. » P. 311.

ALLIANCE. — « Tout tombe sous son *alliance* (pour dire : tout a un *lien*, *une alliance* avec lui). » Pascal a essayé plusieurs mots avant d'arriver à celui-là. P. 300.

AMBIGU. — « Dans un état *ambigu* entre les poissons et les oiseaux. » P. 200.

AMOUREUSEMENT. — « Il ne doit pas accuser de la violence qu'il souffre la mère qui le retient *amoureusement*. » P. 357

AMPLE, amplitude. — « Tout le monde visible n'est qu'un trait imperceptible dans *l'ample* sein de la nature. » P. 126, et

p. 278. — « La diversité est si *ample*. » P. 213. — « Dans *l'amplitude* et immensité de la nature. » P. 278.

ANATOMISER, diviser. — « Mais si on *l'anatomise*. » P. 213.

APRÈS, *courir après*. — « Courir *après* les fumées. » P. 200.

ASSEOIR, au figuré ; — « Et je ne vois pas pourquoi *asseoir* son imagination sur l'un plutôt que sur l'autre. » P. 122, et 298.

— ASSIETTE. — Nous brûlons du désir de trouver une *assiette* ferme. » P. 128 et 296.

ASSURER, rendre sûr, mettre en sûreté. — « On *assure* la conscience en montrant la fausseté ; on *n'assure* pas la bourse en montrant l'injustice. » P. 223.

— ASSURANCE, état où on est en sûreté. — « Ne cherchons donc point *d'assurance* et de fermeté. » P. 296.

— ASSURÉ, pour : sûr, certain. — « *Il est bien assuré* qu'on ne se détache jamais sans douleur. » P. 345. — « *Il est assuré* que vous servez l'Église par vos prières. » P. 64, et 335.

— S'ASSURER, être sûr, posséder la certitude et non pas seulement la chercher et l'acquérir. — « Et *s'assure* qu'elle a en soi les forces nécessaires pour cette conquête. » P. 202. — « Voyant trop pour nier, et trop peu pour *m'assurer*. » P. 210.

ATTACHE, prendre attache à quelque chose. — « Pour moi je n'ai pu y *prendre d'attache*. » p. 115.

— *Attachements* à. — « Ceux qui ont des *attachements au* monde qui les y retiennent. » P. 359.

ATTRISTER. — « Des divisions de Charron *qui attristent*. » P. 243.

AUTORISÉ, non pas qui a reçu une autorisation, mais qui possède de l'autorité. — « Si saint Augustin venoit aujourd'hui, et qu'il fût aussi peu *autorisé* que ses défenseurs, il ne feroit rien. » P. 236.

AVANTAGE, tirer avantage, tirer un grand avantage d'une chose contre etc. — « Ainsi nous *tirerons avantage* de nos propres imperfections. » P. 329. — « Il y en a assez, Dieu merci, de ce qui est déjà fait, *pour en tirer un admirable avantage contre* les maudites maximes. » P. 67, et 350.

AVOIR, avoir de quoi, avec un verbe. — « Et que *j'avois de quoi le connoître.* » P. 201.

—AVOIR, avec *y*, pour être, comme : *il y a* des hommes. — « *N'y ayant* rien de si inconcevable (pour : rien n'étant si). » P. 302.

—RAVOIR.—« Cela me fait espérer de *ravoir* l'autre. » P. 341.

B.

BAPTISER, familièrement, pour : donner un surnom, un sobriquet. — « De peur qu'une qualité ne l'emporte et ne fasse *baptiser.* » P. 211.

BARBOUILLER. — « Les enfants qui s'effraient du visage qu'ils ont *barbouillé.* » P. 97.

BASE. — « Nous brûlons de désir de trouver une assiette ferme et une dernière *base* constante. » P. 128 et 296.

BASSESSE, marque quelquefois une situation humble, sans aucune idée de bassesse morale. — « Si ce discours vous plaît et vous semble fort, sachez qu'il est fait par un homme qui s'est mis à genoux auparavant et après, pour prier cet être infini et sans parties, auquel il soumet tout le sien, de se soumettre aussi le vôtre, pour votre propre bien et pour sa gloire, et qu'ainsi la force s'accorde avec cette *bassesse.* » P. 272.

BÉATITUDE, pour : le bonheur chrétien, le bonheur éternel. — « ... Votre raison et votre volonté, votre connoissance et votre *béatitude.* » P. 182 et 264. — « Voilà un point vidé. Mais votre *béatitude !* » P. 183 et 264.

BEAU, BELLE, ironiquement. — « Si faut-il voir si cette *belle* philosophie.... » P. 203. — « *La belle chose* de crier à un homme etc., et *la belle chose* de le dire etc. » P. 223 et 224.

BIENFAISANT. — « Vous serez fidèle, honnête, humble, reconnoissant, *bienfaisant...* » P. 274. — Ici bienfaisant paraît bien vouloir dire *faisant du bien*, et non pas seulement *faisant bien.*

BOUT, *à bout, mettre à bout, mettre au haut bout*, pour : mettre tout à fait *à bout.* — « Cela avec Escobar les met *au haut bout.* » P. 362.

BRANLER. — « Quelque terme où nous pensions nous attacher et nous affermir, il *branle* et nous quitte. » P. 128 et 296.

BRAVE, familièrement pour bon, excellent. — « Et les *braves* Pyrrhoniens. » P. 203.

C.

CANTON. — « Qu'il se regarde comme égaré dans ce *canton* détourné de la nature. » P. 126 et 278.

CAPABLE, Capable *de*. — « *Capable de* peu et *de* beaucoup, *de* tout et *de* rien. » P. 198.

CAUSER, *Causé, Causant*, pris absolument. — « Toutes choses étant *causées et causantes*. » P. 300.

CHAOS. — Au propre : « Il y a *un chaos infini* qui les séparent. » P. 262.

— Au figuré : « Quel *chaos* ! » P. 176.

CHARGE, A la charge que, pour : à la condition que. — « *A la charge qu'il* ne joue point. » P. 100.

CHARME. — « Ce *charme* victorieux qui les entraîne. » P. 351.

CHIMÈRE. — « Quelle *chimère* est-ce donc que l'homme ? » P. 175.

CHOISIR DE, pour : entre plusieurs partis, prendre celui de. — « Il a *choisi d'y* demeurer. » P. 339.

CLOAQUE, au figuré. — « *Cloaque* d'incertitude et d'erreur. » P. 176.

COLOSSE. Un *colosse*, pour : une chose très-grande. — « Qui n'admirera que notre corps, qui tantôt n'étoit pas perceptible.... soit à présent *un colosse*. » P. 282.

COMPORTEMENTS. — « Nos *comportements* au dehors. » P. 365.

COMPOSER, former à l'aide d'un mélange. — « Qui ne croiroit, à nous voir *composer* toutes choses d'esprit et de corps ? » P. 306.

— Composé, pour : mélangé. — « Notre être *composé*. » P. 306.

COMPTER, *être compté*, pour avoir de l'importance. — « C'est là où nos pensées doivent *être* principalement *comptées*. » P. 355.

COMPTE. *Au bout du compte.* — « Et il n'est qu'un homme *au bout du compte.* » P. 198.

CONCLURE, avec un régime direct, pour : prouver, démontrer. — *« Cette impuissance ne conclut autre chose que la foiblesse de notre raison. »* P. 140. Pour dire : De cette impuissance on ne peut conclure autre chose que...

— *Se conclure* : « Les principes se sentent; les propositions se concluent. » P. 141.

CONDUIRE, *conduit.* — *« Le raisonnement bien conduit* portait à le croire. P. 355.

— *Conduite. La conduite de quelqu'un.* — « *La conduite de* Dieu. » P. 50 et 309. — « Nous bénirons *la conduite de la Providence.* » P. 312.

— *La conduite de quelqu'un* veut dire aussi, non pas la conduite que tient quelqu'un, mais la manière dont quelqu'un conduit les autres ou conduit une affaire — « Sur l'ordre et la *conduite de qui* ce lieu et ce temps a-t-il été destiné à moi ? » P. 218. *Cujus* imperio et *ductu*....

— *La conduite d'une chose.* — « Dieu ne fait plus de miracles dans *la conduite* ordinaire de son Église. » P. 237. — « Remettons-nous à Dieu pour *la conduite* de nos vies. » P. 333. — « Si nous lui *en* remettons *la conduite.* » P. 333.

— *Conduite de quelqu'un sur.* « La *conduite* de Dieu *sur* la vie et la maladie. » P. 50 et 309.

— Au pluriel : « Voilà les admirables *conduites* de la sagesse de Dieu *sur* le salut des saints. » P. 327.

CONFONDRE, réfuter hautement et victorieusement, jusqu'à faire honte à celui qui est réfuté. — « Il est plus facile de les *confondre.* » P. 207. — « Pour les *confondre* par la vue de leur folie. » P. 209. — « La nature *confond* les Pyrrhoniens, et la raison *confond* les dogmatistes. » P. 196. — « Elle eût sans doute *confondu l'orgueil.* » P. 374.

CONNOITRE. *Connoître que.* — « J'ai *connu que* notre nature.... » P. 201.

CONSÉQUENCE. Une chose *d'une grande conséquence,* pour : qui a de grandes conséquences. — « Voilà un doute *d'une terrible conséquence !...* » P. 208.

CONSOLATIF. *Consolatif à.* — « Discours bien *consolatif à ceux* qui ont assez de liberté d'esprit pour le concevoir au fort de la douleur. » P. 51 et 310.

— *Consolatif pour.* — « Un beau mot de saint Augustin est bien *consolatif pour* de certaines personnes. » P. 359.

CONSTANT. Ferme et solide, presque physiquement. — « Une assiette ferme et une dernière base *constante*. » P. 128 et 296.

CONTREPOIDS. — « Nous ne nous soutenons pas dans la vertu par notre propre force, mais par le *contrepoids* de deux vices opposés, comme nous demeurons debout entre deux vents contraires. » P. 212 et 213.

COOPÉRER. *Coopérateur, Coopérateur à.* — « Tout *coopère* en bien pour les élus. » P. 329. — « Un corps soumis et *coopérateur à* ses volontés. » P. 324-325.

COURAGE, *donner courage, donner courage à.* — « Donner *courage aux* foibles. » P. 357.

COUVRIR. — « Sous le voile de la nature qui *nous le couvre* (Dieu).... » P. 338. — « Le voile de la nature qui *couvre* Dieu. » P. 339. — « Toutes choses *couvrent* quelque mystère : toutes choses sont des voiles qui *couvrent* Dieu. » P. 340. — « Il ne sort du secret de la nature qui le *couvre*. » P. 338. — « Les affections temporelles *couvrent* les biens spirituels où elles conduisent ; les joyes temporelles *couvrent* les maux éternels qu'elles causent. » *Ibid.* — « Vous le *couvrez* (le moi), vous ne l'ôtez pas pour cela. » P. 91.

— *Se couvrir de,* pour : s'envelopper, se cacher sous : « Il s'est encore plus caché en *se couvrant de l'humanité.* » P. 339. — « Le désir de vaincre est si naturel, que, quand il *se couvre du* désir de faire triompher la vérité, on prend souvent l'un pour l'autre. » P. 366.

— *Découvrir,* pour : dévoiler, mettre au grand jour : « Il nous *découvre* sa volonté. » P. 348.

— Au passif, *Être découvert* : « La vérité y *est découverte.* » P. 313.

— *Se découvrir* : « Si Dieu *se découvrait* continuellement aux hommes. » P. 318. — « Il *se découvre* rarement à ceux... » *Ibid.*

— *A découvert*, sans voile : « Ils y verront Dieu *à découvert.* » P. 313.

CRAINTE. *Être en crainte*, pour : craindre. — « L'homme qui est toujours *en crainte.* » P. 345.

CRAQUER. — « Tout notre fondement *craque*, et la terre s'ouvre jusqu'aux abymes. » P. 129.

CRÉANCE — « Si l'antiquité étoit la règle de la *créance*, les anciens étoient donc sans règle ? » P. 215. — « Rendre raison de leur *créance.* » P. 260.

CRÉDULE. Non-seulement d'une personne, mais d'un être abstrait personnifié. — « Avec une *facilité trop crédule.* » P. 209.

CREUX. — « Que le cœur de l'homme est *creux* et plein d'ordure ! » P. 175.

CRIER, au figuré. — « Qu'est-ce donc que nous *crie* cette avidité et cette impuissance ? » P. 131.

CROIRE, *Faire croire*, *Faire accroire*. — « En montrant la vérité, on la *fait croire.* » P. 222. — Nous *ferez-vous accroire* que.... » P. 240.

D.

DE, pour : avec. — « Vous agiriez *de* mauvais sens. » P. 184 et 266.

DÉBORDER (se). — « Cet amour-propre s'est étendu et *débordé* dans le vide que l'amour de Dieu a quitté. » P. 322.

DÉÇU. — « Notre raison est toujours *déçue* par l'inconstance des apparences. » P. 296. — « La nature corrompue ou *déçue.* » P. 320.

DEDANS, pour : dans. *Là dedans*, pour : dans cela. — « Ceux qui ont la foi vive *dedans* le cœur voyent..... » P. 173. — « Je veux lui faire voir *là dedans* un abyme nouveau. » P. 126 et 280.

DÉFAIRE (se) d'une chose, pour : la quitter. — « Ceux-là se *défont* des fausses religions, et même de la vraie, s'ils ne trouvent pas de discours solides. » P. 227-228.

DÉFECTUOSITÉ. — « La cause de sa *défectuosité.* » P. 323 et 324.

DÉICIDE. — « C'est une espèce d'homicide et comme *un déicide* en leurs personnes. » P. 62.

DÉLIBÉRER DE, au lieu de *Délibérer sur*. — « C'est une chose déplorable de voir tous les hommes ne *délibérer* que *des* moyens et point *de* la fin. » P. 215.

DÉMARCHES, pour : mouvements. — « Qui suivra ces étonnantes *démarches* (les démarches des choses sorties du néant et portées jusqu'à l'infini)? » P. 284.

DEMI, *à demi*. — « Ne remplissoient qu'*à demi* leur attente. » P. 368.

DÉMONSTRATIF, emportant la démonstration. — « Cela est *démonstratif*. » P. 270.

DÉPENDANCE, *la dépendance*. — « Quelque éclairé que soit un sujet, sa condition est toujours rabaissée par *la dépendance*. » P. 368.

DÉPOSITAIRE DE. — « *Dépositaire* du vrai. » P. 176.

DÉPLAISIR. — « Si nous ne pouvons arrêter le cours du *déplaisir*. » P. 330.

— *Le déplaisir de*. — « *Le déplaisir de se voir* entre Dieu et le pape. » P. 362.

DESSOUS (le). — « *Le dessous* du jeu. » P. 185 et 187. — « Nous avons toujours *du dessus* et *du dessous*, de plus habiles et de moins habiles, de plus élevés et de plus misérables, pour abaisser notre orgueil et relever notre abjection. » P. 229.

DÉTACHER (se), absolument et sans *de*. — « On ne *se détache* jamais sans douleur. » P. 66.

DÉTERMINER, pour : décider. — « La raison n'y peut *rien déterminer*. » P. 182 et 262.

DÉVOT, tantôt substantif, tantôt adjectif. — « *Les dévots* qui ont plus de zèle que de science. » P. 98. — « Un sermon où il apporte un *zèle tout dévot*. » P. 99.

DIEU, *de Dieu*, pour divin. — « L'Écriture qui connoît mieux les choses qui sont *de Dieu*. » P. 173.

DISPENSER. — « Qui *dispense* la réputation? » P. 135.

DISSIPER, *se dissiper en*. — « Pour *me dissiper en des pensées* inutiles de l'avenir. » P. 355.

—*La dissipation de.*—« Je ne trouve que des occasions de le (le trouble) faire naître et de l'augmenter dans ceux dont j'*en* avois attendu *la dissipation.* » P. 373.

DIVERSIFIER (se). — « Le caprice des hommes *s'est si bien diversifié* que... » P. 222.

DIVERTIR, *Divertissement.* — *Divertir*, pour : détourner, *divertere.* — « C'est un artifice du diable de *divertir ailleurs* les armes dont ces gens-là combattoient les hérésies. » P. 237.

— *Être diverti*, pour : être détourné hors de soi, jeté dans des occupations étrangères. — « Si l'homme étoit heureux, il le seroit d'autant plus *qu'il seroit moins diverti*, comme les saints et Dieu. » P. 219.

—*Le divertissement*, absolument, pour : occupation étrangère, qui jette l'âme hors d'elle-même. — « Être.... *sans divertissement.* » P. 218. — « Avoir choisi *le divertissement* et la chasse. » P. 110.

DOGMATISER. — « Qui ne *dogmatisent* que sur ces vains fondements » P. 170.

DOMESTIQUE DE, pour : appartenant à, demeurant avec, logeant chez. — Sur la vérité : « Qu'elle ne demeure pas en terre, qu'elle est *domestique du ciel*, qu'elle loge dans le sein de Dieu. » P. 196.

DOMINER. — Dominer à, *dominari alicui.* — « Qui eût dit à vos généraux qu'un temps étoit proche qu'ils *domineroient en mœurs à* l'église universelle ? » P. 240.

— *Dominer sur.* — « *Dominer sur* la nature. » P. 329.

DONNER, *se donner, se donner à.*— « Ceux qui *se donnent à* Dieu. » P. 358.

DOUTEUX, qui doute, un douteux, faire le douteux. — « Que je hais ceux qui *font les douteux* des miracles ! » P. 235.

E.

ÉCHEC, *en échec, tenir en échec.* — « Chassez cet animal qui tient sa raison *en échec.* » P. 112.

ÉCLATER, pour : paraître *avec éclat.* — « La grandeur de la foi *éclate* bien davantage, lorsqu'on tend à l'immortalité par les ombres de la mort. » P. 327.

ÉGARÉ, *Égarés*, pris substantivement. — « Ces misérables *égarés.* » P. 115.

ÉLEVER, *Élever contre.*—« De là vient l'injustice de la fronde, qui *élève* sa prétendue justice *contre* la force. » P. 222.

— *Relever.* « Pour abaisser notre orgueil et *relever* notre abjection. » P. 229.

— *Se relever, se relever d'une chose,* pour : se relever par le moyen de cette chose. — « Toute notre dignité consiste dans la pensée. C'est *de là qu'il faut nous relever,* non *de* l'espace et *de* la durée. » P. 107.

EMBARQUÉ, pour engagé. — « Vous êtes *embarqué.* » P. 264.

EMBROUILLEMENT. — « Qui démêlera cet *embrouillement?* » P. 196.

— *Débrouiller.* — « Un embarras qui a continué... et qui ne s'est pu *débrouiller.* » P. 375.

ÉMOTION, *émotion de.* — « *Une émotion universelle de la personne.* » P. 356.

EMPÊCHER. — « Trop de distance et trop de proximité *empêche* la vue. » P. 127 et 292. — « Trop de jeunesse et trop de vieillesse *empêche* l'esprit. » P. 294.

— *Empêchemens.* — « En murmurant contre *les empêchemens.* » P. 364. — « Nous sentons dans *les empêchemens*, etc. » P. 364. — « Si nous souffrons *les empêchemens* extérieurs avec patience. » P. 365. — « La manière dont nous supportons *les empêchemens.* » P. 366.

EMPOISONNER (s'). — « Quand les passions sont maîtresses, elles sont vices ; et alors elles donnent à l'âme de leur aliment, et l'âme s'en nourrit et *s'en empoisonne.* » P. 230-231.

EMPREINDRE, *Empreint.* — « Ces sentiments d'erreur qui sont si *empreints* en nous-mêmes. » P. 322. — « Nous *empreignons* de notre être composé toutes les choses simples que nous contemplons. » P. 104 et 306.

ENCEINTE. — « Dans *l'enceinte* de ce raccourci d'abymes. » P. 280.

ENCOIFFER (s'). — Si on y songe trop, on s'entête et on *s'encoiffe.* » P. 92

ENDURCI. — « Des athées *endurcis.* » P. 172.

— *Endurcissement.* — « Il prenoit mon refus pour *endurcissement.* » P. 375.

ENFLER, *Enflé*, *Enflure.* — « Nous avons beau *enfler* nos conceptions. » P. 126 et 278. — « Je hais également le bouffon et *l'enflé.* » P. 220. — « Je hais les mots *d'enflure.* » P. 220.

ENGAGER, absolument, pour : mettre en gage, mettre en jeu, jouer. — « Vous avez deux choses à *engager,* votre raison et votre volonté, votre connoissance et votre béatitude. » P. 182 et 264.

— *Engager à,* pour : donner en gage à... attacher à... soit à une chose, soit à une personne. — « En *engageant* un enfant de son âge et de son innocence et même de sa piété *à* la plus périlleuse et la plus basse des conditions du christianisme. » P. 61 et 370. — « *Engager un enfant à un homme* du commun. » P. 62 et 371.

— *Engager à,* avec un verbe. — « *Engager à perdre* ce bien. » P. 62 et 370.

ENNEMI, *être ennemi à* quelqu'un, *inimicus alicui, gens inimica mihi...* Virgile. — « Les qualités excessives *nous* sont *ennemies* et non pas sensibles. » P. 294.

ÉNORME. — « Il faut que la justice de Dieu soit *énorme* comme sa miséricorde. Or, la justice envers les réprouvés est moins *énorme...* » P. 256.

ENSEIGNEMENT. — « Et pratiquons *cet enseignement.* » P. 313.

ENTENDU, *l'entendu, faire l'entendu.* — « On *fait l'entendu* pour l'avenir. » P. 356.

ENTRER *dans,* dans un ouvrage, dans une pensée, pour : la pénétrer, la comprendre, se mettre à son point de vue. — « Si on considère son ouvrage incontinent après l'avoir fait, on en est encore tout prévenu ; si trop longtemps après, on *n'y entre* plus. » P. 102 et 103. — « Ils *entrent dans leurs principes* pour modérer leur folie, au moins mal qu'il se peut. » P. 113.

— *Entrer en,* entrer en défiance, pour : commencer à se défier. — « *Je suis entré en défiance* de moi et puis des autres. » P. 201.

ENTRETENIR (s'), pour : se tenir ensemble, être en rapport. — « Toutes choses *s'entretenant* par un lien naturel et insensible. » P. 300.

ENVELOPPER (s'). — « Tout cela *s'enveloppe* sous le nom de campagne. » P. 214.

ÉPUISER. — « *Il épuise* ses forces *en* ces conceptions. » P. 280.

ESCOBARTINE, pour licencieuse, comme depuis les Provinciales on a dit *escobarder* pour équivoquer... — « Des mœurs *escobartines.* » P. 152.

ESTIMER, pour juger; *existimare*. — « Nous *n'estimons* pas que... » P. 42. — « On en doit *estimer* de la sorte. » P. 55 et 333.

— *Estimer*, pour : apprécier, éprouver, peser, *estimare*. — « *Estimons* ces deux cas. « P. 184.

ÉTABLI, pour : solidement établi, et au moral jouissant d'une grande autorité. — « La vérité est si obscurcie en ce temps et le mensonge *si établi* que. » P. 236.

ÉTAT, *en état, en état de*... « On est toujours *en état de* vivre à l'avenir, et jamais *de* vivre maintenant. » P. 355.

ÉTENDUE. *Avoir étendue* pour : être étendu. — « *Il a étendue* comme nous. » P. 258.

ÉTERNITÉ, au pluriel. — « Laquelle de *ces éternités.* » P. 208.

ÉTERNUER, infinitif substantif, et au pluriel. — « Tous les... *éternuers*... » P. 213.

ÉTONNER. *Étonner quelqu'un.* — « Trop de vérité *nous étonne*. » P. 127 et 294. — « Les philosophes : *ils étonnent le commun des hommes. Les chrétiens : ils étonnent les philosophes.* » P. 229.

— *Étonner*, avec une terme abstrait. — « L'éternité des choses en elles-mêmes ou en Dieu doit encore *étonner notre petite durée.* » P. 302. — « Ma foiblesse n'a point *étonné mon ambition.* » P. 369.

ÊTRE. *L'être, l'être d'une chose, d'un homme*... — « Elle (la nature) dure et se maintient perpétuellement *en son être.* » P. 124. — Le peu que nous avons *d'être.* » P. 292.

— *Faire l'être de...* — « C'est donc la pensée qui *fait l'être de* l'homme. » P. 43.

ÉVIDENCE *L'évidence de.* — « Il faut bien que *l'évidence de Dieu* ne soit pas telle dans la nature. » P. 174.

— *Avoir de l'évidence*, pour : être évident. — « Les premiers principes *ont trop d'évidence* pour nous. « P. 294.

EXALTATION. *L'exaltation d'une chose*, pour : sa glorification, expression employée surtout dans la langue de la théologie. — « Utile au bien de l'église et *à l'exaltation du nom et de la grandeur de Dieu.* » P. 311.

EXCELLEMMENT, pour : particulièrement et parfaitement. — « Qui n'est pas contre eux (les Pyrrhoniens) est *excellemment* pour eux. » P. 108.

EXCÈS, *Excéder, Excessif.* — « C'est qu'il ont *excédé* toute borne. » P. 152. — « Les qualités *excessives* nous sont ennemies et non pas sensibles. » 294.

EXPÉDIENT. *Expédient pour*, pour : utile à. — « C'est le plus *expédient pour sa gloire et pour notre salut.* » P. 55 et 333.

EXTRAORDINAIREMENT. — « Ceux qui ont reçu *extraordinairement* doivent espérer *extraordinairement.* » P. 347.

F.

FABRIQUER, *Fabriqué*, au figuré. — « L'homme est donc si heureusement *fabriqué.* » P. 200.

FAILLIR, faire une faute. — « Comme il arrive à tout le monde de *faillir,* » P. 244.

FAIRE, *Avoir à faire, N'avoir que faire.* — « Après cela, il *n'a plus que faire de* Dieu. » P. 42. — « Il a la force, il *n'a que faire de* l'imagination. » P. 222,

— *Faire corrompue*, pour : corrompre. — « *Ils font l'Église corrompue*, afin qu'ils soient saints ! » P. 239.

— *Faire l'orgueil de...* — « L'humilité d'un seul *fait l'orgueil* de tous. » P. 239.

— *Faire l'être de....* pour : constituer. — « La pensée qui *fait l'être de* l'homme. » P. 43.

FASTUEUX. — « Titres.... aussi *fastueux.* » P. 290.

FIGURER, donner une figure à.... — « La nature trompeuse le *figure* de la sorte. » P. 320. — Pour : avoir la figure de, représenter. — « Cette prédiction de la ruine du temple réprouvé *figure* la ruine de l'homme réprouvé qui est en nous. » P. 358.

FLÉAU DE.... — « L'inquisition et la Société (des jésuites), les deux *fléaux de* la vérité. » P. 144 et 154.

FLOTTANT. — « Toujours incertains et *flottants* » P. 296.

FLUX DE.... — « C'est un *flux* perpétuel *de* graces. » P 336.

FOIBLES, pris substantivement. *Les foibles.* — « Vaines circonstances qui ne blessent que l'imagination *des foibles.* » P. 99. — « Donner courage *aux foibles.* » P. 359.

FONDÉ. Fondement. — *Sur ce fondement.* « Sur ce grand fondement, je commencerai.... » P. 50.

— *Fondé en.* — « Notre religion.... la plus *fondée en* miracles, prophètes, etc. » P. 231.

FORCER, *se forcer.* « Sans *me forcer.* » P. 371.

FORCE, *de sa force.* — *Les choses de sa force.* « Examinons donc ses inventions sur *les choses de sa force.* » P. 202.

FORT, *au fort de....* — « Au fort de la douleur. » P. 310.

FOURNIR, sans régime et absolument. — « Elle (l'imagination) se lassera plutôt de concevoir que la nature de *fournir.* » P. 278.

FUIR, *Fuite, Fuir d'une fuite.* — « Entre les deux infinis qui l'enferment et le *fuyent.* » P. 296. — « Il glisse et *fuit d'une fuite* éternelle. » P. 128 et 296.

FUMÉES, au figuré. — « Courir après les *fumées.* » P. 200.

G.

GAGNER, gagner sur quelqu'un de lui faire faire telle ou telle chose, pour : obtenir de quelqu'un qu'il fasse. — « Si on peut *gagner sur lui de* le faire entrer en quelque divertissement. » P. 198.

GARANTIR, *garantir de.* « Cette peine corporelle *garantiroit de* l'éternelle. » P. 356.

GIBIER, *de notre gibier.* — « La vérité n'est pas de notre portée ni *de notre gibier.* » P. 196.

GLORIFIER, *se glorifier.* — « Ceux qui ont connu Dieu sans

connoître leur misère, *ne l'ont pas glorifié*, mais *s'en sont glorifiés.* » P. 233.

GOUFFRE, au figuré. — « *Ce gouffre* infini ne peut être rempli que par un objet infini. » P. 131.

GOUTER une chose, pour : avoir du goût pour elle. — «*Vous goûtez le livre* de M. de Laval. » P. 334-335.

GRIMACE. *La grimace*, pour : le faux, le factice, l'apparent... — « Quand la force attaque *la grimace.* » P. 222.

H.

HABILES, pris substantivement, *les habiles.* — « Il faut que *les habiles* soumettent leur esprit à la lettre. » P. 104.

HASARDER, pris absolument. — « Tout joueur *hasarde* avec certitude.... il *hasarde* certainement. » P. 268.

HEURE, *Sur l'heure*, pour : à l'improviste. — « Juges injustes, ne faites pas des lois *sur l'heure.* » P. 149.

I.

IL se rapportant à un sujet indéterminé. — « Si *ce que je dis* ne sert à vous éclairer, *il* servira au peuple. » P. 154.

IMAGINATIONS. — « Ils veulent avoir la liberté de suivre *leurs imaginations.* » P. 144.

IMBÉCILE, pour : faible. — « *Imbécile* ver de terre. » P. 176. — « Taisez-vous, nature *imbécile.* » P. 196.

— *Imbécile à*, avec un verbe, pour : *impropre à.* — « Voilà une partie des causes qui rendent l'homme *si imbécile à* connoître la nature. » P. 124 et 306.

IMPÉNÉTRABLE *à.* — « *Impénétrable à* la vue des hommes. » P. 338.

IMPOSSIBLE, *plus impossible,* — « Rien n'est *plus impossible* que cela. » P. 302.

IMPRESSIONS. Essuyer une impression, comme on dit aujourd'hui recevoir une impression. — « Courir après les fumées et *essuyer les impressions de* cette maîtresse du monde. » P. 200.

IMPUISSANT à. — «Cela nous rend *impuissants* à connoître. » P. 302.

INCAPACITÉ. « J'en ai ressenti mon *incapacité*. » P. 372.

INCERTAINEMENT. — « Il hasarde certainement le fini pour gagner *incertainement* le fini. » P. 268.

INCOMMODER, pris absolument. — «Trop de plaisir *incommode*. » P. 127.

INCOMPARABLEMENT, sans comparaison. — « Des parties *imcomparablement* plus petites. » P. 280.

INCOMPRÉHENSIBLE. — « Jusqu'à ce qu'il comprenne qu'il est un monstre *incompréhensible*. » P. 193.

INCONSOLABLE, dont on ne peut se consoler, se rapportant à des choses et non à des personnes. — « Puisque la mort du corps est si terrible qu'elle nous cause de tels *mouvements*, celle de l'âme nous en devroit bien causer de *plus inconsolables*. » P. 330.

INFINI, substantif. — « Ainsi se fait une espèce *d'infini* et d'éternel. » P. 217.

— Au pluriel. « La nature avoit fait la même chose par *ces deux infinis* naturels et moraux. » P. 229. — « Manque d'avoir contemplé *ces infinis*. » P. 284. — « *De ces deux infinis.* » P. 288.

INFINITÉ, *Infinités*. — « *Sa double infinité.* » P. 286. — « Une infinité *d'infinités* de propositions. » P. 286.

INFINITIFS substantifs au pluriel. — « Tous les *marchers, toussers, mouchers, éternuers*, sont différents. » P. 213.

INFIRME, pour : faible. — « L'homme est assurément trop *infirme* pour... » P. 333.

INSIGNE. — « Avoir une obligation *insigne* à ceux qui... » P. 349.

INTELLIGENCE (L') de. — « Par *l'intelligence* de sa vérité. » P. 320.

INTELLIGIBLE. Les choses *intelligibles* opposées aux choses matérielles. — « Notre intelligence tient dans *l'ordre des choses intelligibles* le même rang que notre corps dans l'étendue de la nature. »P. 292.

INTÉRESSER (S'), *pour*. — « Vous vous *intéressez pour* l'église. » P. 337.

INTIME, L'*intime* d'une chose, pour : la partie intime de cette chose. — « *Dans l'intime de la volonté* de Dieu. » P. 312.

INTIMIDER. — « L'Écriture a pourvu de passages pour consoler toutes les conditions et pour *intimider* toutes les conditions. » P. 229.

IRRÉCONCILIABLE. — « Quand elle en calme la dissension *irréconciliable*. » P. 324.

J.

JE NE SAIS QUOI. Sorte de substantif qui a des relatifs comme un substantif ordinaire. Sur l'amour : — « La cause en est UN *je ne sais quoi* (Corneille) et les effets en sont effroyables. CE *je ne sais quoi*, si peu de chose qu'on ne sauroit *le* reconnoître, remue toute la terre. » P. 195.

JEU. *Jouer un jeu*. — « *Il se joue un jeu.* » P. 182.

JUSTE. *Le juste*, pour : le point juste. — « Encore qu'on ne puisse assigner *le juste*, on voit bien ce qui ne l'est pas. » P. 241. — « *Le juste* est de ne point parier. » P. 264.

L.

LANGUISSANT. — « Un amusement *languissant* l'ennuiera. » P. 97.

LÉGER *à*, au lieu de : pour. — « Il (le joug) n'est léger qu'*à* lui et *à* sa force divine. » P. 357.

LIBERTINAGE, indépendance d'esprit poussée jusqu'à la témérité. — « Il y en a bien qui croient, mais par superstition ; il y en a bien qui ne croient pas, mais par *libertinage*. » P. 227.

LIMITES. — « Je prie Dieu.... de me renfermer dans *mes limites*. » P. 355.

LUMIÈRE. — « C'est *une lumière* si éclatante qu'elle *rejaillit* sur... » P. 353.

— Le singulier pour le pluriel : « Qui, recherchant *de toute leur lumière* tout ce qu'ils voyent dans la nature qui les peut mener à cette connoissance, ne trouvent qu'obscurité et ténèbres. » P. 173.

L'UN ET L'AUTRE, au neutre, pris absolument. — « Il ne faut pas moins de capacité pour aller jusqu'au néant que jusqu'au tout : il la faut infinie pour *l'un et l'autre*. » P. 290-292.

LUXURIANT. — « Trop *luxuriant*. » P. 220.

M.

MAITRESSE DE.... — « Cette *maîtresse d'erreur*. » P. 135.

MALADIE, au figuré. « Comme je ne pensois pas être dans *cette maladie*, je m'opposois au remède qu'il me présentait. » P. 375.

MALINGRE, Malingres. — « Les *malingres* sont gens qui connoissent la vérité, mais qui ne la soutiennent qu'autant que leur intérêt s'y rencontre ; mais hors de là ils l'abandonnent. » P. 236.

MANQUER, *manquer à*, avec un infinitif. « *Je manque à faire plusieurs choses.* » P. 355.

— *Manque*, substantif. « *Mon manque de connoissance.* » P. 376.

— *Manque de*, pour : faute de. « *Manque de loisir.* » P. 371.

— Avec un verbe : « *Manque d'avoir contemplé ces infinis.* » P. 120 et 284.

MARCHER, infinitif substantif, au pluriel. — « Tous les *marchers...* » P. 213.

MARQUER une chose. — « Si je ne voyois rien qui *marquât* une divinité.... » P. 210. — « Ces prophéties.... *marquent* la certitude de ses vérités. » P. 232. — « Puisque la volonté de Dieu y *est marquée*. » P. 348.

— *Marquer que*. — « Cette prédiction... *marque qu'*il ne doit être laissé aucune passion en nous. » P. 358.

— *Marque, marque que*, — « Et c'est cela qui est la plus grande *marque* de son excellence. » P. 102. — « Athéisme, *marque* de force d'esprit. » P. 174. — « Jésus-Christ a donné dans l'Évangile *cette marque*, pour connoître ceux qui ont la foi, qui est qu'ils parleront un langage nouveau. » P. 342.

— Au pluriel : — « Les *marques* d'un créateur. » P. 210. — « Se réjouir de rencontrer *des marques* qu'ils sont dans le bon chemin. » P. 350. « C'est une *des meilleures marques* qu'on agit par l'esprit de Dieu. » P. 365.

MASQUER. — « *Masquer* toute la nature et la déguiser. » P. 89.

MATIÈRE, *Matière de.* — « La nature ne m'offre rien qui ne soit *matière de* doute et d'inquiétude. » P. 210.

MAUDIT, pour : détestable. — « Les *maudites* maximes. » P. 350.

MÉDIOCREMENT, pour : *assez peu.* — « Un roi *médiocrement* savant.

MÉDITATION. Quelquefois la puissance, et non pas seulement l'acte de la méditation. *Avoir de la méditation.* — « Cette personne qui a assurément plus de vertu et de *méditation* que moi. » P. 67-68.

MÉRITER, pris absolument. — « Ce ne sont ni les austérités du corps ni les agitations de l'esprit, mais les bons mouvements du cœur qui *méritent.* » P. 350.

MISÉRABLES (les), pour : les indigents. — « J'aime les biens parce qu'ils donnent moyen d'assister *les misérables.* » P. 46.

— *Misérable*, malheureux au dernier point. — « On n'est pas *misérable* sans sentiment. Une maison ruinée ne l'est pas : il n'y a que l'homme de *misérable.* » P. 219. — « Un arbre ne se connoît pas *misérable.* » P. 220.

— Avec une expression de mépris : « Et *misérable*, il est seul ! » P. 232.

MISSION, *mission pour.* — « On agit comme si on avait *mission pour* faire triompher la vérité, au lieu que nous n'avons *mission que pour* combattre pour elle. » P. 365.

MODÈLE. — « Ceux-ci corrompent les lois : *le modèle* est gâté. » P. 239.

MOI. *Le moi, le moi humain.* — « La piété chrétienne anéantit *le moi humain ;* la civilité humaine le cache et le supprime. » P. 45-46. — « *Le moi* est haïssable. » P. 91.

MONDE, *le monde de.* — « L'Église, qui est *le monde des* fidèles. » P. 319.

MONSTRE, assemblage de parties contraires. — « S'il se vante, je l'abaisse, s'il s'abaisse, je le vante, et le contredis toujours, jusqu'à ce qu'il comprenne qu'il est un *monstre* incompréhensible. » P. 193. — « Quelle chimère est-ce donc que l'homme ! quelle nouveauté, quel *monstre*... » P. 176.

— *Monstrueux.* — « Ce repos dans cette ignorance est une chose *monstrueuse.* » P. 209.

MOTEUR. — « Le même *moteur* qui nous porte à agir. » P. 354. — « Il y a uniformité d'esprit entre le *moteur* qui inspire nos passions et celui qui prescrit la résistance à nos passions. » P. 365.

MOUCHER, infinitif substantif, au pluriel. — « Tous les *mouchers*.... » P. 213.

MOURIR A. — « L'âme souffre et *meurt au* péché. » P. 326. — « Le corps *meurt à* sa vie mortelle. » P. 327.

MOUVEMENT, avoir des mouvements de Dieu (style mystique). — « Ceux qui ont de *vrais mouvements de Dieu.* » P. 348.

MUET, au figuré. — « En voyant l'aveuglement et la misère de l'homme, et regardant tout l'univers *muet.* » P. 105.

N.

NÉANT, *le néant.* — « Un tout à l'égard *du néant.* » P. 282. — « Il ne faut pas moins de capacité pour aller jusqu'*au néant* que jusqu'au tout. » P. 290.

— *Un néant :* « Qu'est-ce que l'homme dans la nature ? *un néant* à l'égard de l'infini. » P. 120, 127, 284. — « *Un pur néant.* » P. 254.

— *Le néant de,* d'une chose, d'un être : « Vous verrez... tant *de néant* de ce que vous hasardez. » P. 274. — « Il sent *son néant.* » P. 219.

NOEUD, *replis d'un nœud, tours d'un nœud.* — « *Le nœud de* notre condition prend ses *replis* et ses *tours* dans cet abîme. » P. 96.

NOIRCEUR, pour : une noire tristesse. — « Incontinent il sort du fond de son âme l'ennui, *la noirceur*... » P. 219.

NOUVEAUTÉ, *nouveautés.* — « Cette nouveauté... est différente *des nouveautés* de la terre. » P. 343. — « Quelle chimère est-ce donc que l'homme! *quelle nouveauté...* » P. 176.

O.

OBSTINATION. — « Il prit mes excuses pour *une obstination.* » P. 374.

ORDURE, au figuré, pour : choses basses. — « Que le cœur de l'homme est creux et plein d'*ordure*! » P. 175.

OTÉ, ablatif absolu, pour : *excepté.* — « *Otées* les personnes intéressées, ou *ôtés* ceux qui sont intéressés. » P. 50 et 315.

OUVRIR, au figuré, pour : découvrir ou commencer. — « Cependant cette éternité subsiste, et la mort qui *la doit ouvrir...* » P. 208. — « La vérité qui *ouvre* ce mystère. » P. 322.

P.

PALPABLE. — « Preuves solides et *palpables.* » P. 232.

PARADOXE. — « Connoissez donc, superbe, quel *paradoxe* vous êtes à vous-même. » P. 196.

PAR-DESSUS, pour : sur. — « La consolation de la grâce l'emporte *par-dessus* le sentiment de la nature. » P. 328.

PAROITRE. — « La foiblesse de l'homme *paroît* bien davantage en ceux qui ne la connoissent pas qu'en ceux qui la connoissent. » P. 171. — « L'homme est si grand, que sa grandeur *paroît* même en ce qu'il se connoît misérable. » P. 219.

— *Paroître à.* — « Rien ne me *paroît.* » P. 248. — « Et ce qui m'en *paroît.* » P. 363.

— *Se faire paroître*, pour : se manifester. — « Il y a si peu de personnes à qui elle *se fasse paroître* par des coups extraordinaires. » P. 57 et 338.

PASSER, pour : surpasser, être au-dessus. — « Certainement cela *passe* le dogmatisme et le pyrrhonisme et toute la philosophie humaine. L'homme *passe* l'homme. » P. 196. — « Apprenez que l'homme *passe* infiniment l'homme. » P. 196. — « Mais peut-être que ce sujet *passe la portée* de la raison. » P. 202. — « Si elle (la dette) *nous passe*, elle blesse. » P. 294.

— *Surpasser.* — « L'étendue visible du monde *nous surpasse* infiniment. » P. 290. — « Mais comme c'est nous qui *surpassons* les petites choses... » *Ibid.* — « Nous voulons avoir de quoi *surpasser* la dette. » P. 294.

— *En passant.* — « Non pas *en passant* et contre sa maxime. » P. 244.

PAYÉ, être bien ou mal payé d'une chose.— « Nous voilà *bien payés!* » P. 203.

PÉDANT, substantif, pour : pédagogue. — « On ne s'imagine Platon et Aristote qu'avec de grandes robes de *pédants.* » P. 97.

PEINDRE, pour : exprimer.— « Il n'y a rien de mieux *peint.* » P. 358.

— *Se peindre.* — « Le sot projet qu'il a de *se peindre* lui-même. » P. 444.

PEINE. *Faire peine*, pour : être pénible. — « La seule comparaison que nous faisons de nous au fini *fait peine.* » P. 122 et 298.

PERSÉCUTEURS. *Persécuteurs de...* — « Injustes *persécuteurs de ceux* que Dieu protége visiblement ! » P. 149.

PEUT. *Il se peut faire que...* — « *Il se peut faire* qu'il y ait de vraies démonstrations. » P. 201.

PERCEPTIBLE et *imperceptible*. P. 282.

PÉRI, *périe.* — « La synagogue étoit la figure et ainsi ne périssoit point, ce n'étoit que la figure et ainsi *est périe* » pour marquer qu'elle est et demeure détruite, tandis que *a péri* n'auroit indiqué qu'une perte accidentelle. — « Ne considérons plus son âme comme *périe* et réduite au néant, mais comme vivifiée et unie au souverain vivant. » P. 321.

PERSUADÉ, *assez persuadé, trop persuadé.* — « On n'a qu'à voir leurs livres si l'on n'est pas *assez persuadé*; on *le* deviendra bien vite et peut-être *trop.* » P. 170.

PHILOSOPHE, substantif, *faire le philosophe sur une chose.* — « Et ceux qui *font sur cela les philosophes.* » P. 103.

— *Philosophe*, adjectif. — « C'était *la partie la moins philosophe* et la moins sérieuse de leur vie. » P. 112.

— Au neutre : — « *Le plus philosophe* était de vivre simplement et tranquillement. » P. 112.

PLACE. *Tenir à quelqu'un la place de...*—« Il n'y a rien dans la nature qui n'ait été capable de *lui en tenir la place.* » P. 109.

PLAISANT, pour : ridicule. — « Le *plaisant* Dieu que voilà ! » P. 112. — « Nous sommes *plaisants* de nous reposer dans la société de nos semblables. » P. 115. — « Les casuistes sont *plaisants* de croire... » P. 241.

—*Plaisanterie.* — « La *plaisanterie* est telle que, etc. » P. 222.

PLEIN. — « Que l'homme contemple donc la nature entière dans sa haute et *pleine* majesté. » P. 276. — « La promesse que J.-C. nous a faite de rendre sa joye *pleine* en nous. » P. 352.

—*A plein*, pour : pleinement, dans toute son étendue.— « Qui voudra connoître *à plein* la vanité de l'homme, etc. » P. 195.

— *Plénitude.* — « Conçu de toute éternité pour être exécuté dans la *plénitude* de son temps. » P. 311-312.

POLITIQUE. *Une politique.* — « C'est *une* mauvaise *politique* de les séparer. » P. 155.

PORTÉE. — « Connoissons donc notre *portée.* » P. 292.

— *De notre portée.* —« La vérité n'est pas *de notre portée.* » P. 196.

—*La portée de...* — « Mais peut-être que ce sujet passe *la portée* de la raison. » P. 202.

POUR, avec un infinitif et le sens de *parce que*. — « Et la durée de notre vie n'est-elle pas également et infiniment éloignée de l'éternité, *pour* durer dix ans davantage ? » P. 298.

PRENDRE. *Ne pas prendre*, en parlant de germes, pour : ne pas réussir, ne pas bien venir. — « En priant Dieu de bénir les semences et de leur donner l'accroissement ; car sans lui les plus saintes paroles *ne prennent point en nous.* » P. 53 et 328.

—*Le prendre* de telle ou telle manière. —« Mais je ne *le prenois* pas ainsi. » P. 201.

— *S'en prendre à.*—« Ne *nous en prenons* donc pas *à* la dévotion, mais *à* nous-mêmes. »

PRÉORDONNÉ.— « Tout ce qui est arrivé a été de tout temps présent et *préordonné* en Dieu. » P. 312.

PRÈS, *de près*, pour : avec attention. — « Si nous y prenons garde *de près*. . » P. 329.

PRÉVENIR, pour : anticiper. — « *Prévenir l'avenir.* » P. 354.

PRÉVENU, pour : préoccupé. — « Si on considère son ouvrage incontinent après l'avoir fait, on en est encore tout prévenu. » P. 102.

— *Prévenu que*, pour : imbu de ce préjugé que. — « Suivre le train de leurs pères par cette seule raison qu'ils ont été *prévenus* chacun *que* c'est le meilleur. » P. 215.

PRÉVOYANCE. — « Le Seigneur n'a pas voulu que notre *prévoyance* s'étendît plus loin que le jour où nous sommes. » P. 355.

— *Prévoyances*. — « Lorsque je sens que je m'engage dans ces *prévoyances*. » P. 67. — « Ne nous fatiguons pas par des *prévoyances* indiscrètes et téméraires. » P. 333.

— *Prévoyances de...* — « Les *prévoyances* des besoins et des utilités que nous aurions de sa présence. » P. 55 et 332.

PRISES. — « Il échappe à *nos prises*. » P. 128 et 296.

— *Avoir des prises, prises capables de...* — « Voyons si elle a quelques forces et *quelques prises capables de* saisir la vérité. » P. 202.

PRIX. *Au prix de*, pour : en comparaison de. — « Nous n'enfantons que des atomes *au prix de* la réalité des choses. » P. 278. — « Considère ce qu'il est *au prix de* ce qui est. » *Ibid.*

PROFESSION, *faire profession de.* — « *D'en faire profession.* » P. 209.

PROGRÈS, le *progrès*. — « L'entrée et le *progrès* et le couronnement. » P. 353.

— *Les progrès*. — « Des obstacles s'opposent à *leurs progrès*. » P. 364.

— *Par progrès*. — « Tout ce qui se perfectionne *par progrès* périt aussi *par progrès*. » P. 217.

PROPOS, *à propos, être à propos*. — « La parole d'une sainte *est à propos* sur ce sujet. » P. 359.

PROPOSER, pour : mettre en avant, selon le sens propre de ce mot. — « Quand on n'écoute plus la tradition, quand on ne *propose* plus que le pape. » P. 152.

PROPRE. « Par notre *propre* mouvement. » P. 364.

— *Le propre de...* — « C'est *le propre des* seuls catholiques. » P. 339.

— *L'esprit propre.* — « C'est ce qui fait l'esprit *propre* » P. 364.

— « Nous y trouvons des choses que l'*esprit propre* qui nous fait agir n'y a pas formées. » P. 364.

—*De mon propre*, pour : de moi-même.— « Je n'entreprendrois pas de vous porter ce secours *de mon propre* ; mais comme ce ne sont que des répétitions de ce que j'ai appris... » P. 328.

— *Approprier, s'approprier.* — « Il y a apparence que Dieu s'est *approprié* cette affaire. » P. 354.

PUISSANCES, pour : facultés. — « Il faut commencer par là le chapitre des *puissances* trompeuses. » P. 138.—« Après avoir examiné toutes *ses puissances* (de la raison) dans leurs effets, reconnoissons-les en elles-mêmes. » P. 202.—« Cet état, qui tient le milieu entre deux extrêmes, se trouve *en toutes ses puissances*. » P. 122 et 292.

Q.

QUASI, pour : presque. — « *Quasi* sans exemple. » P. 344.

QUOI. — *Sur quoi, à quoi, sans quoi*, non pas seulement au neutre, mais se rapportant indifféremment au masculin ou au féminin, et même au pluriel. — « C'est donc la pensée qui fait l'être de l'homme, et sans *quoi* (pour sans *laquelle*) on ne le peut concevoir. » P. 43. — « Elles tiennent de la tige sauvage sur *quoi* elles sont entées. » P. 153. — « Une base constante sur *quoi* nous puissions édifier... » P. 296. — « Je manque à faire plusieurs choses *à quoi* je suis obligé. » P. 355.—Au neutre.—« Je croyois que... j'avois *de quoi* la connoître. » P. 201. — « Nous voulons avoir *de quoi* surpasser la dette. » P. 294.

QUOI QUE, pour quelque chose que. — « *Quoi que* la nature suggère. » P. 52 et 321.

R.

RABATTRE. — « Pyrrhonisme est le remède à ce mal, et *rabat* cette vanité. » P. 170.

RACCOURCI, *un raccourci, un raccourci de.* —*Un raccourci d'abîme* pour un abîme en raccourci ; puis *l'enceinte de ce raccourci* pour montrer que cet abîme de petitesse est aussi un abyme de grandeur. — « Je lui veux peindre non-seulement l'univers visible, mais encore tout ce qu'il est capable de concevoir de l'immensité de la nature dans l'enceinte de ce *raccourci d'abyme*. » P. 126, 127 et 280.

RAMASSER, *Se ramasser*. « *Je me ramasse dans moi-même.* » P. 67.

RAISONNER, *le raisonner*, infinitif substantif. — « Les autres religions ne disent pas cela de leur foi : elles ne donnoient que *le raisonner* pour y arriver, *qui n'y vient point néanmoins.* » P. 230.

RAPPORT, *avoir rapport à*. — « S'il y a un Dieu, il est infiniment incompréhensible, puisque, n'ayant ni parties ni bornes, *il n'a nul rapport à* nous..... Ce n'est pas à nous qui *n'avons nul rapport à* lui. » P. 181 et 258. — « L'homme *a rapport à* tout ce qu'il connoît. » P. 300. — « Et pour connoître l'air, savoir par où *il a ce rapport à* la vie de l'homme. » P. 300.

— *Rapporter à*, pour avoir rapport à. — « L'amour pour soi-même seroit fini et *rapportant à* Dieu. » P. 322.

REBUT, *rebut de...* pour exprimer l'action de rebuter ou le résultat de cette action. — « Si on ne trouvoit plus de douceur dans le mépris, dans la pauvreté, dans le dénuement et dans *le rebut des* hommes. » P. 351. — « Gloire et *rebut de* l'univers. » P. 176.

REFUSION, *une refusion*. — « Il me semble que l'amour que nous avons pour mon père ne doit pas être perdu pour nous, et que nous *en* devons *faire une refusion sur* nous-mêmes. » P. 55 et 332.

RÉGENTS, *les régents...* — « Écoutons *les régents du monde* sur ce sujet. » P. 203.

RÈGLEMENT, *le règlement* d'une chose, etc. — « Ce n'est point de l'espace que je dois chercher ma dignité, mais c'est du *règlement* de ma pensée. » P. 107.

REJAILLIR. — « C'est une lumière si éclatante qu'elle *rejaillit* sur.... » P. 353.

RELACHE, *sans relâche*. — « Ces autres plaisirs qui nous tentent *sans relâche*. » P. 352.

RENVERSEMENT. — « *Renversement* continuel du pour au contre. » P. 111.

RÉPARATEUR, *réparateur de...* — « Il y a *un réparateur.* »

P. 243. — « Le *réparateur de* notre misère. » P. 232 et 233.

REPOSER, *reposer dans*, exprime une situation paisible, quelquefois la majesté. — « Si je voyois partout les marques d'un créateur, *je reposerois en paix* dans la foi. » P. 210. — « Le Saint-Esprit *repose* invisiblement dans les reliques de ceux qui sont morts. » P. 68.

REPRÉSENTER, pour : rendre présent, exposer, exprimer, mettre en lumière. — « Je trouve nécessaire de *représenter* l'injustice des hommes. » P. 207. — « Une chose monstrueuse, dont il faut faire sentir l'extravagance et la stupidité à ceux qui y passent leur vie, *en la leur représentant* à eux-mêmes, pour les confondre par la vue de leur folie. » P. 209. — « Je lui *représente mon défaut* pour l'empêcher d'y tomber. » P. 356. — « Ces effroyables guerres civiles et domestiques *représentent* si bien le trouble intérieur... qu'il n'y a rien de mieux peint. » P. 358.

RÉSIDER, au figuré. — « La justice... *réside* dans les lois naturelles. » P. 222. — « Le péché y *réside* toujours durant cette vie. » P. 360.

RESSENTIMENT, *être sans ressentiment*, pris absolument pour : être insensible. — « Ce n'est pas que je souhaite que *vous soyez sans ressentiment*. » P. 53 et 328.

RIEN, *un rien*. — « Qu'importe qu'*un rien* ait un peu plus d'intelligence des choses? » P. 298.

ROSEAU, au figuré. — « *Roseau pensant, un roseau pensant.* » P. 107.

S.

SANS MENTIR, familièrement pour : en vérité. — « *Sans mentir*, Dieu est bien abandonné. » P. 66 et 348.

SATISFACTION, *satisfactions*. — « Je m'estimerai heureux si *en* suite de tant de veilles, il peut donner à Votre Majesté *une satisfaction* de quelques moments. » P. 368. — « La véritable piété est si pleine de *satisfactions*. » P. 352. « J'en ai reçu des *satisfactions si sensibles*. » P. 372.

— *Avoir satisfaction*. — « J'espère qu'ils *auront satisfaction*. » P. 206.

SAUTER. — « En *sautant de sujet en sujet.* » P. 243 et 244.

SECRET. *Le secret d'une chose,* pour dire l'obscurité dont une chose est enveloppée; par exemple, *le secret de la nature,* pour exprimer non pas les secrets de la nature, mais sa partie intérieure et cachée. — « Il (Dieu) ne sort *du secret de la nature* qui le couvre. » P. 57 et 338. — « *Le secret de l'esprit* de Dieu caché encore dans l'Écriture. » P. 340.

— Avec un adjectif : « Cet *étrange secret dans lequel* Dieu s'est retiré. » P. 338. — « Il a choisi d'y demeurer *dans le plus étrange et le plus obscur secret de tous.* » P. 339. — « C'est là *le dernier secret où il peut être.* » *Ibid.*

SELON, *selon que.* — « *Selon que* Dieu nous l'a voulu révéler. » P. 201. — « *Selon* qu'on se sent trop emporter vers l'un, se pencher vers l'autre... » P. 352.

SENTIR, *se sentir.* — « Les principes *se sentent;* les propositions se concluent. » P. 141.

SÉRIEUX, *de son plus sérieux.* — « S'il y a quelque chose où son intérêt propre ait dû la faire appliquer *de son plus sérieux...* » P. 202.

SI , pour : cependant, néanmoins. — « *Si* faut-il voir si cette belle philosophie... » P. 203. — « Car encore que le roi ait donné grâce à un homme, *si* faut-il qu'elle soit entérinée. » P. 238.

SONGER, pour : penser. — « Il y en a qui n'ont pas le pouvoir de s'empêcher de *songer,* et qui *songent* d'autant plus qu'on leur défend. » P. 227.

SOT, d'une chose et d'une personne, *sottise, sottises.* — « Le *sot* projet qu'il a de se peindre lui-même ! » P. 244. — « Et s'il ne s'abaisse à cela et qu'il veuille toujours être tendu, il n'en sera que *plus sot.* » P. 198. — « Qu'est-ce que cette pensée ? Qu'elle est *sotte!* » P. 170. — « Que ce sont de *sots* discours ! » P. 170. — « C'est *une sottise.* » P. 260. — « De dire *des sottises.* » P. 244.

SOUPÇON, *soupçon de...* — « Ce n'est pas une marque de sainteté, et c'est au contraire un *soupçon d'hérésie.* » P. 150. (Pour : c'est au contraire de quoi fonder un soupçon d'hérésie, de quoi faire soupçonner l'hérésie.)

SOUTENIR, « Si un Dieu *soutient* la nature. » P. 210.

—*Se soutenir, se soutenir dans... par.* « Nous ne nous *soutenons* pas *dans* la vertu *par* notre propre force. » P. 212.

— *Soutenu de*, pour : soutenu *par*. — « Bel état de l'Église quand elle n'est *soutenue* que *de* Dieu ! » P. 237.

SPÉCIAL, *spécial à*. — « C'est le privilége *spécial* des chrétiens. » P. 320. — « Par un privilége *spécial au* Fils unique de Dieu. » P. 319.

SUBSISTER, *subsister dans* une chose, pour : y persévérer, s'y soutenir malgré de grandes difficultés. — « Ceux qui *subsistent dans le service* de Dieu. » P. 349.

SUPPORTABLE, *insupportable*. — « C'est ce qui n'est pas *supportable*. » P. 244. — « Rien n'est si *insupportable* à l'homme que. » P. 218. — « Le coup est trop sensible, il seroit même *insupportable* sans un secours surnaturel. » P. 328.

SUR, *sur cela*, pour : cela étant. — « Et *sur cela*, comme si la chose n'en valait pas la peine, ils négligent... » P. 208.

SURCROIT, *de surcroit*. — « Que son barbier l'ait mal rasé, et si le hasard l'a barbouillé *de surcroît*. » P. 99.

SUSCEPTIBLE de... — « Le peuple n'est pas *susceptible de* cette doctrine. » P. 169.

SUSPENDRE. — « Elle (l'imagination) *suspend* les sens. » P. 108.

— *Suspension*, pour : irrésolution : « Et les braves pyrrhoniens en leur ataraxie sont en *suspension perpétuelle*. » P. 203.

— *Suspendus*, pour : irrésolus, *suspendus à*. — « Neutres, indifférents, *suspendus à tout*, sans s'excepter. » P. 108.

T.

TEINDRE. — « Au lieu de recevoir les idées des choses purement, nous les *teignons* de nos qualités. » P. 114 et 306.

TENDRESSE, *tendresses*. — « Avoir des *tendresses* extrêmes pour eux... » P. 348.

TENDU. — « Et s'il ne s'abaisse à cela, et qu'il veuille toujours être *tendu*. » P. 198. — N'a rien acquis par un travail si long et *si tendu*. » P. 203.

TENIR, pour : prétendre, croire. « Je *tiens* impossible de. « P. 300.

TIRER. — « Dieu en *tirera* la source de notre joie. » P. 333.
— *Tirer avantage, un admirable avantage...* Voyez avantage.
— *Tirer du profit.* — « Nous en devons *tirer ce profit* que... » P. 330.
— *Tiré par les cheveux*, pour : peu naturel. « Un peu *tiré par les cheveux.* » P. 177.

TOMBER, *tomber d'un bonheur, d'un honneur.* — « Afin qu'ils ne *tombent d'un si grand bonheur et d'un si grand honneur.* » P. 67 et 350.

TOUCHER. « On croit *toucher* des orgues ordinaires en *touchant* l'homme. » P. 216.
— *Toucher une chose en peu de mots.* — « Et pour vous *le toucher en peu de mots.* » P. 52 et 322.
— *Toucher*, pour émouvoir. — « L'avenir nous doit encore moins *toucher.* » P. 354.
— *Etre touché*, pour : être touché par la grâce (style mystique). — « Avant qu'on soit *touché*, on n'a que le poids de la concupiscence qui porte à la terre. » P. 346.

TOUSSER, à l'infinitif et au pluriel. — « Tous les *toussers.* » P. 213.

TRAIN. — « Suivre *le train* de leurs pères. » P. 215.

TRANQUILLISER, *tranquillisé.* — « Si son tempérament ne sera pas *si tranquillisé* que » P. 62.

TRANSIR. — « J'entre en une vénération qui *me transit de respect* envers ceux qu'il semble avoir choisis pour ses élus. » P. 344.

TRAVAILLER, pour : tourmenter. — « Les philosophes, pyrrhoniens et dogmatistes, qui *travaillent* celui qui les recherche. » P. 249.

TRAVERS, *à travers.* — « Les chrétiens hérétiques l'ont connu *à travers son humanité.* » P. 339.

TRIOMPHER, au figuré, pour : paraître avec éclat, — « Puisqu'en l'un la miséricorde de Dieu *triomphe*, et en l'autre sa justice. » P. 366.

— *Triomphant*, pour : glorieux. — « Sur tant de *triomphantes* provinces. » P. 369.

TROUBLER, *troublé.* « Voilà ce que je vois et ce qui me *trouble.* » P. 209. — « Cette uniformité ne *trouble* point la paix d'une âme. » P. 365. — « Cet homme qui... étoit ce matin si *troublé.* » P. 198.

U.

UNIVERSEL, *universalité.* — « Puisqu'on ne peut être *universel*... cette *universalité* est la plus belle. » P. 199.

UTILITÉ, *utilités.* — « Les prévoyances des besoins et des *utilités* que nous aurions de sa présence. » P. 55 et 332.

V.

VALOIR. — « Nous n'estimons pas que toute la philosophie *vaille* une heure de peine. » P. 42.

VANITÉ, *faire vanité de...* — « D'en faire profession, et enfin d'en *faire vanité.* » P. 209.

— *Prendre de la vanité d'une chose.* « Il y a sujet d'en prendre quelque vanité. » P. 353.

VER, *ver de terre,* pour : bas et faible. — « Imbécile *ver de terre !* » P. 176.

VERTU, pour : force. — « Par la *vertu* de cet esprit. » P. 321.

VIGUEUR, *donner vigueur à.* « Comme s'il étoit une autre puissance qui excitât leur piété, et une autre qui *donnât vigueur à* ceux qui s'y opposent » P. 364.

VISIBLE, pour : évident. — « Il est *visible* que... » P. 347.

VOGUER. « Nous *voguons* sur un milieu vaste. » P. 296.

VOILE, au figuré. — « Il est demeuré caché *sous le voile de la nature* qui nous le couvre. » P. 338.

— *Pénétrer un voile.* — « *Le voile de la nature* qui couvre Dieu *a été pénétré* par plusieurs infidèles. » P. 339.

— *Voiles.* — « Toutes choses sont *des voiles qui couvrent* Dieu. » P. 340.

VOLER, *voler plus haut*; au figuré. — « M. voit bien que la nature est corrompue et que les hommes sont contraires à l'honnêteté ; mais il ne sait pas pourquoi *ils ne peuvent voler plus haut.* » P. 91.

VOUER, *vouer une chose*, pour : faire vœu d'une chose. — « Il a donc fait *ce qu'il avoit voué.* » P. 320.

VRAI, *le vrai*, pour : la vérité. — « Le pyrrhonisme est *le vrai.* » P. 171. — « Dépositaire *du vrai.* » P. 176. — « Vous avez deux choses à perdre, *le vrai* et le bien. » P. 182.

VUIDE. — « Il sent son néant, son abandon... son *vuide.* » P. 219. — « Cet amour-propre s'est débordé dans *le vuide* que l'amour de Dieu a quitté. » P. 322.

VUIDER, *vuidé*, pour : épuisé, terminé. — « Voilà un point *vuidé.* » P. 264.

FIN.

TABLE DES MATIÈRES.

	Pages.
Avant-propos.	I
Rapport à l'Académie Française	1
Première partie. — Des morceaux insérés dans les éditions des Pensées qui sont étrangers à cet ouvrage et ne se trouvent point dans le manuscrit original. — Des sources et de la forme primitive de ces divers morceaux.	20
Deuxième partie. — Des altérations de toute espèce qu'ont subies un très-grand nombre de Pensées. — Restitution de ces Pensées dans leur forme vraie.	72
Troisième partie. — Pensées tirées pour la première fois du manuscrit autographe.	191
Du plan et des formes que devait avoir l'ouvrage de Pascal.	242
Appendice. — N° 1. Le morceau sur la règle des paris appliquée à la question de l'existence de Dieu, tel qu'il est dans le manuscrit et dans les éditions.	254
Le morceau sur le double infini, dans le manuscrit et les éditions.	276
N° 2. Lettre de Pascal en son nom et au nom de sa sœur Jacqueline, à M. et madame Perrier, sur la mort de leur père Étienne Pascal, d'après le manuscrit de l'Oratoire, n° 160, et le recueil de Marguerite Perrier, avec les variantes des éditions.	308

TABLE DES MATIÈRES,

Pages.

N° 3. Lettres à mademoiselle de Roannez, d'après le manuscrit de l'Oratoire et le Recueil de M. Perrier, avec les variantes des éditions. 334

N° 4. Nouveaux fragments de la xix° Provinciale, au père Annat, jésuite. 361

Fragment d'une lettre de Pascal, déjà publiée par Bossut, avec les variantes 363

Note anonyme sur l'auteur du fragment *sur la conversion du pécheur*. 367

Lettre de Pascal à la reine Christine, en lui envoyant la machine arithmétique, d'après le manuscrit de l'Oratoire et le Recueil de M. Perrier, avec les variantes des éditions. . . 368

Extrait d'une lettre inédite de Pascal à sa sœur madame Perrier. 370

Lettre inédite de Pascal à sa sœur Jacqueline. 371

Billet inédit de Pascal à madame la marquise de Sablé. . . . 376

N° 5. Description du manuscrit de l'Oratoire, n° 160. . . . 377

Description du manuscrit 1485, supplément français, contenant les mémoires de Marguerite Perrier. 388

Vocabulaire des locutions les plus remarquables qui se rencontrent dans les fragments de Pascal cités dans le présent volume. 417

FIN DE LA TABLE.

ERRATA.

Page 3. Walknaer. Lisez : Walckenaer.
— 9, ligne 5. Et d'intervalle intervalle. Lisez : et d'intervalle en intervalle.
— Ib., ligne 15. Se copier les uns *sur* les autres. Lisez : se copier les uns les autres.
— 29. Utrech. Lisez : Utrecht.
— 52. Qu'elle est. Lisez : quelle est.
— 69. *Notés.* Lisez : notres.
— 79. XVIIIe. Lisez : XVIIe.
— 100. Je leur ferai voir. Lisez : je le leur ferai voir.
— 128. Nous nous voyons. Lisez : nous voguons.
— 130. *Sur les.* Lisez : sur les.
— 142. Et laisse. Lisez : laisse.
— 166. Sa nouvelle apologie. Lisez : la nouvelle apologie.
— Ib. Des inquiétudes. Lisez : ses inquiétudes.
— 201. La pyrrhonien. Lisez : *le* pyrrhonien.
— 223 Conraints. Lisez : con*t*raints.
— 235. Écrit. Lisez : écriv*it*.
— 236. Envoyée. Lisez : envoyé.
— 251. Des lettre. Lisez : des lettre*s*.
— 288. *De omne.* Lisez : *de omni.*
— 316. Sous laquelle. Lisez : *sans* laquelle.
— 334. (3e et 4e cahiers). Lisez : (n° 17, 3e et 4e cahiers).
— 361. Celles. Lisez : celle.
— 372. Ravie. Lisez : ravi.

www.ingramcontent.com/pod-product-compliance
Lightning Source LLC
Chambersburg PA
CBHW071707230426
43670CB00008B/930